刘先平大自然文学创作研究

韩进 ○ 著

图书在版编目(CIP)数据

刘先平大自然文学创作研究/韩进著. —合肥:安徽大学出版社,2020.11
ISBN 978-7-5664-2151-7

Ⅰ.①刘… Ⅱ.①韩… Ⅲ.①中国文学－当代文学－文学创作－研究 Ⅳ.①I206.7

中国版本图书馆CIP数据核字(2020)第227773号

出版发行:	北京师范大学出版集团 安 徽 大 学 出 版 社 (安徽省合肥市肥西路3号 邮编230039) www.bnupg.com.cn www.ahupress.com.cn
印　　刷:	安徽新华印刷股份有限公司
经　　销:	全国新华书店
开　　本:	170 mm×240 mm
印　　张:	26.5
字　　数:	437千字
版　　次:	2020年11月第1版
印　　次:	2020年11月第1次印刷
定　　价:	98.00元

ISBN 978-7-5664-2151-7

策划编辑:钟　蕾　刘金凤	**装帧设计**:李　军
责任编辑:刘金凤　钟　蕾	**美术编辑**:李　军
责任校对:李海妹	**责任印制**:赵明炎

版权所有　侵权必究

反盗版、侵权举报电话:0551－65106311
外埠邮购电话:0551－65107716
本书如有印装质量问题,请与印制管理部联系调换。
印制管理部电话:0551－65106311

目 录

引　论　刘先平与中国大自然文学 40 年 …………………………… 1

　　一、中国大自然文学的发展进程 ………………………………… 1
　　二、中国大自然文学特指"刘先平创作" ……………………… 4
　　三、刘先平对中国大自然文学的贡献 …………………………… 12
　　四、新时代中国大自然文学发展新思考 ………………………… 18

第一章　大自然文学的基本概念 ……………………………………… 27

　　第一节　大自然与自然观 ………………………………………… 27
　　第二节　大自然文学的自然观 …………………………………… 44
　　第三节　什么是大自然文学 ……………………………………… 64

第二章　刘先平大自然文学观的演变与特征 ………………………… 86

　　第一节　刘先平大自然文学概念的演变 ………………………… 86
　　第二节　刘先平大自然文学观的十大特征 ……………………… 91

第三章　刘先平的大自然文学人生 ………………………………… 107

　　第一节　刘先平文学人生的两大阶段 ………………………… 108
　　第二节　刘先平大自然文学创作的探险生活 ………………… 115

第四章　刘先平大自然文学的创作分期与主题意蕴 ……………… 131

　　第一节　刘先平大自然文学创作的四个时期 ………………… 132

第二节　刘先平大自然文学创作的主题意蕴 …………… 137

第五章　刘先平大自然文学的创作类型及作品赏析 ……… 146

　　第一节　刘先平大自然文学创作的三大类型 …………… 147
　　第二节　刘先平大自然文学创作的作品赏析 …………… 150

第六章　"刘先平大自然文学创作"评论述评（上） ……… 206

　　第一节　"刘先平大自然文学创作"评论的"两阶段四时期"……… 207
　　第二节　"刘先平大自然文学创作"评论界关注的九大话题 …… 224

第七章　"刘先平大自然文学创作"评论述评（下） ……… 236

　　第一节　翟泰丰、金炳华、张小影、束沛德、高洪波论刘先平大自然文学创作 ……………………………………… 237
　　第二节　儿童文学界、文艺评论界论刘先平大自然文学创作 … 256

余　论　中国大自然文学的"安徽现象" ………………… 306

　　第一节　中国大自然文学发端于安徽 …………………… 306
　　第二节　中国大自然文学安徽再出发 …………………… 330

附　录 …………………………………………………………… 371

　　刘先平大自然文学创作年表（1980—2020） …………… 371
　　《人与自然的颂歌——刘先平大自然探险文学评论集》目录 … 377
　　《大自然文学研究》（首卷至第三卷） …………………… 379
　　韩进大自然文学文论目录 ………………………………… 387

参考文献 ………………………………………………………… 391

后　记　我有一个愿望 ………………………………………… 395

引 论　刘先平与中国大自然文学40年

中国大自然文学成为一种明显的文学现象,发端于新时期安徽作家刘先平的大自然探险文学创作,形成于新世纪安徽文学界对大自然文学的倡导,到新时代已经呈现出百花齐放的繁华景象。回顾40年中国大自然文学的发展历程,刘先平的名字总是和"大自然文学"连在一起,称之为"刘先平大自然文学"。如果说有一种文学现象是因为一个作家的创作而形成的,那么就是指刘先平与中国大自然文学。

一、中国大自然文学的发展进程

中国大自然文学40年的发展进程,以刘先平创作为代表,有其显著特征,就是"两个同步"与"三个阶段"。"两个同步"即"与改革开放同步、与世界大自然文学同步";"三个阶段"即"新时期、新世纪、新时代"。

(一)两个同步:与改革开放同步、与世界大自然文学同步

"两个同步"源自1996年"刘先平大自然探险长篇系列"结集出版时,浦漫汀教授对刘先平创作的评论:"你以崭新的人与自然的关系审美,写出的是最新的大自然文学,有鲜明的特点,是中国的大自然文学。世界上大自然文学流派的真正兴起,也是七八十年代。"[①]

---

① 刘先平.跋涉在大自然文学的30年[C]//安徽大学大自然文学研究所主编.大自然文学研究(首卷).合肥:安徽人民出版社,2013:8

1978年12月十一届三中全会召开,实行改革开放,中国特色社会主义建设进入新时期。刘先平中断了15年的创作权利得以恢复。因为他有多年来大自然探险生活的体验,所以面对生态危机的现实,他选择写自己在大自然中的探险与思考。在1978年到1987年的10年间,刘先平一鼓作气创作了《云海探奇》等4部大自然探险长篇小说和《山野寻趣》大自然探险散文集。这些作品成为中国大自然文学的奠基之作。从此,他致力于中国大自然文学创作40年,被誉为"中国大自然文学之父"。

没有改革开放,就没有刘先平的大自然文学创作。改革开放让他恢复了创作的权利;改革开放激发了刘先平的创作激情,让他选择了大自然文学;改革开放给了刘先平作品的出版机遇,让他独树一帜的大自然文学能够得到社会认可。《呦呦鹿鸣》的责编、人民文学出版社编辑周达宝曾经对刘先平说过,不是改革开放,谁敢向他这样的"被批判分子"约稿;还有他写云海、猿猴、梅花鹿,感恩自然、保护野生动物、提倡人与自然和谐,这些内容在改革开放之前是不能出版的,是要被批判为宣扬"阶级斗争熄灭论"的反革命文学。

中国大自然文学与世界同步,刘先平的创作是突出代表。早在1988年前后,苏联《儿童文学》杂志就介绍了刘先平大自然文学的创作情况。1991年,刘先平在巴黎国际儿童文学研究会发表名为《关于中国儿童文学和大自然文学》的演讲,引起普遍关注。2008年,刘先平以代表作《我的山野朋友》获得国际儿童读物联盟荣誉作家奖。2010年,刘先平以大自然文学创作的突出成绩获得国际安徒生奖提名;2011年、2012年又连续两年入围国际林格伦文学奖。2014年,在"大自然文学国际研讨会"召开期间,来自美国、俄罗斯、英国、瑞典等国的大自然文学专家介绍并交流了各国大自然文学的发展情况,会议得出一个结论:中国大自然文学与世界大自然文学同步,代表作家、作品即刘先平及其创作。2019年,刘先平获得比安基国际文学奖荣誉奖。刘先平的大自然文学作品被译成英文、法文、波兰文等多种语言在国外出版,获得联合国教科文组织和国际儿童读物联盟联袂推荐,以讲好"美丽中国"故事的鲜明特色、融入世界大自然文学潮流,为构建人与自然和谐共生、人类命运共同体的美好明天,做出了中国大自然文学的贡献。

（二）三个阶段：新时期、新世纪、新时代

一代有一代之文学。中国大自然文学40年，追寻中国生态文明建设的步伐，经历了新时期、新世纪、新时代三个发展阶段。

1. 新时期大自然文学（1978—2000）

新时期大自然文学是中国大自然文学的启蒙期和发生期。热爱自然、保护环境是其基本主题。中国大自然文学萌芽于新时期文学的开放格局中，带有新时期文学寻根反思的性质，将生态批评融入现实主义文学创作中，突出人与自然和谐发展的新主题，颠覆了一个"文学是人学"的传统观念，开拓了中国新时期文学的新疆域和新境界。代表作品有"刘先平大自然探险长篇系列"（5种）。

2. 新世纪大自然文学（2000—2017）

新世纪大自然文学是中国大自然文学的正名期和发展期。直面生态危机的现实、呼唤生态道德是其基本主题。2000年，刘先平在安徽儿童文学创作会议上首次提出"大自然文学"的创作方向，被誉为世纪之交中国儿童文学的一面美学旗帜。2003年，安徽主办"大自然文学研讨会"，第一次将"大自然文学"作为一种重要的文学现象给予专题研讨和大力倡导，引起文学界的关注。2014年，安徽主办"大自然文学国际研讨会"，来自美国、俄罗斯、英国、瑞典等国的大自然文学专家、学者对中国大自然文学发展给予高度评价，认为中国大自然文学与世界大自然文学同步，刘先平是代表作家。这一时期的代表作有《走进帕米尔高原——穿越柴达木盆地》（2008）、《美丽的西沙群岛》（2012）、《追梦珊瑚——献给为保护珊瑚而奋斗的科学家》（2017）等。

3. 新时代大自然文学（2017年以来）

新时代大自然文学是中国大自然文学发展的机遇期与繁荣期。2017年10月，习近平总书记在中国共产党第十九次全国代表大会上的报告中提出了"加快生态文明体制改革，建设美丽中国"的新任务，生态道德教育被纳入社会主义核心价值观。2019年9月，中宣部"党建网"连续转载刘先平的《呼唤生态道德》文章和《美丽的西沙群岛》等作品,将其作为新时代党和国家建设生态文明的学习材料。2019年10月,中共中央、国务院印发《新时代公民道德建设实施纲要》,强调"绿色发展、生态道德是现代文明的重要标志,是美好生活的基础,人民群众的期盼",在"推动道德实践养成"过程中,要"以优秀文艺作品陶冶道德情操"。新时代大自然文学发展迎来千载难逢的机遇。倡导大自然文学成为文学新时尚,设立"中国自然好书奖",引进"比安基国际文学奖",主办"大自然原创儿童文学作品征集活动",召开多种形式的"自然与文学"论坛,出版"大自然文学创作与研究丛书"……新时代大自然文学发展呈现出繁荣景象。代表作有刘先平的《续梦大树杜鹃王——37年,三登高黎贡山》(2018),讲述作者37年"三上云南高黎贡山"寻梦、圆梦、续梦的追梦故事,用文学、视频、微信等全媒体形式,浓缩了近百年来几代中国科学家追寻中华民族伟大复兴中国梦的心路历程和奋斗精神,成为新时代中国大自然文学的新高峰。

二、中国大自然文学特指"刘先平创作"

在中国,第一位将刘先平创作称为"中国大自然文学"的,是我国儿童文学理论家、北京师范大学中文系浦漫汀教授。

早在1995年,中国青年出版社计划出版"刘先平大自然探险长篇系列"(5种)之际,浦漫汀对前来拜访的刘先平说,你的创作已经"超越了儿童文学范围","表现了一种新的理念、新的人与自然的关系,是中国的新的时代的大自然文学"。此后,浦漫汀对刘先平创作的这一"命名"和"定性",成为儿童文学界的共识,"刘先平大自然文学"一词由此流传开来,成为"中国大自然文学"的代名词。

(一)"中国的大自然文学"

2008年,刘先平推出"大自然在召唤"丛书(9种),包括《云海探奇》《大熊猫传奇》《呦呦鹿鸣》《千鸟谷追踪》《山野寻趣》《和黑叶猴对话》《麋鹿找家》《寻找大树杜鹃王》《走进帕米尔高原——穿越柴达木盆地》,集中展示了他

30年来创作大自然文学的主要成果。在该套丛书的后记——《我的30年——跋涉在大自然文学》①中,刘先平写道:

> 是著名的文学评论家、北师大浦漫汀教授第一个说:你以崭新的人与自然的关系审美,写出的是最新的大自然文学,有鲜明的特点,是中国的大自然文学。世界上大自然文学流派的真正兴起,也是在七八十年代。我很感动她的理解与鼓励。她给予了很多的帮助和指点。1996年,中国青年出版社将几部长篇小说结集,"刘先平大自然探险长篇系列"就是由她定名的。②

文中说到1996年出版"刘先平大自然探险长篇系列"一事。刘先平在2005年写的一篇回忆文章《睿智》中,详细记录了当时专程拜访浦漫汀教授的情形。在文中,刘先平写道,浦漫汀教授对他说:

> 你要思索一个重要的问题:为什么你的作品在初版十几年之后,还有读者,还有出版社想再版?这在今天是很难得的。我曾说过:你的作品几十年甚至更长一些时间还会有人兴趣盎然地读。你在20世纪70年代末写的《云海探奇》,是我国第一部描写野生动物世界探险的长篇小说,成功地展示了一个崭新的世界。在这条探索的道路上,一走就是十几年,不断开拓。这对一个人的勇气和意志都是考验。是什么支持了你呢?
>
> 你的作品,为新时期的儿童文学带来一股清新之风,这在我的一篇文章中说到了。但总觉得它还有一种更大的冲击力。是什么呢?我仍在考虑,很可能是你所展示的人与自然的关系,是一种新的内涵……我们都再想想。这对你的创作很重要……
>
> 接着,就如何修订作品等等做了商讨,浦大姐郑重地说:待作品出来

---

① 刘先平.我的30年——跋涉在大自然文学[M]//大熊猫传奇.合肥:安徽少年儿童出版社,2008:273—280.该文此后改名为《跋涉在大自然文学的30年》,收入安徽大学大自然文学研究所主编的《大自然文学研究(首卷)》,安徽人民出版社2013年版。

② 刘先平.跋涉在大自然文学的30年[C]//安徽大学大自然文学研究所主编.大自然文学研究(首卷).合肥:安徽人民出版社,2013:8.

后,一定要开个研讨会。这不是你个人的事,是发展儿童文学的事,很可能是超越了儿童文学范围的事。

……你的作品其实是大自然文学,这不仅仅是以题材来说的,是由于他们表现了一种新的理念、新的人与自然的关系,是中国的新的时代的大自然文学。这是我又看了你的作品之后,得出的印象。大自然文学已不仅仅是儿童文学,读者面更宽,这在你的《山野寻趣》中已体现得很好。世界上新的大自然文学正在兴起、繁荣,中国应该有自己的大自然文学,你是个拓荒者。①

浦漫汀教授说"待作品出来后,一定要开一个研讨会",这个研讨会就是1996年11月在北京召开的"'刘先平大自然探险长篇系列'作品研讨会"。这次会议的研究成果结集为《人与自然的颂歌——刘先平大自然探险文学评论集》,于1999年由安徽少年儿童出版社出版,束沛德主编并作序,收录陈伯吹、江晓天、李准、徐民和、陈浩增、云德、张小影、王泉根、高洪波、樊发稼、金波、浦漫汀、汪习麟、孙武臣、宗介华、班马、汤锐、明照、唐跃、赵凯、韩进、李正西、黄书泉等人写的28篇评论文章,附有刘先平的《对大自然探险小说美学的蠡测》《人生三步》《刘先平小传》三篇资料。从部分评论的标题可以看出,评论界对刘先平创作达成了共识,也就是浦漫汀所说的,"以崭新的人与自然的关系审美,写出的是最新的大自然文学,有鲜明的特点,是中国的大自然文学"。例如,束沛德:《勇敢的探索者》(代序);陈伯吹:《人与自然的颂歌》;徐民和:《开拓出一个新天地——读刘先平的两部儿童文学作品》;班马:《自自然然地颠覆一个只写"人"的以往文学世界——读出刘先平作品的性情与气质》;云德:《人与自然的倾心交流》;浦漫汀:《野生动物世界的无穷魅力》;金波:《人与自然的赞歌》;韩进:《大自然的呼唤——刘先平大自然文学创作散论》;汤锐:《讴歌人与自然的史诗》。

其中,浦漫汀的《野生动物世界的无穷魅力》最有代表性,高度评价了"这

---

① 刘先平.睿智[M]//柯岩,束沛德,金波,等.浦漫汀与儿童文学.北京:北京燕山出版社,2005:241.

套丛书的意义是深远的、多方面的",评价刘先平在作品中"所展示的人与自然的关系"的"新内涵",其"读者面更宽","很可能是超越了儿童文学范围",在当代儿童文学史上"应该给以应有的位置"。她写道:

> 首先是在儿童文学样式上的完备与题材上的拓展。
>
> 用长篇小说的样式表现大自然探险、野生动物世界探险的题材的作品,过去是没有的。
>
> 大自然是人类文学艺术的三大母题之一。我国自古以来就有表现大自然的传统,《诗经》中就有"呦呦鹿鸣"的名句,古代散文中也有写大自然的名篇。孔子说的"诗可以多识草木鸟兽之名"就概括了文学的一种题材与一种功能——表现大自然和提高认识能力的作用。
>
> 大自然与儿童更有天然的联系。儿童喜爱大自然,大自然也是他们成长中的一个重要课堂。所以儿童文学多以它为题材。但所用体裁多为富于抒情色彩的散文、诗或短篇小说、童话等。
>
> 刘先平的系列长篇形成了一股集团的力量,内容集中、气势磅礴,可以说是大自然探险与自然保护文学的巨著。在极其广泛的大自然探险与野生动物世界的题材中,它所占的'四个第一'①实际也就是填补了四个方面的空白。故而它对儿童文学体裁的完备、题材的拓展都是很有意义的。
>
> 其次是在思想性、艺术性,以及创作风格上给儿童文学带来了有益的启示……
>
> 综上,这套丛书在儿童文学中,特别是80年代以来的儿童文学史上是应该给以应有的位置的。②

---

① "四个第一":《云海探奇》——中国第一部描写在猿猴世界探险的长篇小说。《呦呦鹿鸣》——中国第一部描写在梅花鹿世界探险的长篇小说。《千鸟谷追踪》——中国第一部描写在鸟类王国探险的长篇小说。《大熊猫传奇》——中国第一部描写在大熊猫世界探险的长篇小说。这是"刘先平大自然探险长篇系列"中的4部作品,还有1部是大自然探险散文集《山野寻趣》。

② 浦漫汀.野生动物世界的无穷魅力[C]//束沛德主编.人与自然的颂歌——刘先平大自然探险文学评论集.合肥:安徽少年儿童出版社,1999:69—71.

正是有浦漫汀教授高瞻远瞩的论述,又有这次研讨会达成的共识,蒋风、韩进在1998年出版的《中国儿童文学史》中,汲取了学术界最新的研究成果,第一次以"大自然文学创作"的名义,给刘先平的儿童文学创作以儿童文学史的地位。

《中国儿童文学史》的《第五编 中国儿童文学的发展(二下)(1949—1994)》的第二章第三节标题就是《刘先平的大自然文学创作》,文中提到刘先平"从1978年至1987年这10年间,写下了百余万字的大自然文学系列,为那个时期在恢复中艰难发展的新时期儿童文学树起了一道充满生机的绿色风景线"。"刘先平独树一帜的大自然文学创作,以探索人与自然为主题,揭示动物世界奥秘;以科学探险为契合点,将纪实与审美相融合,使得他的作品融知识性与科学性、探险性与儿童性、生存意识与爱国情愫于一体,始终保有一种内容的神秘感、阅读的新鲜感,具有长久的艺术生命力,不仅为那个时期的儿童文学创作开拓了一个全新的领域——大自然探险文学或称为大自然保护文学,而且在审美视角、审美意识上也进入了一个新的层次"。①

按照刘先平的讲述,如果没有浦漫汀教授对他的"理解与鼓励""帮助和指点",为他的创作"定名"和"定性",为他指明"中国的大自然文学"创作方向,就没有后来刘先平对大自然文学创作的坚持和倡导,也就没有今天所说的中国大自然文学现象。一次登门专访、一套系列命名、一个研讨会议、一本评论文集、一部文学史记,这"五个一"形成了一个"合逻辑的大事件",中国开始有了自己的大自然文学,代表作家是刘先平及其大自然探险文学创作。另外,此后所说的中国大自然文学的诸多特征,主要是从刘先平的创作实践中总结提炼出来的。在刘先平之前,还没有人像他那样,以其一批精品力作展现大自然文学的内涵,为打造具有中国特色、民族风格、时代精神的中国大自然文学起到了先锋示范作用并积累了成功经验。可以说,中国大自然文学的发展史就是刘先平大自然文学的创作史。

---

① 蒋风,韩进.中国儿童文学史[M].合肥:安徽教育出版社,1998:632—634.

(二)高扬大自然文学的美学旗帜

"刘先平大自然探险长篇系列"(5 种)出版后,1997 年获得第 7 届中宣部精神文明建设"五个一工程"奖,又陆续获得国家图书奖、冰心儿童图书奖,并被推荐给联合国教科文组织,开启中国大自然文学"走出去"的新征程。刘先平在《睿智》中写道:

> 后来,这套书得了几项大奖,她(浦漫汀——引者注)比我还要高兴。
> 关于大自然文学,在后来的岁月中,束沛德、金波、樊发稼等先后都有精辟的论述。直到 2000 年在一次儿童文学研讨会上才正式提出。2001 年束沛德先生在台湾讲学时,将幽默文学、大幻想文学、大自然文学称为"三面美学旗帜"。以后刊登在《文艺报》上,题为《新景观 大趋势》,为中国的大自然文学呐喊助威。于是有了 2003 年在黄山召开的大自然文学研讨会。这次会议就现代意义的大自然文学的特点、现状、对当代文学的影响及如何繁荣,进行了热烈的讨论。浦大姐因故未能参加。会上,我特意介绍了她的那次谈话。①

这一段文字信息量大,意义也重大,概括了 1996 年到 2003 年的 8 年间的大自然文学的发展进程,其中提到的"两次研讨会"和"一篇重要文章",具有大自然文学史的意义。

2000 年 10 月,"安徽儿童文学创作会暨儿童文学作家研讨班"在黄山召开,会议由时任安徽省作协常务副主席、安徽省儿童文艺家协会主席刘先平主持,刘先平围绕安徽儿童文学创作趋势做主题报告,会议通过对安徽儿童文学创作传统、创作特色与创作现状分析,特别是刘先平大自然文学创作在全国的影响和对安徽儿童文学创作发展的意义,提出了面向 21 世纪的"大自然文学"的创作方向,并规划筹建大自然文学创作研究中心,将大自然文学作为中国儿童文学的一面旗帜和重振文艺皖军的一支重要力量,提上优先发展

---

① 刘先平.睿智[M]//柯岩,束沛德,金波,等.浦漫汀与儿童文学.北京:北京燕山出版社,2005:241—243.

日程。2000年10月31日《文艺报·文学周刊》第一版以《安徽儿童文学打出"大自然文学"旗帜》给予报道,在文学界引起广泛关注。

刘先平所说的束沛德先生2001年发表在《文艺报》上的《新景观 大趋势》一文,正是基于2000年安徽儿童文学创作趋势研讨会提出"大自然文学创作方向"这一重大决策作出的判断。束沛德文章的完整题目是《新景观 大趋势——世纪之交中国儿童文学扫描》,开篇写道:"站在新世纪之交的门槛上,回望20世纪90年代中国儿童文苑,可以清晰地看到色彩缤纷、令人眼花缭乱的诸多景观",其中"景观"之三为"三面美学旗帜——大幻想文学、幽默文学、大自然文学",在有关"大自然文学"部分中写道:

> 继大幻想文学、幽默文学之后,2000年10月举办的安徽儿童文学创作会上打出了大自然文学的旗帜。大自然文学历来是儿童文学的重要母题之一。随着现代工业、科学技术的发展,保护自然环境,关注生态平衡,已经成为全球普遍关注的时代课题。也就是说,时代呼唤着大自然文学。新时代赋予大自然文学以新的艺术魅力和审美价值。当代大自然文学蕴含的保护地球的意识,在审美中占据着主导位置;而汲取最新的科学成果,从新的角度观照自然的本质、生命的本质,审视自然的美、生命的美,又使它在审美视角、审美意识上进入一个新的层次,从而使大自然文学这面绿色文学旗帜在新世界闪耀着绚丽的美学光辉。
>
> "刘先平大自然探险长篇系列"的问世,对大自然文学的发展起了带头、开拓的作用。近年来有更多的作家加入大自然文学创作的行列。湖南少年儿童出版社推出的《生命状态文学丛书》可以说是大自然文学创作的新成果。①

在以浦漫汀、束沛德为代表的专家学者的引导、鼓励和推动下,2003年11月6日至10日,"大自然文学研讨会"在安徽黄山召开。会议由安徽省委宣传部、安徽省作家协会和安徽省儿童文艺家协会联合主办,由安徽省作家协会常务副主席、安徽省儿童文艺家协会主席刘先平主持。这次会议的意义

---

① 束沛德. 新景观 大趋势——世纪之交中国儿童文学扫描[N]. 文艺报,2002-1-1.

在于第一次旗帜鲜明地以"大自然文学"为研讨会命名。这也是一次全国性的高规格学术会议，汇聚了北京、安徽两地的重要作家、评论家。著名儿童文学作家、中国作家协会书记处书记高洪波出席会议并发言，参加会议的还有一批著名儿童文学作家，如马光复、张之路、张锦贻、曹文轩、方敏等。安徽文学界及儿童文学界的苏中、唐先田、钱念孙、赵凯、唐跃、黄书泉、韩进、伍美珍、陈曙光、杨老黑、王蜀、李秀英、张玉庭、王国刚、邢思洁、刘君早、程亚星、徐卫新、李华等作家、评论家参加会议。

这次会议围绕"大自然文学"主题做了认真筹划，会前明确要求参会者提交会议发言论文，并规定了三大发言议题：(1)什么是大自然文学；(2)中外大自然文学的发展进程与现状分析及比较研究；(3)如何繁荣大自然文学创作。会议期间，印发了程虹发表在《文艺报》的《自然与心灵的交融——美国的自然文学》(2003年10月20日)作为会议的学习材料。会议收到的主要论文有：高洪波的《非典时期的野猫——我的大自然文学观》、张锦贻的《自然·时代·儿童——刘先平近期大自然文学创作略论》、苏平凡的《面向未来的大自然文学》、方敏的《大自然文学与生命科学的互动》、唐先田的《大自然文学的鲜明品格——兼论刘先平的大自然文学创作》、黄书泉的《当代文学新的生长点——关于中国大自然小说的思考》、韩进的《搜寻大自然文学的踪影》、谭旭东的《从文学的人本主义到生态主义》、王国刚的《人与自然的共鸣》、程亚星的《诗中黄山更秀美》等。会议成果在《人民日报》《光明日报》《文艺报》等重要媒体进行了报道。其中《文艺报》在2003年12月2日头版头条的位置，发表了该报记者江湖采写的《高扬起大自然文学的旗帜》长篇报道，其从"大自然文学是一个现代概念""大自然文学必须凸现强烈的人文意识"和"坚实地走好发展之路"三个方面，介绍了本次会议的成果，让更多的人知道以刘先平为旗手的安徽儿童文学界正在倡导一场"大自然文学"创作活动，并将安徽倡导大自然文学的影响扩大到整个文学界。

浦漫汀教授因故没能参加在安徽黄山举办的"大自然文学研讨会"，但在会议召开之前的10月8日，浦漫汀教授在《中华读书报》上发表了她为刘先平在湖北少年儿童出版社出版的新书"东方之子刘先平大自然探险"(8种)

写的评论文章,以大自然文学的名义评价刘先平的大自然探险创作,充分肯定了刘先平在中国大自然文学史上的"开拓者"地位。浦漫汀教授在文中指出:

> 上个世纪70年代末以来,始终致力于大自然文学创作的刘先平,已被公认为我国现代意义上的大自然文学的开拓者。他前不久推出的"东方之子刘先平大自然探险"系列进一步巩固了这一为人敬慕的历史地位。这套共含《天鹅的故乡》《迷失的大象》等8种的探险系列既是刘先平的新作,也是他卓有成就的代表作。通读包括本系列在内的主要作品,再联想起所了解到的他的读者情况,不禁感到刘先平的贡献不止于对儿童文学的推动,还以崭新的品牌著作为儿童文学平添了一面"美学旗帜",而且,对成人文学的丰富与扩展也立下了功劳。①

三、刘先平对中国大自然文学的贡献

回顾40年中国大自然文学的发展历程,刘先平的名字总是和"大自然文学"连在一起的,习惯称之为"刘先平大自然文学"。刘先平的名字几乎成为中国大自然文学的代称,说到刘先平就会想到大自然文学,说到大自然文学就会想到刘先平,刘先平也因此被称为"中国大自然文学之父"。

(一)中国大自然文学之父

2018年,刘先平新作《续梦大树杜鹃王——37年,三登高黎贡山》由湖北科学技术出版社出版。在该书的"作者介绍"板块中写道:

> 刘先平
> 他被誉为我国当代大自然文学之父。
> 他曾经两次横穿中国,从南北两线走进帕米尔高原。
> 他曾经三次穿越塔克拉玛干大沙漠。

---

① 浦漫汀. 兼跨文学两个领域的名篇——读"东方之子刘先平大自然探险"系列有感[N]. 中华读书报,2003—10—08.

他曾经四次探险怒江大峡谷。

他曾经六上青藏高原。

他多年跋涉在横断山脉。

他曾经两赴西沙群岛探险。

他在大自然中凿空探险40多年。

他的代表作有四部描写在野生动物世界探险的长篇小说和几十部大自然探险奇遇故事。

他的作品共荣获国家奖九项。其中有三次获得中宣部精神文明建设"五个一工程"奖,三次获得中国作家协会全国优秀儿童文学奖……

2010年,安徽省人民政府为他建立并授牌"刘先平大自然文学工作室"。

他2010年获国际安徒生奖提名。

他2011年、2012年连续两年被列为林格伦文学奖候选人。

他历任安徽省人民政府参事、安徽省政协常委和人资环委员会副主任、安徽省作家协会常务副主席,现为中国作家协会名誉委员。

这段文字高度概括了刘先平在大自然文坛"十个第一"的突出表现,为中国大自然文学撑起一片蓝天。这"十个第一"是:

1. 第一位40年如一日地坚持大自然探险并以第一人称讲述探险故事的大自然文学作家;

2. 第一位旗帜鲜明地倡导大自然文学并矢志不渝地创作了一批带有典范意义的大自然文学作品的作家;

3. 第一位以"大自然文学作家"的身份获得国际安徒生奖和林格伦文学奖提名的作家;

4. 第一位以大自然文学的名义呼唤建立生态道德、建设社会主义生态文明的作家;

5. 第一位以他的名字和他开创的大自然文学命名的、由省政府批准建立的"刘先平大自然文学工作室"的作家;

6. 第一位以他的大自然文学创作实绩和影响力在高校为他量身定制"安

徽大学大自然文学研究所"和"安徽大学大自然文学协同创新中心",并开设"大自然文学作家班",形成创作、科研、教学"三位一体",文学创意和文化产业相融合的作家;

7. 第一位将一种文学体裁发展为一门特色学科并拓展为一类文化创意产业的作家;

8. 第一位将中国大自然文学介绍到国外的文学活动家;

9. 第一位以大自然文学作品获得了多种国家级大奖,包括中宣部精神文明建设"五个一工程"奖、中国作家协会全国优秀儿童文学奖、国家出版政府奖、宋庆龄儿童文学奖、冰心儿童文学奖等的作家;

10. 第一位同时获得中国自然好书奖和比安基国际文学奖的中国作家。

"十个第一"从三大方面——创作成就(1—4)、产业融合(5—7)、国际影响(8—10),高度概括地陈述了刘先平在中国大自然文学史上的开拓意义、奠基意义和代表意义,体现了刘先平大自然文学创作的价值和意义。

(二)中国大自然文学的开拓者

2002年1月8日,中央电视台的《东方之子》栏目播出刘先平专访,指出刘先平是"文学界公认为我国现代意义上的大自然文学的开拓者"。2014年10月19日,"大自然文学国际研讨会"在安徽合肥召开,高洪波在贺信中写道:"中国现代意义的大自然文学发端于安徽,开拓者是著名作家刘先平。他从上世纪(20世纪)70年代中期起,就致力于开创中国文学新领域新题材的创作,突出了'人与自然和谐相处'的主题,在广大读者之中引起了强烈的反响。"40年来,刘先平"不忘初心、牢记使命",集大自然文学作家和大自然文学社会活动家于一身,为中国大自然文学的兴起和发展鼓与呼,不仅开创了一个叫"大自然文学"的门类,还开创了一个叫"大自然文学"的学科。

1. 开创了"大自然文学"的门类

2009年2月28日,"刘先平大自然文学创作30年暨'大自然在召唤'作品研讨会"在北京召开。王泉根在发言中指出:"中国大自然文学的兴起、发展与安徽作家刘先平的名字联系在一起。大自然文学的诸多特征在刘先平的艺术实践中有着充分的呈现,或者说,刘先平的艺术实践有力地丰富了大自然文学的内涵,为打造具有中国特色、民族风格、时代精神的大自然文学积累了新鲜经验。"①曹文轩更是直言,刘先平"为中国创造了一个叫'大自然文学'的门类"②。

前文提过,以"大自然文学"指称中国作家的作品,始于1996年浦漫汀对"刘先平大自然探险长篇系列"的评价,"中国的大自然文学"就是特指"刘先平创作",显然这里"中国的"大自然文学,是与"苏联(俄罗斯)的""美国的"自然文学相比较而言的。

那么,刘先平创作被称为"中国的大自然文学",与苏联(俄罗斯)和美国的大自然文学(自然文学)有什么关系呢?答案是明确的,刘先平的大自然探险文学创作与苏联(俄罗斯)、美国的大自然文学(自然文学)没有直接的因果关系。刘先平创作大自然文学的初心是他自己在大自然探险考察中的文学发现和文学反映,是先有刘先平长期的大自然探险生活,在大自然探险生活中发现了大自然,再有"刘先平大自然探险长篇系列"等以大自然为题材的作品,然后才有评论界将刘先平创作所表现出的独特面貌称为"大自然文学"。这种具有鲜明的中国特色、中国风格、中国味道的大自然文学作品,在世界大自然文学中也独树一帜。

显然,刘先平的大自然文学创作,不是舶来的外国概念,不是对外国大自然文学作品的模仿,也不是先有大自然文学理论指导,才去创作大自然文学,而是刘先平以自己真切的审美感受和独到的文学形式,在创作中摸索并开创的一种具有明显跨学科、跨文体的综合性文学门类。正因为这一文学门类的独创性,在现有文学世界的规范理论中,找不到能够与刘先平作品呈现的创作特征相一致的文学概念。在刘先平创作大自然探险文学之前没有现成的"大自然文学"概念和理论来解释刘先平创作现象,因为刘先平的大自然探险文学创作表现出对"文学是人学"传统文学观的颠覆,同时又表现出与苏联

---

① 王泉根.大自然文学的特征与刘先平的意义[J].中国少儿出版,2009(1).
② 曹文轩.大自然文学的美学回归[J].中国少儿出版,2009(1).

（俄罗斯）、美国的大自然文学（自然文学）身份相似的美学特征，所以称其为"中国的大自然文学"。此后，"大自然文学"这一提法得到刘先平的认同和文学界的认可，又在刘先平矢志不渝的坚持和不遗余力的倡导和推进下，成为中国文坛一种明显的文学现象，其影响也渐渐走出儿童文学，走出安徽，走向世界，"刘先平大自然文学"也成为一个专有名词，得到文学界的认可和尊重。

诚然，从刘先平创作大自然文学作品，到倡导"大自然文学"门类的独立，有一个艰难的推进过程。有人认为刘先平大自然探险题材的创作已经放在"儿童文学"中，没有必要再标新立异提出一个"大自然文学"新概念；有人不看好刘先平倡导的"大自然文学"会有好的前途和命运，将刘先平的名字直接与大自然文学连在一起，如果不是对刘先平开创"大自然文学"这一新文学的认同和肯定，也多少带有"那是刘先平一个人的文学"的漠视和否定。这不仅真实地反映了刘先平作为"中国大自然文学先驱者"的孤独与寂寥，也从一个侧面反映了刘先平开创中国大自然文学的勇气和功劳。

如果没有刘先平坚持40年的大自然探险创作，就没有中国的大自然文学。刘先平不仅以50多部作品奠定了他作为中国大自然文学的开拓者与奠基者的文学史地位，而且通过他的创作示范和理论思考，回答了什么是大自然文学、中国大自然文学的特质是什么等一系列基本问题，从而为大自然文学正名。

刘先平关于大自然文学的论述非常丰富，主要内容有七个方面（详见第二章）：

(1)大自然文学是现代文学概念，它是人类进入生态文明时代的文学。

(2)大自然文学的立论基础是生态自然观，"天人合一""道法自然"等中华传统文化对人与自然关系的表述中包含着"人与自然和谐共生"的生态哲理。

(3)大自然文学的主题是呼唤生态道德。生态道德就是处理人与自然关系的行为规范，大自然文学以生态道德培育生态文化，建设生态文明，建设美丽中国。

(4)大自然文学既有跨文体写作的综合特征，又有融媒体表现的综合能力。

(5)大自然文学就是大自然文学,属于文学大家庭中有着独立门户的文学新品种,而不属于其他文学。

(6)大自然文学与儿童文学关系最密切,一部优秀的大自然文学作品,没有年龄界限,儿童成人都需要、都喜欢。

(7)大自然文学作家需要具备特殊素质,特别需要不怕牺牲的探险精神,要勇敢地到大自然中去挖掘创作的源泉。

2. 开创了"大自然文学"的学科

刘先平不仅是大自然文学作家,以50多部作品为中国大自然文学奠基,还是一位倡导大自然文学的社会活动家,通过多种形式宣讲大自然文学理念,推进大自然文学发展。特别是2010年"刘先平大自然文学工作室"建立以后,刘先平更是以工作室为核心,以安徽大学为基地,以大自然文学的名义,开展了一系列学科建设活动,将一种文学形式发展为一门高等教育学科。作家的文学创作与高校文学教育的创造性融合,提升了大自然文学的影响力和独立品质,也为当代高等教育学科建设探索了一条新路。

建设一个"大自然文学"学科需要方方面面的参与和很多人的努力。但刘先平是其中起主导和决定性作用的"那一个",他是名副其实的组织者、领导者、行动者、建设者。没有刘先平及其大自然文学创作,大自然文学学科建设就成了没有对象和内容的空中楼阁,刘先平是大自然文学学科建设的"带头人"。他参与谋划、决策和组织参与的主要活动有:

(1)2010年5月,成立安徽大学大自然文学研究所,刘先平担任所长。研究所在文学院开设大自然文学选修课,招收现当代文学大自然文学方向硕士、博士研究生,发布大自然文学研究年度开放课题,出版《大自然文学研究》辑刊。

(2)2013年8月,"刘先平大自然文学工作室"和中国出版集团合作,在人民文学出版社、天天出版社成立"刘先平大自然文学品牌研发推广中心",推出"刘先平大自然文学精品集"系列作品。

(3)2015年10月,成立安徽大学大自然文学协同创新中心。此中心以刘先平大自然文学工作室、安徽大学大自然文学研究所为基础,借助教育部"2011计划",积极开展文学创作、文学研究、志愿行动、人才培养、衍生开发和传播展示等平台建设,努力建设成为中国的大自然文学创作、研究、传播中心。计划在4年内培养大自然文学研究生25至30人,其中硕士研究生不少于20人、博士研究生5至10人。

(4)2019年3月,安徽大学大自然文学协同创新中心、长江少年儿童出版社(集团)有限公司、刘先平大自然文学工作室共同创办大自然文学作家班,作家班设在刘先平大自然文学工作室,刘先平为作家班授课并参与日常教学管理。首届大自然文学作家班38人,学期1年。遵循理论与实践相结合的原则,作家班邀请名家授课,带领学员阅读研讨大自然文学经典作品,组织学员到自然保护区深入生活,并尝试创作。校企合作加强了学科建设,推进了大自然文学发展。

(5)谋划"大自然文学"学科教材建设。发挥刘先平大自然文学工作室、安徽大学大自然文学研究所、安徽大学大自然文学协同创新中心等单位的教学科研优势,以及中国出版集团、长江出版集团、安徽出版集团等出版企业的出版发行优势,规划组织"大自然文学教材"编写,首批包括《大自然文学概论》《大自然文学写作教程》《刘先平大自然文学创作研究》《大自然文学作品选》等选题。

四、新时代中国大自然文学发展新思考

中国大自然文学经过40年的发展,迈进了中国特色社会主义建设新时代。新时代中国特色社会主义建设的新任务是"建设美丽中国"、实现永续发展。习近平总书记在党的十九大报告中提出:"我们要建设的现代化是人与自然和谐共生的现代化,既要创造更多物质财富和精神财富以满足人民日益增长的美好生活需要,也要提供更多优质生态产品以满足人民日益增长的优

美生态环境需要。"①

"人与自然和谐共生的现代化",标志着中国现代化建设进入社会主义生态文明新时代,生态文明建设已经成为新时代中国社会主义建设的基本国策。党的十八大以来,习近平总书记对生态文明建设倾注了巨大心血,对"为什么建设生态文明、建设什么样的生态文明、怎样建设生态文明"的重大问题进行了深入思考,提出了一系列标志性、创新性、战略性的重要思想观点,形成了习近平生态文明思想,主要内容包括"生态兴文明兴"的历史观、"坚持人与自然和谐共生"的自然观、"绿水青山就是金山银山"的发展观、"良好生态环境是最普惠的民生福祉"的民生观、"山水林田湖草是生命共同体"的系统观、"用最严格制度最严密法治保护生态环境"的法治观、"建设美丽中国全民行动"的共治观、"共谋全球生态文明建设"的全球观等八个方面。

习近平总书记强调指出,"生态文明建设功在当代、利在千秋。我们要牢固树立社会主义生态文明观,推动形成人与自然和谐发展现代化建设新格局,为保护生态环境作出我们这代人的努力"②。新时代的中国文学,理所应当"为保护生态环境作出我们这代人的努力"。

(一)新时代中国大自然文学的新任务

生态文明建设是实现人与自然和谐发展的必然要求。生态文明社会建设,以资源环境承载能力为基础,以自然规律为准则,以可持续发展、人与自然和谐为目标,建设成生产发展、生活富裕、生态良好的文明社会。这是一场涉及生产方式、生活方式、思维方式和价值观念的革命性变革,必须依靠道德和法治的双重力量,为生态文明建设提供可靠保障。因此,加强生态文明宣传,提升社会生态道德水平和生态文明意识,显得尤为重要。

---

① 习近平.决胜全面建成小康社会 夺取新时代中国特色社会主义伟大胜利——在中国共产党第十九次全国代表大会上的报告[C]//中国共产党第十九次全国代表大会文件汇编.北京:人民出版社,2017:40—41.

② 习近平.决胜全面建成小康社会 夺取新时代中国特色社会主义伟大胜利——在中国共产党第十九次全国代表大会上的报告[C]//中国共产党第十九次全国代表大会文件汇编.北京:人民出版社,2017:42.

大自然文学是生态文明时代的文学,以反映生态文明时代的现实与建设生态文明的明天为己任,在习近平生态文明思想指引下,为"建设美丽中国"服务。党的十八大以来,生态文明建设纳入中国特色社会主义建设"五位一体"(经济建设、政治建设、文化建设、社会建设、生态文明建设)总体布局中,纳入社会主义核心价值观中,纳入国民教育体系和干部教育培训体系中;要求从娃娃和青少年抓起,从家庭和学校教育抓起,从国民素质教育抓起。大自然文学无疑是生态文明宣传教育的有效手段,在呼唤生态道德、传播生态知识、宣传生态意识、培育生态文化等方面,具有不可替代的审美教育作用。

1. 呼唤生态道德

大自然文学是呼唤生态道德的文学,生态道德是建设生态文明的基石。所谓生态道德,就是人类对自然的看法和态度。热爱生命,尊重生命,热爱自然,保护自然,实现人与自然和谐共生,是生态道德的基本内容。

大自然文学以纪实手法,在文学的世界里,还原了人与自然关系的基本事实,包括三项基本内容:一是人来自自然,始终是自然的一部分,人从未离开大自然,大自然也从未离开人类,人类与自然是生命共同体;二是人类与自然的生命密切相关,所有生命都是相互关联、休戚与共的整体,人类只有把其他生命视为与人类一样神圣,把动植物视为人类的同胞兄妹,去爱护自然界所有生命的时候,人类才是道德的;三是自然界任何生命都有独立的价值,人类对任何生命都要保持敬畏的态度,保护生命、促进生命就是善,毁灭生命、压制生命就是恶,只有人与自然和谐共生才是美,大自然是人类唯一的家园。

人类怎样对待其他生命,其他生命就会怎样回报人类。人类一旦认识到生存环境的危机正是来自人类自身"不道德"地对待大自然,一种呼唤生态道德的大自然文学就会应运而生。刘先平以自己创作为例,认为他在大自然中跋涉40多年,写了几十部作品,其实只是在做一件事——呼唤生态道德。因为他要感谢大自然,认为是大自然给予了他最生动、最深刻的生态道德教育,所以无论是描写在大熊猫、相思鸟世界探险的长篇小说,还是讲述在野生动植物世界探险的奇遇故事,刘先平都在努力宣扬生态道德的伟大,努力让生态道德在人们心间生根、发芽。

2. 传播生态知识

大自然文学是传播生态知识的文学。生态知识不仅是大自然文学的重要内容,还是建设生态文明的重要知识。为不再发生"不道德"地对待自然的行为,就需要"有道德"地对待自然的生态知识。

大自然文学的知识功能集中体现在对生态知识的传播上。其包括四个层面:一是关于大自然的知识,帮助人们了解自然现象,认识自然规律,按照自然规律办事;二是关于人类与自然关系的知识,讲述人与自然关系变迁的历史,人类如何适应自然、利用自然、改造自然,乃至破坏自然、重建自然的经验和教训;三是关于人类社会发展的知识,人类如何走出自然、建构人类社会,以及人类社会发展的知识;四是关于人类社会发展进入生态文明时代的知识,如何构建人与自然命运共同体、实现绿色发展的知识。

上述四个层面的知识是一个整体,涉及博物学、社会学、环境学、生态学、人类学、未来学等知识。它们共同成为大自然文学的反映对象,从这个意义上说,可以把大自然文学当作关于人与自然关系的科学文艺来欣赏。如刘先平的《大熊猫传奇》讲述了濒危物种大熊猫的保护知识,《续梦大树杜鹃王——37年,三登高黎贡山》讲述了植物皇后大树杜鹃的植物学知识,《追梦珊瑚——献给为保护珊瑚而奋斗的科学家》讲述了珊瑚礁生态系统的海洋知识,《一个人的绿龟岛》讲述了人与自然命运与共的生活知识。生态知识将改变人对自然的看法,也将改变人类自身的行为,并成为生态文明建设的认识基础。

3. 宣传生态意识

大自然文学是宣传生态意识的文学。生态意识是建设生态文明的前提。生态意识的核心是环保意识。环保意识不仅是大自然文学的重要内容,还是推动大自然文学发展的现实动力。

1962年,蕾切尔·卡逊出版《寂静的春天》,以大量事实和科学依据揭示了滥用杀虫剂对生态环境的破坏和对人类健康的损害,猛烈抨击了这种依靠科学技术来征服自然、统治自然的生活方式、发展模式和价值观念。这让人们想起恩格斯曾对人类行为发出的忠告,"我们不要过分地陶醉于我们对自然界的胜利。对于每一次这样的胜利,自然界都报复了我们。每一次胜利,在第一步都确实取得了我们预期的结果,但是在第二步和第三步却有了完全不同的、出乎预料的影响,常常把第一个结果又取消了"①。

人们越来越强烈地意识到,保护生态环境就是保护人类自身,特别是随着社会发展和生活水平不断提高,人们越来越渴望得到干净的水、清新的空气、安全的食品、优美的环境。生态环境在人们生活幸福指数中的地位不断凸显,环境问题日益成为重要的民生问题。人们从过去"盼温饱"到现在"盼环保"、从过去"求生存"到现在"求生态"。在这一生态意识觉醒的进程中,特别需要大自然文学给人们补上一堂"环保文学课",让人们认识到生态危机的危害性和树立环保意识的紧迫性,形成良好的社会舆论导向,放弃人类中心主义的片面认识,把自然界看作人类"有机的身体";放弃狭隘的人类自我,追求更高、更宽大的人类与自然和谐相处的"大我";正确处理经济发展与生态环境保护的关系,像保护眼睛一样保护生态环境,像对待生命一样对待生态环境,坚决摒弃损害甚至破坏生态环境的发展模式,坚决摒弃以牺牲生态环境换取一时一地经济增长的做法,让良好生态成为人民生活的增长点,成为经济社会持续发展的支撑点、成为展现我国良好形象的发力点。总之,要提高保护生态环境的社会意识,协调物质财富与精神财富的均衡发展,创造人与自然和谐共生的美好家园。

4. 培育生态文化

大自然文学是培育生态文化的文学,生态文化是追求人与自然和谐共生的文化,是生态文明建设的重要支撑。中共中央、国务院《关于加快推进生态文明建设的意见》明确指出,生态文明建设要"坚持把培育生态文化作为重要支撑。将生态文明纳入社会主义核心价值体系,加强生态文化的宣传教育,倡导勤俭节约、绿色低碳、文明健康的生活方式和消费模式,提高全社会生态文明意识"。

---

① 马克思,恩格斯.马克思恩格斯全集(第二十卷)[M].中共中央马克思恩格斯列宁斯大林著作编译局编译.北京:人民出版社,1971:519.

大自然文学表现人与自然的关系,挖掘生态危机的根源,讴歌生态和谐的美好,以其独特的生态关怀,在潜移默化中教给了人们一种认识世界的方法——从生态的视角看问题,建立一种人与自然和谐相处、协同发展的新型文化——生态文化。利奥波德在《沙乡年鉴》一书中提出,人类应该"像山那样思考",亦即在牵一发而动全身的生态世界面前,人类应该谦卑地学会"换位思考",摒弃盲目自大的人类中心主义,与自然界里的万事万物心连心、同呼吸、共命运。因为"人不是自然存在的主人,而是自然界的看护者、存在的牧羊人。人应该懂得他仅仅是整个生态系统的一部分,并且人的命运从属于整个生命系统的命运"(海德格尔语)。

人是自然的存在物,人类的能力也仅仅是自然能力的一种体现形式,就像恩格斯告诫的那样:"必须时时记住:我们统治自然界,决不像征服者统治异民族一样,决不像站在自然界以外的人一样——相反的,我们连同我们的肉、血和头脑都是属于自然界,存在于自然界的;我们对自然界的整个统治,是在于我们比其他一切动物强,能够认识和正确运用自然规律。"如果我们不能"认识和正确运用自然规律",那人类与其他动物又有什么两样?生态文化就是告诉人们"科学认识和正确运用自然规律"的文化,大自然文学就是用生态文化来引导人们如何与其他生命和谐相处的文学。

由此可见,大自然文学对生态文化的培育有三层含义:一是关注生态现状,激发人们对自然环境的忧患意识和人类发展的生态意识,重新思考人与自然的关系及所有生命存在的价值,人因自然而生并对自然界的生态负有绝对的责任和义务。二是倡导和谐共生,告诫人们充分认识、维护人与自然关系的重要性、紧迫性和艰巨性,把推动形成绿色的发展方式和生活方式摆在更加突出的位置,形成全社会共同参与的良好风尚。三是憧憬诗意的栖居,讴歌天人合一的生命智慧和生态和谐的美好前景,牢固树立和自觉践行"绿水青山就是金山银山"的发展理念。

(二)新时代中国大自然文学的新挑战

在生态文明的新时代,大自然文学虽然迎来了千载难逢的发展机遇,但大自然文学作为一门新兴的文学门类,历史还很短暂,其对生态文明建设的重要性和重大作用,还没有得到文学界和社会的普遍认同,要实现大自然文学的大发展,需要从以下五个方面来加强:

1. 进一步加强大自然文学在文学中的独立品格和特殊地位

大自然文学作为书写"大自然"的文学,有着与文学历史一样悠久的传统。人们很容易将生态文明时代的大自然文学与此前的以大自然为题材的文学混为一谈,因而文学界对大自然文学这一文学新现象缺乏敏锐观察,对大自然文学表现出的文学新特征缺乏敏感认识,对接受大自然文学这一新文学现象缺乏思想准备,仍然习惯以传统的"文学是人学"的文学观来评价和限制大自然文学的独立发展,孤立地、静止地、教条而不无武断地将"大自然文学"纳入儿童文学、生态文学等文学形态,极大地束缚了大自然文学的发展空间。究其原因,是人们脑子里或思想深处仍然有"人类中心论"的旧自然观作祟,还没有真正树立起"人与自然和谐共生"的生态文明自然观。但大自然文学不以人们的意志成为一种引人注目、别具一格的重要文学现象时,文学界还没有来得及接受这一新文学的形态,并给予其独立的文学门类来加以推进发展,另外思想认识上的"时代差"必将阻碍大自然文学的发展壮大。

2. 进一步加强大自然文学与生态文明建设的密切关系

大自然文学是伴随着生态文明时代而产生的新文学,它与生态文明建设的联系是与生俱来的。生态文明建设本来就是新时代中国特色社会主义建设的新课题,人们对生态文明建设的认识本身还有一个过程,对如何建设生态文明还在探索之中。面对生态危机的现实,人们往往想到并高度重视立竿见影的政策宣传和立法整治,对培养生态意识、宣传生态文化、养成生态文明的大自然文学,通过生态道德教育建设生态文明的潜移默化的效果,觉得远水解不了近渴,从而忽视了大自然文学的生态文明建设属性,没有能够将发展大自然文学提升到建设生态文明的时代高度,这必将会错失中国大自然文学发展的最佳时机。

3. 进一步加强大自然文学理论对大自然文学创作的指导作用

理论来自实践又指导实践。大自然文学有没有理论支撑是大自然文学是否具有独立的美学品格,并由此形成独立文学门类的重要标准。因为大自然文学的历史还不长,大自然文学的重要地位还没有被广泛接受,大自然文学的理论研究和学科建设也远远不够,目前尚处于起步阶段,主要是大自然文学作家的创作体会及大自然文学作品的研讨会的书评式短论。少有人将大自然文学,作为一门学科来进行系统研究。在这方面,大自然文学作家刘先平走在了时代的前列,他不仅以创作谈的形式发表了多篇大自然文学研究的文章,从创作实践出发来回答什么是大自然文学,以及大自然文学的意义、任务及美学特征,而且不遗余力地组织和引导大自然文学研究,以"刘先平大自然文学工作室"为支撑,以安徽大学为基地,成立"安徽大学大自然文学研究所",出版《大自然文学研究》辑刊,开办"大自然文学作家班",编写《大自然文学概论》,已经有了初步成果。但中国大自然文学要发展,仅仅只有以刘先平为代表的安徽文学界、教育界对大自然文学的研究是远远不够的,需要得到文学界和教育界的普遍认同,形成中国特色社会主义建设的生态文明新时代的大自然文学理论,以理论的力量助推中国大自然文学不断繁荣发展。

4. 进一步加强对大自然文学发展的组织引导

大自然文学虽然是新时代一种引人注目的文学现象,但围绕大自然文学发展的有关组织还没有建立和发展起来,加速推进新时代大自然文学发展的文艺政策及重大活动引导也没有制定和规划出来,因而大自然文学的发展仍然处于一种自发状态。如果不能得到重视和支持,其前途也可能是自生自灭,或者说自由生长,游离于文学主潮之外,大自然文学对于生态文明建设的作用就不能发挥出来。中外文学史表明,文学是时代的晴雨表,不仅是现实生活的"一面镜子",还应该是人类文明前行的思想灯塔。大自然文学自身发展还很不充分,其重要性和意义还没有充分体现。

5. 进一步加强大自然文学作家的创作能力

大自然文学不是简单地书写大自然,核心是正确处理人与自然的关系。而"人与自然关系"这一古老命题,在新时代已经深刻地融入人与人、人与社会的关系中,需要作家具有博物学、环境学、生物学、生态学、社会学、人类学等多方面的自然知识和社会知识,需要作家具备创作大自然文学的"脚力、眼力、脑力、笔力"等综合能力,因而大自然文学创作比一般文学创作更难,难以形成普及模式,并不是人人都可以成为大自然文学作家,这让有心于大自然文学创作的作家望而却步。因而,除了像刘先平、徐刚等少数作家,真正投入大自然文学创作的作家还不多,优秀的大自然文学作品数量还很少,大自然文学的发展还难以快速形成蓬勃发展的繁荣局面。虽然进入新时代的大自然文学呈现出方兴未艾的喜人气象,但仍然困难重重,任重道远,需要全社会关注和文学界不断努力,从培养队伍和创作精品两个方面,扎实推进大自然文学的持续发展,为生态文明建设贡献作家的智慧和文学的力量。

虽然大自然文学的发展面临着严峻挑战,但哪一种新生事物的成长壮大没有经历过困境,甚至逆境的风吹雨打?人类发展已经进入生态文明时代,这个大方向是不可阻挡和不可逆转的,21世纪将是以人类与自然和谐共处为主题的世纪。这就表明以探索人与自然关系为主题的大自然文学,不仅是现实的需要,而且是未来的需要。不仅如此,大自然文学反映的对象"大自然"就是一个永续不断的历史,人与自然的关系就是一个永恒不变的主题,就像爱情、战争和死亡一样,成为经久不息的话题和文学创作永恒的母题,大自然文学即使发展缓慢,那也没有关系,只要人类还存在,大自然文学就处在默默成长之中,有着与人类一样的命运。如今中国特色社会主义建设进入生态文明新时代,这是一个需要大自然文学的新时代,也必将是大自然文学繁荣发展的新时代。新时代的大自然文学虽然还很弱小,但是代表着方向,是指向未来的文学——保障人类可持续发展。新时代大自然文学以其与时俱进的品格,有着非常广阔的前景,值得期待,值得为之奋斗。

第一章　大自然文学的基本概念

大自然文学是现代文学概念,它在中国的历史不过40年。

作为一门新兴的文学样式,大自然文学还未被广泛了解和接受。有人认为"大自然文学"由来已久,写自然的作品古已有之,比比皆是,没有必要再倡导什么"大自然文学";有人认为已经有了"自然文学""绿色文学""环保文学""生态文学"等文学概念,没有必要再标新立异提倡什么"大自然文学"。这都忽视了"一代有一代之文学"的时代性,没有体察到"大自然文学"在本质上是一种现代文学,它的土壤只能是生态危机的现实,它以"大自然"为审美对象,以生态整体观为哲学观,聚焦人与自然的关系,呼唤生态道德建设这个主旨,是与生态文化密切相关、跨文体写作的一种综合性新文学。

中国大自然文学以马克思主义自然观为指导,符合当代中国生态文明建设的要求,关注人与自然关系的现实,追求人与自然的和谐发展。其普及生态自然观和科学发展观,是讲好美丽中国故事、建设生态文化的重要载体。

第一节　大自然与自然观

大自然文学是由"大自然"和"文学"两个词组合而成的。文学的含义已经非常明确,不会发生误解。而对"大自然"的理解不同,就会导致对大自然文学的不同理解。有什么样的大自然观,就有什么样的大自然文学。

人类对大自然的认识是一个渐进的过程。人类从大自然中走来,走向大自然的峰顶,再回头"一览众山小",有了一种"万物之灵"的高傲。从此站到高处俯视大自然,"横看成岭侧成峰",风光无限,奥妙无限,也诱惑无限。人类能否抵挡住诱惑,控制住欲望,摆正人在自然界中的位置,成为直接关系人类自身可持续发展的大课题。

一、大自然的含义

人类对大自然的认识,集中体现在对大自然概念的诠释上。虽然大自然只是整体的"一个",但人所处的自然环境又是具体的、个别的。人与自然关系因此有了微观的生存关系与宏观的哲理关系,从而形成不同的自然观。不论是"人化的自然",还是"自然的人化",其核心都是对人与自然关系的一种描述。大自然文学正是建立在"人与自然关系"的焦点上,自然观成为解析大自然文学的第一把钥匙。

(一)自然、大自然、自然界

在汉语中,"大自然"和"自然"都指"自然界",大自然、自然、自然界三个词经常通用、混用,按习惯用法使用,按固定搭配使用,一般没有多少歧义,说者和听者都不会产生误解。

严格区分起来,在不同语境下、不同文化背景中,对"自然"的理解各有其侧重,甚至还有明显差异。这从对"自然界"的解释里可见一斑。

《现代汉语词典(第7版)》对"自然界"一词的释义是:"一般指无机界和有机界。有时也指包括社会在内的整个物质世界"[①]。从这个"一般指……有时也指……"的句式里可以发现,"大自然"在不同语境下,有着细微而本质的差异——"人"既可以包含在"大自然"概念之内,又可以在"大自然"概念之外——这表明人类处于既属于大自然又脱离于大自然的独特处境。

"大自然"一词的双重含义,让人们在说"大自然"时,面临一种尴尬的境

---

① 中国社会科学院语言研究所词典编辑室编.现代汉语词典(第7版)[M].北京:商务印书馆,2016:1738.

地,究竟表达的是哪一个层面的含义呢?在特定的语境中,对话方可能会心领神会,但更多情形下,需要加以准确说明,以便发生误解,而且有的误解会产生"差之毫厘谬以千里"的后果。

为区别和方便起见,一般将"大自然"作狭义和广义两种解释。狭义的"大自然"指与人类社会相区别、相对应的自然界,这个概念里不包括"人",即自然科学所研究的无机界和有机界,如空气、水、山脉、河流、微生物、植物、动物、地球等。因而,研究大自然的科学称作自然科学。自然界里有各种生物,其中包括三大类:植物类、动物类、菌类。这些"生物在一定的自然环境下生存和发展的状态,包括生物的生理特性和生活习性",叫作"生态"。所有生物按照"自然法则"处于生态平衡的状态,共同形成相对稳定的生态系统,所以,自然界又是一个包括各种生态系统的地方。如果这种生态平衡被打破,就出现了"生态失衡",或者叫"生态危机"。

广义的大自然,包括人类社会在内的整个客观物质世界。人类社会也是自然界"以自然的方式"发生的物质世界——人类和人的意识是自然界发展的最高产物。大自然诞生了人类,但人类社会又有其自身的发展规律,当人类社会"野蛮生长"到离大自然越来越远的时候,就超越了"自然法则"的限度,就会打破整个自然界原有的生态平衡,人类与大自然的关系就会由原始的亲密和谐走向对立冲突,就会爆发"生态危机"——不仅危及自然界生命,也会打破自然界的生态平衡。因而,人类赖以生存和发展的自然界就会报复人类,最终人类自食其果。

由此可见,狭义和广义的"自然界"形同两个生态系统——自然生态系统与社会生态系统,将两个系统连接起来的是"人"。"人"处于两个系统之中,既是"自然人",又是"社会人",人对待大自然与社会的态度,核心是如何处理人与大自然的关系,也就是人应该有怎样的"自然观"。所谓的自然观,就是人应该从怎样的哲学高度来看待自然界。

从哲学的观点看问题,自然界万事万物都是互联的。表面上看,大自然有狭义和广义两个系统,但从本质上看,这两个系统又组成并统一为一个总系统,可以叫作"大自然生态系统"。狭义的大自然和广义的大自然只是为便于说明问题而人为划分的,事实上是根本分不开的,因为"人",也只有"人",是自然界和人类社会共同拥有的,而且是核心的要素。

人类和大自然是无法分开的,大自然也从未离开过人类。从本源上看,人类是"两条腿"的智慧动物,来自大自然,在大自然中生存、发展,而且不论人类如何发展,都无法离开大自然,大自然是人类的出生地,也是人类的墓地。换个角度看,大自然是人类意识的对象化和客观化,当我们说"大自然"时,大自然早已是"人化的自然"了。当人消融到大自然里,人还不知道大自然——没有意识到大自然的存在、还没有大自然这个概念时,人还不是人;当人成为人,从大自然中分化出来时,人意识到大自然,大自然就是人所认识的大自然,人所感受的大自然。也就是说,大自然不可避免地要被人化,一部文明史,也就是一部"人化的大自然历史"。

显而易见,因为"人"的要素,将自然界和人类社会紧密地联系起来,所以人的行为就具有自然和社会的双重意义——人在人类系统中生存、发展,但必须在"自然力"的约束下,尊重大自然,保持珍惜和爱惜的心态,适度使用大自然,不让大自然遭破坏,维护生态平衡,确保生活环境美好。人类躺在大自然的怀抱里,就像母子那样亲密、和谐。

(二)自然、自然物与制作物

人与自然的关系是人类一直在思考而始终没有彻底解决的问题,这将伴随人类的全过程。因而,将"大自然、自然、自然界"视作简单同一的认识,不是用语言的丰富性所能解释的,其实每一个概念都在长期发展中形成了"质的规定性"。譬如"自然"一词,在不同文化语境下,就有不同的内涵。

《现代汉语》在对"自然"一词解释时,除了作为名词的"自然界",还有作为形容词的"自由发展;不经人力干预",作为副词的"表示理所当然"。这两个引申义都根源于"自然界"是"自然而然"形成的本性,而"自然而然"正是"自然"的本性与本原,从"自然"到"自然界"之间还有一个"自然物"的中间概念,自然物是自然的体现,自然物的总和聚集组成了自然界。

19世纪英国哲学家约翰·密尔(1806—1873)在《论自然》中指出,"自然一词有两个主要含义:它或者指事物及其所有属性的集合所构成的整个系统,或者指未受到人类干预按其本来应是的样子所是的事物。"英国哲学家罗宾·柯林武德(1889—1943)指出:"在现代欧洲语言中,'自然'一词总的说来是更经常地在集合的意义上用于自然事物的总和或聚集。当然,这还不是这个词常常用于现代语言的唯一含义,还有另一个意义,我们认为是它的原义,严格地说是它的准确意义,即当它指的不是一个集合而是一种原则时,它是一个 principium,αρχη,或说本源。"他通过进一步考察发现,"自然"一词"在古希腊亦有这些方面的应用,并且在古希腊中两种含义的关系同英文中两种含义的关系是一样的"。第一种是原始的含义指"本原","第二种含义即作为自然事物的总和或聚集,它开始或多或少地与 κόσμος 宇宙——'世界'一词同义"①。

罗宾·柯林武德所说的"古希腊"就是以大哲学家亚里士多德(公元前384—公元前322)为代表的"亚里士多德时代"。古希腊语言中"自然"一词的拉丁文是"physis",亚里士多德将这一词的词源追溯到"phyesithai",表示"生长"的含义。②在亚里士多德看来,"'physis'一词的基本用法是事物的本性、本质、本原,是事物之所以如此这般的内在原因……通过追寻'自然'来理解和把握存在者及其存在的方式。这种方式是希腊人独有的,也是希腊科学和哲学得以可能的前提……以追寻'本质'(自然)的方式去理解存在者的存在,是希腊人开启的西方思想特有的方式,为西方哲学和科学的发展开辟了道路和可能性。"③

古希腊人在"以追寻本质(自然)的方式去理解"时,从"自然"的"本原"中又"生长"出新的认知,或者说对"自然"有了更多的"发现"。在古希腊人那里,自然和自然物也是有区别的。自然物则是由自然而来,以自然为其本原

---

① [英]罗宾·柯林武德.自然的观念[M].吴国盛,柯映红,译.北京:华夏出版社,1999:47—48.
② 朱清华.海德格尔对古希腊 physis 的诠释[J].中国现象学与哲学评论,2015(1):119.
③ 吴国盛.自然的发现[J].北京大学学报(哲学社会科学版),2008(2):58—59.

的事物。而自然物的总和或集合被视为自然界,因此自然不等于自然界。

其实,早期希腊哲学在言说自然时所指的就是"本原",或者说"本原就是指自然"①。作为本性、本质、本原的自然,起初是希腊人的普通用语。希腊人真正发现自然的意义与古希腊人思考这个世界的本原问题紧密相连。所以,亚里士多德指出,"一切自然事物都在自身内有一个运动和静止的根源;反之,床、衣服、房屋或其他诸如此类的事物,在它们各自的名称规定范围内,亦即在它们是技术制品的范围内,都没有这样一个内在变化的推动力"。这就是说,自然物与制作物是有本质区别的,自然物的本质是内在的,它的根据是"自然",而制作物的本质是外在的,它的根据是"技艺"②。古希腊人认为,自然属于本性的东西,它自身具有"神性";而技艺只是对自然的模仿,制作物永远是要低于自然物的,因为人类不可能模仿并制作出具有"神性"的东西。这就将"自然物"与"制作物"区分开来,这一区分非常重要,已经有了将"自然"分为"天然自然"与"人工自然"的思想。

亚里士多德在其《物理学》和《形而上学》等作品中都对"自然"进行了规定。在《物理学》第 2 卷的开始部分就集中讨论了自然物与制作物的区分。他认为,"凡存在着的事物有的是由于自然而存在,有的则是由于别的原因而存在",区分依据就是看自身之内是不是具有动静的"本原",即"一切自然事物在自身内都有一个移动和静止的根源"。由此,亚里士多德得出结论:"'自然'是它原属的事物不是因巧合而是因为本性所导致的运动和静止的本原或原因",这是亚里士多德对自然概念的界定。

"因为自然是运动和变化的本原,而我们的研究是关于自然的,那么必须讨论什么是运动,因为如果不知道它,就必然也不知道自然。"——认识运动是了解自然的必经之途。运动对自然而言不仅是一种状态,而且是一种本质规定。运动的方式就是自然存在的方式。在亚里士多德看来,运动的发生乃出于自然物自身存在的两重性——潜能和现实。顺着"自然是运动和变化的

---

① 范志军.希腊人的自然观念[J].广西社会科学,2004(6):27.
② 吴国盛.自然的发现[J].北京大学学报(哲学社会科学版),2008(2):60—61.

本原"这条思路,亚里士多德进一步探讨了事物运动的原因,提出了著名的"四因说"①。

亚里士多德还谈到了"自然"的其他含义:"有人认为自然,或者说自然物的实体,就是该事物尚未形成结构的直接材料。例如,说木头是床的'自然',铜是塑像的'自然'那样。"在《形而上学》第5卷第4章里,亚里士多德提到,"自然"六个方面的含义,其中就包含了自然、自然物、自然界三个层面:(1)自然表示生长物的起源。(2)一个事物中首要的内在东西,其生长由之开始。(3)每个自然物中的首要的运动因其自身而出现在它里面的来源。(4)原始的质料,就其自身的潜能而言无形式、无变化,任何自然物都由之构成或从它生成。(5)自然物的实体,这个"实体"指"形式"和"形状"。亚里士多德认为,自然"既是原始质料,也是形式和实体"。自然的这两种成因并非并列或不分轩轾,"自然首要而恰当的含义是那自身内包含这样的运动来源的事物的实体;质料由于能够接受这种自然而被称为自然,生成和生长的过程由于运动发源于此而被称为自然"。在这里,亚里士多德表明,自然运动的本原是自然物的实体,即形式。(6)一般而言,所有实体都是自然,因为自然总是某些实体。

亚里士多德这里所说的"自然物",主要有四种含义:(1)水、火、土、气等这些简单的实体;(2)水、火、土、气"四元素"的组合或全体;(3)动物、植物的部分;(4)整体的动物、植物。

(三)关于"自然"的第三概念:人类

"自然物"概念的提出,直接引出了"制作物"。两者间的本质区别在于人类的活动,由此引出了关于自然的"第三概念"——人类。简言之,自然物是

---

① 亚里士多德的"四因说"是为了说明生物运动的原因。第一种是"质料因",事物由不变的质料构成,以此解释事物为什么在运动中继续存在。第二种是"形式因",不同的事物各有特定的形式,用来表述本质的定义,以此解释为什么事物会以某种特定的形式运动。第三种是"动力因",事物受到推动者和作用者的推动和作用,因此事物会开始或停止运动。第四种是"目的因",事物的运动是有朝向、有目的的,因此可以解释事物为什么要运动。

自然的产物,制作物是人类的产物。前者是本原的自然生长,是自然本身内部具有的生长的力量,是一种与生俱来的神力;后者是人类在认识自然后形成的"技艺",是可以通过学习获得的人类赖以发展的知识和能力。

亚里士多德在《物理学》第2卷中用医生自医来比喻,说明"自然"与"技艺"是两个完全不同的概念。一个医生可能自己是自己健康的原因,但不是作为一个病人而具有医疗技艺。仅仅因为巧合他才既是病人又是医生。医生治好了自己,就像用技艺制作出了产品。并非产品自身内部有令自己制成的动因,而是外在的技艺造成的。有抵抗力的躯体是对机体康复的开端和支配,抵抗力是可以从机体内生长出来的。医疗技艺需要通过学习而获得,不是像树一样生长出来的。自然物运动的本原是自然自身,即人之康复活动,其驱动力是健康。自然的身体是有趋向健康的抵抗力。医术虽然令人康复,但只是辅助那个主要活动——去掉妨碍健康的因素——发炎、溃烂,等等。假设古今两位医生患同病而自医,古人死而今人活,那么今人之康复的本原似乎是技艺,其实并非如此,而是现代的技艺可以更好地支持和驾驭自然。活得长并不证明更健康。技艺并不是康复的主宰力量,只是自然的配合、支持和驾驭。因此,就真正的"自然"和"技艺"而言,"自然"是自然物的本原;"技艺"只能对"自然"予以配合,而不能取代"自然"成为"本原"。这其中包含了尊重自然规律与发挥人的能动性,而且人的能动性的发挥必然受到自然规律制约的深刻思想,也就是说,包含了人类如何认识自然、处理好与自然的关系、与自然和谐相处的生态思想的萌芽。

到了近代,"自然"在"本性、本原"含义的基础上,已经跨过"自然物"这个"存在物",指向"自然事物的总和"或"自然界"。18世纪法国启蒙思想家、哲学家霍尔巴赫(1723—1789)对自然下过如下定义:"从最广义来说的自然,就是由各种不同的物质、由这些物质的各种不同的组合、由我们在宇宙间看到的各种不同的运动集合而成的大全体。从狭义来说的自然,或者就每一个存在物内部来看的自然,则是由这个存在物的本质,亦即使它有别于其他存在

第一章　大自然文学的基本概念

物的那些特性、组合、运动或活动方式构成的全体。"①

霍尔巴赫也是从"Nature"一词的不同含义出发,对自然做了广义和狭义的解释。所谓广义的自然,就是我们生活于其间的宇宙的"大全体",是各种物质及其组合、各种运动的一个"大全体"。所谓狭义的自然,指的是"自然物"的"本性"或"本质",是每一个自然物区别于他物的东西,包括它的特性、组合、活动的一个内部的"大全体"。广义与狭义之分类似于"大我"与"小我"的概念,狭义自然是广义自然的一部分,就像人的本性从属于大自然一样,不论广义和狭义,自然都是物质的,物质都是运动的,"运动乃是一种存在的形式,它是必然地从物质的本质中产生的"②,是自身运动,而不需要外力的推动,因为自然自身就是一个"活的全体"。

那么,人在自然中处于怎样的位置呢?霍尔巴赫认为,"人是自然的产物,存在于自然之中,服从自然的法则,不能越出自然,哪怕是通过思维,也不能离开自然一步"③。霍尔巴赫是无神论者,他认为神的观念"源自自然的暗示",神的力量实际上就是"自然的力量"。由于人对自然的无知和无奈,把不可战胜的自然想象为一种神秘的力量——神的主宰,被"神化的自然"就是"广义的自然",指整个自然界。至于"狭义的自然"——人的自然或本性,也是神的观念的重要来源——人类是从自身的"本性"中获得神的观念的——"人在自己的上帝里面,过去和将来所看到的,永远只不过是一个人"④。人类把自身具有的与生俱来的、人之所以为人的本质、特性说成为神所有,并加以夸大,使之成为无限神秘的东西,最终超出和凌驾于自然之上,人这就是"神"——神就是人的本质的异化,人开始取代神,成为自然界的主人,"人类在一定程度上凌驾于自然之上(或至少凌驾于自然的其他事物之上),并有权利随心所欲地塑造自然。他们对于自身的理解囿于如何超越自然,而不是如

---

① 北京大学哲学系外国哲学史教研室编译.十八世纪法国哲学[M].北京:商务印书馆,1963:575.
② [法]霍尔巴赫.自然的体系(上卷)[M].管士滨,译.北京:商务印书馆,1964:30.
③ 北京大学哲学系外国哲学史教研室编译.西方哲学原著选读(下卷)[M].北京:商务印书馆,1982:203.
④ [法]霍尔巴赫.自然的体系(下卷)[M].管士滨,译.北京:商务印书馆,1977:37.

何与自然融为一体"①,开始暴露出"人类中心主义"的思想倾向。

二、自然观的演变

自然观就是人类对自然的认识和看法,有两层含义,一是人对狭义的大自然——"自然界"的认识和评价。这时,人是作为"处于自然之外"的观察者、欣赏者、评判者而存在的,要处理的问题是"大自然是什么"。二是人对广义的大自然——"人与自然"的认识和评价。这时,人作为一个必须考虑的因素,既在"大自然"之内,又在"大自然"之外,要处理的问题是"人是什么"——人是大自然的一员?人与大自然是什么关系——平等的关系,还是统治者与被统治者的关系?如果将前者称作"自然之道",那么后者可以看作"人类之道",两层含义彼此联系又不尽相同。人对大自然本身的看法决定了人与大自然的关系,而人与大自然的关系又反之影响人对大自然的看法。

站在今天的时代高度回望历史进程,仍然清晰可见人类从古至今探索自然的脚印。从人类发展史的进程看,大致经历了古代朴素唯物主义自然观、中世纪神学自然观、近代机械唯物主义自然观和现代唯物主义辩证自然观"四大变革"②。

(一)古代朴素唯物主义自然观

人类早期观察自然是直观、思辨和猜测的,基本属于唯物论的范畴,但带有神秘主义的色彩,具有机械决定论和形而上学的倾向。随着社会分工越来越明细,脑力劳动和体力劳动日渐分野,古代科技也由此发展起来,自然观开始和哲学结合形成了整体知识形态的自然哲学,即朴素唯物主义自然观。在

---

① [美]大卫·雷·格里芬. 后现代科学[M]. 马季方,译. 北京:中央编译出版社,1995:135.
② 施显松. 德国战后文学中"自然与人"关系反思[M]. 上海:同济大学出版社,2017:7—12.

中国代表这种朴素唯物主义自然观的是"元气说"[①],西方则是希腊的"原子论"[②]。

朴素自然观认为,自然界处于永恒的产生和消亡中,处在无休止的运动和变化中,而人类和其他生命都来源于自然界。这也是中国古代朴素唯物主义自然观的基本观点。道——金、木、水、火、土即五行,元气、太极等是自然界的本原;自然界的发展遵循相辅相成、中庸和谐的辩证法则;宇宙具有无限性和永恒性,是时间、空间、物质、运动的辩证统一;人来源于自然界,并与自然界形成了"天人合一"的关系;运用阴阳、五行、气等哲学思想,以及归纳、抽象、象征等方法来认识自然界。与之相对应的古希腊朴素唯物主义的自然观,认为"四元素"(土、水、火、气)和原子四因素(质料因、形式因、动力因、目的因)等是自然界的本原,自然界在其内部各元素间的矛盾作用下,无限和永

---

① 元气说又称"元气学说",是一种很有价值的自然观学说,对我国古代科学发展有很大影响,对西方科学的发展及理解现代物质结构理论也有启发意义。自然界的物体,大到日月星辰,小到灰尘微生物,究竟是由什么组成的?中国古代西周时期提出了著名的"五行说",认为万物由"金、木、水、火、土"五种元素组成。后来有人认为"水是万物之本原",称之为"水成说"。但用一种具体的东西作为一切事物的本原,总是不能让人信服,后来就想象由某种抽象的东西演变出具体的自然万物,这就出现了"元气说"。这一说法从战国时代到明朝末年一直是中国古代最重要的物质结构思想,正如"原子说"一直是欧洲人最重要的物质结构思想一样。公元前4世纪战国中期的宋钘、尹文认为,精气是大千世界的本原,这种精气结合起来便生成万物。东汉时期的王充把"元气说"发展为"元气自然论",认为天地间万物都是由元气自然而然构成的,夫妻之间也是由于元气的运行而繁衍出子孙后代。唐代的柳宗元、刘禹锡接受了王充的思想,并且说明元气的运动、静止、稳定、变化、斗争、衰落、崩溃与神、鬼、人的意向都没有什么关系,成为反对鬼神迷信的有力学说。11世纪宋朝的张载、17世纪明末清初的王夫之不仅吸收了元气是物质本原、元气运行导致万物生灭的思想,还认为元气就是阴阳两种气,宇宙空间充满了这两种气,此外再没有其他东西,元气间也没有间隙,元气的运行机理是因阴阳二性的推动而浮沉、升降、动静,这是元气自身的矛盾运动,用不着鬼、神起作用,体现了古代中国朴素的唯物论思想。

② 原子说是古代关于物质结构的一种学说,最初由古希腊学者留基伯和德谟克利特等提出,认为宇宙万物是由世界上最微小、最坚硬、不可入、不可分的物质粒子构成的,这种物质粒子称作"原子"。万物之所以不同,是因为万物本身的原子在数目、形状和排列上各有不同。无数的原子在空间中不断运动、互相碰撞而形成世界及其中的事物。月、日、星辰是由原子构成的,甚至人的灵魂也是由原子构成的。由此可见,德谟克利特的原子论论证了世界的物质性,对自然界的本质提出了大胆而有创造性的臆测,比较深刻地说明了物质结构,肯定了运动是物质的属性,形成了欧洲最早的朴素的唯物论思想。

恒地变化和发展着;人类来源于生命,生命是进化的,人类由低级动物进化为高级动物,以至于发展成人类独有的思维和智慧,可以通过感性和理性等路径来认识自然界。

在认识自然界方面,古代东西方朴素唯物主义的自然观都持有一元论或多元论的观点,在认识人类与自然界的关系方面,都主张"人类来源于自然界,人与自然的和谐",但关注的侧重点不相同,同样是对宇宙的认识,古代中国侧重研究宇宙的时间和空间等问题,古希腊则侧重研究宇宙的演化和发展等问题。古希腊的自然观并非总是唯物机械的,带有中世纪神学自然观的色彩,最终被近代机械唯物主义自然观所代替。

(二)中世纪神学自然观

欧洲中世纪是基督教的时代,也是信仰的时代。古罗马帝国时期天主教思想家奥古斯丁(354—430)认为基督教是"真正的哲学",皈依基督教是"达到哲学的天堂"①,将哲学与宗教合二为一,将《圣经》作为绝对的、至高无上的权威,作为信仰、生活和一切言行的根据,作为区分是非善恶、真假美丑的标准。人与自然的关系也以《圣经》的启示为依据。《圣经》中的《创世纪》写道:"上帝说'我们要照着我们的形象,按着我们的样式造人,使他们管理海里的鱼、空中的鸟、地上的牲畜和土地,并地上所爬的一切昆虫。'上帝就照着自己的形象造人,乃是照着他的形象造男造女。上帝就赐福给他们;又对他们说:'要生养众多,遍满地面,治理这地;也要管理海里的鱼、空中的鸟和地上各种行动的活物'。上帝说,看哪,我将遍地一切结种子的蔬菜和一切树上所结的果子,全赐给你们作食物。"②由此可见,在中世纪神学那里,自然是等级鲜明的,上帝在第一天至第五天创造了天、地、日、月、星辰、空气、水和各种动植物。第六天,上帝按照自己的形象创造了人,让人掌管自然界,把动植物安排供人类使用。这体现了神学自然观的三个特点:第一,只有人才能禀赋上

---

① 赵敦化.基督教哲学1500年[M].北京:人民出版社,1994:141.
② [苏]雅罗斯拉夫斯基.圣经是怎样一部书[M].谭善余译.北京:生活·读书·新知三联书店,1997:377—378.

帝的神性,这是人之为人的独特之处,只有人才能与上帝有直接的关系,而其他万物只能望上帝兴叹。第二,自然之物的价值性在于对人的有用性。上帝把统治世间万物的权力交给了人类,人当然就是万物之主,人类可以随心所欲地处置地球上任何一种动植物。第三,人是主动的,自然是被动的。[1]所以,基督教把人视为自然的主宰,自然界所有一切都是为人安排的,人按照神的授权掌管自然,允许人类为了自己征服、奴役、开发和利用自然,人类对于自然的狂妄自大的态度在基督教兴起之后,一直起着重要的作用,它使人类把自然当作"被征服的对象",而不是"受保护的合作者"。这与《圣经》至高无上的地位有关,"《圣经》的说法强调了具有以统治权为基础的绝对权力。正是这个权力因素把人从其他被制造的东西中分离出来。于是人立于自然之外并且公开地行使一种对自然界统治权的思想就成了统治西方文明伦理意识的一个突出特征。对于控制自然的思想来说,没有比这更为重要的根源了"[2]。在这种人类中心主义思想的笼罩下,人类对自然只有统治和利用。这成为生态危机的思想根源。

(三)近代机械唯物主义自然观

14世纪到16世纪,欧洲爆发了一场反映新兴资产阶级要求的文艺复兴运动。当时人们认为,文艺在希腊、罗马古典时代曾高度繁荣,但在中世纪"黑暗时代"衰败湮没,直到14世纪后才获得"再生"与"复兴",因此被称为"文艺复兴"。

所谓中世纪"黑暗时代",指的是基督教成了当时封建社会的精神支柱,其建立的一套严格的等级制度,把上帝当作绝对的权威,文学、艺术、哲学一切都得遵照《圣经》的教义,谁都不可违背,否则,宗教法庭就要对他制裁,甚至处以死刑。《圣经》里说,人类的祖先是亚当和夏娃。由于他们违背了上帝的禁令,偷吃了乐园的禁果,因而犯了大罪,从此罪就降临到了世界。在教会

---

[1] 解保军.马克思自然观的生态哲学意蕴——"红"与"绿"结合的理论先声[M].哈尔滨:黑龙江人民出版社,2002:23.

[2] [加]莱斯.自然的控制[M].岳长龄,李建华,译.重庆:重庆出版社:1993.中译者序.4.

的管制下,中世纪的文学艺术死气沉沉,万马齐喑,科学技术也没有什么进展。人们开始怀疑宗教神学的绝对权威,不满教会对精神世界的控制,借助复兴古代希腊、罗马文化的形式来表达自己的文化主张,提出"以人为中心"而不是"以神为中心"的人文主义思想,把人从听命于神中解放出来,成为自己命运的主宰。

人文主义思想的核心是"人"与"自然"两个范畴,重视人,重视自然,重视人与自然的统一,成为人文主义的共同理想,而且已经有了明确的"自然法"的概念,物有物的"自然",人有人的"自然",都是"自然的"存在。所谓"自然的",就是"非人造的",也不是"神造的",而是事物自身具有的"本性"。文艺复兴时期的意大利哲学家、自然科学家布鲁诺(1548—1600)主张世间万物的统一性,认为宇宙就是"太一","太一"就是神,神就是宇宙,宇宙万物由不可分的微粒构成,这种微粒在物理学上被称为"原子",在哲学上被称为"单子",体现出泛神论的唯物论自然观。布鲁诺提出"天地同质说",认为物质是一切自然现象共同的统一基础,不仅抛弃了"地球中心说",而且也跨过了哥白尼的"太阳中心说",大大地前进了一步,使人类对天体、对宇宙有了新的认识。中世纪神学自然观终于被兴起的机械唯物主义自然观所代替。

机械唯物主义自然观在16世纪兴起,并在17、18世纪的西方哲学中居支配地位。这是一种单纯用古典力学解释一切自然现象的观点。它把物质的物理、化学和生物的性质都归结为力学的性质,把物理的、化学的和生物的系统和运动形式都归结为力学的系统和运动形式,认为自然界中的一切事物都完全服从于机械因果律。从中世纪神学解放出来的自然科学,开始对自然界进行分门别类的研究,力学及为它服务的数学取得了巨大成就。17世纪上半期,笛卡尔(1596—1650)根据力学的成就,建立了一个机械的宇宙演化模型,并对物理现象和生物现象做了机械的解释。17世纪下半期,牛顿(1643—1727)在开普勒(1571—1630)和伽利略(1564—1642)研究工作的基础上,建立起超出其他自然科学领域研究水平的力学体系,不仅能正确描述地上物体的机械运动,而且能算出天体的轨道,并准确地预言其运动。于是,古典力学就变成了整个自然科学的典范,同时也为机械唯物主义自然观奠定了基础。在这个时期,那些试图以自然原因解释自然现象的哲学家们往往用力学规律去说明自然。人们面前的自然——无论是天上的天体还是地上的物体,都遵循力学的规律。自然界是一个整体,其中任何一部分,任何物质的质点都受整个自然的机械力的作用,不存在绝对独立于自然的孤立体系。笛卡尔提出"动物是机器",拉美特利(1709—1751)提出"人也只不过是一架机器",都是把自然比喻为"一部大机器""一个大钟",形象地表达了机械论的自然观。

机械唯物主义自然观与当时最发达的自然科学相结合,坚持从自然本身说明自然,证实了以往被视为根本不同的领域,如地上的运动和天上的运动,都服从于同样的力学规律,从而有力地打击了神学自然观,维护了世界的物质统一性原则。机械唯物主义自然观冲破了中世纪神学的羁绊,传承了古代朴素唯物主义自然观的传统,但看不到事物之间的普遍联系和发展变化,把自然界的各种运动简单归结为机械运动,割裂了人类与自然界的固有联系,否定了辩证的思维方法,最终被辩证唯物主义自然观所取代。

(四)现代辩证唯物主义自然观

19世纪,机械唯物主义自然观的局限性逐渐暴露出来,自然科学的发展也逐步突破了机械唯物主义的束缚。19世纪以来先后出现的能量守恒定律、达尔文进化论和细胞学说等理论,勾画出一幅自然科学辩证发展的图景。

随着自然科学的发展,辩证唯物主义自然观批判吸收了法国唯物主义自然观和德国唯心主义自然观中的合理因素,克服了机械唯物主义自然观的固有缺陷,形成了"关于自然界及其与人类关系"的新观点。现代辩证唯物主义自然观的基础是星云假说、地质渐变论、尿素的人工合成理论、元素周期表、细胞学说、能量守恒与转化定律及达尔文进化论等理论。科学技术的发展不断改变着人同自然的关系,即人不是自然现象的单纯旁观者,而是自然过程的积极参与者;不仅自然界打上了人的烙印,而且人在改造自然的过程中也不断改造自己。新的技术革命使人类有可能预见到比自己活动更远的社会后果,更自觉地调节人同自然的关系,这就从根本上改变了人对自然的态度:

人作为自然界的一部分,不能凌驾于自然界之上,无限制地向自然界索取,而必须不断调节自己同自然的关系,使之和谐统一,并在这个前提下满足自己的需要。

现代辩证唯物主义自然观主张人和自然共同构成一个有机的整体,人们只能在人同自然的相互作用中认识自然界及认识自己,建立人与自然相统一的辩证世界。这表明现代辩证唯物主义自然观融合了自然科学、社会科学和人文科学,是具有革命性、科学性特点的自然观。现代辩证唯物主义自然观随着20世纪科学技术和社会进一步发展,具体呈现出系统自然观、人工自然观和生态自然观等"三大形态"。

1. 系统自然观

系统自然观是关于自然界的存在及其演化的观点,是以系统科学等为基础,对自然界系统的存在方式和演化规律的概括和总结。系统自然观认为,自然界是简单性和复杂性、构成性与生成性、确定性与随机性辩证统一的物质系统,它以进化和退化相互交替的形式演化着。系统的演化是不可逆的,经历着"混沌—有序"不断交替的过程,是无限循环和发展的。

2. 人工自然观

人工自然观是关于人类改造自然界的总观点,是以现代科学成果为基础,对人工自然界的存在、创造和发展规律及其与天然自然界的关系进行的概括与总结。人工自然观的科学基础是近现代自然科学,尤其是系统科学、生态科学等。人工自然观的技术基础是人类在改造自然界的过程中所创造出来的采取技术、加工技术、控制技术、输送技术、通信技术、医疗技术等,以及当代高新技术。人工自然观汲取了康德和黑格尔提出的"人为自然立法"和"自然向人生成"的思想、马克思和恩格斯提出的"人化自然"等概念,以及中国古代"五行说"提出的"人胜天""制天命而用之"等改造自然界的思想。随着科技和社会在二十世纪五六十年代所取得的巨大进步,出现了与"天然自然界"相对应的"人工自然"和"社会自然"等概念。

人工自然界就是人类通过采取、加工、控制和保障技术活动创造出来的相对独立的自然界,如建设的森林公园、湿地公园等。人工自然界来源于天然自然界,既有自然属性又有社会属性,在人类与自然关系的认识上,突出人类的主体性和创造性,强调人工自然界和天然自然界的和谐共存、自然成长史和社会发展史的辩证统一。

3. 生态自然观

生态自然观是关于人类与生态系统的辩证关系。总的观点是:在全球生态危机的背景下,依据生态科学和系统科学的成果,对人类和自然界关系进行的概括和总结。生态自然观的思想渊源可以回溯到古代中国"天人合一"的自然观思想,科学基础是 20 世纪中期发展起来的生态科学。生态科学认为,人处于食物链金字塔的顶端,人是生态系统的调控者和协调者,人和生物共同遵守"物物相关""相生相克""协调稳定"等生态规律。人类通过实施减排节能和发展低碳经济,构建和谐社会,实现人类社会与生态系统的协调发展,强调科学技术与自然及社会之间的全面、协调、可持续发展,强调人类社会和其他生命体、非生命体的和谐统一。

生态自然观的意义在于它倡导系统思维方式,强化人类社会与自然界协调发展的生态意识,促使人们重新审视和辩证理解"人类中心主义"自然观,正确认识人类与生态系统的关系和人类在实施和实现可持续发展中的地位和作用,成为实现可持续发展和建设生态文明的理论基础。

系统自然观、人工自然观和生态自然观都围绕"人与自然关系"的主题,坚持人类与自然界、人工自然界与天然自然界、人与生态系统的辩证统一,都为实现可持续发展和生态文明建设奠定了理论基础。但它们在研究人与自然界的关系方面各有侧重点:系统自然观为正确认识和处理人与自然界的关系提供了新的思维方式;人工自然观提出并反思人的主体性和创造性;生态自然观站在人类文明的立场,强调了人与自然界的协调发展。

第二节 大自然文学的自然观

大自然文学是人类进入生态文明时代的新文学,其自然观是现代辩证唯物主义自然观,其代表理论是马克思主义自然观。现代辩证唯物主义自然观的理论源头是早期马克思主义自然观,现代辩证唯物主义自然观的"三大形态"(系统自然观、人工自然观和生态自然观)正是马克思主义自然观在现代的发展形态。现代马克思主义自然观在西方表现为生态学马克思主义自然观,在东方发展为当代中国生态文明建设的自然观。

一、早期马克思主义自然观

早期马克思主义自然观,即"马克思恩格斯的自然观",发端于马克思的博士论文《德谟克利特的自然哲学与伊壁鸠鲁的自然哲学的差别》(1841),建构于马克思的《1844年经济学哲学手稿》(1932①)和马克思、恩格斯合著的《神圣家族》(1845),确立于马克思的《关于费尔巴哈的提纲》(1845)和马克思、恩格斯合著的《德意志意识形态》(1845—1846),并在马克思的《资本论》(1867)里得到丰富与发展。为表述方便,将马克思、恩格斯的自然观简称为"马克思主义自然观",其基本内容包括以下两大方面:

(一)自然观的丰富内涵

在马克思主义哲学理论中,"自然"是十分重要的概念,不同时期的马克思主义的自然观有其差异性。有研究者认为,马克思主义自然观有三个基本含义:第一是广义的概念,自然是一切存在物的总和;第二自然是人和人类社

---

① 《1844年经济学哲学手稿》写于1844年5月底6月初至8月,第一次全文发表于《马克思恩格斯全集》1932年国际版,原文为德文。

会的外部环境和条件;第三自然是人的实践活动。① 也有研究者认为,马克思主义自然观包括四个方面:一是本体论维度的"物质自然观";二是实践论维度的"人化自然观";三是历史论维度的"社会自然观";四是价值论维度的"生态自然观"②。这里不再详细介绍每一种自然观的具体内容,仅就人们在大自然文学研究中经常使用的一些"自然"概念做些解释,以便准确理解与使用,如感性的自然、人化的自然、历史的自然、人本学的自然、价值的自然、生态的自然,等等。③

1. 感性的自然

在马克思看来,自然主要是与人有关的、与人发生关系的自然(不是人化自然),即自然是能够进入人的实践活动视野的自然界,是现实的、人可以"感知的自然"。"人直接地是自然存在物"④,不仅是感性的存在,而且感性地活着。"直接的感性自然界,对人来说直接是人的感性(这是同一个说法),直接是另一个对他来说感性地存在着的人;因为他自己的感性,只有通过别人,才对他本身来说是人的感性……人的第一个对象——人——就是自然界、感性"⑤。这种感性的自然,"一方面在这样的意义上给劳动提供生活资料,即没有劳动加工的对象,劳动就不能存在,另一方面,也在更狭隘的意义上提供生活资料,即维持工人本身的肉体生存的手段"⑥。马克思在这里提出并肯定了作为"劳动资料"和"生活资料"的"感性的自然"对人类生存和发展的重要性。

---

① 周义澄.自然理论与现时代——对马克思哲学的一个新思考[M].上海:上海人民出版社,1988:92.

② 解保军,邢旸.马克思"实践的人化自然观"的多维度界说[J].哈尔滨工业大学学报(社会科学版),2002(3):6—9.

③ 杨卫军.马克思自然观的当代意义[J].理论视野.2008(9):25—27.

④ 马克思恩格斯全集(第三卷)[M].中共中央马克思恩格斯列宁斯大林著作编译局编译.北京:人民出版社,2002:324.

⑤ [德]马克思.1844年经济学哲学手稿[M].中共中央马克思恩格斯列宁斯大林著作编译局编译.北京:人民出版社,2000:90.

⑥ [德]马克思.1844年经济学哲学手稿[M].中共中央马克思恩格斯列宁斯大林著作编译局编译.北京:人民出版社,2000:53.

2. 人化的自然

如果说"感性的自然"是广泛意义上的"与人有关的自然",即人类可以感知,并先于人类存在的自然,那么成为人类的"生活资料"和"劳动资料"以后,即经过人类实践活动改造过的自然,打上了人类实践活动烙印的自然,就是"人化的自然"。马克思说,"不仅五官感觉,而且连所谓精神感觉、实践感觉(意志、爱等等),一句话,人的感觉、感觉的人性,都是由于它的对象的存在,由于人化的自然界,才产生出来的"①。"人化的自然"同样具有客观实在性,也就是说,"经劳动加工的自然物,依然作为感性世界的构成要素而存在着"。这里就产生了"人化自然"与"自在自然"(又称"天然自然")两个概念。马克思认为,"人化自然"和"自在自然"都一样具有客观实在性,但人化自然不可能脱离自在自然,也不同于自在自然,而是人类实践活动的对象化,是"人的现实的自然界",是"人类学的自然界",从"自在自然"转化为"人化自然"的决定力量正是人类的实践活动。

3. 历史的自然

"马克思的自然观与其他各种自然观的区别,首先在于他的社会历史的特征"②。在《德意志意识形态》中,马克思、恩格斯在批评以费尔巴哈为代表的旧唯物主义自然观时指出:"他没有看到,他周围的感性世界绝不是某种开天辟地以来就已存在的、始终如一的东西,而是工业和社会状况的产物,是历史的产物,是世世代代活动的结果"③。马克思、恩格斯强调要消除"自然与历史的对立",实现"自然的历史和历史的自然的统一"。马克思、恩格斯在《德意志意识形态》中驳斥那种把自然与历史对立起来的观点,质问道:"好像人们面前不会有历史的自然和自然的历史",进而指出:"历史可以从两方面来考察,可以把它划分为自然史和人类史。但这两方面是不可分割的;只要

---

① [德]马克思.1844年经济学哲学手稿[M].中共中央马克思恩格斯列宁斯大林著作编译局编译.北京:人民出版社,2000:87.
② 施密特.马克思的自然观[M].北京:商务印书馆,1988:13.
③ 马克思恩格斯选集(第一卷)[M].中共中央马克思恩格斯列宁斯大林著作编译局编译.北京:人民出版社,1995:76.

第一章 大自然文学的基本概念

有人存在,自然史和人类史就彼此相互制约。"①马克思、恩格斯把自然界置于人类社会的历史发展进程中去考察,强调自然界是在人类社会历史进程中生成的现实的自然界,所以,"整个所谓世界历史不外是人通过人的劳动而诞生的过程,是自然界对人来说的生成过程"②。"历史的自然"科学地说明了历史与自然在物质生产方式基础上的辩证统一关系。马克思主义自然观不仅肯定了自然与历史、自然史与人类史的相互关系,也指出不同自然观产生的社会历史根源。

4. 人本学的自然

马克思在《1844年经济学哲学手稿》中提出了"人本学的自然"概念,强调"自然科学"与"人的科学"的统一。人本学的自然是马克思、恩格斯对费尔巴哈人本学思想的扬弃,因为费尔巴哈人本学主张抽象的人、抽象的人性、抽象的爱,将自然界看成外在于人类社会的独立系统,把自然科学看成对自然界的纯粹描述,而与人类的社会实践无关。在马克思、恩格斯看来,自然科学已经通过工业日益在时间上进入人类的社会生活,并为人的解放创造了物质前提。马克思指出:"在人类历史中即在人类社会的形成过程中生成的自然界是人的现实的自然界。因此,通过工业——尽管以异化的形式——形成的自然界,是真正的、人本学的自然界。"③马克思提出的"人本学的自然",把人的本质规定为人与自然的物质关系、人与人的社会关系,以及相应的物质生产实践和社会交往实践,希望通过自然科学与人文科学的统一来消除资本主义制度下人与自然的异化状态,但人和自然界之间的矛盾在私有制和异化劳动存在的时代,不可能得到真正的解决,只有到了共产主义社会才能真正解决。

---

① 马克思恩格斯选集(第一卷)[M].中共中央马克思恩格斯列宁斯大林著作编译局编译.北京:人民出版社,1995:66.
② [德]马克思.1844年经济学哲学手稿[M].中共中央马克思恩格斯列宁斯大林著作编译局编译.北京:人民出版社,2000:92.
③ [德]马克思.1844年经济学哲学手稿[M].中共中央马克思恩格斯列宁斯大林著作编译局编译.北京:人民出版社,2000:89.

5. 价值的自然

马克思从实践出发,提出了与"存在的自然"相对应的"价值的自然"。"存在的自然"又称"自然的自然",就是先人类而出现的、客观存在的、不以人类意识与意志为转移的自然界。但同时看到人类通过实践与自然界发生紧密的关系——利用和改造自然——形成新的"人化的自然"。"人化的自然"则是人类劳动价值的最终成果,和"存在的自然"共同形成人类财富的"两个来源":"劳动不是一切财富的源泉。自然界同劳动一样也是使用价值(而物质财富就是由使用价值构成的!)的源泉"①。马克思还从人类与动物生产行为的本质区别来说明人类是按照自己的价值判断来"再生产整个自然界":"动物的生产是片面的,而人的生产是全面的;动物只是在直接的肉体需要的支配下生产,而人甚至不受肉体需要的影响也进行生产,并且只有不受这种需要的影响才进行真正的生产;动物只生产自身,而人再生产整个自然界……动物只是按照它所属的那个种的尺度和需要来构造,而人懂得按照任何一个种的尺度来进行生产,并且懂得处处都把内在的尺度运用于对象;因此,人也按照美的规律来构造。"②"按照美的规律来构造"就是按照人类的目的、需要来选择,体现了人类的价值判断。如果说"存在的自然"是一种事实判断,那么"价值的自然"就是一种价值判断。前者的目的在于认识真理,后者的目的在于构建人道。因而"价值的自然"来自人的主观心灵,是人的目的、需要的体现。它不是对外部世界的认识,而是人的内在良知的呼唤,它是个体生命的一种信仰、渴望。当人类在确认存在自然的时候,存在自然就已经进入人的价值选择成为"价值的自然",因为自然已经被人化,人的目的、需要即人的价值观念已经深深地打入存在自然中,使存在自然成为人的价值的隐喻,指向个体生命的自由、生命和谐的境界和作为"善"的道德理想。

---

① 马克思恩格斯选集(第三卷)[M].中共中央马克思恩格斯列宁斯大林著作编译局编译.北京:人民出版社,1995:298.

② 马克思恩格斯全集(第三卷)[M].中共中央马克思恩格斯列宁斯大林著作编译局编译.北京:人民出版社,2002:273—274.

6. 生态的自然

马克思、恩格斯从人类社会可持续发展的角度,阐述了人与自然的关系,强调生态平衡的重要性,对人类的"非生态"行为提出警告。恩格斯分析了动物和人类活动对自然界的影响,"如果说动物不断地影响它周围的环境,那么,这是无意发生的,而且对于动物本身来说是偶然的事情。但是人离开动物愈远,他们对自然界的作用就愈带有经过思考的、有计划的、向着一定的和事先知道的目标前进的特征。动物在消灭某一地方的植物时,并不明白它们是在干什么。人消灭植物,是为了在这块腾出来的土地上播种五谷,或者种植树木和葡萄,因为他们知道这样可以得到多倍的收获。他们把有用植物和家畜从一个国家带到另一个国家,这样把全世界的动植物都改变了,不仅如此,植物和动物经过人工培养以后,在人的手下改变了它们的模样,甚至再也不能认出它们的本来的面目了……一句话,动物仅仅利用外部自然界,单纯地以自己的存在来使自然界改变;而人则通过他所作出的改变来使自然界为自己的目的服务,来支配自然界。这便是人同其他动物的最后的本质的区别,而造成这一区别的还是劳动。"恩格斯在肯定人类劳动的价值和意义的同时,警告人类要注意自己行为的"边界",告诫人们"不要过分陶醉于我们对自然界的胜利,对于每一次这样的胜利,自然界都报复了我们。每一次胜利、在第一步都确实取得了我们预期的结果,但是在第二步和第三步却有了完全不同的、出乎预料的影响,常常把第一个结果又取消了。美索不达米亚、希腊、小亚细亚,以及其他各地的居民,为了想得到耕地,把森林都砍完了,但是他们梦想不到,这些地方今天竟因此成为荒芜不毛之地,因为他们使这些地方失去了森林,也失去了集聚和贮存水分的中心……因此我们必须时时记住,我们统治自然界,绝不像征服异民族一样,绝不像站在自然界以外的人一样——相反的,我们连同我们的肉、血和头脑都是属于自然界、存在于自然界的。我们对自然界的整个统治,在于我们比其他一切动物强,能够认识和正确运用自然规律。"①生态自然观认为,人虽然是大自然进化而来的具有较高

---

① 刘华杰编.自然二十讲[M].天津:天津人民出版社,2008:135－136.

价值的存在物,但仍然是自然的一部分,人类自身的价值不可能大于作为整体的自然的价值,人类的行为应以"整体的自然的价值"为前提。以此同时,人作为大自然中唯一具有道德意识的存在物,能够用道德理想来约束自己对待大自然的行为,把维护生态平衡视为实现人的价值和主体性的重要方式,把人与自然的协调发展视为人的一种内在的精神需要和文明的一种新的存在方式,在科学发展观指导下,实现了人与自然的平衡,实现了人的发展与自然的发展的辩证统一,实现了经济社会的全面协调发展。

(二)对"人与自然关系"的论述

马克思恩格斯的自然观是"实践的人化自然观",核心是对"人与自然的关系"的论述。其强调了人与自然的对象性关系,指出劳动是人类与自然建立关系最基本的方式,分析了人与自然对抗的根源,指出了人与自然矛盾和解的途径,对今天建立科学的自然观、创作大自然文学,建设生态文明社会有着现实指导意义。

1. 人与自然的对象性关系

马克思在《1844年经济学哲学手稿》的《对黑格尔的辩证法和整个哲学的批判》这一章中,详细阐述了人与自然的对象性关系,认为人与自然是互为"对象性"的存在,展现了马克思观察人与自然关系的独特视角——环境哲学自然观。所谓"对象性",指一物之外有他物作为自己的对象,而对象性关系则是指一物与某对象的相互依存、相互制约的关系。马克思说过:"一个存在物如果在自身之外没有自己的自然界,就不是自然存在物,就不能参加自然界的生活。一个存在物如果在自身之外没有对象,就不是对象性的存在物。一个存在物如果本身不是第三存在物的对象,就没有任何存在物作为自己的对象,就是说,它没有对象性的关系,它的存在就不是对象性的存在。非对象性的存在物是非存在物。"①

---

① [德]马克思.1844年经济学哲学手稿[M].中共中央马克思恩格斯列宁斯大林著作编译局编译.北京:人民出版社,2000:106.

表现为"人以自然界为对象",就是人类把自然界作为自己实践的对象,通过对象化的活动作用于自然界,并在作用过程中向自然界展示和确证人类的本质力量。人类正是通过对象性的实践活动利用自然、改造自然,使之更好地为人类服务。

人与自然的对象性关系同时表现为"自然界以人为对象",就是自然通过人类来实现自身从"自在自然"向"自为自然"的转化,从而体现自身的现实性和存在价值,获得"属人的性质"。自然界在自己合乎规律的变化发展中,呈现出某种合目的性,这种合目的性是人的实践活动所赋予的。因而,自然界的发展表现为"自然向人"的生成过程。人与自然的对象性关系表明,人需要自然为自己的对象。自然不仅是人类赖以生存的基础,还能指导人类实践的目的,制约实践的结果。同时自然也需要将人类作为自己的对象,通过人类的实践活动使自身发生合目的性的变化,从而实现可能性和现实性、合规律性和合目的性。人和自然正是通过互为对象而形成一个有机的整体。

2. 人是"自然存在物"与"类存在物"的统一

马克思进一步指出,"人与自然的对象性关系"具有双重含义,即自然性质的对象性关系和社会性质的对象性关系,也就是说,"人"是"自然存在物"与"类存在物"的统一。马克思指出:"人直接地是自然存在物。人作为自然存在物,而且作为有生命的自然存在物,一方面具有自然力、生命力,是能动的自然存在物;这些力量作为天赋和才能、作为欲望存在于人身上。"[①]恩格斯也曾指出:"我们连同我们的肉、血和头脑都是属于自然界和存在于自然界之中的。"[②]人是自然界的产物,人是自然界的一部分,"人靠自然界生活"。但"人不仅仅是自然存在物,而且是人的自然存在物……因而是类存在物"。"人是类存在物,不仅因为人在实践上和理论上都把类——他自身的类以及其他物的类——当作自己的对象;而且因为——这只是同一种事物的另一种

---

① [德]马克思.1844年经济学哲学手稿[M].中共中央马克思恩格斯列宁斯大林著作编译局编译.北京:人民出版社,2000:105.
② 马克思恩格斯选集(第三卷)[M].中共中央马克思恩格斯列宁斯大林著作编译局编译.北京:人民出版社,2012:998.

说法——人把自身本身当作现有的、有生命的类来对待;因为人把自身当作普遍的因而也是自由的存在物来对待。"①作为"类存在物",人与自然的关系是特殊意义上的社会性质的对象性关系。人的社会性质的对象性关系建立在人具有"自我意识"和"劳动特质"上,这也是人与动物的本质区别。马克思认为:"动物和自己的生命活动是直接同一的。动物不把自己同自己的生命活动区别开来。它就是自己的生命活动。人则使自己的生命活动本身变成自己意志的和自己意识的对象。"因而,"从理论领域来说,植物、动物、石头、空气、光等等,一方面作为自然科学的对象,一方面作为艺术的对象,都是人的意识的一部分,是人的精神的无机界"。正是在"改造对象世界中,人才真正地证明自己是类存在物。这种生产是人的能动的类生活。通过这种生产,自然界才表现为他的作品和他的现实"②。自然界先于人类而存在,人首先是"自然界的一员",同时人类又生活于自然界之中,是从自然中发展起来的"类存在物"。人与动物同为"自然存在物",都是自然界中的一种生命活动,但动物是一种"生存"的生命活动,生存是一种无意识的本能;而人是一种"生活"的生命活动,生活是一种有意识的劳动。因而,人与动物又有着"类存在"的本质差别。

3. 人的自然主义与自然的人本主义的统一

人类诞生后面临的首要问题就是如何处理人与自然的关系。人是通过劳动与自然发生关系的。劳动指人能够对外输出劳动量或劳动价值的有意识有目的的活动,是人类独有,也是人类维持自我生存和自我发展的唯一手段。马克思说:"劳动首先是人和自然之间的过程,是人以自身的活动来引起、调整和控制人和自然之间的物质变换的过程。"③劳动生产力的变化带来人与自然关系的演变——由被动和谐到不和谐再到终极和谐的否定之否定

---

① [德]马克思.1844年经济学哲学手稿[M].中共中央马克思恩格斯列宁斯大林著作编译局编译.北京:人民出版社,2000:107、56.

② [德]马克思.1844年经济学哲学手稿[M].中共中央马克思恩格斯列宁斯大林著作编译局编译.北京:人民出版社,2000:56—58.

③ 马克思.资本论(第一卷)[M].北京:人民出版社,1975:201—202.

第一章 大自然文学的基本概念

的过程。在生产力极其落后的原始时代,人与自然的关系表现为"顺从状态下的被动和谐"。在私有制出现后,人的劳动开始发生异化,无节制的利益追求,破坏了自然界内在的发展规律,人与自然的关系表现为"征服、控制、统治下的不和谐"。正如马克思提到的,"耕种如果自发地进行,而不是有意识地加以控制……接踵而来的就是土地荒芜,像波斯、美索不达米亚等地以及希腊那样"①。恩格斯则更具体地指出,"美索不达米亚、希腊、小亚细亚以及其他各地的居民,为了得到耕地,毁灭了森林,当时他们做梦也想不到,这些地方今天竟因此而成为不毛之地,因为他们使这些地方失去了森林,也就失去了水分的积聚中心贮藏库。阿尔卑斯山意大利人,当他们在山南坡把在山北坡得到精心保护的那同一种枞树林砍光用尽时,没有预料到,这样一来,他们把本地区的高山畜牧业的根基毁掉了;他们更没有预料到,他们这样做,竟使山泉在一年中的大部分时间内枯竭了。同时在雨季又使更加凶猛的洪水倾泻到平原上"②。恩格斯在总结了人向自然界索取的教训后指出,"我们不要过分陶醉于我们人类对自然界的胜利。对于每一次这样的胜利,自然界都对我们进行报复。每一次胜利,起初确实取得了我们预期的结果,但是往后和再往后却发生了完全不同的、出乎预料的影响;常常把最初的结果又消除了"③。这里的"报复"指人类的行为违背了生态平衡这一自然发展规律而遭到自然的惩罚。马克思认为,解决人同自然之间的冲突,就是要实现"人的自然本质"与"自然界人的本质"的统一,就是"人的自然主义"与"自然的人本主义"的统一。马克思把两者的统一看作"人同自然界完成了的、本质的统一,是自然界的真正的复活,是人的实现了的自然主义和自然的实现了的人本主义"。这一人与自然关系的理想状态,只有在消灭了私有制的共产主义社会才能彻底实现,"这种共产主义,作为完成了的自然主义=人道主义,而作为

---

① 马克思恩格斯全集(第三十二卷)[M].中共中央马克思恩格斯列宁斯大林著作编译局编译.北京:人民出版社,1974:53.
② 马克思恩格斯选集(第四卷)[M].中共中央马克思恩格斯列宁斯大林著作编译局编译.北京:人民出版社,1995:383.
③ 马克思恩格斯选集(第四卷)[M].中共中央马克思恩格斯列宁斯大林著作编译局编译.北京:人民出版社,1995:383.

完成了的人道主义=自然主义,它是人和自然界之间、人和人之间的矛盾的真正解决"①。

4."人与自然的关系"与"人与人的关系"的统一

马克思、恩格斯认为,整个世界是由"自然界和人类社会"构成的。"自然和历史——这是我们在其中生存、活动并表现自己的那个环境的两个组成部分"②。"人靠自然界生活。这就是说,自然界是人为了不致死亡而必须与之处于持续不断的交互作用过程的、人的身体"③,但"只要有人存在,自然史和人类史就彼此相互制约"④。"在人类历史中即在人类社会的形成过程中生成的自然界,是人的现实的自然界"⑤,在发展"人与自然界的关系"同时也在发展着"人与人的关系"。马克思指出:"在这种自然的类关系中,人对自然的关系直接就是人对人的关系,正像人对人的关系直接就是人对自然的关系,就是他自己的自然的规定。"⑥因而,马克思关于人与自然关系的认识是建立在社会关系基础上的,"人的本质不是单个人所固有的抽象物,在其现实性上,它是一切社会关系的总和"⑦。在人与自然的关系中,人处于主导地位,从人本主义环境伦理学的立场看,在人与自然这对道德关系中,人自身应该承担主体责任。人与自然之间的历史与现实表明,自然是"无道德"的,自然对人既无道德感情也无道德责任,但人是有道德情感的,人既是"自然存在物",

---

① [德]马克思.1844年经济学哲学手稿[M].中共中央马克思恩格斯列宁斯大林著作编译局编译.北京:人民出版社,2000:81.

② 马克思恩格斯全集(第三十九卷)[M].中共中央马克思恩格斯列宁斯大林著作编译局编译.北京:人民出版社,1974:64.

③ [德]马克思.1844年经济学哲学手稿[M].中共中央马克思恩格斯列宁斯大林著作编译局编译.北京:人民出版社,2000:56.

④ 马克思恩格斯选集(第一卷)[M].中共中央马克思恩格斯列宁斯大林著作编译局编译.北京:人民出版社,1995:66.

⑤ [德]马克思.1844年经济学哲学手稿[M].中共中央马克思恩格斯列宁斯大林著作编译局编译.北京:人民出版社,2000:89.

⑥ [德]马克思.1844年经济学哲学手稿[M].中共中央马克思恩格斯列宁斯大林著作编译局编译.北京:人民出版社,2000:80.

⑦ 马克思恩格斯选集(第一卷)[M].中共中央马克思恩格斯列宁斯大林著作编译局编译.北京:人民出版社,1995:56.

也是自然界的一部分,因此人的道德情感必然融入自然之中,人与自然交往的行为必然有利与害、善与恶、美与丑的道德区分。这就要求人既要遵从自然又要反省自己,在人与自然这对道德关系中承担起责任主体——解决人与自然冲突、实现人与自然和解的责任主体。由此可见,马克思"自然—历史"的观点告诉人们,人与自然的关系同人与人的社会关系相互制约,只有从解决人与人的社会关系入手,才能解决人与自然关系的异化问题。

二、西方生态学马克思主义自然观

"生态学马克思主义"产生于20世纪60年代世界范围内的"绿色运动",是当代西方马克思主义主要的新兴流派之一,代表了20世纪末"马克思主义发展的一个新阶段"[①],表现了对社会主义的期待。其基本理论观点是用生态学理论去"补充"和"发展"马克思主义,并以此去分析当代资本主义的环境退化和生态危机,以及探讨解决生态环境危机的途径。生态学马克思主义认为,生态危机是当代资本主义社会的主要危机,这是由"资本主义生产的本质、技术的资本主义化、资本主义的异化生产与异化消费"等三大方面的特征所决定的,要想从根本上消除生态危机,就要从消灭资本主义制度入手,因为资本主义制度下的"异化自然观"导致"异化生产和异化消费"。

所谓异化,是一个重要的哲学范畴,指主体在自己的发展过程中,由于自身活动而产生出自己的对立面,然后这个对立面又作为一种外在的、异己的力量反过来反对主体自身。所谓资本主义社会的"异化自然观",就是"控制自然",即人类将自然视为一种与自身分离且对立于自身的存在;人类可以且应该通过技术手段征服、控制自然,将自然仅仅视为实现自身目的的手段。与此同时,现代世界在自然科学发展基础上完成了对自然界的"除魅"。所谓除魅,就是剥夺了自然界最后的神圣意涵,意味着"并没有任何神秘、不可测知的力量在发挥作用;我们知道或者说相信,在原则上,通过计算,我们可以

---

① [南]尼科利奇编.处在21世纪前夜的社会主义[M].赵培杰,冯瑞梅,孙春晨,译.重庆:重庆出版社,1989:58.

支配万物"①。万物之灵的人类从此可以将自然视为达到自己目的的手段而随心所欲,通过征服自然以解放人类自身,因而形成资本主义社会长久以来的异化生产和异化消费——为了超额利润而生产,为了过度消费而生产。在异化消费和异化生产的相互刺激下,人类愈发需要通过对自然的攫取和利用来满足自身已经异化的欲望,由此,利润追求和生态保护之间尖锐对立的矛盾在资本主义制度下无可调和。对此,生态学马克思主义者有着清楚认识,并期望"用生态学'补充'马克思主义,企图为发达资本主义国家的人民找到一条既能消除生态危机又能走向社会主义的道路"②。

生态学马克思主义努力运用马克思主义的观点和方法,去分析当代生态环境及其危机问题,致力于生态理论与马克思主义的结合,丰富和发展了马克思主义。主要观点有以下几点:

(一)坚持马克思恩格斯关于"人与自然关系"的基本观点

人类是自然界的一部分,源于自然、依赖自然。"人本身是自然界的产物,是在自己所处的环境中并且和这个环境一起发展起来的"③。人与自然的关系并非如资本主义自由主义观所表达的那样,人不是独立于自然之外的完全孤立的个体。人与自然是辩证统一的,劳动是人与自然实现统一的途径,同时也是人与人之间社会关系的反映。人与自然的关系、人与人的关系经由生产、流通、消费、分配的社会经济过程相互联系,共同作用于人类的劳动实践过程和社会活动中,形成了生态关系和经济关系有机整合的生态经济体系。

(二)把生态危机的根源直接归结于资本主义制度及其生产方式

"控制自然"的观念与资本主义制度之间存在本质性的联系,其内在的是

---

① [德]马克斯·韦伯.学术与政治[M].冯克利,译.南宁:广西师范大学出版社,2004:168.
② 奚广庆,王瑾,梁树发主编.西方马克思主义辞典[Z].北京:中国经济出版社,1992:108.
③ 马克思恩格斯选集(第三卷)[M].中共中央马克思恩格斯列宁斯大林著作编译局编译.北京:人民出版社,1995:374—375.

资本主义意识形态的组成部分。"控制自然"的"异化自然观"引发"异化生产"和"异化消费",是导致生态危机的直接根源,因而"生态危机已经取代了经济危机"①,成为资本主义社会的主要危机。"资本主义制度及其生产方式的反生态性质",是当代生态危机的根源,"只有用生态社会主义代替资本主义社会,生态危机才可能从根本上得到解决"②。生态学马克思主义把解决生态危机的希望寄托于社会主义,从生态保护的角度论证了建立社会主义的必要性,为我们坚定社会主义信念提供了理论支持。

(三)强调人与自然的和谐统一

尊重自然、尊重自然规律是人与自然协调发展的前提,正确处理人与人的社会关系是人与自然和谐发展的关键。"人和自然之间、人和人之间矛盾的真正解决",即实现"自然主义——人道主义——共产主义"的统一,要在共产主义社会才能完成。生态学马克思主义倡导社会经济与生态环境的协调发展,丰富了可持续发展理论,对我们树立和落实"科学发展观"具有深刻的现实意义。

生态学马克思主义努力运用马克思主义的观点和方法,分析资本主义社会的生态危机,探索解决危机的途径,确实带来很多启示。如以"生态危机"取代"经济危机",有利于认识资本主义社会反生态的本质,但也夸大了人与自然之间的矛盾在资本主义社会中的作用与地位,从而忽视了资本主义制度的基本矛盾与主要矛盾。再如将"异化消费"看成生态危机的主要根源,也夸大了异化消费的社会作用,从而削弱了解决生态问题必须推翻资本主义制度建设社会主义制度的决心。

---

① [加]本·阿格尔. 西方马克思主义概论[M]. 慎之,等,译. 北京:中国人民大学出版社,1991:486.
② 王雨辰. 反对资本主义的生态学——评西方生态学马克思主义对资本主义社会的生态批判[J]. 国外社会科学,2008(1):4.

三、当代中国生态文明建设的自然观

"社会主义在本质上是生态社会主义"①。生态社会主义的自然观也就是社会主义自然观的基本内容,包括人与自然和谐共生的发展理念,资本主义制度是生态危机的根源,坚持人与自然、社会发展与自然系统相协调的绿色发展方式等。

当代中国作为最有影响和最成功的社会主义国家,自中华人民共和国成立以来,不断探索一条中国特色社会主义的绿色发展道路,特别是在20世纪70年代改革开放以后,中国明确提出了"生态文明"的新理念,党的十八大将生态文明建设纳入中国特色社会主义总体布局,提出了"美丽中国"的奋斗目标。党的十九大进一步提出了"坚持人与自然和谐共生"的基本方略。2017年10月24日修订通过的新党章增加了"中国共产党领导人民建设社会主义生态文明"的内容,提出要"树立尊重自然、顺应自然、保护自然的生态文明理念,增强绿水青山就是金山银山的意识,坚持节约资源和保护环境的基本国策,坚持节约优先、保护优先、自然恢复为主的方针,坚持生产发展、生活富裕、生态良好的文明发展道路","把我国建成富强民主文明和谐美丽的社会主义现代化强国"②。2018年3月11日通过的《中华人民共和国宪法修正案》写了"生态文明协调发展"③。生态文明已经上升为党的主张和国家意志。

2018年5月18日,全国生态环境保护大会召开,习近平总书记发表《推动我国生态文明建设迈上新台阶》④的重要讲话。这篇讲话标志着"习近平生态文明思想"的正式确立,包括"八个坚持":坚持生态兴则文明兴;坚持人与自然和谐共生;坚持绿水青山就是金山银山;坚持良好生态环境是最普惠

---

① [日]岩佐茂.社会主义在本质上是生态社会主义(节选)[M]//江守义,丁云亮,何旺生主编.马克思主义文论.合肥:安徽大学出版社,2012:295.
② 中国共产党第十九次全国代表大会文件汇编[G].北京:人民出版社,2017:74、61.
③ 中华人民共和国宪法[Z].北京:人民出版社,2018:4.
④ 习近平.推动我国生态文明建设迈上新台阶[J].求是.2019(03):4—19.

的民生福祉;坚持山水林田湖草是生命共同体;坚持用最严格制度最严密法治保护生态环境;坚持建设美丽中国全民行动;坚持共谋全球生态文明建设。

习近平生态文明思想内涵丰富、系统完整,深刻回答了为什么建设生态文明、建设什么样的生态文明、怎样建设生态文明等重大理论和实践问题,是当代中国社会主义生态文明建设的指导思想。其科学的自然观有三个重要来源:一是中华传统文化所孕育的"道法自然""天人合一"的自然观;二是马克思主义关于人与自然关系的思想;三是中国特色社会主义建设生态文明实践。

(一)中华传统文化所孕育的"道法自然""天人合一"的自然观

中华民族向来有尊重自然、热爱自然的传统。绵延五千多年的中华文明孕育着丰富的生态文化。《易经》中说,"观乎天文,以察时变;观乎人文,以化成天下";"财成天地之道,辅相天地之宜"。《老子》中说:"人法地,地法天,天法道,道法自然。"《庄子》中说:"天地者,万物之父母也。"《黄帝内经》中说:"与天地相应,与四时相副,人参天地。"《孟子》中说:"不违农时,谷不可胜食也;数罟不入洿池,鱼鳖不可胜食也;斧斤以时入山林,材木不可胜用也。"《荀子》中说:"草木荣华滋硕之时,则斧斤不入山林,不夭其生,不绝其长也。"《论语》中说:"子钓而不纲,弋不射宿。"《齐民要术》中说:"顺天时,量地利,则用力少而成功多。"《吕氏春秋》中说:"竭泽而渔,岂不获得?而明年无鱼;焚薮而田,岂不获得?而明年无兽。"这些观念都强调要把天地人统一起来、把自然生态同人类文明联系起来,按照大自然规律活动,取之有时,用之有度,人与自然和谐共生;要讲天地人和,不要讲征服与被征服,这些都是传统文化从生态维度处理人与自然关系的重要思想。

(二)马克思主义关于人与自然关系的思想

2018年5月4日,习近平总书记在纪念马克思诞辰200周年大会上发表重要讲话,强调指出:"学习马克思,就要学习和实践马克思主义关于人与自然关系的思想。"① 这一思想至少包括以下几层含义：

1. 人与自然界不可分

马克思认为，"人靠自然界生活"。自然不仅给人类提供了生活资料来源，如肥沃的土地、渔产丰富的江河湖海等，而且给人类提供了生产资料。自然物构成人类生存的自然条件，人类在同自然的互动中生产、生活、发展。人类善待自然，自然也会馈赠人类。

2. 人应该善待自然

"如果说人靠科学和创造性天才征服了自然力，那么自然力也对人进行报复"。恩格斯在《自然辩证法》中写到：美索不达米亚、希腊、小亚细亚以及其他各地的居民，为了得到耕地，毁灭了森林，但是他们做梦也想不到，这些地方今天竟因此而成为不毛之地，因为他们使这些地方失去了森林，也就失去了水分的积聚中心和贮藏库。阿尔卑斯山的意大利人，当他们在山南坡把那些在山北坡得到精心保护的枞树林砍光用尽时，没有预料到，这样一来，他们就把本地区的高山畜牧业的根基毁掉了；他们更没有预料到，他们这样做，竟使山泉在一年中的大部分时间内枯竭了，同时在雨季又使更加凶猛的洪水倾泻到平原上。

3. 人与自然是生命共同体

自然是生命之母，人类必须敬畏自然、尊重自然、顺应自然、保护自然。我们要坚持人与自然和谐共生，牢固树立和切实践行绿水青山就是金山银山的理念，动员全社会力量推进生态文明建设，共建美丽中国，让人民群众在绿水青山中共享自然之美、生命之美、生活之美，走出一条生产发展、生活富裕、生态良好的文明发展道路。

（三）中国特色社会主义生态文明实践的自然观

中国特色社会主义生态文明建设实践经验和理论成果，集中体现于《习

---

① 习近平.推动我国生态文明建设迈上新台阶[J].求是.2019(03):5.

近平谈治国理政》(第一卷、第二卷、第三卷)、习近平在中国共产党第十九次全国代表大会上的报告、2018年5月18日在全国生态环境保护大会上讲话等系列重要讲话、《习近平新时代中国特色社会主义思想学习纲要》及《中共中央 国务院关于加快推进生态文明建设的意见》(2015年4月25日)、中共中央 国务院印发的《生态文明体制改革总体方案》(2015年9月)等重要文件,核心内容是建立在生态整体自然观基础上的生态文明理念,包括以下六个方面重要内容:

1. 坚持人与自然和谐共生的科学自然观

"人类的发展活动必须尊重自然、顺应自然、保护自然,否则就会遭到大自然的报复。"①"人类只有遵循自然规律才能有效防止在开发利用自然上走弯路,人类对大自然的伤害最终会伤及人类自身,这是无法抗拒的规律。"②天育物有时,地生财有限,"生态环境没有替代品,用之不觉,失之难存。"③要"着力推进人与自然和谐共生"。

2. 树立"绿水青山就是金山银山"的科学发展观

2013年9月,习近平总书记在哈萨克斯坦纳扎尔巴耶夫大学回答学生提问时,进一步做出清晰全面阐述:"我们既要绿水青山,也要金山银山。宁要绿水青山,不要金山银山,而且绿水青山就是金山银山。"④这一重要论述深刻阐明了生态环境保护与经济发展的关系,揭示了保护生态环境就是保护生产力、改善生态环境就是发展生产力的道理,指明了实现发展和保护协同共生的新路径,饱含尊重自然、谋求人与自然和谐发展的价值理念和发展理念,也是推进中国现代化建设的重大原则。生态环境保护和经济发展不是矛

---

① 习近平.推动形成绿色发展方式和生活方式(2017年5月26日)[G]//习近平谈治国理政(第二卷).北京:外文出版社,2017:394.
② 中国共产党第十九次全国代表大会文件汇编[G].北京:人民出版社,2017:40.
③ 习近平.深入理解新发展理念(2016年1月18日)[G]//习近平谈治国理政(第二卷).北京:外文出版社,2017:209.
④ 中共中央宣传部.习近平新时代中国特色社会主义思想学习纲要[M].北京:学习出版社、人民出版社,2019:169—170.

盾对立的关系,而是辩证统一的关系。良好的生态本身蕴含着无穷的经济价值,能够源源不断创造综合效益,实现经济社会可持续发展。生态环境保护的成败归根到底取决于经济结构和经济发展方式。经济发展不应是对资源和生态环境的竭泽而渔,生态环境保护也不应是舍弃经济发展的缘木求鱼,而是要坚持在发展中保护、在保护中发展。

3. 坚持山水林田湖草是生命共同体的大生态观

2017年7月,在中央全面深化改革领导小组会议上,习近平总书记在谈及建立国家公园体制时说,坚持山水林田湖草是一个生命共同体。"从山水林田湖,到山水林田湖草,虽然只增加了一个'草'字,却把我国最大的陆地生态系统纳入生命共同体中,体现了习近平总书记深刻的大生态观"①。人的命脉在田,田的命脉在水,水的命脉在山,山的命脉在土,土的命脉在林草,这个生命共同体是人类生存发展的物质基础。生态是统一的自然系统,是相互依存、紧密联系的有机链条。要用系统论的思想方法看问题,从系统工程和全局角度寻求新的治理之道。统筹山水林田湖草系统治理,就要按照生态系统的整体性、系统性及其内在规律,统筹考虑自然生态各要素,山上山下、地上地下、陆地海洋及流域上下游,进行整体保护、系统修复、综合治理,增强生态系统循环能力。维护生态平衡,就要实施山水林田湖草一体化生态保护和修复,实施重要生态系统保护和修复重大工程,加快水土流失和荒漠化、石漠化综合治理,扩大湖泊、湿地面积,保护生物多样性,全面提升生态系统的稳定性和生态服务功能,筑牢生态安全屏障。

4. 推动形成绿色发展方式和生活方式

绿色是生命的象征、大自然的底色。绿色发展,就其要义来讲,是要解决好人与自然和谐共生问题。习近平总书记指出:"推动形成绿色发展方式和生活方式,是发展观的一场深刻的革命。"生态环境问题归根结底是发展方式和生活方式问题,要想从根本上解决生态环境问题,必须贯彻绿色发展理念,

---

① 新华社记者高敬、王博、周楠、王靖、王建、丁怡全、李琳海.为了美丽的绿水青山——习近平总书记考察生态文明建设回访[N].安徽日报,2019-8-26.

加快形成节约资源和保护环境的空间格局、产业结构、生产方式、生活方式,把经济活动、人的行为限制在自然资源和生态环境能够承受的限度内,给自然生态留下休养生息的时间和空间。加快形成绿色发展方式和生活方式,就要"正确处理经济发展和生态环境保护的关系,像保护眼睛一样保护生态环境,像对待生命一样对待生态环境,坚决摒弃损害甚至破坏生态环境的发展模式,坚决摒弃以牺牲生态环境换取一时一地经济增长的做法,让良好生态环境成为人民生活的增长点、成为经济社会持续健康发展的支撑点、成为展现我国良好形象的发力点,让中华大地天更蓝、山更绿、水更清、环境更优美"。①

5. 提高全社会的生态文明意识

在人与自然关系中,人是起主导和决定作用的因素,人与自然的关系集中体现在人与人、人与社会的关系,建设生态文明的社会主义社会,必须从人做起,通过人人尽责,实现人人受益。要加快形成绿色生活方式,在全社会牢固树立生态文明理念,增强全民节约意识、环保意识、手套意识,培养生态道德和行为习惯,让天蓝地绿水清深入人心。要通过"积极培育生态文化、生态道德,使生态文明成为社会主流价值观,成为社会主义核心价值观的重要内容";通过"从娃娃和青少年抓起,从家庭、学校教育抓起,引导全社会树立生态文明意识";通过"创作一批文化作品,创建一批教育基地,满足广大人民群众对生态文化的需求";通过"提高公众节约意识、环保意识、生态意识,形成人人、事事、时时崇尚生态文明的社会氛围"。② "一代接着一代干,驰而不息,久久为功,努力形成人与自然和谐发展新格局,把我们伟大的祖国建设得更加美丽,为子孙后代留下天更蓝、山更绿、水更清的优美环境"③。

---

① 习近平. 推动形成绿色发展方式和生活方式(2017年5月26日)[G]//习近平谈治国理政(第二卷). 北京:外文出版社,2017:395.
② 中共中央 国务院关于加快推进生态文明建设的意见(2015年4月25日)[N]. 人民日报. 2015—05—06(12).
③ 习近平. 弘扬塞罕坝精神(2017年8月14日)[G]//习近平谈治国理政(第二卷). 北京:外文出版社,2017:397.

6. 实行最严格的生态环境保护制度

保护生态环境需要道德与法制双管齐下,而且特别需要解决"体制不健全、制度不严格、法治不严密、执行不到位、惩处不得力"的现实问题。习近平总书记指出:"只有实行最严格的制度、最严密的法治,才能为生态文明建设提供可靠保障。"①我们必须把生态环境保护制度建设作为推进生态文明建设的重中之重,深化生态文明体制改革,把生态文明建设作为系统工程,融入经济建设、政治建设、文化建设、社会建设各方面和全过程,"把生态文明建设纳入制度化、法治化轨道"②。

第三节 什么是大自然文学

要了解什么是大自然文学,就必须了解大自然与自然观。前文已用了大量篇幅来论述"大自然与自然观"。人类对大自然的认识随着时代变化而变化,也给文学反映大自然带来复杂性和发展性。同时,大自然文学观的形成必然也必须根植于大自然文学创作实践,而不应该仅仅是观念上的东西,也不能是"从概念到概念"的模仿,"拿来主义"也行不通。从实践的大自然文学观上升到指导实践的大自然文学理论,不只是创作经验的数量累积,而是对创作本质认识的升华,这个转化提升的过程需要时间来检验。

这不是说对大自然文学现象的定性研究就无从下手,而是提醒人们思考,为什么至今对"什么是大自然文学",学术界还没有标准答案。所以,本节对于"什么是大自然文学"的讨论,具有一种开放性结构和开创性意义。当人们对"什么是大自然文学"回答很清楚的时候,也许我们的观点已经落后于大自然文学发展的现实了——理论是对实践的总结,但总比实践慢半拍。更何

---

① 中共中央宣传部编.习近平新时代中国特色社会主义思想学习纲要[M].北京:学习出版社、人民出版社,2019:174.

② 习近平.树立"绿水青山就是金山银山"的强烈意识(2016年11月28日)[G]//习近平谈治国理政(第二卷).北京:外文出版社,2017:393.

况中国和世界范围内的大自然文学历史还不长,从事大自然文学的作家和评论家对"大自然"与"文学"的认识和理解又不尽相同。在回答什么是大自然文学的命题上,他们各有所据、各有所思、各有所表,很难整齐划一。这是一种认识常态,也是思想解放和文学丰富性的体现。事实上,作为一种明显的文学现象,中国大自然文学有迹可寻的历史已有半个世纪,又恰逢生态时代给大自然文学带来千载难逢的发展机遇,从创作实践和理论建设要求来看,都迫切需要对"大自然文学"这一新兴的文学现象有一个阶段性研究成果,对大自然文学给予学科性的描述。

一、大自然文学的含义

什么是大自然文学?就字面意思而言,就是写"大自然"的文学。如何理解"大自然",就成为认识大自然文学的关键。

前文已经论述过"大自然"有狭义和广义之分,狭义的"大自然"与"人类"相对应,传统文学观念认为"文学是人学",这里的人与自然是相对应的关系。

广义的"大自然"是将"人与自然"看作一个系统整体,不是简单地将自然界划分为"大自然"与"人类"两大阵营,而是以"人与自然关系"为视角,将"大自然"与"人类"融为一体,这是一种上升到艺术哲学高度的生态自然观。

大自然文学强调"以大自然为审美对象",那么,是否可以说,大自然文学就是在自然观指导下的大自然书写呢?在文学创作中,"写什么"固然很重要,这是文学创作最基本的题材问题;但"怎么写"更重要,这涉及文学观指导下的创作思想和创作方法的重大问题,是作品成败的关键。具体到大自然文学"怎么写",除去创作手法的艺术性因素外,决定"大自然文学"本质的仍然是作者的"自然观",即作者对大自然的认识,核心是对人与自然关系的认识。

有什么样的大自然观,就有什么样的大自然文学,这是大自然文学中"大自然"一词的特殊意义。由此出发,可以从以下四个方面进一步解读大自然文学的内涵。

(一)广义的大自然文学指以大自然为书写对象的文学

凡是以大自然为题材的文学,都可以被称为"大自然文学"。这里的"大自然"包括广义和狭义的"大自然",是从"写什么"角度来下定义的,即"写大自然"的作品,就是广义的大自然文学。

在本书的"大自然与自然观"部分,已经详细介绍了"自然""大自然"及"自然观"的丰富性和复杂性。从理论上说,每一种自然观都会有一种文学与之相应。传统文学观认为的文学是对社会生活的反映,大自然先于人类成为人的生活环境,所以自古以来就有描写大自然的作品,也就有广泛意义上的大自然文学。或者说,"写大自然"的文学历史与文学史一样长,从"人属于自然"的角度看,文学史就是一部大自然文学史。从我国的第一部诗歌总集《诗经》中的动植物诗歌到明代《徐霞客游记》中的山水地理游记,都是广义上的大自然文学作品。

(二)狭义的大自然文学特指以人与自然关系为审美对象的文学

狭义的大自然文学是人类进入生态时代的文学,是在"写大自然"的基础上,关注"怎么写大自然"的文学。

一代有一代之文学。大自然文学的产生是与"大自然问题"联系在一起的。"大自然问题"的核心是生态问题,生态问题的核心是"人与自然关系"的问题。大自然文学就是通过"呼唤生态道德"来修正"人与自然关系",并由此解决生态问题——实现人与自然和谐共生的文学。

大自然文学中所写的大自然,是以人与自然关系中的大自然为对象。人与自然关系有和谐与不和谐两大情形。当人与自然关系和谐时,呈现出人性美与自然美的统一、人类美与生命美的统一;当人与自然关系不和谐时,体现在人性的贪婪欲望对自然生态造成不可修复的破坏,以及自然界对人类的严厉报复。

人与自然关系是否和谐,不是抽象的概念,而是体现在具象的自然物上。所谓"自然物"就是作者写进作品中的大自然,从人与自然关系审美后的大自然,如刘先平笔下皖南山区的野生动物世界(《云海探奇》)和南海西沙群岛的海底"珊瑚礁生态",这些"自然物"具有鲜明的地域特征,呈现出独一无二的生态系统的"地理性"——自然地理与人文地理的融合体。大自然文学中的

"大自然"就是以这一独特的"地理性"来体现自然物现象背后所隐藏的"人与自然关系"的本质。所以,一地有一地之自然文学,一国有一国之自然文学,跨越地域与国界的"地理性",是大自然文学具有生态维度的身份特征。

(三)大自然文学是重建生态文化的新文学

文学关注人与自然关系,源自生态危机的现实。20世纪中期以来,由于环境的污染、破坏所带来的严重灾难为人类的持续生存发展敲响了警钟,人类开始对工业文明的利弊进行反思,开始了"从工业文明向生态文明过渡的阶段"——"生态文明是人类文明发展的一个新的阶段,即工业文明之后的人类文明形态"[①]。大自然文学就是在此背景和环境下产生的,一种包含生态维度的新文学。

1962年,美国著名海洋生物学家蕾切尔·卡逊(1907—1964)发表了一部轰动世界的环境科普作品《寂静的春天》,她在这部具有里程碑意义的作品里,描绘了一幅由于农药污染所带来的可怕景象,对传统工业文明所引起的严重的环境污染,进行了有力的揭露和深刻反思,惊呼人们将会失去"明媚的春天"。她在作品第十七章中提出了著名的人类社会处于交叉路口的名言。她说:

> 现在,我们正站在两条道路的交叉口上。这两条道路完全不一样……我们长期以来一直行驶的这条道路使人容易错认为一条舒适的、平坦的超级公路,我们能在上面高速前进。实际上,在这条路的终点却有灾难等待着。这条路的另一条岔路——一条"很少有人走过的"岔路——为我们提供了最后唯一的机会让我们保住我们的地球。[②]

卡逊在这里所说的"舒适的、平坦的超级公路"就是人们习以为常的工业文明所坚持的自然无限开发、经济无限增长,最终引起生态危机的"灾难"之

---

① 中国社会科学院邓小平理论和"三个代表"重要思想研究中心.论生态文明[N].光明日报,2004-04-30.

② [美]蕾切尔·卡逊.寂静的春天[M].吕瑞兰,李长生,译.长春:吉林人民出版社,1997:244.

路。而她所说的"很少有人走的岔路",则是"唯一的机会让我们保住我们的地球"的生态文明之路。

《寂静的春天》这部作品因其对"生态危机的现实"所作出的真实反映和生态反思,不仅成为美国自然文学的奠基之作,开启了一个文学的"生态时代",而且也有力推进了世界环保事业的发展。1970年,美国举办了第一个"地球日",标志着"生态学时代"的开始。1972年,联合国召开首届环境会议,发布了《人类环境宣言》。同年,美国副总统阿尔·戈尔在给《寂静的春天》作"序"时写道:"如果没有这本书,环境运动也许会被延误很长时间,或者现在没有开始。她的声音永远不会寂静。她惊醒的不但是我们国家,甚至是整个世界。"

1973年,英国著名历史学家阿诺德·汤因比以其历史学家的远见,从当代生态哲学的理论高度,再次提出人类正处在"何去何从"的交叉路口,然而结论是明确的——放弃"滥用日益增长的技术力量","克服""导致自我毁灭的放肆的贪欲",人类不要"置大地母亲于死地",而是"能够使她重返青春"。

汤因比在《人类与大地母亲——一部叙事体世界历史》的最后一章(第82章)《抚今追昔,以史为鉴》的最后一段写道:

> 人类将会杀害大地母亲,抑或将使她得到拯救?如果滥用日益增长的技术力量,人类将置大地母亲于死地;如果克服了那导致自我毁灭的放肆的贪欲,人类则能够使她重返青春,而人类的贪欲正在使伟大母亲的生命之果——包括人类在内的一切生命造物付出代价。何去何从,这就是今天人类所面临的斯芬克斯之谜。①

生态危机的现实引发人们深思,在转变经济发展模式的同时,社会文化也随之转型,甚至可以说,"需要文化先行来启蒙和引领经济发展"。意大利罗马俱乐部创始人、经济学博士、著名的工业家奥雷利奥·贝切伊(1908—

---

① [英]阿诺德·汤因比.人类与大地母亲——一部叙事体世界历史(下卷)[M].徐波,等,译.上海:上海人民出版社,2012:641.

1984)认为,人类对于自然的无限扩张实质上是"人类文化发展的一个巨大过失"①。著名环保组织"塞拉俱乐部"前任执行主席麦克洛斯基也认为,"在我们的价值观、世界观和经济组织方面,确实需要一场革命。因为,文化传统建立在无视生态地追求经济和技术发展的一些预设之上,我们的生态危机就根源于这种文化传统。工业革命正在变质,需要另一场革命取而代之,以全新的态度对待增长、商品、空间和生命"。也就是说,"现代工业文明的基本原则……与生态的有限是相冲突的,从启蒙运动发展而来的整个现代意识形态,特别是个人主义一类的核心信条,也许不再可行了"②。

很显然,这里呼唤的是一种建立在人与自然新型关系基础之上的新文化和新道德——生态文化和生态道德,以及宣传生态文化和呼唤生态道德的——大自然文学。这种新文学以反映生态危机的现实并描绘人与自然和谐共生的美好未来为内容,自觉承担起呼唤生态道德与建设生态文化的文学责任。

(四)大自然文学是现代文学概念

在西方,大自然文学作为生态文化的文学实践,从20世纪80年代以来,得到蓬勃发展,逐渐成为显学,如美国的自然文学复兴。在中国,大自然文学作为一种新的文学形态,也是起步于20世纪80年代,与中国的改革开放同行,与生态时代同行,与世界大自然文学同行。很显然,大自然文学是现代文学概念,从而和此前以大自然为题材的自然书写区别开来,因为大自然文学中的"大自然"是生态维度的"大自然",是聚焦"人与自然关系"的"大自然"。大自然文学是通过反思"人与自然关系"来重建"人与自然关系"的一种生态文学,而不是对大自然风景的记录与欣赏。

1976年中国结束了持续十年的"文化大革命"。1978年党的十一届三中全会决定将工作中心转移到经济建设上来。1979年中国实行改革开放政

---

① 曾繁仁.当代生态文明视野中的生态美学观[C]//曾繁仁主编.人与自然:当代生态文明视野中的美学与文学.郑州:河南人民出版社,2006:4.
② 王诺.欧美生态文学(修订版)[M].北京:北京大学出版社,2011:120-121.

策。改革开放首先是观念更新和思想解放,面对经济迅猛发展和环境严重透支的现实矛盾,中国社会出现了一些新意识——环境保护和生态平衡的发展理念。文学反映生活的深度和广度,也在伤痕文学、寻根文学、反思文学的浪涛中不断推进和不断深入,其创作的主题与题材、体裁与方法也随之扩大和不断创新,一些大自然文学的先行者有感于"生态危机的现实",从人类可持续发展的战略高度,重新审视人与自然的关系,以颠覆"文学是人学"这一传统文学观的反叛面貌出现,以强烈的忧患意识,呼唤建立生态道德的和谐社会,呼唤建设人与自然和谐共生的美丽中国。中国大自然文学以一种特立独行的姿态,成为中国文坛上具有一种明显特征的文学现象和不断成长壮大的文学力量。

中国第一批具有大自然文学性质的作品出现在20世纪80年代。代表作家作品是"刘先平大自然探险长篇系列",包括"四个中国第一":中国第一部描写在猿猴世界探险的长篇小说《云海探奇》(1980)、中国第一部描写在梅花鹿世界探险的长篇小说《呦呦鹿鸣》(1981)、中国第一部描写在鸟类王国探险的长篇小说《千鸟谷追踪》(1985)、中国第一部描写在大熊猫世界探险的长篇小说《大熊猫传奇》(1987),还有一部大自然探险纪实散文《山野寻趣》(1987)。这些作品"颠覆了一个只写'人'的以往文学世界"[1],"开拓出一块极有价值的新天地"[2]。此后,刘先平初心不变,使命更坚,40年如一日,坚持只做一件事,就是创作大自然文学,呼唤生态道德。他以"一木支大厦"的勇气和精神,将大自然文学从一种名不见经传的文学表现形式,发展为一门独具特质和品格的大自然文学门类,成为中国大自然文学的开拓者和奠基人。以刘先平为代表的中国大自然文学,与中国社会改革开放进程同步,不仅反映了中国社会在发展经济主导下生态环境恶化的严峻现实,也在呼唤生态道

---

[1] 班马. 自自然然地颠覆一个只写"人"的以往文学世界——读出刘先平作品的性情与气质[C]//束沛德主编. 人与自然的颂歌——刘先平大自然探险文学评论集. 合肥:安徽少年儿童出版社,1999:31.

[2] 陈伯吹. 人与自然的颂歌[C]//束沛德主编. 人与自然的颂歌——刘先平大自然探险文学评论集. 合肥:安徽少年儿童出版社,1999:9.

德和建设生态文明的伟大事业中,实现了中国大自然文学自身的价值与意义。正如徐刚在论及大自然文学现象时说道:"近40年来,当中国社会沉醉于发展、崛起,乃至盛世的狂热时,不可或缺的忧患意识,莫早于自然文学,莫过于自然文学。"①

综上所述,我们可以给大自然文学下一个初步的定义:大自然文学由"大自然"和"文学"两个词组合而成,文学是其不变的形式,大自然是文学永恒的母题。广义的大自然文学指以大自然为题材的自然书写。狭义的大自然文学指以大自然为题材,以生态意识反映人与自然的关系,以呼唤生态道德和建设生态文化为主题,关注生态危机的现实,讴歌人与自然和谐共生的理想。

大自然文学是生态文明时代的产物,属于现代文学范畴。它兴起于20世纪80年代的绿色运动,发展于21世纪的生态文明时代,具有鲜明的时代性、地理性、纪实性、科学性和文学性五大特征,是运用一切文学样式和表现方法创作的一种跨文体书写的文学形态。

中国大自然文学是新时代中国讲述"美丽中国"故事和"美好生活"故事的重要载体,是普及科学自然观和发展观、建设生态文化和生态文明社会的文学读本。

二、大自然文学的边界

大自然文学是一门新兴的综合性文学门类。因为"大自然"含义的丰富性,所以大自然与文学结合后,兼有多种文学的特征,具体到大自然文学创作、阅读与评论实践中,也就有了不同的文学评价标准,甚至对一位作家、一部作品也有不同的文学解读,造成作家身份和作品类别的"混乱"。虽然说"一千个读者就有一千个哈姆雷特",但对同一种文学现象——大自然文学的认识,还是有质的规律性可循,仍然可以在比较中加以甄别和厘清。

(一)大自然文学就是大自然文学

大自然文学经过40年的艰难发展,已经成为一种独立的文学现象,尽管

---

① 徐刚.大森林[M].北京:北京十月文艺出版社,2017:412.

在它成长的过程中呈现出儿童文学、科学文艺、生态文学等文学类型的某些特征,但是汲取了多种文学形式的营养而长大的大自然文学,已经成为独立自主的"共和国",如上述对"什么是大自然文学"的回答。

早在2009年,著名评论家樊发稼评价刘先平的大自然文学新作《走进帕米尔高原——穿越柴达木盆地》时,特别指出"我想郑重辨证一个概念,这就是:我们过去把大自然文学简单归类为儿童文学(可能是因为许多作品都是由少儿读物出版机构出版之故吧),实际上是不准确的、不科学的,是一个'误区'。大自然文学就是大自然文学,是整个大文学的一个门类,就像文学分成人文学和儿童文学一样,大自然文学也有'成人'与'儿童'之分。最近我和云南著名作家吴然通信谈大自然文学,他在信里称:'如你所说,大自然文学是个大概念、大文学,非儿童文学所独有。俄罗斯的大自然文学恐怕是世界上最发达、最突出的,很多都不好归入儿童文学。日本也极重视大自然文学,川端康成的作品,岛崎藤村、国木田独步、德富芦花等的散文,都是经典的大自然文学;德富卢花的散文,一直被列为日本国民情感教育的读本。我国古代《徐霞客游记》堪称大自然文学的范本。'"樊发稼认为,"在地球自然生态遭到严重破坏的当今高科技时代,大自然文学是特别应当受到重视、应当予以大力倡导和发展的一个文学品类"。"现代大自然文学的一个庄严使命就是:以我们21世纪人类的良知,向世人呼吁:迅速行动起来,保卫大自然,拯救我们赖以立身安命的地球母亲"①。

(二)大自然文学与自然文学的关系

大自然文学与自然文学是最容易混淆的两个不同概念,关系非常密切又有细微差别。具体有以下三种情形:一是大自然文学和自然文学是一个概念,说法不同而已。1996年,评论家孙武臣在评价"刘先平大自然探险长篇

---

① 樊发稼.高举大自然文学旗帜——兼谈刘先平新作《走进帕米尔高原——穿越柴达木盆地》[C]//安徽大学大自然文学研究所主编.大自然文学研究(首卷).合肥:安徽人民出版社,2013:175-176.

第一章 大自然文学的基本概念

系列"时认为,刘先平的大自然探险文学就是"自然文学"①。大自然文学作家刘先平提倡的"大自然文学",自然文学作家、评论家徐刚笔下的"自然文学",文学翻译家程虹笔下的美国"自然文学",都是以大自然为题材的生态主题创作,在本质上没有区别。至于有不同的说法,更多是文学话语的习惯表达。当初浦漫汀教授第一次将刘先平的创作称为"大自然文学"时,文学界不仅没有觉得不可以,而且继续沿用了这个概念,浦漫汀在称赞刘先平的创作是"中国的大自然文学"时,所参照的正是"美国的自然文学"。可见"大自然文学"和"自然文学"是可以相互"通用"的文学概念。二是大自然文学与自然文学又有细微差别。刘先平坚持用"大自然文学"这个概念来指称自己创作的作品,有其创作与理论两个方面的考量。从创作实践上,中国大自然文学是从中国的大自然探险文学中发展而来的新文学,是中国作家独自开创的一种新文体,既不同于中国文学由来已久的"自然书写",也不是从西方或其他文学形式中"模仿"来的创作。从理论研究上,中国大自然文学概念既不是借用已有的"自然文学"概念,也不是从西方"自然文学""拿来"的概念,而是从中国大自然文学创作实践中总结出来的新概念。三是强调被称作"大自然文学"的特殊性和重要性。与自然文学相比,大自然文学还有一层意思,就是将"大自然"与"大文学"对应起来,"大自然"的核心是"人与自然的关系"——人来自自然,人生活在自然之中,人始终是自然的一部分;人必须友好地对待自然,人怎样对待自然,自然就会怎样回报人类,自然对人类的报复源自人类对自然的伤害。因此,大自然文学立足生态危机的现实,思考人与自然关系,描绘人与自然和谐共生的美好前景,是关注人类命运与未来的"大文学"。

大自然文学与自然文学关系的复杂性,还在于人们使用"自然"与"大自然"概念时的随意性,两者混用的现象极为普遍,而不是像学者在研究时那样,将"自然"与"大自然"两个概念区别得那么细致和清晰。这种模糊概念的使用其实也有它的好处,就是没有必要在任何时候都要将"自然"与"大自然"

---

① 孙武臣.作家心中的自然美[C]//束沛德主编.人与自然的颂歌——刘先平大自然探险文学评论集.合肥:安徽少年儿童出版社,1999:74.

分作两个完全不同概念,人为地将事情变得很复杂,所以在人们的潜意识里,对"大自然文学"和"自然文学"的区分也就没有那么斤斤计较,模糊地处理为一种"写自然"的文学。只有在阅读具体作品时,人们才有可能体味到"大自然文学"和"自然文学"的差别。

一般可以这样理解,大自然文学概念可以包含自然文学,或者说,自然文学是大自然文学的一种情形,只要具备"自然题材"和"生态主题"这两个要素,叫"大自然文学"或叫"自然文学"都可以,怎么习惯怎么叫、怎么喜欢怎么叫。既然是习惯或喜欢,就有文化背景和个人情感的因素,这从刘先平、徐刚、程虹三位分别使用"大自然文学"和"自然文学"的情形中就可以感受到。

生态自然观和生态美学观是他们三位共同的文学观,但不同的职业身份决定了他们看待文学的视角和视野不同。刘先平是一位儿童文学作家,他起初是以儿童文学作家的使命感来创作给儿童看的大自然探险文学,将给儿童的"自然文学"叫作"大自然文学",有给"小读者""大文学"的心理预期,符合儿童文学特质,也表达了作家的文学情怀;同时,刘先平又不是将大自然文学当作儿童文学的一个新品种来倡导的,而是当作文学的一个新品种,或者说,刘先平的大自然文学来自儿童文学,又超越了儿童文学,成为一种新的文学品种,这时刘先平提倡的"大自然文学"与徐刚、程虹所说的"自然文学"就殊途同归了,只是一种文学类型下的不同表现而已。

徐刚完全是从成人文学的视角来看"自然文学",将其作为"回到大地本原"的文学,"大地美学"是他重要的立论基础,"直面生态的挑战",自然文学"更多的不是牧歌式的赞美和抒写,而是呐喊与呼号","毫不留情地对人、人性的解剖与批判,力图使人回归原点——动物——万类万物之一种"。[1]徐刚认为,可以把包含生态文学的自然文学的兴起,看作"中国当代文学史上出现的第五次大的文学思潮和文学现象","把中国现当代文学的发展和走向带入了一片新天地"。[2]徐刚认为,中国自然文学的兴起"与西方尤其是美国自

---

[1] 徐刚. 大森林[M]. 北京:北京十月文艺出版社,2017:420、411、413.
[2] 徐刚. 大森林[M]. 北京:北京十月文艺出版社,2017:456.

文学的复兴同步"[1]。这和浦漫汀评价刘先平的大自然文学创作与美国自然文学同步的表述是高度一致的。

美国自然文学是怎样的概念呢？美国自然文学研究专家程虹说得非常清楚："自20世纪下半叶，尤其是20世纪80年代以来，美国文坛上兴起的一种文学流派'美国自然文学'(American Nature Writing)，就是一种讲述土地故事、为自然代言的文学。然而，这又不是一种单纯的描述自然的写作。可以说，美国自然文学从最初的自然史散文(Natural History Essay)或自然散文(Natural Essay)到当代的自然文学(Natural Writing)，有着一种历史的传承。它是一种讲述土地的故事并从中探索人类心灵的图谱与地理图谱相依相附的文学，是将自然史与人类发展史如何融合在一起的文学。"

不论是刘先平倡导的大自然文学、徐刚关注的中国自然文学，还是程虹研究的美国自然文学，尽管研究对象不同，话语体系不同，但对根本特征的认识是一致的，"大自然文学"和"自然文学"两个概念是统一的，都是"一种独特的文学"[2]，程虹对美国自然文学的描述带有普遍意义。程虹认为："自然文学的主题是探索人与自然的关系"，"21世纪是以自然与人类和谐共处为主题的世纪"，因而，"自然文学研究的主题不仅是现实的需要，而且是未来的需要"。"到目前为止，自然文学中最典型、最富有特色的文体，仍是作者以第一人称，用非小说的散文体，来描述自己与自然的体验"。"不仅如此，由于自然文学是以日记、笔记和散记这些简洁方便的文学手法来表现的，这也为它的发展打下深厚的人文基础"[3]。

（三）大自然文学与生态文学的关系

大自然文学与生态文学是非常相近的两种文学类型。有人认为生态文学概念大于大自然文学概念，大自然文学属于生态文学的一种情形；也有人认为大自然文学概念大于生态文学概念，生态文学属于大自然文学的一种情

---

[1] 徐刚.大森林[M].北京:北京十月文艺出版社,2017:412.
[2] 程虹.美国自然文学三十讲（前言）[M].北京:外语教学与研究出版社,2018:13.
[3] 程虹.美国自然文学三十讲（前言）[M].北京:外语教学与研究出版社,2018:11.

形。前者是从文学的生态主题而言的,后者是从文学的大自然题材而言的,大自然题材和生态主题是两种文学的共同要素,也是造成混淆的主要原因。

大自然文学和生态文学最初的形态可能都是环保文学,后来才渐渐分化为两种不同的文学形式,而且都得到了快速发展。有一种倾向性的意见认为,如果将大自然题材的文学统称为大自然文学,那么,大自然文学概念中就应该包含生态文学、环境文学和绿色文学。或者说大自然文学中有一类作品,起初反映环境破坏的现实,表达环保的主题,就叫作"环境文学";随着对环境保护的深入,要求全社会养成绿色生产方式和生活方式,这时环境文学便进入"绿色文学"阶段;而绿色文学的形成有赖于生态道德的建立和生态文化建设,生态审美和生态批评成为这一阶段文学的主要特征,因而被称作"生态文学"。虽然逻辑上可以做上述推演,但实际上环境文学、绿色文学、生态文学、大自然文学之间往往互为解释,因为它们在自然题材和生态审美这两个基础方面是完全"共享的"。徐刚认为,"20世纪80年代中国环境文学、生态文学,我称之为自然文学"[1]。李青松认为,"自然文学,生态文学,环境文学,还有国土文学等,从概念上来说其实是一体的,是以自觉的生态意识,反映人与自然关系的文学。"[2]程虹则认为:"从我在1995年初次接触美国自然文学至今,目睹了'自然文学'从鲜为人知到眼下走向繁荣的局面。在自然文学的基础上,不断地延伸出'环境文学'(Environmental Literature)、'生态批评'(Ecocriticism)。"[3]

从创作和批评实践看,大自然文学和生态文学之间经常互为解释。有的大自然文学作品被当作生态文学作品来研究,有的生态文学作品被当作大自然文学来解析,两者有很多的共通性。大自然文学的首倡者刘先平说:"大自

---

[1] 徐刚.大森林[M].北京:北京十月文艺出版社,2017:515.

[2] 李青松.自然文学的价值观.该文为李青松在2018年9月15日召开的"自然与文学"论坛上的发言。该论坛由中国国土资源报、中国自然资源作家学会主办,山东省国土资源作家协会、山东省高密市国土资源局协办,在山东省高密市举行,来自自然资源系统的40余位作家围绕自然与文学的关系、自然资源文学创作的方向、自然资源作家的时代使命等话题展开深入交流。

[3] 程虹.美国自然文学三十讲(前言)[M].北京:外语教学与研究出版社,2018:14.

然文学是描写人与自然的故事,歌颂人与自然的和谐,以构建生态文明的社会。人与自然的关系是人类赖以生存的根本。生态文明是一切文明的基础。"①刘先平总结自己的创作:"我在大自然中跋涉四十年,写了几十部作品,其实只是在做一件事:呼唤生态道德——在这个面临生态危机的世界,充分展现大自然和生命的壮美——因为只有生态道德才是维系人与自然血脉相连的纽带。我坚信,只有人们以生态道德修身济世,和谐之花才会遍地开放。"②因为"生态道德"主题,所以刘先平并不反对人们将他的大自然文学创作当作生态文学来阅读、来研究。有评论家认为,"刘先平的大自然探险文学是中国最早的现代意义上的生态文学"③。评论家谭旭东也说:"刘先平的大自然文学在我看来,是中国特色的生态文学。"④

(四)大自然文学与儿童文学的关系

大自然文学与儿童文学是两个完全不同的文学门类,是差别最明显的两种文学。在中国大自然文学开创者刘先平的观点里最为清晰明确。早在2007年,刘先平以安徽省参事室《政府参事建议》的形式上书省政府,提出安徽优先扶持发展大自然文学的建议。刘先平认为"我省大自然文学、儿童文学是全国公认的优势文学门类,大自然文学更是独树一帜",并认为"我国现代意义大自然文学",是"观照人类本身生存、发展、追求人与自然和谐、共荣共存的文学",也被称为"大自然探险文学或自然保护文学"。

大自然文学之所以要与儿童文学划出边界,是因为从某种意义上说,"大自然文学"出身于"儿童文学"。中国大自然文学的开拓者、被称为"中国大自然文学之父"的刘先平,首先是一位公认的儿童文学作家,刘先平多部大自

---

① 刘先平.跋涉在大自然文学的30年[C]//安徽大学大自然文学研究所主编.大自然文学研究(首卷).合肥:安徽人民出版社,2013:11.

② 刘先平.一个人的绿龟岛[M].北京:天天出版社,2017:卷首语.

③ 赵凯.大自然的壮美诗篇——刘先平创作论[C]//安徽大学大自然文学研究所主编.大自然文学研究(首卷).合肥:安徽人民出版社,2013:100.

④ 谭旭东.从文学的人本主义到生态主义[C]//安徽大学大自然文学研究所主编.大自然文学研究(首卷).合肥:安徽人民出版社,2013:73.

文学作品也是获得儿童文学类的奖项,因而有人以为大自然文学属于儿童文学的一个文体。其实,大自然文学可以作为儿童文学的一种类型,但这种情形一般称作"大自然儿童文学"或"儿童大自然文学",即指这样一类作品——由儿童文学作家创作的、以儿童为主要读者、适合儿童阅读的那一部分大自然文学。2018年有两个"儿童大自然文学"的事件:一是中国儿童文学研究会与辽宁少年儿童出版社联合开展"大自然原创儿童文学作品征集活动";二是接力出版社将俄罗斯大自然文学奖"比安基国际文学奖"引进中国,在2019年6月第三届评奖中,刘先平、黑鹤分别以作品《孤独麋鹿王》《黑焰》获小说荣誉奖、小说大奖。这个奖项是以儿童文学范畴内大自然文学为评奖对象的。

大自然文学与儿童文学原本有着非常密切的关系。首先是"大自然"题材的原因。大自然是人类文学艺术三大母题之一,与儿童更有着天然的联系,儿童喜爱大自然,大自然也是他们成长中的一个重要课堂。所以,以大自然为题材的文学,与儿童最亲近。儿童文学表现了"对于自然母题的一往情深的钟爱",其"恐怕是最接受大自然的文学"。其次是作者创作方式的原因。譬如,"刘先平的'大自然文学'在文类形式上采用了与大自然亲和的儿童文学样式,主要通过儿童视角和想象来展开对大自然的生态书写。"[①]因而,"文学界与读者心目中对刘先平的最初印象,是一位优秀的儿童文学家。他的大自然文学创作首先是奉献给孩子们的"[②]。再次从大自然文学的发生发展历程看,大自然文学是先在儿童文学界孕育发生的。刘先平是中国大自然文学的开拓者、代表者,但刘先平同时也是一位著名的儿童文学作家,他的大自然文学作品获得了儿童文学界几乎所有的优秀作品奖,刘先平本人获得的国际安徒生奖提名奖、国际林格伦奖提名奖、比安基国际文学奖荣誉奖,这些奖项也都是具有儿童文学性质的奖项。所以,刘先平的大自然文学是最好的儿童

---

① 吴尚华.人与自然的道德对话——刘先平"大自然文学"生态意涵初探[C]//安徽大学大自然文学研究所主编.大自然文学研究(首卷).合肥:安徽人民出版社,2013:80.

② 赵凯.大自然的壮美诗篇——刘先平创作论[C]//安徽大学大自然文学研究所主编.大自然文学研究(首卷).合肥:安徽人民出版社,2013:88.

文学,但又不仅仅局限于儿童文学,而是"走出了儿童文学的藩篱",成为儿童和成人都喜欢的大自然文学。刘先平曾借用安徒生的话来表达自己的创作追求,"安徒生曾郑重地说:'我的童话不只是写给小孩子们看的,也是写给老头子和中年人看的。小孩子们更多地从童话故事情节中体味到乐趣,成年人则可以品尝其中的意蕴。'这也是我在创作中的审美追求。"①

不是所有的大自然文学都是"儿童的"文学,有很多大自然文学不是为儿童写的,也不适合儿童阅读,不仅内容超越了儿童的接受能力,而且艺术形式也不适合儿童,如徐刚所说的中国自然文学,程虹介绍的美国自然文学,基本属于成人文学范畴。所以,评论家樊发稼说得好:"大自然文学就是大自然文学,是整个大文学的一个门类,就像文学分成人文学和儿童文学一样,大自然文学也有'成人'与'儿童'之分。"②究竟是不是儿童文学,还要具体作品具体分析。

大自然文学从儿童文学出发走向文学大舞台。儿童与自然的天然联系,使得儿童文学成为培育大自然文学最合适的温床。虽然儿童代表未来、代表希望,但是儿童文学至今仍然改变不了她在文学大家庭的边缘位置,始终没有走到文学舞台的中央,也仍然改变不了她是圈子内的文学,被文学界视作"小儿科"的偏见。大自然文学只有走出儿童文学的藩篱,才能融入文学大家庭,才有更加光明的前途。从大自然文学的本质使命看,大自然文学是生态文明时代的新文学,其意义和价值也不能囿于儿童文学的天地里,而应该立于大地,成为追寻关于人与自然关系的大文学。这样说丝毫没有贬低儿童文学的意思,而是强调大自然文学和儿童文学一样,都是独立的类型文学,各有其特点和使命,可以相互交融和借鉴,但不能相互替代和排斥。虽然它们可以结伴而行,但各有其性情、各有其方向、各有其目标,各走各的路径。

---

① 刘先平.对大自然探险小说美学的蠡测[C]//束沛德主编.人与自然的颂歌——刘先平大自然探险文学评论集.合肥:安徽少年儿童出版社,1999:178.

② 樊发稼.高举大自然文学旗帜——兼谈刘先平新作《走进帕米尔高原——穿越柴达木盆地》[C]//安徽大学大自然文学研究所主编.大自然文学研究(首卷).合肥:安徽人民出版社,2013:175.

（五）大自然文学与科学文艺的关系

大自然文学和科学文艺的共同特征之一是科学性，以大自然为题材的科学文艺，如果涉及生态主题，也将其纳入大自然文学的范畴，成为"两栖"的文学。大自然文学与科学文艺中的科普作品最接近，主要是以大自然为题材，介绍大自然知识，描绘大自然生命状态，探讨人与自然的关系，涉及生物学、植物学、动物学、生态学，以及自然史、人类史等自然科学和社会科学方面的知识，因而作品具有科学的严谨性和知识的科学性，与科学文艺的科普作品面貌相似。大自然文学作品不仅告诉读者关于大自然、人与自然、人与人的科学知识，而且通过科学知识的传达养成读者科学的世界观，与科学文艺的使命接近。如刘先平的大自然文学作品，因为其丰富的知识性和科学性，经常被当作科普作品来阅读和研究。有些科普作品兼有大自然文学特征，如高士其以大自然为题材的科学诗、科学小品、科学报告等作品，也可以被看作广泛意义上的大自然文学。可以这样说，几乎所有的大自然文学作品兼有科普作品的科学性，而科普作品中只有那些聚焦人与自然关系的自然书写，才有可能是大自然文学。

三、大自然文学的两大部类和三个层次

通过上述对大自然文学基本概念的归纳及对大自然文学边界的初步勘察，我们可以将大自然文学描述为拥有"两大部类和三个层次"的文学系统。

（一）大自然文学的两大部类

大自然文学作为一个文学类型，从读者接受的特点来分，可以分为"成人的"和"儿童的"两大部类。

第一章 大自然文学的基本概念

成人文学部类的大自然文学,如以徐刚的《伐木者,醒来!》[①]《守望家园》[②]、哲夫的"江河三部曲"[③]、张炜的《九月寓言》[④]、苇岸的《大地上的事情》[⑤]等生态文学作家为代表的大自然文学,以及美国的自然文学。儿童文学部类的大自然文学,如以"刘先平大自然探险长篇系列"[⑥]、"黑鹤亲近大自然动物小说"[⑦]等儿童文学作家为代表的大自然文学,以及以普里什文、比安基为代表的俄罗斯大自然文学。还有一类作家兼有成人文学作家与儿童文学作家的双重身份,如张炜、胡冬林、祁云枝等作家,他们创作的作品就有以"成人"和"儿童"为读者的两类作品。

两大部类的大自然文学可以用下图来表示。

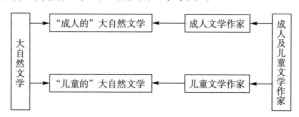

大自然文学的两大部类

(二)大自然文学的三个层次

大自然是文学创作三大永恒母题之一。大自然文学首先是文学。以大

---

① 徐刚.伐木者,醒来![M].长春:吉林人民出版社,1997.

② 徐刚.守望家园[M].长沙:湖南科学技术出版社,1997.《守望家园》分上下2卷,每卷又包含3卷,合起来一共6卷,分别为《最后疆界:海洋之卷》《荒漠呼告:土地之卷》《流水沧桑:江河之卷》《根的传记:森林之卷》《神圣野种:动物之卷》《光的追问:星云之卷》。

③ 哲夫的"江河三部曲"包括《黄河生态报告》《长江生态报告》《淮河生态报告》3部生态报告文学,均由花山文艺出版社于2004年出版。

④ 张炜.九月寓言[M].北京:人民文学出版社,2005.

⑤ 苇岸.大地上的事情[M].桂林:广西师范大学出版社,2014.

⑥ "刘先平大自然探险长篇系列"包括《云海探奇》《呦呦鹿鸣》《千鸟谷追踪》《大熊猫传奇》4部长篇小说和大自然探险散文集《山野寻趣》,由中国青年出版社于1996年结集出版。

⑦ "黑鹤亲近大自然动物小说"系列包括《獾》《母兔》《呼和诺尔野猫》《乌尔逊河边的狼》《喝牛奶的猪》5部中短篇动物小说集,均由人民文学出版社、天天出版社出版,前3部于2015年出版,后2部于2016年出版。

自然为题材的自然书写是最广泛意义上的大自然文学,可以被看作大自然文学的最外层——第三层。这类大自然文学侧重讲述自然故事,涉及动物学、植物学、博物学、微生物学等广泛的自然知识,有时被称为科普文学,有助于人们了解自然、认识自然,歌颂自然、热爱自然、保护自然是其主要内容。这类作品中国有:高士其的《我们的土壤妈妈》[①]、冯骥才的《万物生灵:冯骥才给孩子的散文》[②]、汪曾祺的《万物有时》[③]、甘草的《自然心:草木哲思》[④]、祁云枝的《低眉俯首阅草木》[⑤]、毛芦芦的《自然笔记》[⑥]、许冬林的《养一缸荷 养一缸菱》[⑦]、朱爱朝的《时节之美:朱爱朝给孩子们讲二十四节气》[⑧]、兰帆的《绿色的旋律》[⑨]、张鹏的《猿猴家书——我们为什么没进化成人》[⑩]、周晓枫等著的《与生灵共舞》[⑪]、黎先耀主编的《大自然的召唤》[⑫],以及陈鹏、施战军、童健主编的《大地回声》[⑬]等。外国作家作品有:美国约瑟夫·克奈尔的《与孩子共享自然》[⑭]、荷兰里·莱弗比尔的《寻梦环游大自然》[⑮]、英国乔纳森·西尔弗顿的《种子的故事》[⑯]、美国汉娜·霍姆斯的《盛装猿——人类的自然

---

① 高士其.我们的土壤妈妈[M].长春:吉林人民出版社,1979.
② 冯骥才.万物生灵:冯骥才给孩子的散文[M].成都:四川文艺出版社,2019.
③ 汪曾祺.万物有时[M].天津:天津人民出版社,2018.
④ 甘草.自然心:草木哲思[M].北京:商务印书馆,2018.
⑤ 祁云枝.低眉俯首阅草木[M].西安:西安出版社,2019.
⑥ 毛芦芦.自然笔记[M].南京:江苏凤凰少年儿童出版社,2017.
⑦ 许冬林.养一缸荷 养一缸菱[M].桂林:广西师范大学出版社,2019.
⑧ 朱爱朝.时节之美:朱爱朝给孩子讲二十四节气[M].天津:百花文艺出版社,2017.
⑨ 兰帆.绿色的旋律[M].武汉:湖北少年儿童出版社,1992.
⑩ 张鹏.猿猴家书——我们为什么没有进化成人[M].北京:商务印书馆,2015.
⑪ 周晓枫等.与生灵共舞[C].北京:当代世界出版社,1999.
⑫ 黎先耀主编.大自然的召唤[C].北京:科学普及出版社,1999.
⑬ 陈鹏,施战军,童健主编.大地回声[C].杭州:浙江教育出版社,2018.
⑭ [美]约瑟夫·克奈尔.与孩子共享自然[M].叶凡,刘芸,译.天津:天津教育出版社,2005.
⑮ [荷]里·莱弗比尔.寻梦环游大自然[M].蒋佳惠,译.北京:人民文学出版社、天天出版社,2019.
⑯ [英]乔纳森·西尔弗顿.种子的故事[M].徐嘉妍,译.北京:商务印书馆,2014.

史》①等。

自然书写中那些从人与自然的关系视角讲述生态道德主题的作品,是狭义的大自然文学,可以被看作大自然文学的第二个层次。这类大自然文学作品,直面生态危机的现实,思考人与自然的关系,描绘人与自然和谐共生的美景,类似环保文学和绿色文学。这类作品中国有:张炜的《九月寓言》、徐鲁的《追寻》②、黑鹤的《黑焰》③、吉布鹰升的《自然课》④、邢思洁的《藏在绿叶间的眼睛》⑤、韩开春的"少年与自然·动物篇"系列⑥,以及阿来等著的《大自然从未离开》⑦、百花文艺出版社编的《大自然与大生命——10年人与自然散文精品》⑧等。外国作家作品有:(美)克莱尔·沃克·莱斯利、查尔斯·E.罗斯的《笔记大自然》⑨、(日本)德富芦花的《自然与人》⑩等。

在第二个层次中,有这样一类作品,它以第一人称讲述大自然探险故事,是非虚构类的纪实文学、报告文学、旅游文学,可以被看作具有典型意义的大自然文学,属于大自然文学的核心层。这类大自然文学类似生态报告文学,最大的特征是"第一人称"讲述的纪实性,具有强烈的现场感、带入感和时代感。这类作品中国有:刘先平的《续梦大树杜鹃王——37年,三登高黎贡山》⑪、徐刚的《伐木者,醒来!》、苇岸的《大地上的事情》、王治安的"人类生存

---

① [美]汉娜·霍姆斯.盛装猿——人类的自然史[M].朱方,译.上海:上海科技教育出版社,2010.
② 徐鲁.追寻[M].武汉:长江少年儿童出版社,2019.
③ 黑鹤.黑焰[M].南宁:接力出版社,2006.
④ 吉布鹰升.自然课[M].郑州:河南人民出版社,2018.
⑤ 邢思洁.藏在绿叶间的眼睛[M].合肥:黄山书社,2013.
⑥ 韩开春的"少年与自然·动物篇"系列包括《虫虫》《水精灵》《雀之灵》《与兽为邻》4种,由二十一世纪出版社于2018年出版。
⑦ 阿来,等.大自然从未离开[M].重庆:重庆出版社,2012.
⑧ 百花文艺出版社.大自然与大生命——10年人与自然散文精品[G].天津:百花文艺出版社,2003.
⑨ [美]克莱尔·沃克·莱斯利,查尔斯·E.罗斯.笔记大自然[M].麦子,译.上海:华东师范大学出版社,2008.
⑩ [日]德富芦花.自然与人生[M].林敏,译.成都:四川文艺出版社,2014.
⑪ 刘先平.续梦大树杜鹃王——37年,三登高黎贡山[M].武汉:湖北科学技术出版社,2018.

三部曲"①、李青松的《遥远的虎啸》②、胡冬林的《山林》③、浬鎏洋的"大兴安岭黑熊传奇"系列④、陈冠学的《田园之秋》⑤等。外国作家作品有：美国亨利·贝斯顿的《遥远的房屋》⑥、美国约翰·巴勒斯的《醒来的森林》⑦、美国夏勒的《最后的熊猫》⑧、美国雷切尔·卡森的《万物皆奇迹》《惊奇之心》⑨、美国埃诺斯·米尔斯的《山野手记》⑩、苏联普里什文的《大自然的日历》⑪、苏联维·比安基的《森林报》⑫、法国蒂皮·德格雷的《我的野生动物朋友》⑬、德国彼得·渥雷本的《大自然的社交网络》⑭、（英国）威廉·亨利·赫德逊的《鸟和人》⑮、

---

① 王治安的"人类生存三部曲"包括第一部《国土的忧思》（原名《啊，国土——忧患的警钟》）于 1992 年出版，第二部《靠谁养活中国》于 1997 年出版。第一部、第二部和第三部《悲壮的森林》作为"人类生存三部曲"，由四川人民出版社于 1999 年同时出版。

② 李青松. 遥远的虎啸[M]. 北京：中国和平出版社，1997.

③ 胡冬林. 山林[M]. 郑州：河南人民出版社，2019.

④ 浬鎏洋的"大兴安岭黑熊传奇"系列，包括《熊王风范》《黑熊报恩》《黑熊使命》《拯救黑熊》4 册，由重庆出版社于 2017 年出版。

⑤ 陈冠学. 田园之秋[M]. 北京：中信出版集团有限公司，2018.

⑥ [美]亨利·贝斯顿. 遥远的房屋[M]. 程虹，译. 北京：生活·读书·新知三联书店，2012.

⑦ [美]约翰·巴勒斯. 醒来的森林[M]. 程虹，译. 北京：生活·读书·新知三联书店，2012.

⑧ [美]夏勒. 最后的熊猫[M]. 张定绮，译. 北京：光明日报出版社，1998.

⑨ [美]雷切尔·卡森. 万物皆奇迹[M]. 重阳，译. 北京大学出版社，2015. 惊奇之心[M].[美]尼克·凯尔什摄影. 王家湘，译. 南宁：接力出版社，2014.

⑩ [美]埃诺斯·米尔斯. 山野手记（自然物语丛书·米尔斯系列）[M]. 董继平，译. 兰州：甘肃民族出版社，2017.

⑪ [苏]普里什文. 大自然的日历[M]. 潘安荣，译. 长沙：湖南文艺出版社，1987.

⑫ [苏]维·比安基. 森林报（春、夏、秋、冬）[M]. 王汶，译. 南昌：二十一世纪出版社，2007.

⑬ [法]蒂皮·德格雷. 我的野生动物朋友[M]. 黄天源，译. 昆明：云南教育出版社，2002.

⑭ [德]彼得·渥雷本. 大自然的社交网络[M]. 周海燕，吴志鹏，译. 北京：北京联合出版公司，2018.

⑮ [英]威廉·亨利·赫德逊. 鸟和人[M]. 倪庆饩，译. 北京：中国大百科全书出版社，2019.

(加拿大)杰克·迈纳尔的《杰克·迈纳尔与飞鸟》①等。

虽然将大自然文学划分为三个层次,但层次间的关系并不是并列的,而是由核心层往第二层、第三层辐射而形成的大自然文学集合。或者说,由外及内,大自然文学特征更加鲜明突出,三个层次的关系可以用下图来表示。

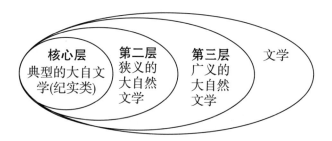

大自然文学的三个层次(核心层＜第二层＜第三层＜文学)

---

① [加]杰克·迈纳尔.杰克·迈纳尔与飞鸟[M].倪庆饩,译.北京:中国大百科全书出版社,2019.

第二章　刘先平大自然文学观的演变与特征

研究刘先平的大自然文学创作，必须了解刘先平的大自然文学观，因为这是解读刘先平为什么创作大自然文学、创作怎样的大自然文学、如何创作大自然文学的一把钥匙。大自然文学创作必定是在作家大自然文学观的指导下进行的。

中国大自然文学的开拓者刘先平的大自然文学观具有典型意义。他从自己的创作实践出发，同时重视汲取理论评论界的最新成果，形成自己的大自然文学观。他不仅用理论指导自己的大自然文学创作，而且参与并引领中国大自然文学理论建设，表明中国大自然文学已经发展出拥有自身理论的新阶段，是一种具有独立品格的新文学。

刘先平最初以儿童文学作家的身份从事大自然文学创作，倡导大自然文学，又不局限于儿童文学，而且走出了儿童文学的藩篱，在儿童文学与生态文学的融合中，发展出别具一格的大自然文学观，有着丰富的内涵和文学独创性。

第一节　刘先平大自然文学概念的演变

什么是大自然文学？刘先平不是在创作一开始就有明确的概念，或者说，在当年的中国文学界，还没有"大自然文学"这个词。刘先平不是在先有一个叫作"大自然文学"的理论指导下去创作大自然文学的，而是"大自然文学"这个新概念是在不断总结刘先平的创作实践中逐渐清晰起来的,也就是说,中国大自然文学的概念,是刘先平创作实践的理论概括,是具有原创性理论的文学"发现"。探寻刘先平的创作历程,可以看出其大自然文学观的形成轨迹,以及对大自然文学概念的独特表述。

一、从"环保文学""大自然探险文学"到"大自然文学"

在不同创作阶段和不同语境中,刘先平对自己创作的、后来被"定性"为"大自然文学"的作品,有不同的表达,大致经历了"环保文学""大自然探险文学""大自然文学"三个阶段。

刘先平在最初的创作中,主要表现的是"热爱自然、保护自然"的环保主题。早在1987年出版大自然探险散文集《山野寻趣》时,刘先平就在后记《热爱祖国的每一片绿叶——和少年朋友谈心》中谈到了文学和大自然的关系,从中国最早的一部诗歌总集《诗经》,谈到唐代"山水诗人"和"田园诗派",谈到明代《徐霞客游记》,谈到现代的科学家李四光、竺可桢、蔡希陶和研究大熊猫专家胡锦矗的科学作品,生发出文学应该引导人们热爱自然、保护自然的环保意识,体现了可贵的人与自然命运共同体的生态观:

> 热爱大自然吧!大自然哺育了人类。随着科学的发展,人们愈来愈认识到必须爱护大自然,**保护人类生活、工作的优美、良好的环境**;否则,人类将无法生存,无法发展![1]

1991年,刘先平发表《对大自然探险小说美学的蠡测》长篇论文,其中将此前创作出版的作品称作"大自然探险文学"。文中写道:

> 我曾有幸跟随野生动物科学考察队生活,参加过多次考察,写过4部长篇探险小说(《云海探奇》,1980年中国少年儿童出版社;《呦呦鹿鸣》,1981年人民文学出版社;《千鸟谷追踪》,1985年中国少年儿童出版社;《大熊猫传奇》,1987年人民文学出版社)。这些小说都是**反映研究**

---

[1] 刘先平.山野寻趣[M].合肥:安徽少年儿童出版社,1987:245.黑体为引者所加。

自然保护的科学考察的现实生活,描写了一群小探险家出发于"**保护自然**",参与揭示动物世界奥秘的故事,因而也被称为"**动物科学探险小说**""**大自然探险文学**"或"**人与自然**"主题的探索。当1980年《云海探奇》问世时,即被评论为开拓了(儿童)文学性领域。①

其实,在1996年"刘先平大自然文学探险长篇系列"作品研讨会在北京召开时,已经有人将刘先平的上述创作叫作"中国的大自然文学",但刘先平第一次公开使用"大自然文学"指称自己的创作,还是4年后的2000年。这年10月,"安徽儿童文学创作会议"在黄山市召开,刘先平的《高举大自然文学的旗帜》和金波的《标举大自然文学的旗帜》两篇会议论文,不约而同地提出新世纪安徽儿童文学创作的"大自然文学方向","第一次正式提出了'大自然文学'的概念,认为安徽儿童文学的亮点之一是'大自然文学',由此开始了大自然文学的提出与研究"②。这时对"大自然文学"的理解是广义上的:

> "大自然文学"是一个十分宽泛的概念,指以大自然文学为创作母题的所有类型的文学作品,主要内容是关注人与自然的和谐发展、生态平衡与环境保护,以及动植物世界生存状态,以文学的手段充分展示大自然的神奇美丽,同时站在人与大自然相互依存的高度,解释人与自然和谐发展的世界性主题。③

这次会议的意义不仅仅在于安徽儿童文学界打出了"大自然文学"的旗帜,而且在于在理论上第一次对大自然文学做出解释。与"大自然探险文学"概念相比,上述对"大自然文学"概念的解释,已经看不到"大自然探险"的字样,出现最多的是"人与自然"。正是对"人与自然关系"的关注,才切中大自然文学的本质。此后,刘先平对大自然文学概念的理解,始终抓住了"人与自

---

① 刘先平.对大自然探险小说美学的蠡测[C]//束沛德主编.人与自然的颂歌——刘先平大自然探险文学评论集.合肥:安徽少年儿童出版社,1999:166-167.黑体字为引者所加。
② 韩进.有声有色 欣欣向荣——新世纪安徽儿童文学印象[C]//安徽省文学艺术界联合会编.文艺百家.合肥:合肥工业大学出版社,2008:176.
③ 韩进.安徽儿童文学打出"大自然文学"旗帜——安徽儿童文学创作会议暨儿童文学作家班举办[N].文艺报,2000-10-31.

第二章 刘先平大自然文学观的演变与特征

然关系"这个根本点。2003年,刘先平在接受《中华读书报》记者翁昌寿采访时,对什么是大自然文学给出了较为完整的阐述:

问:您怎么理解"大自然文学"?

刘先平:自然、生死、爱情并称文学创作的三大基本母题。随着人类与自然的关系越来越重要,文学不能不对此做出观照。大自然文学所呼唤和提倡的,是要建设人与生物、人与自然共生共存的新地球。

中国大自然文学有着久远的源流:陶渊明、李白都有大自然文学的作品。不过,他们的大自然文学,还是借自然景物抒发自己的感情。而现代意义上的大自然文学,其特征是以大自然为题材,向往人与自然的和谐,追求天人合一、物我相忘的境界。现代观念上的大自然文学发轫于20世纪70年代末80年代初。在世界文学史上,也有类似的作品,像《寂静的春天》《走向非洲》《瓦尔登湖》等。①

这是刘先平第一次完整解释"大自然文学"。这个概念中涉及的人与自然关系本质、源远流长的文学传统、现代大自然文学起源时间及其代表作品,都是刘先平此后始终坚持的,可以说,从最初的"环保文学"到后来的"大自然探险文学",直至2003年对"大自然文学"的回答,表明刘先平的大自然文学观已经形成。此后,这个名称一直长期使用,在黄山召开的"大自然文学研讨会",是中国文学有史以来第一次以"大自然文学研讨会"为会议名称,将"大自然文学"作为一门新的文学类型来倡导和发展的意图和决定已经非常明显而坚决。

二、刘先平的大自然文学概念

刘先平系统总结他的大自然文学创作,有意识地对"大自然文学"概念提出自己的见解,始于刘先平大自然文学创作30年的2008年。这一年,刘先平以"大自然在召唤"为丛书名,结集出版了他最重要的9部大自然文学作

---

① 翁昌寿. 打造中国的"探索书系"——访"大自然文学"奠基者、安徽省作协副主席刘先平[N]. 中华读书报,2003-10-8.

品,并写了两篇包含大自然文学重要观点的文章:一是丛书总序《呼唤生态道德——我想将大自然赠送给每个人作为故乡》,二是丛书后记《我的30年——跋涉在大自然文学》。刘先平第一次明确提出了他创作"大自然文学"的主题,就是"呼唤生态道德",而且对"大自然文学"概念给出了明确的解释:

  我在大自然中跋涉了30多年,写了几十部作品,其实只是在做一件事:**呼唤生态道德——在面临生态危机的世界,展现大自然和生命的壮美。因为只有生态道德才是维系人与自然血脉相连的纽带。我坚信,只有人们以生态道德修身济国,人与自然的和谐之花才会遍地开放!**

关于什么是大自然文学,刘先平特别提到2000年和2003年两次研讨会的意义,他说:

  2000年和2003年,我们连续在黄山举行了两次大自然文学的研讨会,议题是:大自然文学的美学内涵、开拓了一个崭新的文学空间、发展状况等。邀请了著名的理论家、作家参加,经过热烈的讨论,与会者终于就以下几点达成了共识:其一,大自然文学是时代的呼唤,面对着地球村的生态危机,它承担着歌颂人与自然共荣共存、以构建人与自然和谐、永续发展的重任;其二,大自然文学开拓了一个广阔的崭新的文学天地,已成为一面美学旗帜,**需要对"文学是人学"加以新的诠释**,也是后来提出的人本主义与生态主义的结合;其三,为适应时代的需要,消解人与自然的矛盾,应大力繁荣大自然文学。随着时代的发展,人们对大自然文学的理解将更为深刻,大自然文学肯定将有更大的发展。

刘先平非常重视大自然文学与传统文学概念的差别,提出要对"文学是人学"加以新的诠释,因为大自然文学是写"人与自然关系"的文学,从而进一步给"大自然文学"下定义:

  30多年的创作实践和近40年在大自然中的探索,使我对大自然文学有了明确的理念,说得简单一点:如果一定要从"文学是人学"的角度讲,那么就应该清楚每个人都生活在人与人、人与社会、人与自然的三维关系中。但几千年来,文学多描写人与人、人与社会的故事,而少有专写人与自然的故事。然而,**大自然文学是描写人与自然的故事,歌颂人与自然的和谐,以构建生态文明的社会。**人与自然的关系是人类赖以生存的根本。生态文明是一切文明的基础。①

综上所述,我们清晰地看见刘先平大自然文学观的演变轨迹。虽然作品还是那些作品,但是名称不断演变,而且越来越清楚地概括出刘先平创作的特点和本质。这是随着时间的推移,刘先平创作的文学价值、创作特征、现实意义和时代要求越来越得到文学界重视的结果,以致形成文学共识——一种适应生态时代的"大自然文学"应运而生。

综合刘先平的创作思考和理论探索,可以将刘先平理解的"大自然文学"概括为:

> 大自然文学是以大自然为题材,以探索人与自然关系为内容,以呼唤生态道德为主题,描绘人与自然和谐发展美景的文学。大自然文学最典型、最有特色的表达方式,是以第一人称非虚构的散文体,讲述人与自然关系的传奇故事。

从以上定义可以看出,刘先平的大自然文学观有四个要点:一是第一人称讲述;二是非虚构的纪实性;三是"人与自然关系"的视角;四是生态道德主题。上述四个方面的有机整合,具有十个方面的显著特征。

第二节 刘先平大自然文学观的十大特征

刘先平创作大自然文学40年,被誉为"中国大自然文学之父"。他给大自然文学下的定义,从内容和形式两个方面,高度概括了大自然文学的本质和特征,体现了刘先平对大自然文学创作的理论思考,具有独创性和典型意

---

① 刘先平.跋涉在大自然文学的30年[C]//安徽大学大自然文学研究所主编.大自然文学研究(首卷).合肥:安徽人民出版社,2013:3、11.上述三段引文中的黑体字,均为引者所加。

义,不仅对自己的大自然文学创作有指导意义,而且参与并引领中国大自然文学的理论建设,表明中国大自然文学已经发展出拥有自己理论的新阶段,昭示大自然文学已经是具有独立品格的新文学。系统解析刘先平的大自然文学观,准确把握其丰富的内涵,不仅是研究刘先平大自然文学创作的一把钥匙,也为中国大自然文学理论的建设提供参考和启示。以下从十个方面探讨刘先平大自然文学观的主要特征。

一、描写人与自然关系的文学

早在20世纪80年代,刘先平创作的《云海探奇》《呦呦鹿鸣》《千鸟谷追踪》《大熊猫传奇》等4部长篇小说,"都是反映研究自然保护的科学考察的现实生活,描写了一群小探险家出发于'保护自然',参与揭示动物世界奥秘的故事,因而也被称为'动物科学探险小说''大自然探险文学'或'人与自然'主题的探索"①。作家秦兆阳高度评价刘先平这一时期的创作,指出:"人与自然是永恒的主题,你以崭新的视角写了人与自然的关系、在野生动物世界探险、尊重所有的生命,写别人从未写过的世界"②。

刘先平认为,大自然与文学的关系由来已久,可以追溯到我国第一部诗歌总集《诗经》,"竟写了三四百种动植物","读《诗经》可以得到很多鸟兽虫鱼的知识"。"在文学史中,甚至有人专写鸟兽虫鱼。宋朝有诗人谢逸,写了三百首歌咏蝴蝶的诗,竟有'谢蝴蝶'之称"。描写祖国壮丽山河的诗歌更多,"王维、李白、杜甫、陆游、辛弃疾、苏轼都有无数脍炙人口的诗句。王维还以其隽秀的山水诗,被人誉为'田园诗人'"。还有一些科学家,因少年时期热爱大自然而走上研究大自然、献身科学的道路,如明代伟大的地理学家徐霞客,"终生在山水间奔波,写出了不朽的《徐霞客游记》——它既是科学著作,又是

---

① 刘先平.对大自然探险小说的蠡测[C]//束沛德主编.人与自然的颂歌——刘先平大自然探险文学评论集.合肥:安徽少年儿童出版社,1999:167.
② 刘先平.跋涉在大自然文学的30年[C]//安徽大学大自然文学研究所主编.大自然文学研究(首卷).合肥:安徽人民出版社,2013:7.

文学作品"。①刘先平认为,古代很多作品虽然描写了"自然",但仍然是以"人物"为背景,或借景抒情,或托物言志,还没有走出"文学是人学"的范畴,仍然不是大自然文学。因为"怎么写"比"写什么"更重要,将大自然作为审美主体,从人与自然的关系来写大自然,这样的文学只能出现在人类发展的更高阶段——生态文明时代。

随着创作实践的不断深入,刘先平对大自然文学有了更多的思考和想法,他越来越强烈地感受到应该"创作具有中国特色的大自然文学,将中国的大自然、丰富多彩的野生生物世界谱写成壮美的诗篇,回荡在天宇的乐章。朝这个目标努力的基础,必须用自己的双脚去认识大自然,亲身体验中国大自然的特殊风韵和底蕴"②。

新世纪之初的2000年和2003年,刘先平先后两次主持大自然文学研讨会。他对大自然文学的认识也基本成熟,认为其包括三个方面内容:"其一,大自然文学是时代的呼唤,面对着地球村的生态危机,它承担着歌颂人与自然共荣共存、以构建人与自然和谐、永续发展的重任;其二,大自然文学开拓了一个广阔的崭新的文学天地,已成为一面美学旗帜,需要对'文学是人学'加以新的诠释,也即后来提出的人本主义与生态主义的结合;其三,为适应时代的需要、消解人与自然的矛盾,应大力繁荣大自然文学。随着时代的发展,人们对大自然文学的理解将更为深刻。大自然文学肯定将有更大的发展"③。

2008年,刘先平总结自己30多年的创作实践和近40年的大自然探险经历,对"什么是大自然文学"提出了更为简洁明确的概念:"大自然文学是描写人与自然关系的故事,歌颂人与自然的和谐,以构建生态文明的社会。"刘先平进一步解释道,"如果一定要从'文学是人学'的角度讲,那么就应清楚每

---

① 刘先平.热爱祖国的每一片绿叶——和少年朋友谈心(代后记)[M]//山野寻趣.合肥:安徽少年儿童出版社,1987:240—241.

② 刘先平.跋涉在大自然文学的30年[C]//安徽大学大自然文学研究所主编.大自然文学研究(首卷).合肥:安徽人民出版社,2013:9.

③ 刘先平.跋涉在大自然文学的30年[C]//安徽大学大自然文学研究所主编.大自然文学研究(首卷).合肥:安徽人民出版社,2013:11.

个人都生活在人与人、人与社会、人与自然的三维关系中。但几千年来,文学多是描写人与人、人与社会的故事,而少有专写人与自然的故事",而"人与自然的关系是人类赖以生存的根本,生态文明是一切文明的基础"[①],大自然文学正是弥补了文学讲述"人与自然"的故事这一重大缺憾。它的创作宗旨正是以大自然为题材,书写人与自然的故事,追求人与自然的和谐,使人与自然成为文学创作的母题和永恒主题。大自然文学是面向未来的文学。这种文学观念和审美追求,表现了作家对当代社会科学发展的深刻理解,也是当今时代对文学潮流的呼唤。

二、人类发展到生态时代的文学

为什么要创作大自然文学?刘先平认为主要有内外两个方面的原因。一是从个人来说,刘先平在追随科考队进行大自然生态考察时,看到了大自然及大自然生命的壮美,从而爱上大自然,爱上祖国的每一片绿叶,由衷地发出赞美大自然的心声。二是刘先平看到美好自然正在遭到人类"以发展为由"的种种破坏活动,生态危机日益深重,因此由衷地发出保护大自然的心声。刘先平两种心声的焦点是"人与自然的关系"——人类如何正确地对待大自然,从而创造性地引进"道德"观念,并第一次从文学的立场提出"生态道德"主题。他40年如一日,坚持用大自然文学讲述生态道德故事,为生态文化建设贡献文学的力量。

从当时的社会环境来看,禁锢人们思想的十年"文化大革命"刚刚结束,1978年党的十一届三中全会做出了重大战略转移,明确提出将"以阶级斗争为纲"转为"以经济建设为中心",做出改革开放的重大决策部署。文学创作在"伤痕文学""反思文学"等种种新思潮的影响下,不再机械地为政治和阶级斗争服务,文学题材有了从人类社会向大自然拓展的可能性。正如1980年刘先平第一部大自然探险长篇小说《云海探奇》的出版,责任编辑后来回忆

---

① 刘先平. 跋涉在大自然文学的30年[C]//安徽大学大自然文学研究所主编. 大自然文学研究(首卷). 合肥:安徽人民出版社,2013:11.

说,没有改革开放带来的思想解放和文学禁区的突破,写动植物的小说,出版社是不敢出版的,因为会被误以为反对"以阶级斗争为纲",甚至会被追查作品的创作背景与创作用意,是否受人指使或别有用心。可以说,没有改革开放就没有大自然文学,中国大自然文学与改革开放的大时代同步。

2004年,《云海探奇》首版20年后由中国少年儿童出版社列入"儿童文学传世名著书系"重新修订再版。刘先平在新版《序》中回顾了自己创作大自然文学的"来龙去脉",重复了他过去多次坚持的一个观点,即"新的时代需要崭新的文学",他倡导"大自然文学"其实只是自己主动响应了"时代的呼唤",中国大自然文学发生于20世纪80年代,有其深厚的社会根源。刘先平写道:"随着社会经济的发展,人与自然的矛盾不断升级,迫使人类开始重新审视人与大自然的关系。人类终于发现所居住的大地,只不过是个小小的星球,是唯一家园、唯一保护区;继之才非常不情愿地承认:万物之灵的人只是大自然万物中的一员。简而言之,是人类属于大自然,我们必须迅速从'大自然属于人类'的传统误区中走出!这一发现,可称为人类认识史上最重要的发现之一。因而,大自然文学出现了崭新面貌,成了观照人类本身生存、发展,追求人与自然和谐、共荣共存的文学——产生了现代意义上的大自然文学。全世界现代意义上的大自然文学的兴起,也多发轫于20世纪70年代末80年代初。因而,可以说,现代大自然文学是时代的呼唤。"①

三、呼唤生态道德

刘先平大自然文学创作的最大特点,或者说刘先平大自然文学与其他作家创作的大自然文学的鲜明个性,就是刘先平高举大自然文学的旗帜,旗帜上写着"生态道德"四个大字。没有一个作家在刘先平之前提出过"生态道德"这一文学主题,也没有一个作家像他那样将自己的文学创作集中指向这一主题。刘先平提出文学的"生态道德"主题,有其深刻的社会文化背景和深厚的创作实践体验。

---

① 刘先平.云海探奇[M].北京:中国少年儿童出版社,2004:序3—4.

大自然文学是20世纪80年代生态危机的产物,起初以保护生态环境的先行者身份出现,面对生态危机的现实,高高举起批判的武器,揭露人类的私心贪欲给自然界带来不可逆的破坏。其主题积极向上,有破有立,在批判人性弱点的同时,表现出"人对自我价值"的肯定和期待,这就"更强烈地表现为社会责任感和历史使命感,以及为担负起这些责任,而对应有的勇敢、智慧、灵敏、顽强、坚毅品质的培养"①。

在众多品质的培养中,刘先平认为,"生态道德"应该是大自然文学最重要的主题,因为"生态道德的缺失,造成了我们生存环境的危机","环境危机实际上是生态危机",生态道德就是"处理人与自然关系的行为规范",呼唤"生态道德的树立,从根本上消解环境危机,保护、营造良好的生态环境"。"如果不能在全社会牢固地树立生态道德的观念,就无法建设生态文明和人与自然和谐的社会"。②刘先平之所以能够提出大自然文学的"生态道德"主题,用刘先平自己的话说,是因为要"感谢大自然!40多年的山野跋涉中,大自然给予了我最生动、最深刻的生态道德教育。因而无论是描写大熊猫、相思鸟世界探险的长篇小说,或是讲述野生动植物世界探险的奇遇故事,我都在努力宣扬生态道德的伟大,努力使生态道德在人们心间生根、发芽"。因此,刘先平多次强调,"我在大自然中跋涉40多年,写了几十部作品,其实只是做了一件事:呼唤生态道德——在面临生态危机的世界,展现大自然和生命的壮美。生态道德是维系人与自然血脉相连的纽带。我坚信,只有人们以生态道德修身济国,和谐之花才会遍地开放"。

刘先平认为,"生态"一词的出现不过200年历史,关注人与自然的关系则是更近的事。"长期以来,我们在处理人与自然关系方面,根本没有建立系统的行为规范、树立道德,法律也严重滞后;因而对大自然进行无情的掠夺、无视其他生命的权利,任意倾倒垃圾,没有预后评估、监测的科技滥用,造成

---

① 刘先平.对大自然探险小说的蠡测[C]//束沛德主编.人与自然的颂歌——刘先平大自然探险文学评论集.合肥:安徽少年儿童出版社,1999:176.
② 刘先平.呼唤生态道德[C]//安徽大学大自然文学研究所主编.大自然文学研究(首卷).合肥:安徽人民出版社,2013:22—23.

了环境污染、资源枯竭、生态失去平衡。直到危及人类本身的生存,才迫使人类重新审视与自然的关系,规范人与自然关系的法律和生态道德才得以突显。强调生态道德,在于强调、突出它比之于其他道德的鲜明特点——人与自然的关系。我们急需建立对于自然、环境应具有的行为规范,以调节人与自然之间的关系,消解环境危机,建设人与自然的和谐。这是时代向我们提出的重大命题。"①

四、重建生态文化

刘先平认为,生态危机也是一种文化危机,需要从哲学高度来思考,也就是要把人与自然的关系上升到哲学层面来理解,找到人与自然关系的哲学解答。

刘先平选择了古老的中国哲学和当代的生态批作为评理论武器。刘先平生长在安徽,这片土地曾经出现了老子和庄子这样伟大的哲学家,老庄哲学中"道法自然""天人合一"的生态思想,成为刘先平大自然文学观的哲学基础。生态危机的现实又让他领悟到"生态道德是维系人与自然血脉相连的纽带",通过生态道德重新建立起以生态平衡为特征的三个层次的生态文化,即"首先是'人'的本身的生态平衡,这主要指一个人自身的心理和生理的平衡,精神和物质的统一;再是自然界的生态平衡;最高的境界则是人与自然的和谐、共荣共存——'天人合一'"②。刘先平为大自然文学所作的这一哲学阐释,正是在呼唤一种建立在人与自然新型关系基础之上的新文化和新道德——生态文化和生态道德,赋予大自然文学承担以生态道德建设生态文化的文学责任。

五、以生态自然观为指导

生态自然观是刘先平大自然文学立论的基石。刘先平的生态自然观建

---

① 刘先平. 呼唤生态道德[C]//安徽大学大自然文学研究所主编. 大自然文学研究(首卷). 合肥:安徽人民出版社,2013:23.
② 刘先平. 跋涉在大自然文学的30年[C]//安徽大学大自然文学研究所主编. 大自然文学研究(首卷). 合肥:安徽人民出版社,2013:10.

立在中国古代"天人合一"的哲学观和当代"和谐共生"的生态观这一"双支点"上。刘先平认为,大自然文学视野里的"自然"不是单纯的"自然风景",而且是有特定的意义表达,至少包括以下五个方面:

(一)情感的自然

虽然现代汉语中自然、自然界、大自然三个概念在一定条件下可以通用、混用,但"大自然文学"中的"大自然"的"大"确有与"小"相对的意思,表示整体、全部、广大。当人们说"大自然""大生命""大文学""大时代"等,一般都带有强烈的感情色彩,"大自然"不仅是一个名词,而且是一篇"大文章"。刘先平提倡"大自然文学",而不说"自然文学",其中就有他对"自然"的特殊情感与认识。这里的"大"含有"人是自然的一部分"这一重要思想,"大自然"不是简单的"自然界",而是人与自然生命的命运共同体。

(二)系统的自然

刘先平认为,人类属于大自然,也永远走不出大自然这个命运共同体,恰恰相反,人类应该走出"大自然属于人类"的认识误区,明白"人只不过是大自然万千成员中的一员"这个事实,"必须扫除唯'人'为大的狂妄。没有了大自然——失去了家园,人类将怎样生存?"①

(三)人化的自然

人类和动植物都是大自然的住客,相互之间有着千丝万缕的关系。自然界的美有其鲜明的象征意义,即使是未经人类改造过的自然风景的美,也是作家"心中的风景",曲折隐晦地含有人类社会的文化投影。大自然文学中对自然保护、生态平衡的描写也是整个自然界的——人类与动植物世界、山川河海和气候土壤等之间相互依存、排斥的种种关系,这种关系隐藏在"山野趣

---

① 刘先平.跋涉在大自然文学的30年[C]//安徽大学大自然文学研究所主编.大自然文学研究(首卷).合肥:安徽人民出版社,2013:10.

事"的背后,折射出"更多的思想",让人类拜自然为师。①

(四)生态的自然

刘先平认为,人类对野生动物的猎杀只是大量物种消失的原因之一,比此更重要的原因是"掠夺了它们生存的空间"。野放华南虎、麋鹿等濒危动物固然是令人振奋,但野生动物生存的环境已经不是"原生态的"——一只华南虎需要几十平方千米森林提供的生物量。人类如果不能"归还濒危野生动物的生存空间",那就需要"为它们建立具有足够的生存空间的保护区"。②

(五)"天人合一"

刘先平非常重视中华传统文化对人与自然关系的经典表述,认为其中包含了"人与自然和谐共生"的生态哲理,认为生态平衡的最高境界是人与自然的和谐、共荣共生——天人合一。③

六、颠覆"文学是人学"的文学观

刘先平认为,大自然文学首先是文学,是以情动人的语言的艺术,作为作家审美创作的成果,具有文学的性质和特征。但大自然文学又是文学大家庭中具有独立品格的文学门类,虽然它与生态文学、儿童文学、纪实文学、科学文艺等文学形式有着难解难分的形似和千丝万缕的联系,但它不属于其他任何文学。恰恰相反,大自然文学颠覆了以往文学的正统观念——"文学是人学",取而代之的是自然界的动植物成为文学作品的主人翁,把"万物之灵"的人还原到大自然中,与万物平起平坐。刘先平认为,大自然文学以大自然为题材,但关注的不是大自然本身,也不是大自然背景下的人,而是人与自然的

---

① 刘先平. 对大自然探险小说的蠡测[C]//束沛德主编. 人与自然的颂歌——刘先平大自然探险文学评论集. 合肥:安徽少年儿童出版社,1999:170.
② 刘先平. 麋鹿王在角斗中诞生[M]. 北京:外语教学与研究出版社,2010:154.
③ 刘先平. 呼唤生态道德[C]//安徽大学大自然文学研究所主编. 大自然文学研究(首卷). 合肥:安徽人民出版社,2013:10.

关系。这种关系体现在,一方面大自然是人类赖以生存的家园,另一方面是人对待大自然的态度,特别是人在大自然中的行为。从这个意义上来看刘先平的创作,就能理解他为什么在作品中要"着力描绘野生动植物最具生命光彩的场景,展现动植物形象的魅力"。弱肉强食是野生动植物世界生存竞争的法则,这种竞争往往是以激烈的搏斗、残酷的猎杀惊心动魄地表现出来,这时激发出的生命光华电闪雷鸣,震撼人心,仿佛雷霆万钧的生命交响曲。刘先平的作品让读者看到另一幅"自然风景"——在蓝天白云的和谐天空下,还有大地上野生动植物生命"为生向死"的悲壮美和崇高美。大自然是人类的教科书。大自然文学就是这样以自然万物的命运来形象地"揭示自然界中的辩证关系,人类历史发展中的辩证关系"①。

七、用文学性统一科学性和趣味性

2001年,中央电视台《东方之子》栏目专访刘先平时,刘先平强调说他写作品,从一开始就很注重科学性和趣味性,用文学性来统一科学性和趣味性。大自然文学的科学性建立在常识之上,必须是实实在在的科学,而不是以假知识和伪科学来误导读者。比如有个很经典的寓言《熊和人》,说熊来了以后,人马上躺到地上装死,就能保住性命,理由是据说熊不吃死的、不新鲜的食物。人们有没有想过,要是熊用舌头舔一下人脸,脸皮就给舔掉了,舔一下鼻子,鼻子就少了一截。这是大自然文学中不能容忍的"科学"。刘先平在一篇创作谈中,是这样谈自己创作的:"我将要写的既不是科普文艺,也不是童话、寓言,而是反映现实生活的小说。它所描述的探险也应该是科学的。用文学去统一科学性和趣味性,既有探险小说的惊心动魄,又有娓娓动听的人生故事。"②

刘先平认为,大自然文学的科学性必须以科学观为指导。讲述人与自然关系的"科学故事",必须坚守大自然文学的科学性——关于自然的科学知

---

① 刘先平. 对大自然探险小说的蠡测[C]//束沛德主编. 人与自然的颂歌——刘先平大自然探险文学评论集. 合肥:安徽少年儿童出版社,1999:174.
② 刘先平. 对儿童文学创作审美特征的思索[N]. 儿童文学研究,1988(3).

识。刘先平将自己的大自然探险活动称作"科学考察",每一次考察都有科学家或保护区的科研人员作为向导,所以他作品中所写的野生动植物世界,不仅是他亲眼所见的大自然,而且是科学家讲述的大自然。这使得刘先平写在大熊猫、黑叶猴、麋鹿、雪豹、海龟、杜鹃王、千鸟谷、珊瑚礁等动植物世界探险的大自然文学,堪称大自然动植物知识小百科,在展示大自然动植物世界的丰富多彩和神奇魅力的同时,给读者科学、权威、系统、严谨、准确、可信的大自然知识。刘先平在《山野寻趣》的内容介绍中提到,"在向少年朋友们展示这只大自然万花筒的同时,并没有忘记介绍在创造、保护大自然生态平衡中建立不朽功勋的自然科学工作者们,正是由于他们辛勤的劳动,才使得我们的这个生命摇篮焕发出奇异的光彩"。刘先平始终坚持将科学家写进大自然文学作品,让科学家成为主人公,让科学家讲科学道理,将科学知识与故事情节、人物事件、题材主题融为一体,帮助读者科学地认识自然、养成科学的自然观,这是刘先平倡导的大自然文学的重要特征。

八、与儿童文学关系密切

刘先平大自然文学创作的显著特征是其儿童文学作家身份和大自然文学创作首先得到儿童文学界的高度肯定和认同。正能量和儿童性是刘先平大自然文学作品最基本的属性,而且以儿童为读者的文学,给予儿童读者的必然也必须是正能量,所以刘先平的大自然文学创作不是揭露和批判造成生态危机的人类行为,更多的是从正面讴歌自然和生命之美,讴歌人与自然和谐之美,从而以美的力量打动读者、启迪心灵、培育道德、影响言行。这是刘先平大自然文学创作与成人大自然文学创作最为显著的区分。

大自然文学天生具有儿童文学的性质,合乎儿童的审美心理。孩子们往往是通过自己生活的自然环境来认识世界的,对自然表现出强烈的渴望和热情。而生活在城市的孩子,生活在空气混浊、污染严重的建筑群里,难以见到崇山峻岭和莽莽森林,更难以见到生活在大自然中的珍禽异兽、花鸟群鱼,因而探险自然、寻找失却的自然美、考察珍贵野生动物题材的作品,无疑适合儿童的审美要求。在对大自然的探险中,秀丽壮美的山河,将激发孩子们对每片绿叶、每座山峰、每条小溪的喜爱,直至上升为对祖国的热爱,对人类生活环境优美与否的关注,对保护自然的倾心,使他们认识到保护自然至关人类切身利益。所以,大自然文学不仅是作家受了大自然的感召而灵感顿生,而且"无论是本质或现象,儿童文学都是更贴近大自然的文学"①。

自小在巢湖边长大的刘先平,对当下孩子与自然隔绝的现状忧心忡忡。他认为"城市钢筋水泥的建筑,活生生地切断了孩子们与自然的联系。现在城里的孩子不知稻、麦为何物已不是怪事,甚至连看到蚂蚁也发出了惊呼。缺失生态道德的社会,科学技术的发展,不仅使自然失去了自然,更为可怕的是使孩子们失去了自然"。所以,刘先平在很多作品的扉页上都印上两行醒目的大字:"让大自然文学走进校园,让孩子们走进大自然。"他希望用自己创作的大自然文学"还给孩子一个真实的大自然世界,激活人类曾有的记忆,接通与大自然相连的血脉,接受生态道德的洗礼、启蒙;同时,启迪智慧的成长"②。

刘先平不排斥大自然文学作品是孩子们最好的精神食粮,但同时强调优秀的大自然文学作品,"在审美上总是满足了多层次的需要,如安徒生童话《皇帝的新装》,孩子能从中得到审美情趣的满足,成人也可得到迥然不同的审美需要"。一部优秀的大自然文学作品,"完全不应再去划分年龄段的",儿童成人都需要,"首先应是满足少年儿童读者的审美需要"。大自然文学不仅写给孩子们,也写给成年人。孩子们从故事情节本身体味到乐趣,受到热爱自然、保护自然的教育,树立生态道德,建设生态文明;成年人则品尝其中的意蕴,重新思考并调整人与自然的关系,实现人与自然和谐共生的绿色发展。③

---

① 刘先平.对大自然探险小说的蠡测[C]//束沛德主编.人与自然的颂歌——刘先平大自然探险文学评论集.合肥:安徽少年儿童出版社,1999:168.

② 刘先平.呼唤生态道德[C]//安徽大学大自然文学研究所主编.大自然文学研究(首卷).合肥:安徽人民出版社,2013:25.

③ 刘先平.对大自然探险小说的蠡测[C]//束沛德主编.人与自然的颂歌——刘先平大自然探险文学评论集.合肥:安徽少年儿童出版社,1999:178.

九、跨文体写作

作为大自然文学重要类型的大自然探险文学,艺术魅力来自"探险"二字。"这类题材的作品,首先是要有'奇'可看,有'险'可探,有'趣'可享。'奇'和'险'首先是孩子们眼中的,是适合他们审美水平的",过高"艰深难懂",过低"乏味无趣",但是"在创作主体审美时应该注意对'水平'的超前。'超前'的尺度是难以把握的,然而又必须把握得恰到好处,才能得到较好的审美效应。如果仅仅停留在险、奇或知识性上,那往往只能是科普或其他的读物",大自然文学首先是文学,"必须有其特有的任务:将娓娓动听的人生故事,载入探险小说惊心动魄的情节之中。用文学将知识性与趣味性融为一体"。①

刘先平以40多年50多部大自然文学作品的创作实践,创造了一种"刘先平大自然文学文体",包括大自然探险长篇小说、大自然探险故事、大自然探险散文、大自然报告文学等"四大文体"。小说、故事、散文、报告文学都有一个共同特征,就是善于用第一人称讲述,可以给人身临其境的现场感,富有极强的感染力;善于表现现实题材,具有现实主义的纪实品格,富有极强的震撼力。不仅如此,大自然文学的纪实特点给"文体与媒体"融合创造了得天独厚的条件,即文学与摄影、视频、音像、图片等非文学形式的融合。如《续梦大树杜鹃王——37年,三登高黎贡山》,就是将实地探险和虚拟体验无缝衔接的数字新媒体读物,读者可以通过书中的大量摄影图片,特别是通过手机扫码收听观看音频视频,非常直观地了解收听观看绿水青山环绕中的大树"杜鹃王",仿佛置身于大自然中。此作品充分展示了大自然文学融合其他文体形式的综合能力。

由此可见,大自然文学这一文学,不仅指大自然题材和人与自然关系主题,而且用"特殊"的表现形式与内容相适应并融为一体,共同呈现鲜明的"大

---

① 刘先平.对大自然探险小说的蠡测[C]//束沛德主编.人与自然的颂歌——刘先平大自然探险文学评论集.合肥:安徽少年儿童出版社,1999:169.

自然文学"面貌。评论家王泉根认为,"大自然文学是一种特殊的文学类型,这种特殊性体现在它是跨文化的对话、跨代际的沟通、跨文体的写作。这是刘先平大自然文学重要的艺术取向。大自然的未来属于孩子,大自然的命运直接牵连着孩子,因而大自然文学的主体读者应该是少年儿童,当然,也包括我们成年人。刘先平的大自然文学,文体很难界定,他的很多作品都是跨文体的写作风格。由于大量的主角是动物,因而这是一种动物小说、探险文学,以野外报告文学为主体,又兼有游记散文、科学小品、考察笔记、随笔性质的综合性文体。他的作品既不同于沈石溪、金曾豪等人写的纯粹的动物小说,也不同于高士其、叶永烈等人写的科学文艺,它既是浪漫的,又是纪实的,既是脚踏实地的,又是仰望星空的;它既是饱满情感与喜怒哀乐的,又是冷静的克制的理性的;它是打动孩子的,又能使我们大人震撼;它是文学研究的对象,我相信它也会成为领导层、决策层关注的重要话题。所以刘先平大自然文学为我们提供了多种阐释的可能性"①。

十、大自然文学作家的特殊素质

刘先平从自己创作大自然文学的体会现身说法,认为大自然文学作家在具备作家这个前提条件下,还需要具备以下特殊素质:

(一)热爱自然的心

刘先平说,"热爱祖国的每一片绿叶、每一座山峰、每一条小溪","是我写作《云海探奇》《呦呦鹿鸣》《千鸟谷追踪》……那些作品时的初衷"。"对大自然无动于衷的人,他不会热爱生活,更不会热爱生命!谁的心中没有故乡的山川,就不会热爱自己的故乡,更不会热爱祖国!"②从更深的层次说,"人类

---

① 王泉根.我们最缺少的是这样的书——读《追梦珊瑚》[C]//赵凯主编.大自然文学研究(第三卷).合肥:安徽文艺出版社,2018:126.
② 刘先平.热爱祖国的每一片绿叶——和少年朋友谈心(代后记)[M]//山野寻趣.合肥:安徽少年儿童出版社,1987:239—240.

对于大自然的热爱并不仅仅在于赏心悦目,更多的是能使灵魂得到净化"①。刘先平呼吁,"热爱大自然吧!大自然哺育了人类。随着科学的发展,人们愈来愈认识到必须爱护大自然,保护人类生活、工作的优美、良好的环境;否则,人类将无法生存,无法发展!"②

(二)善于观察思索

"眼力"和"脑力"是大自然文学作家认识自然的基本功。刘先平说,"大自然是一部宏伟浩繁的大百科全书。读这部五光十色的史诗,重要的是观察和思索。伟大的科学家巴甫洛夫说科学研究是从观察开始的。我们认识大自然,首先也应是从观察开始"。"只要注意观察,你会发现每一棵小草、每一朵小花都有各自的特点。同是一棵野蔷薇上的白色花朵,它们也有色调深浅、大小、姿态的不同。带有淡淡的象牙黄的花,总是躲在枝叶中,像个害羞怕臊的小姑娘,悄悄地掩口而笑。那凌踞绿叶、随风起舞的花朵却自豪地炫耀起耀眼的雪白"。观察让人思考,为什么野百合花"有的开三朵,有的只开两朵?最多可开几朵呢?"植物学家为之解谜:那开三朵的是三年生的,那开两朵的是两年生的。每长一岁增开一朵。原来野百合是用花的朵数来纪年,就像川西山中的箭竹是用竹节的变化纪年一样。这说明,"只要我们认真地在大自然中观察,你就会有收获;而思索和询问,以至于追根求源,就能使我们得到更多的知识,使我们的头脑聪明起来","永远有新的发现",发现大自然表象背后的奥秘。③

(三)科学自然观

科学自然观体现为在创作中以科学观为指导和作品中对科学知识的准

---

① 刘先平.对大自然探险小说的蠡测[C].//束沛德主编.人与自然的颂歌——刘先平大自然探险文学评论集.合肥:安徽少年儿童出版社,1999:177.

② 刘先平.热爱祖国的每一片绿叶——和少年朋友谈心(代后记)[M]//山野寻趣.合肥:安徽少年儿童出版社,1987:245.

③ 刘先平.热爱祖国的每一片绿叶——和少年朋友谈心(代后记)[M]//山野寻趣.合肥:安徽少年儿童出版社,1987:246、247、249.

确描述。大自然文学讲述人与自然关系的故事,具有哲学高度、科学深度和史学(自然史、人类史)广度,需要作者有科学的世界观作指导,有相关科学的知识作基础,有广博的科学知识作背景,甚至要和科学家交朋友,站在科学技术的前沿,才能在文学作品中科学地、准确地描写,不至在常识和科学上出现错误。一个大自然文学作家,在他重点描写的题材领域,同时也应该是一位科学家——动物学家、植物学家、博物学家、海洋学家。譬如刘先平在大自然文学作品中大多有"科学家形象的塑造",而且刘先平自己对作品中描写的大熊猫、黑叶猴、杜鹃王、珊瑚礁等动植物的研究,也可以与这方面的专家或科学家一比高下。正如刘华杰评价刘先平的《续梦大树杜鹃王——37年,三登高黎贡山》所说的:"这是一部关于杜鹃花属植物的非凡赞歌,地质学、植物学、生态学的大量知识融贯其中,以文学的手法完美呈现。"由此可见,没有关于大自然的科学知识,就做不成大自然文学作家,没有对大自然科学的书写,也没有真正的大自然文学。

(四)不怕牺牲的精神

大自然文学作家是大自然的行走者,其作品是跋山涉水一步一步走出来的,是用汗水甚至冒着生命的危险写出来的。不像一般作家想好主题、选好题材,就可以在书斋里写了。大自然文学作家写的是自己到大自然探险的亲身感受,写探险中的惊险和发现,不是坐在书斋里可以杜撰出来的,而是冒着随时可能遇到生命危险,勇敢地到大自然中去探险。作为探险者,不仅要有健康的体魄、野外生存的能力,还要有坚强的意志和不屈的毅力。另外,还要有一定的经济基础为条件,譬如,购买野外探险的整套设备、用来采访大自然的摄影摄像器材等。除了具备了物质和精神的准备,还要在探险中发扬不怕苦、不怕累、不怕牺牲的精神,才能在探险中走得更远、探得更深、发现更多,才能写出大自然文学的精品力作。正如刘先平经常引用马克思名言所说的,"在科学上没有平坦的大道,只有不畏劳苦沿着陡峭山路攀登的人,才有希望达到光辉的顶点"。这是刘先平对大自然文学作家提出的必然而特殊的要求。

第三章　刘先平的大自然文学人生

刘先平坚持大自然文学创作40年,将全部精力都倾注到大自然文学上。这源于他对大自然文学的高度重视,将其作为毕生的事业追求。从小在巢湖边长大的刘先平,拥有一颗"自然之心";他在大自然中跋涉40多年,是大自然给了他"最生动、最深刻的生态道德教育";他创作了几十部大自然文学作品,"其实只是在做一件事:呼唤生态道德——在面临生态危机的世界,展现大自然和生命的壮美——因为只有生态道德才是维系人与自然血脉相连的纽带"①。他"立志要为祖国秀丽的山河谱写壮美的诗篇",他"冒着种种的危险和艰难在野生动植物世界探险",他"能努力地呼唤生态道德的树立",他"想将大漠赠给每一个人作为故乡",他一直坚信"只有以生态道德修身济国,人与自然的和谐之花才会遍地开放"。②"大自然母亲"是刘先平"最坚强的依靠",刘先平选择大自然文学"为大自然立言",认定这是一项关系人类未来命运的伟大事业——通过讲述人与自然关系的故事,让更多人明白人类在自然界中的位置,明白人类与自然是生命共同体,从而尊重自然、珍爱生命,改变人类生产方式和生活方式,走绿色发展之路,实现人与自然和谐共生,实现人类社会永续发展。

---

①　刘先平.续梦大树杜鹃王——37年,三登高黎贡山[M].武汉:湖北科学技术出版社,2018:卷首语.
②　刘先平.呼唤生态道德[C]//安徽大学大自然文学研究所主编.大自然文学研究(首卷).合肥:安徽人民出版社,2013:22—25.

第一节　刘先平文学人生的两大阶段

1938年11月22日,刘先平出生于安徽省肥东县长临河镇西边湖村,这是巢湖边的一个美丽村庄。

他有一个不幸的童年,父母早逝,在姨母的照顾下长大。

家境贫寒的他,12岁时不得不辍学,离家到三河镇一家兼营颜料的染坊当学徒,受尽屈辱与磨难。大哥刘先紫帮助他脱离了学徒生活,考取中学,依靠人民助学金完成学业。

1957年开始发表作品,同年考进杭州大学(现为浙江大学)中文系。1961年大学毕业后,在合肥师范专科学校、合肥市第六中学等学校教书10年,1963年因为一篇评论文章受到批判,并在"文化大革命"期间受到不公正对待。1972年调到《安徽文学》杂志做编辑,后到《传奇·传记》杂志做主编。1978年恢复写作,致力于大自然文学。1982年加入中国作家协会,同年任安徽省儿童文学创作委员会主任。1992年获得国务院授予的"突出贡献专家"称号。1995年任安徽省作家协会常务副主席,开始主持安徽省作协工作,并担任安徽省人民政府参事、安徽省政协常委。曾任中国作家协会全国委员会委员、中国作家协会儿童文学委员会委员。2010年,安徽省人民政府为其建立"刘先平大自然文学工作室",支持其继续研究和大自然文学创作。如今80多岁的刘先平,仍然坚持每年到大自然中去探险,每年推出一部大自然文学新作,为推进中国大自然文学的发展摇旗呐喊,将大自然文学当作一生的追求。

回望刘先平的文学人生,以1978年后恢复文学创作为界,可分作前后两个阶段:青年时期的文学梦和大自然文学的人生梦。

一、青年时期的文学梦(1957—1977)

1957年,19岁的刘先平做出了人生第一次重大选择——"弃理从文",开启了他的文学人生。

刘先平回忆说:"1957年在高考复习时,报的是理工班,这不仅是因为数理化成绩好,更重要的是饿饭饿怕了,'学会数理化,走遍天下都不怕'的想法根深蒂固。但我热爱文学,思想上很矛盾。离高考前一个多月,我去李淑德老师家中,她快人快语:'不能从事热爱的工作,那是一生的苦恼。'真是一语点破了朦胧。回到学校,不管班主任如何规劝,就到了文科班,考进了浙江大学中文系。"又说:"1957年开始发表作品,先是诗歌、散文,后因从事教学工作,涉足美学。"① 也许是天意,文学青年刘先平在大学里成了我国著名儿童文学教育家、理论家蒋风的学生,蒋风的"儿童文学课"给他留下深刻美好的记忆,在年轻的心田播种下了儿童文学的种子。

这颗"儿童文学的种子"在刘先平心里发芽生长。故乡的风景成为他后来创作大自然文学的背景。刘先平的童年是不幸的,孤儿的童年让他没有生活的依靠;刘先平又是幸运的,巢湖边的小村庄有着儿时的欢乐,让他和自然有着一种与生俱来的亲近感。

刘先平说:"旧社会的苦难,父亲的早逝,连年的水灾,使我的童年生活充满了不幸。然而,故乡哺育了我,在那里,还有着另一片的世界,给我欢乐,引我思索。""我的童年,应到故乡的沙滩、巢湖、草滩、苇丛中去寻找。故乡是巢湖北岸长临河西的一个小村。名字很上口:西边湖。大门一开,涌入眼帘的是浩渺的水天,悬在姥山宝塔上的白云,浮沉在最中的孤山,列阵的山影,斜穿蓝天的白鹭"。

在刘先平幼小的心灵中,"一直以为夏天是南风能吹来的",南风卷起堆雪般的巢湖浪涛。他敢于"跳浪",将这波峰浪谷当作"嬉戏的运动场";他捉鱼虾、建城堡,将"细软的金色沙滩"当作"魔毯"。"最有诱惑力的,是找吊鹃鸟(云雀)的窝","吊鹃一边婉转地叫着,一边打着旋旋往天上飞。"刘先平说:"这或许就是引起我观察鸟类的起始吧?""这片充满生机、熙熙攘攘的湖边世

---

① 刘先平. 跋涉在大自然文学的30年[C]//安徽大学大自然文学研究所主编. 大自然文学研究(首卷). 合肥:安徽人民出版社,2013:3.

界,给我幼小心灵倾注了无限深厚的爱。爱是种子。以后,我常常去崇山峻岭、大漠戈壁、雪峰山川、江河湖海,寻找生出的绿叶、开出的紫色小花、飞出的鸟群、起航的白帆,以及五光十色的幻想。这或许也是我在写作时,为何笔端常常眷念着故乡,寻找着童稚……"①

然而,文学的道路并非一帆风顺,仿佛是对青年刘先平热爱文学的考验,磨难接踵而至。1958年,还在杭州大学读书期间,由刘先平担任主编的学生会刊物《水滴石》受到批判,大字报上写着"刘先平是中文系上空高高飘扬的一面白旗"。虽然在1961年大学毕业前夕得到平反和有关方面的"赔礼道歉",但刘先平年轻的心已经受到伤害。

1963年,刘先平又因为一篇评论文章,受到点名批评,而批判文章署名的人是"反修防修"领导小组的人,可见来势凶猛,而年轻的刘先平据理力争,拒绝接受批评,幸亏"当时已有学术和政治分开的说法,有赵校长和在校'四清'蹲点的郭刚局长的保护,而且我的教学又受到欢迎,才未造成大的波澜,但内伤是看不见的。种种遭遇说明,在那种环境下从事文学创作,危机四伏。我已有了家庭,也就多了一份责任。经过痛苦的思索,在一天的傍晚,我用力将钢笔丢掉,它竟越过前面的屋脊,落到了远处,一点声息也没有。决心再不为文学写一个字。"②

1966年"被批、被斗、被抄家"的刘先平,随着"十多年的日记、读书笔记、文稿被付之一炬",他那颗热爱文学的心也随着"越过前面的屋脊"的钢笔,彻底泯灭了。然而,刘先平没有想到他会有重新回到文学之路的机会。

命运在1972年有了转机。为纪念毛泽东《在延安文艺座谈会上的讲话》发表30周年,省里要恢复一些文学刊物,有了一些"文学影响"的青年作家刘先平被调到了《安徽文学》杂志社做编辑。按照"文艺为工农兵服务"的指示,他在编辑稿件的同时,还有一项政治任务,就是每月到基层深入生活。

---

① 刘先平. 咕里咕,咕里咕——童年片段[M]//山野寻趣. 合肥:安徽少年儿童出版社,1987:120-124.

② 刘先平. 跋涉在大自然文学的30年[C]//安徽大学大自然文学研究所主编. 大自然文学研究(首卷). 合肥:安徽人民出版社,2013:4.

这给了"儿时就喜爱冒险、喜爱山水"的刘先平,重新回到大自然怀抱的机会。他后来回忆说,"我主动要求看皖南地区的来稿。每月总有一周时间以黄山为核心,寻着大诗人李白、杜牧、陶渊明……的游踪,常常能在山岩上一睡就是几个小时。大自然千奇百怪的造化,使我忘掉了现实生活中五花八门的'批判'、纷争的世事,心灵是那样宁静、纯洁。逐渐,我产生了徒步穿越石台——祁门——黟县——黄山原始森林的念头。计划独自一人,风餐露宿,用双脚去丈量那片崇山峻岭,寻觅着一直萦绕在心头的渴望……"

每次从大自然探险回来,刘先平总是蓬头垢面,妻子嘲笑他是"野人归来"。就是在这样的漫游中,在山野里,非常偶然的机会,刘先平遇到了几位来自省城从事野生动物考察的大学教授,他们年龄相仿,经历相似,情趣相投,又行走在大自然中的怀抱里,成为无话不说的朋友。刘先平也成了考察队中的一员,命运就是这样仿佛在有意无意中给刘先平指出了前行的方向。刘先平说:"正是他们的点化,使我突然明白了这么多年在大自然中寻找的是什么,突然明白了'自然保护''生态平衡',人与自然的和谐、野生生物世界对人类的意义……他们领着我到达山顶,回头一看,我所走过的那片世界已完全改变,是一片崭新的神奇的世界,充满了科学、充满了造化……"

刘先平后来才知道,他结识的这些考察动物的科学家,是国家林业部派来开展珍稀野生动物调查的,因为那时还在"文化大革命"期间,为了不让这些科学家受到迫害,同时让他们能够继续从事科学研究,摸清自然生态现状,国家林业部以派出考察的方式,将科学家们保护了起来。正是这些深入野生动物世界的科学家,开创了我国自然保护事业的新篇章,也将刘先平领出了"大自然属于人类"的误区,领悟到"人类属于大自然"的新境界。

在这样全新的境界里,刘先平感到"每走一步,都美不胜收"。他和考察队一起,"在莽莽原始森林中,追踪野人的足迹、考察短尾猴的社群结构,在三十六岗寻觅梅花鹿的身影,在山谷中倾听相思鸟的歌唱……窥视喧嚣的野生生物世界残酷的生存竞争,香花与毒草形成的特殊的生境……深深地被大自然的魅力、野生生物世界的魅力、探险生活的魅力、人生哲理的魅力所诱惑"①。同时,刘先平也目睹了大片森林被砍伐、乱伐,水土流失正在加重……自然生态严重破坏的恶果,不仅让他痛心疾首,而且有了一股强烈的冲动,他要把自己看到的想到的感受到的大自然写出来,在讴歌大自然美的同时,唤起人们对大自然的保护意识。

这样纠结的日子终于到了尽头。1976年,"文化大革命"结束。1977年,人民文学出版社资深编辑周达宝来安徽向刘先平组稿,多年来探险生活集聚在他内心的"文学的波澜"终于壮阔起来。他在内心高呼:春天来了!

二、追寻大自然文学的人生梦(1978年至今)

人民文学出版社的约稿,搅动了刘先平一颗文学的心,但在短暂的兴奋后没有办法高兴起来。过去的文学创作给他带来的人生伤害,让他心有余悸,谨慎了很多,他没有答应周达宝的稿约,他不敢再冒风险,他有工作有家庭有孩子,他需要稳定的生活和安静的环境。他沉默了,直到1978年十一届三中全会召开,全国各条战线都进入拨乱反正的新时期,文学的春天真的到来了!

1978年,刘先平做出了他人生第二次重大决定:重新拿起了笔,创作大自然小说。没想到这次"试笔",开创了中国大自然文学的新时期。此后,追寻大自然文学、发展大自然文学、繁荣大自然文学,成为刘先平的人生梦。

刘先平说:"1978年对我来说,是非常重要的一年。5月份,纠缠了我两年的一件极不正常的事,终于有了出乎意料的结果。很多朋友都经受不了这样深重的委屈,想方设法来安慰时,我已被大自然召唤到崇山峻岭中去了。"就在那个决定宣布后的第三天,刘先平就赶到了考察队的营地,在这里寻觅皖南野生梅花鹿的身影,"每天都有惊人的发现,生活充满了乐趣"。刘先平这样描写当时的情景:

---

① 刘先平.跋涉在大自然文学的30年[C]//安徽大学大自然文学研究所主编.大自然文学研究(首卷).合肥:安徽人民出版社,2013:5—6.

晨曦正将天宇展现,欢快的鸟鸣声中,山谷里逸出了淡淡的、丝丝缕缕的云丝,山岚飘忽着,在绿的森林上空汇聚,宛如怒放的望春花。清风裹着花的芬芳,柔柔地拂动,露珠滴滴答答地响着……啊!山谷里升起一朵白云,冉冉飘浮,云华灿烂,在绿海中,在山的怀抱里,变幻无穷:山在动,树在动,鸟在唱……充满生命的欢乐,大自然展示出无比壮丽、宏伟、惊人的和谐之美……太阳出来了,一道电光石火突然耀起——创作的冲动,激得我透不过气来,听到了大自然的呼唤,心灵已追着森林、白云、红日……这么多年来,在大自然中探险的种种生活,都成了生动的无穷的画卷展开……

是的,就在那个早晨,就在那座山岭,就在山谷里升起一朵白云时,以后几部长篇小说中的无数场景、人物都鲜活地在脑海里展现开……

是的,就是面对着山谷里升起的一朵朵白云,我决定恢复文学创作,写在大自然中的见闻、思考,写我和大自然息脉相承的对话。以所展现的画卷,只有长篇小说才能表达。虽然我停笔了十多年,虽然我从未写过小说,更未写过长篇小说,但我有着最坚强的依靠——大自然母亲。

在为写作做着种种的设计和准备时,无数充满稚气、渴望、乌黑闪亮的眼睛,时时闯入思绪。但我意识到这是十年教师生活的影响,毫不犹豫决定为他们写作,因为他们正是自然保护事业的未来。当然,一部作品应该满足多层次读者的审美需求,但这并不影响以某一层读者为主。"老少咸宜"的关键在于作品的深厚、丰富。更何况是大自然文学呢!以后接到很多成人、老人的读者来信,我很高兴。[1]

就这样,刘先平一发而不可收。1978年10月4日凌晨,他在合肥"耐温高楼"完成第一部描写在猿猴世界探险的长篇小说《云海探奇》的初稿,1979年初夏在北京中国少年儿童出版社"招待所斗室"里修改完毕,1980年1月由中国少年儿童出版社出版。与此同时,刘先平第二部描写在梅花鹿世界探

---

[1] 刘先平.跋涉在大自然文学的30年[C]//安徽大学大自然文学研究所主编.大自然文学研究(首卷).合肥:安徽人民出版社,2013:6.

险的长篇小说《呦呦鹿鸣》于1979年脱稿,1981年由人民文学出版社出版;第三部描写在鸟类世界探险的长篇小说《千鸟谷追踪》于1983年脱稿,1985年由中国少年儿童出版社出版。三部描写在安徽皖南黄山地区野生动物世界探险的长篇小说,堪称"姊妹篇",有着相同的大自然背景、相同的人物和事件串联,但又各自独立成篇,成为刘先平大自然文学创作的第一批成果。

刘先平自1978年至今40多年的大自然文学创作,以作品出版的时间为界,大致可以分为前后两阶段时期:大自然探险文学阶段(1980—2000)和自觉的大自然文学阶段(2000年至今)。

大自然探险文学阶段也可以看作"自发的大自然文学创作时期"。这一时期出版的作品,多以"刘先平大自然探险"为丛书名,体现了浦漫汀关于"要将'刘先平大自然探险'做成品牌"的战略策划意识。主要作品有:

"刘先平大自然探险长篇系列"(5种),包括《云海探奇》《呦呦鹿鸣》《千鸟谷追踪》《大熊猫传奇》4部长篇小说和散文集《山野寻趣》,中国青年出版社,1996。

"刘先平探险奇遇系列"(2种),包括2部散文集:《红树林飞韵》,安徽少年儿童出版社,1998;《东海有飞蟹》,海天出版社,1999。

这一阶段的作品有长篇小说和散文两种文体,均为"文字书",有少量的随文插图,属于传统文学的表现方式。虽然当时没有称其为"大自然文学",是因为还没有提出明确的"大自然文学"概念,但"大自然文学"的基本特征已经含在这一时期的作品中,或者说,"大自然文学"概念是在总结这一阶段"大自然探险文学"的基础上提出的。一旦"大自然文学"概念提出并成为一种文学现象,这一阶段的"大自然探险文学"则自然成为"大自然文学"赖以独立的基础作品,甚至被公认为当代"大自然文学"的开山之作,具有典范意义。

之所以将这一阶段的创作归为"自发的大自然文学阶段",是因为在这些作品出版时,刘先平本人并没有意识到他的创作"其实是大自然文学……表现了一种新的理念、新的人与自然的关系,是中国的新的时代的大自然文学"(浦漫汀语)。真正有意识地创作、倡导"大自然文学",还是1996年出版"刘先平大自然探险长篇系列"后,在浦漫汀的评点和鼓励下,经过刘先平自己一段时间的深思熟虑,到2000年主持召开"安徽儿童文学创作趋势研讨会"时,刘先平才明确地、正式启用浦漫汀的说法,不仅倡导"大自然文学",而且从2000年开始,将自己的"大自然探险文学"统称为"大自然文学","大自然探险文学"成为"大自然文学"的品牌,并以此为典范作品总结出"中国的大自然文学"的文体特征和文学主张。

第二节 刘先平大自然文学创作的探险生活

刘先平大自然文学创作中的"大自然"是刘先平"眼中"的真实的大自然,而不是虚构的自然风景,他作品中的大自然有其可以查证的名称、地点,小到花草虫鱼,大到野生保护动物,都是他亲眼所见的"真实",而不是道听途说,或者从其他媒体中得来的资料信息加以综合。刘先平给自己立下一个创作规矩,"不是亲历考察的不写"。因而,刘先平的大自然文学创作与众不同的重要特征,就是非虚构的纪实性。了解刘先平大自然探险生活的意义,就是从创作源头上探究刘先平大自然文学创作的机制,也是研究刘先平大自然文学创作最重要的途径和方法。

一、45年大自然考察、探险之旅(1974—2019)

刘先平为什么选择大自然文学作为他文学人生的毕生追求?刘先平曾经在一次创作谈中这样反问:为什么有这么一位叫刘先平的作家痴心大自然文学40多年而初心不变?他自己回答说,40多年的坚持,追寻人与自然关系的真谛,就是想构建一个人与自然和谐共生的诗意家园;40多年对探索大自然的执着,源自童年时代巢湖岸边的生活在心中播下的探索自然的种子,起步于20世纪70年代在皖南山区的密林中偶遇野生动物考察队的科学家将其领出"大自然属于人类"的误区,有感于"大片森林被乱砍滥伐、水土流失正在加重"等自然生态严重破坏的现实;40多年坚持以"文学武器"向落后的自然观、发展观宣战,始终保持一种战斗的激情。只要生态危机的现实存在一日,刘先平"呼唤生态道德"的文学就战斗不止。

战斗需要知己知彼,才能百战不殆;需要讲究战略和战术,才能事半功倍。刘先平回忆45年来的大自然考察、探险,不是心血来潮的一时冲动,不是"打一枪换一个地方"的心态,而是有自己独立的思想和完整的规划。

(一)探索野生动物世界——生活基地皖南黄山(1974—1981)

刘先平从1957年开始发表作品,先是诗歌、散文,后涉足美学和文艺批评。1958年、1963年受到两次不公正批判后,他心灰意冷,从此停笔不再创作。1972年从学校被调到《安徽文学》编辑部工作,作为文学作品编辑需要每月深入生活,刘先平选择有作者投稿的皖南山区作为自己的生活基地。1974年的一天,刘先平在山野里偶遇一支省城大学来的野生动物考察队,和他们结下了深厚友谊,成为考察队的一员。刘先平回忆这段最初的探索和收获时写道:

> 在编辑部工作,每月都要下去。我看重的就是这一点,儿时就喜爱冒险、喜爱山水。我主动要求看皖南地区的来稿。每月总有一周时间以黄山为核心,寻着大诗人李白、杜牧、陶渊明……的游踪,常常在山岩上一睡就是几小时。大自然千奇百怪的造化,使我忘掉了现实生活中五花八门的"批判"、纷争的世事,心灵是那样宁静、纯洁。
>
> 渐渐的,我产生了徒步穿越石台——祁门——黟县——黄山原始森林的念头。计划独自一人,风餐露宿,用双脚去丈量那片崇山峻岭,寻觅着一直萦绕在心头的渴望……
>
> 每次出差回来,都是蓬头垢面,妻子嘲笑我是"野人归来"。就是在这样的漫游中,在山野,非常偶然的机会,遇到了几位从事动物考察的大学教师。我们年龄相仿,有着相似的经历、相似的生活环境,又是在大自然中,大家很快就解除了防备的盔甲,袒露胸怀……正是他们的点化,使我突然明白了这么多年在大自然中寻找的是什么?突然明白了"自然保护""生态平衡"、人与自然的和谐、野生生物世界对人类的意义……他们领着我到达了山顶,回头一看,我所走过的那片世界已完全改变,是一片

崭新的神奇的世界,充满了科学、充满了造化……

后来才知道,在那阶级斗争热火朝天的环境下,还能在全国开展珍稀野生动物调查,正是林业部巧妙地运作起来的,开创了我国自然保护事业的新篇章。

是的,是这些科学家领我走出了"大自然属于人类"的误区。

是的,是他们把我领到"人类属于大自然"的境界。在这个境界里,每走一步,都美不胜收。

我们在莽莽原始森林中,追踪野人的足迹、考察短尾猴的社群结构,在三十六岗寻觅梅花鹿的身影,在山谷中倾听相思鸟的歌唱……窥视喧嚣的野生生物世界残酷的生存竞争,香花与毒草形成的特殊的生境……深深地被大自然的魅力、野生生物世界的魅力、探险生活的魅力、人生哲理的魅力所诱惑。

目睹了大片森林被乱砍、乱伐,水土流失正在加重……自然生态严重破坏的恶果,引起了我们的痛心疾首。

我和考察队结下了深厚的友谊,甚至成了其中的一员。①

这些年来的探险生活,让停笔十多年却一直深爱文学的刘先平内心起了波澜,形成了强烈的创作冲动。1978年,党的十一届三中全会召开,中国特色社会主义建设进入新时期。刘先平像飞出笼子的鸟儿,赶到考察队的营地,加入队员的考察中。他写道:

每天都有惊人的发现,生活充满了乐趣。由于每天吃水煮笋,原有的胃溃疡迅速加剧,先是黑便,接着是开始吐血。但我很好地掩盖了这一切。因为感到这是一次难得的机遇,否则要后悔一辈子。

这天,我们辗转来到了一个叫石门国的地方——不知是如何的鬼斧神工,竟将一堵万丈巨崖劈开一道窄窄的石缝——穿过石门,天地豁然开朗:一片桃红柳绿,鸟语花香,如进入桃花源。种种奇妙的景色、民俗、

---

① 刘先平. 跋涉在大自然文学的30年[C]//安徽大学大自然文学研究所主编. 大自然文学研究(首卷). 合肥:安徽人民出版社,2013:4—5.

民情,使考察队员们惊喜不已。我们要在这里寻觅皖南野生梅花鹿的身影,落脚在一个叫汪河水家的地方。

汪河水家是山头上孤零零的四五间瓦房,坐落在三县交界点。

晚上,我们八个人全睡在牛屋上面简易的阁楼上。牛粪牛尿的骚臭,从板缝中直冲鼻子。跳蚤成把抓。

在黎明鸟的叫声中醒来,走到山岭,山野的清香扑面。我深深地吸了几口,似乎已将一夜的污浊涤荡。

晨曦正将天宇展现,欢快的鸟鸣声中,山谷里逸出了淡淡的、丝丝缕缕的云丝,山岚飘忽着,在绿的森林上空汇聚,宛如怒放的望春花。清风裹着花的芬芳,柔柔地拂动,露珠嘀嘀嗒嗒地响着……

啊!山谷里升起一朵白云,冉冉飘浮,云花灿烂,在绿海中,在山的怀抱中,变幻无穷;山在动,树在动,鸟在唱……充满生命的欢乐,大自然展示出无比壮丽、宏伟、惊人的和谐之美……太阳出来了,一道电光石火突然耀起——创作的冲动,激得我透不过气来,听到了大自然的呼唤,心灵已追着森林、白云、红日……这么多年来,在大自然中探险的种种生活,都成了生动的无穷的画卷展开……

是的,就在那个早晨,就在那座山岭,就在山谷里升起一朵白云时,以后几部长篇小说中的无数场景、人物都鲜活地在脑海中展现……

是的,就是面对着山谷里升起的一朵朵白云,我决定恢复文学创作,写在大自然中的见闻、思考,写我和大自然息脉相承的对话。以所展现的画卷,只有长篇小说才能表达。虽然我停笔了十多年,虽然我从未写过小说,更未写过长篇小说,但我有着最坚强的依靠——大自然母亲。

目睹了梅花鹿在两片森林中往往复复和我们捉迷藏之后,因为吐血加剧,我只得离开营地。回到家中,整整躺了四五天。

在为写作做着种种的设计和准备时,无数充满稚气、渴望、乌黑闪亮的眼睛,时时闯入思绪。当我意识到这是十年教师生活的影响,毫不犹豫决定为他们写作,因为他们正是自然保护事业的未来。①

没有对大自然的考察、探险,就没有对大自然的认识,就没有创作大自然文学的冲动,就没有刘先平的大自然文学创作。就这样,刘先平第一部被誉为"中国大自然文学的奠基之作"产生了:1980年,中国第一部描写在猿猴世界探险的长篇小说《云海探奇》由中国少年儿童出版社出版,其后出版《千鸟谷追踪》《呦呦鹿鸣》与《云海探奇》构成姊妹篇,都是描写黄山地区的野生动物世界,都是刘先平在生活基地黄山考察、探险大自然的创作成果。

(二)探索水之源、山之源——走向西部青藏高原(1981—2011)

1981年,刘先平在林业部保护处卿建华先生的帮助下,"离开了生活基地黄山,走向更广阔的世界",写下了中国第一部描写在大熊猫世界探险的长篇小说《大熊猫传奇》(1983年创作),由人民文学出版社1987年出版。有了4部长篇小说创作的感受,刘先平此时给自己的创作提出了"新的尝试"。刘先平说:

> 1983年,在写完《大熊猫传奇》初稿之后,我想对这一阶段的创作进行思考,希望有新的尝试,希望我国的大自然文学更加多样化……世界各国五彩缤纷的大自然文学,以及数年来的创作过程中的感受,使我原来的愿望逐渐鲜明和强烈:创作具有中国特色的大自然文学,将中国的大自然、丰富多彩的野生生物世界谱写成壮美的诗篇、回荡在天宇的乐章。朝这个目标努力的基础,必须用自己的双脚去认识大自然,亲身体验中国大自然的特殊风韵和底蕴。
>
> 于是,我把考察大自然看作第一重要,然后才是把考察、探险的所得写成大自然探险纪实。希冀充分以真实性的魅力,给读者一个真实的奇妙的自然世界。这比结构一个充满惊险离奇的故事困难得多,因为在大自然中探索,并非每天都会发生充满刺激的事件,或有新鲜稀奇的发现,

---

① 刘先平.跋涉在大自然文学的30年[C]//安徽大学大自然文学研究所主编.大自然文学研究(首卷).合肥:安徽人民出版社,2013:6—7.

更多的是只有自己才知道的长途跋涉的艰辛、危险中的战栗、难耐的孤寂。我给自己出了难题。我喜欢创作上的难题,它往往能调动生命的全部力量去迎接挑战,去探索。无论是成功或失败,生命都更加充满活力、闪耀光华。

于是,我走向四川、云南、福建、贵州、黑龙江、新疆、海南、广西……大漠戈壁、雪山冰川、江河湖海。面对如诗如画的大自然和被破坏得支离破碎的山河,激起了无限的悲愤、忧虑。①

此后30年,刘先平考察、探险大自然的重点转向了中国西部,从考察那里的动植物生态到探索水之源、江之源、山之源。这开启了刘先平大自然探险文学的新题材新主题新形态。

1981年4月,他到云南西双版纳考察热带雨林,访问昆明植物研究所,被热带雨林繁花似锦的生物多样性深深震撼,更加坚信创作大自然文学的第一要务是"认识大自然"。5月,从四川平武出发,经过黄龙、九寨沟、红原到卧龙等地探险,重点考察大熊猫,由此开始了他前后6年的大熊猫、金丝猴的考察保护工作,著有长篇小说《大熊猫传奇》、考察手记《在大熊猫故乡探险》《五彩猴》等。在这些作品中,他描绘了令人震撼的"原生态的旷野美"。

1982年,刘先平到浙江舟山群岛考察生态和小叶鹅耳枥(当时是全世界唯一的一棵树)。1983年,刘先平到大连考察鸟类迁徙路线,到广东万山群岛考察猕猴,以及到海南岛考察热带雨林、长臂猿、坡鹿、珊瑚。通过对不同地域不同生物的考察,刘先平感到多样性的大自然应该有多样性的大自然文学形式来描写,将真实的大自然奉献给读者,因而,从1983年起,刘先平将创作重点转向记录大自然探险中的奇闻奇遇,如《爱在山野》《麋鹿找家》《黑叶猴王国探险记》《喜马拉雅雄麝》《寻找树王》等。

1985年至1998年的10多年间,刘先平先后到辽宁丹东、黑龙江小兴安岭等地考察森林、草原、东北虎生态;到新疆(吐鲁番、乌苏、喀什)、甘肃(酒

---

① 刘先平. 跋涉在大自然文学的30年[C]//安徽大学大自然文学研究所主编. 大自然文学研究(首卷). 合肥:安徽人民出版社,2013:8—9.

泉、敦煌)等地考察生态;到鄱阳湖、长江中游、海南岛等地考察湿地、候鸟越冬地、霸王岭黑冠长臂猿栖息地;应邀到法国、英国、澳大利亚、泰国等国交流访问,其间考察当地生态。创作探险散文集《夜探红树林》《鹦鹉唤早》等。

1999年至2012年的10多年间,刘先平将在西部的大自然考察从动植物生态转移到考察"水之源江之源"上。因为"水是生命之源",所以刘先平对水"有着特殊的感情"。他曾写道:

> 我生长在巢湖边,对水有着特殊的感情,但是,在城市的周围已很难看到一条没有被污染的河流。五大淡水湖中的太湖、巢湖已是一湖臭水。饮水安全已严重威胁着生命。
>
> 水是生命的源泉。
>
> 我国的水源在西部。西部是我国生态关键区之一。自上世纪九十年代,我的注意力主要在西部地区。先是探索水之源江之源,1999年、2000年、2003年、2004年、2005年五上青藏高原,到达珠穆朗玛峰海拔5200米处、雅鲁藏布江大峡谷、林芝的高山森林……特别是2000年,先是探索三江源,再追随澜沧江大峡谷,由青海转入西藏,再进入云南金沙江大峡谷、三江并流地区,历时两个月。
>
> 江之源在高山,在雪峰、冰川。为了探索山之源,2004年、2005年,我又横穿中国,从南北两线,直到帕米尔高原。
>
> 多次穿行于横断山脉,有时带着马帮、帐篷露宿在无人区,寻找大树杜鹃王、银杉、滇金丝猴……奇妙的生物世界,少数民族异彩纷呈的文化。仅就为了进入独龙江(地处缅甸、西藏、云南交界处),就历经了2002年和2006年4月、10月三次怒江大峡谷探险,才终于到达了这个独特的野生生物世界。[①]

到2012年8月,刘先平不知疲倦地跋涉在横断山脉,先后两次横穿中国,从南北两线走进帕米尔高原,三次穿越塔克拉玛干大沙漠,四次探险怒江

[①] 刘先平.跋涉在大自然文学的30年[C]//安徽大学大自然文学研究所主编.大自然文学研究(首卷).合肥:安徽人民出版社,2013:9—10.

大峡谷,六上青藏高原,写下了一批"西部大自然探险文学",主要有《天鹅的故乡》《野象出没的山谷》《黑叶猴王国探险记》《灰金丝猴特种部队》《掩护行动——坡鹿的故事》《圆梦大树杜鹃王》《峡谷奇观》《麋鹿回归》《谁在跟踪》《鸵鸟小骑士》《黑麂迷踪》《东极日出》《寻找失落的麋鹿家园》等大自然探险纪实作品,以及长篇探险纪实文学《走进帕米尔高原——穿越柴达木盆地》、"大自然探险系列""中国 Discovery 书系""东方之子刘先平大自然探险"等。

这一时期的大自然探索,对刘先平大自然文学创作的影响非常巨大。刘先平"拜大自然为师",其自然观、创作观和文学观都发生了质的变化。

关于自然观的变化,刘先平说:

> 自古以来,人们对于腿和脚就有着极高的赞誉——量天尺。正是在丈量大地、探索祖国大自然的神秘中,我逐渐领悟到生态平衡的意义:"首先是'人'的本身的生态平衡,这主要指一个人自身的心理和生理的平衡,精神和物质的统一;再是自然界的生态平衡;最高的境界则是人与自然的和谐、共荣共存——天人合一"。建设良好的生态与和谐的社会,则必须建立生态道德。当人们尊崇生态道德,以其修身济国,和谐之花才会遍地开放。
>
> 说得简单一点,生态道德就是处理人和自然关系的准则。人类五千年的文明史,已规范了很多人与人之间、个人与社会之间的行为准则——道德。但尚没有较为系统的人与自然之间相处的法则。究其原因,历来人只把大自然看成属于自己的财富,在"大自然属于人类"的误区中走得太久,直到大自然的惩罚,环境危机压力愈来愈大,才迫使重新审视与大自然的关系。审视的结果令人震惊:是人类属于大自然,人只不过是大自然万千成员中的一员,必须扫除唯"人"为大的狂妄。没有了大自然——失去了家园,人类将怎样生存?这个认识上的飞跃,是人类认识史上最为重要的一章。正是因为如此,如尊重一切的生命、感恩自然、热爱自然……并未列入我们现有的道德范畴。环境危机是后工业化期才愈加显现的。全世界都在寻求解决的办法,生态道德的建立,或许不失为一剂良方。当然,构建生态道德的道路是漫长、艰难的,需要启蒙

第三章 刘先平的大自然文学人生

和培养。①

由于人与自然关系的变化,因而探索自然的过程变成了交流和发现的过程,文学创作的目的性也更加明确和自觉。刘先平说:

> 因而我对自然的观察,就具有了另一种视角和另一种含义——实际上是和大自然相处,融入自然,相互对话交流……于是,探索的过程——通往沙漠深处的红柳、滂沱大雨中飞入胸膛的小鸟、青藏高原毁香跳崖的麝、天鹅湖畔麝鼠的城堡、柴达木盆地盐湖的奇妙、寻找大树杜鹃王的诡异、南海红树林中的蛇鳗、雨林中伸出的野象的长鼻、进入箱式峡谷寻找黑叶猴王国……往往比结果更有意义,发现过程的艰辛,自有一种蕴藏在平常中的特殊魅力。
>
> 于是,我将它们结构成一篇篇真实的故事,发表在《人民文学》《当代》《儿童文学》等报刊上。之后集合为《山野寻趣》《东海有飞蟹》《黑麂的呼唤》《麋鹿回归》《黑叶猴王国探险记》《寻找麋鹿》《胭脂太阳》《夜探红树林》《相思鸟要回家》……努力展现隐藏在森林或大漠深处的野生生物世界、神秘的大自然、人类为保护自然的努力,宣扬着生态道德。②

自然观和创作观的转变必然带来对"大自然文学"的新认识,刘先平说:

> 30多年的创作实践和近40年在大自然中的探索,使我对大自然文学逐渐有了明确的理念,说得简单一点:如果一定要从"文学是人学"的角度讲,那么就应清楚每个人都生活在人与人、人与社会、人与自然的三维关系中。但几千年来,文学多是描写人与人、人与社会的故事,而少有专写人与自然的故事。然而大自然文学是描写人与自然的故事,歌颂人与自然的和谐,以构建生态文明的社会。人与自然的关系是人类赖以生存的根本。生态文明是一切文明的基础。

---

① 刘先平. 跋涉在大自然文学的30年[C]//安徽大学大自然文学研究所主编. 大自然文学研究(首卷). 合肥:安徽人民出版社,2013:10.
② 刘先平. 跋涉在大自然文学的30年[C]//安徽大学大自然文学研究所主编. 大自然文学研究(首卷). 合肥:安徽人民出版社,2013:11—12.

我突然明白了,30年来,实际上是只做了一件事:启蒙和宣扬生态道德、树立生态道德。

"生态文明观念在全社会牢固树立",赋予了大自然文学崇高的使命,大自然文学定将有更大的繁荣,为建设生态文明作出应有的贡献!①

(三)探索地球生命之源——走向东方江河湖海(2011—2020)

从西部高原走来,顺着奔腾不息的江湖,来到大海——东海和南海,刘先平的大自然考察探险进入"生命之源"的新时代,在祖国960万平方千米的大陆外,又"发现"了"我国还有300万平方千米的海疆"。刘先平在这10年间的考察探险,不再是单纯考察水之源、山之源、江河湖海之源,而是将山水林田湖草作为大自然生命共同体来进行整体考察,将江河湖海的"水生态"与陆地动植物生态联系起来考察,形成了两条重要的大自然生态考察线路:

一条是三下南海诸岛,考察海洋生态,创作了《美丽的西沙群岛》、《追梦珊瑚——献给为保护珊瑚而奋斗的科学家》(2017)、《一个人的绿龟岛》(2017)等海洋大自然生态文学。

一条是三登高黎贡山,以云南高黎贡山的大树杜鹃王为考察对象,历时37年,先后创作《圆梦大树杜鹃王》(2003);《寻找大树杜鹃王》(2008),《续梦大树杜鹃王——37年,三登高黎贡山》(2018)3部考察大树杜鹃王的作品。

与此同时,刘先平继续在大自然保护区进行动植物生态考察,如湖北神农架自然保护区、青海阿尔金山自然保护区、湘西和张家界自然保护区、宁夏哈巴湖自然保护区、黄山九龙峰自然保护区、长江三峡自然保护区、安徽牯牛降自然保护区、云南高黎贡山自然保护区、四川攀枝花苏铁自然保护区,等等,创作有《追踪雪豹》(2011)、《红豆相思鸟》(2012)、《野驴挑战》(2013)、《寻访白海豚》(2015)、《追踪黑白金丝猴》(2016)、《海星星》(2016)、《寻索坡鹿》(2016)、《孤独麋鹿王》(2018)、《金丝猴跟踪》(2018)等探险纪实作品。

---

① 刘先平. 跋涉在大自然文学的30年[C]//安徽大学大自然文学研究所主编. 大自然文学研究(首卷). 合肥:安徽人民出版社,2013:10—11.

二、刘先平探索大自然的"阶梯理论"

刘先平多次强调,要研究他的大自然文学创作,一定要了解他的大自然探险生活,这不仅因为他的创作就是他探险大自然的记录——每一部作品都是他用双脚走出来的,而且他的每一次探险都是他全部创作规划的一部分,体现了他大自然文学创作的整体观。或者说,考察什么和创作什么,刘先平都事先计划好了,都是在一"步"一"部"地去完成他人生的文学梦。这个文学梦就是他40多年前重新开始文学创作的初心——创作"中国的"大自然文学。

(一)中国从哪里来?

创作"中国的"大自然文学,首先要了解"中国的"大自然。从自然界的视角看中国,中国从哪里来的呢?或者说,"大自然的"中国是如何形成的呢?

刘先平认为,这个问题可以从地理学的角度来回答,简言之,中国是"碰"出来的。

40多年来,科学家对青藏高原的综合科学考察研究表明,中国今天的地理格局与6500万年前印度板块与欧亚板块的一次"大碰撞"有关。首先,猛烈的撞击带来的巨大能量,引发地表隆起,形成了地球上最高、最厚、最年轻的高原——青藏高原。青藏高原平均海拔超过4000米,厚度达到80千米,科学家将其与地球南极、北极并列,称为"第三极"。

青藏高原之"高",是由一系列山峰组成的。地球上8000米级山峰只有14座,全部雄居于青藏高原,其中珠穆朗玛峰高达8844.43米,为世界最高峰;乔戈里峰海拔8611米,为世界第二高峰(乔戈里峰,位于中国与巴基斯坦边界),第14名希夏邦马峰则完全位于中国境内,海拔8027米。此外,绝大多数7000米级山峰,以及数不尽数的5000-6000米级山峰,也都位于青藏高原之上,如位于西藏林芝的南迦巴瓦峰、位于阿里的冈仁波齐峰、位于云南的卡瓦格博峰、位于新疆的慕士塔格峰、位于四川甘孜的贡嘎山、位于稻城亚丁的央迈勇峰……这些声名赫赫的极高山峰,共同组成中国西部的擎天之柱,而围绕在它们周围,鳞次栉比的群峰更是组合成一列列绵延无尽的超级山脉,如长约 800 千米的念青唐古拉山脉、长约 1200 千米的祁连山脉,还有长约 2450 千米(相当于从北京直贯海南岛)的喜马拉雅山脉。

然而,"大碰撞"的洪荒之力还没有完全释放,在"碰"出地球"第三极"的青藏高原同时,继续向外围传递,在青藏高原之外,挤压抬升已经有一定海拔高度的地方,形成了黄土高原、云贵高原、内蒙古高原。至此,中国大地上出现了显著的三级阶梯:青藏高原海拔最高,为第一级阶梯;海拔 1000—2000 米的内蒙古高原、黄土高原、云贵高原构成了第二级阶梯;海拔在 500 米以下的大兴安岭、太行山、雪峰山以东为第三级阶梯。"三级阶梯"的中国基本地理格局的差异,使得中国的地貌景观极富变化,拥有各种不同气候特征的生态美景。因为所处纬度的不同和地表海拔高度的不同,所以按照"大自然的法则",以平面和立体两大系统的"魔力"在这三级阶梯上依次呈现。

(二)"烟雨江南"与"大漠西北"共生

刘先平说,没有大碰撞,就没有今天"三级阶梯"的差异所带来的地貌景观变幻的美丽中国。但"大碰撞"对中国的影响不止于地形地貌,还有地形地貌带来的气候的变化。

按照地球气候形成原理,地球上接近地面的大气层,以一种非常规律的方式流动,这便是"行星风系"。在北纬 30°附近的亚热带地区,在行星风系控制下,气流不断从高空下沉至地面,温度越来越高,水汽也越来越不易凝结,难以形成降雨,因而北纬 30°附近出现了大面积的干旱地带,从北非到西亚几乎连成一片。

然而,意外还是发生了,同样位于北纬 30°附近的中国南方地区,却"割断"了这条干旱地带。科学家们发现,在大碰撞形成的青藏高原上空,生成了一台超级"风机",它完全颠覆了原本控制中国的"行星风系"。其原理是这样的:青藏高原平均海拔 4000 米以上,比平原地区接收到更多的太阳辐射。在夏季,高原地表吸收的太阳能不断加热地表上方的空气,相当于将一块巨大的太阳能电热毯放到 4000 米高的大气层中。大气受热上升,地面气压降低,高原开始"抽吸"外围的气流进行补给,就这样,一个大型"抽风机"形成了,南亚季风、东亚季风两大季风都被"抽吸"进入大陆。

先看南亚季风的影响。从印度洋呼啸北上的季风,裹挟着大量水汽,气流或是从山间峡谷鱼贯而入,形成汹涌的水汽通道;或是在喜马拉雅山脉南缘聚集,形成大量降水。这样藏南的墨脱、察隅等地原本处于"行星风系"的干旱地带,却变成中国降水最多的地区之一。

再看东亚季风的影响。源于太平洋的东亚季风,借着"抽吸"之势,形成强大的气流,从海洋深入中华腹地,击退"行星风系"对中国南方的控制,所到之处,带来充沛水汽,将一个北纬30°的干旱地带变成了"烟雨江南"。

如果没有青藏高原这座巨型"风机",一切将不复存在。但大自然的法则是追求平衡,青藏高原虽然创造了"烟雨江南"的奇迹,但也阻挡了印度洋水汽的北上,地处内陆而干旱少雨的中国西北地区,由此变得更加干旱,出现了大范围的戈壁、沙漠。在冬季,强劲的西风受到青藏高原的阻挡不得不改变行进的路径,将西北沙漠戈壁中的沙尘吹起,沿着青藏高原北部边缘向东推进,沙尘颗粒在太行山以西、秦岭以北降落,形成了黄土堆积厚度高达400米的黄土高原。

烟雨江南、大漠西北,再加上随着海拔隆升形成的青藏高原高寒气候,形成了中国三大自然区:东部季风区、西北干旱区、青藏高寒区。"高原风机"在重塑中国气候的同时,又在高原上竖立起了一座'超级水塔',中国的水系也将为之一变。

(三)青藏高原:中国"水之源"

刘先平说,科学家将青藏高原形象地比喻为一座"超级水塔",中国乃至亚洲的水系布局都源于此,是名副其实的"水之源"。这也是他为什么选择西部作为长期的大自然考察、探险目的地的原因所在。

随着海拔上升,青藏高原大气层中的水汽凝结,形成大量降雪,降雪日积月累,形成厚度可达数百米、长度从数千米到数十千米的冰川,冰川沿着山谷倾泻而下,宛如一条条巨龙飞舞。科学家统计,青藏高原有冰川多达4万多条,面积 4.4 万平方千米,占全国冰川面积的 80% 以上,也是全球同纬度最大的冰川活动中心。

在冰川之外,青藏高原还拥有地球上海拔最高、数量最多的高原湖群,面积大于 1 平方千米的湖泊就有 1000 多个,约占全国湖泊总面积的 50%,而且湖泊类型极其丰富,淡水湖、咸水湖、盐湖应有尽有。如此众多的冰川、湖泊,再加上地下水、地表河流,令青藏高原化身为一座平均海拔 4000 米的"超级水塔",当水塔"闸门"打开,水从高处奔流而下,中国乃至亚洲的水系布局从此奠定。

在中国西北部,黑河、塔里木河流向河西走廊、塔里木盆地,滋润出一片片沙漠绿洲。塔里木河,发源于喀喇昆仑山,是我国最长的内流河。

在中国东部,5464 千米的黄河、6397 千米的长江顺着三级阶梯奔流而下,孕育出华夏文明。

在中国西南部,2139 千米的澜沧江、2013 千米的怒江、2207 千米的雅鲁藏布江,以及象泉河、狮泉河、孔雀河、独龙江,它们流出国门,成为亚洲诸多文明的源泉。

青藏高原这座"超级水塔"孕育了超级大河,强大的水流切割山地,形成了"三江并流""大拐弯"等奇丽景观。至此,中国的地貌、气候、水系都已形成,最后轮到大自然的灵魂——生命登场了。

(四)地球生物多样性的生态博物馆

刘先平说,在青藏高原考察,你会惊叹,在这样的高寒之地,生命的多彩与顽强远远超越你的想象。作为地球"第三级"的青藏高原,对地球生命的影响巨大而深远,这里是地球生命最丰富的生态博物馆,是大自然文学取之不尽的创作源泉。

科学考察研究表明,世界上已知最古老的豹亚科动物——布氏豹,就起源于青藏高原,它们曾走出高原进入东亚、南亚,演化出了古中华虎、云豹,又进入美洲演化出了美洲狮,还进入非洲,演化出了非洲狮、金钱豹。

科学家还发现,许多北极动物也起源于青藏高原,而并非是北极土生土长的。原来随着青藏高原的隆升,高原上的动物们为适应寒冷不断演化,如长出厚厚的皮毛。距今260万年前,大冰期降临,原本北极地区变得更加寒冷,但青藏高原上的动物们早已适应,包括北极狐、披毛犀在内的动物,顺利地从青藏高原扩散到北极,开辟出了全新的家园。

可以说,起源于青藏高原的动物的扩散和演化奠定了第三极及更广阔地区生物的多样性。现今青藏高原广袤的土地上,众多的山地间依然生活着中国40%的维管植物,43%的陆栖脊椎动物,堪称体现中国生物多样性的"活的博物馆",包括布氏豹的姊妹物种雪豹、藏狐、藏羚羊,就连在青藏高原生活的人类,也在独特的环境中创造了独特的文化和精神崇拜,成为中华文明的独特一员。

刘先平感慨地说,大碰撞"碰"出了一个大中国,也决定了中国的地貌、气候、水系及生命等诸多方面的特征,但"大碰撞"的影响还在继续,印度板块仍在以每年44毫米至50毫米的速度北进,不断向外围传导力量,参与了近年发生的汶川地震和墨脱地震。青藏高原这座"高原风机"仍然在持续"抽吸"着季风,造成洪水、泥石流多发,冰川退却、冻土融化、湖泊扩张。青藏高原这座"高级水塔",随着全球气候变暖,"水塔"影响下的大江大河也会因此出现重大消涨,甚至影响着江河流域30亿人的生存和发展。未来的青藏高原将带给我们怎样的改变?我们又将如何应对?这是科学家们正在考察研究的课题,也是中国大自然文学应该正视并反映的主题。

(五)基于"阶梯理论"的大自然探索

刘先平说,要研究我的大自然文学创作,应该先研究我的大自然考察探险生活,因为这是我大自然文学创作的源泉;要想研究我的大自然考察探险生活,应该先了解我关于中国地理基本格局的"阶梯理论",因为这是我大自然考察探险生活的指导。

所谓"阶梯理论",是刘先平对自己考察、探险大自然的一种行动指南,是他选择考察地点和考察线路的基本原则。其包括"四大阶梯",即中国地形地貌从西北向东南、从陆地到海洋,呈现"四大阶梯"布局——在大陆"三级阶梯"的基础上,增加"第四阶梯"——包括东海、南海在内的300万平方千米的海洋疆域。

以"阶梯理论"对照刘先平45年的大自然考察、探险历程,我们就会豁然开朗,体会到刘先平每一次探索自然的良苦用心,体会到刘先平的大自然探索和大自然文学创作是一个整体;就会用联系的、系统的观点去欣赏、去分析刘先平的大自然文学创作,体会他对祖国山河的无比热爱,体会他创作大自然文学的初心和使命。

以"阶梯理论"审视他40多年的大自然文学创作,表面看他的题材遍及东南西北中,仿佛随性随趣,偶然得之,面面俱到,杂乱无章,其实是有章可循的,精心选择的结果,既有典型形象,又有典型环境。你会惊奇地发现,刘先平40多年创作的全部大自然文学作品,都很好地呈现出"四大阶梯"的生态风景。如描写在"第一阶梯"探险的作品有《走进帕米尔高原——穿越柴达木盆地》《喜马拉雅雄麝》《天域大美》《藏羚羊大迁徙》等;描写在"第二阶梯"探险的作品有《大熊猫传奇》《天鹅的故乡》《野象出没的山谷》《黑叶猴王国探险记》《圆梦大树杜鹃王》《续梦大树杜鹃王——37年,三登高黎贡山》等;描写在"第三阶梯"探险的作品有《云海探奇》《呦呦鹿鸣》《千鸟谷追踪》《山野寻趣》《寻索坡鹿》等;描写在"第四阶梯"探险的作品有《东海有飞蟹》《夜探红树林》《美丽的西沙群岛》《追梦珊瑚——献给为保护珊瑚而奋斗的科学家》《一个人的绿龟岛》等。

刘先平说:"我爱大自然犹如我的生命","我把考察大自然当作第一重要,然后才是把考察、探险所得写成大自然探险纪实"。刘先平的大自然文学创作与他的大自然探索同步,形成了鲜明的中国地域特色,是名副其实的"中国大自然文学"。

第四章　刘先平大自然文学的创作分期与主题意蕴

　　刘先平大自然文学创作与他的大自然考察、探险同步,与他倡导大自然文学的活动同步,体现出鲜明的阶段性,这也与新事物的一般成长规律相一致,有一个从小到大、由发生到发展的过程。刘先平大自然文学创作40年是中国大自然文学40年进程的集中体现,在本书的《引论:刘先平与中国大自然文学40年》中,将中国大自然文学40年的发展进程分作三大阶段,即新时期的大自然文学、新世纪的大自然文学、新时代的大自然文学,这是从大自然文学创作与理论相统一的角度,将大自然文学作为一种文学门类来划分的。具体到刘先平的大自然文学创作实际,从创作题材、内容、主题、形式诸要素综合考虑,又可以分作四个创作时期,每一个创作时期正巧是10年。但每一个创作时期不是孤立的,而是以前面的时期为基础,发展出新的创作特征,因而,从联系的发展的观点纵论刘先平40年大自然文学创作,可以有刘先平大自然文学创作10年、20年、30年、40年四个不同时间维度,可以清晰地看到刘先平大自然文学创作由大自然探险环保文学向大自然探险生态文学、从生态环保主题到生态道德主题的演进历程,从而把握刘先平大自然文学创作的本质,是与时俱进的生态文学,是关注人与自然关系的现实文学,是追求人与自然和谐共生的希望文学。

第一节　刘先平大自然文学创作的四个时期

中国现代意义上的大自然文学是刘先平的大自然文学创作实践的40个年头。如果说有一种文学现象是因为一个人的创作而形成的,那就是中国的大自然文学。刘先平在40年间迈出了四大步,一步一个脚印地将中国大自然文学推到一个新阶段。

一、突出环保主题(1977—1987)

从1977年下半年人民文学出版社资深编辑周达宝来安徽向刘先平约稿开始,到1987年刘先平出版记叙这10年的大自然探险散文集《山野寻趣》为止,为刘先平大自然文学创作第一个十年。

这一时期刘先平大自然探险的地区集中在皖南山区的黄山,主要探险方式是与省城来的一支野生动物科考队的成员一起,创作缘由是科学家引领刘先平走出了"大自然属于人类"的误区,进入了"人类属于大自然"的境界。在这个境界里,刘先平有感于自然生态严重破坏的现实,认识到自然保护事业的重要性,在内心产生了创作以大自然动植物为题材、以环境保护为主题的文学冲动,并决定以长篇小说的形式,写自己在大自然中的见闻、思考,写自己和大自然息脉相承的心灵对话,描绘即将到来的环境保护运动的新时期。主要作品有4部长篇大自然探险小说:《云海探奇》(1980)、《呦呦鹿鸣》(1981)、《千鸟谷追踪》(1985)和《大熊猫传奇》(1987)。还有1部记录大自然探险奇闻妙想的散文集《山野寻趣》。这些作品都是以大自然探险为题材,以考察大自然野生动物生态现状为内容,以环境保护为主题,在整体展现多姿多彩充满神奇瑰丽的大自然世界的同时,给处于拨乱反正阶段的新时期文坛,带来全新的艺术感受。

1983年5月24日,《人民日报》发表徐民和的文章,高度评价刘先平的长篇小说《云海探奇》和《呦呦鹿鸣》的出版,称其"开拓出一个新天地"。1987

年10月25日,中国儿童文学界的泰斗人物、著名儿童文学家陈伯吹给刘先平写信,评介《云海探奇》《呦呦鹿鸣》《千鸟谷追踪》《大熊猫传奇》《山野寻趣》等5部作品,"以'人与自然'为主题","在少年儿童文学领域里开拓出一块极有价值的新天地"。①

二、讴歌生命壮美(1988—1999)

第二个十年,刘先平的大自然考察、探险的足迹重点在我国西部高原,创作作品的形式是纪实类探险散文,关注大自然中动植物生存状态,在生态危机的现实面前讴歌大自然生命的壮美,自觉以"人与自然关系"的视觉,写在野生动物世界探险的经历和思考,表达对所有生命的敬意。

与第一个时期的创作相比,刘先平的创作心态有了明显的变化,他说:"我对自然的观察,具有了另一种视角和另一种含义——实际上是和大自然相处,融入自然,相互对话交流……于是,探索的过程——通往沙漠深处的红柳、滂沱大雨中飞入胸膛的小鸟、青藏高原毁香跳崖的麝……往往比结果更有意义,发现过程的艰辛,自有一种蕴藏在平常中的特殊魅力。于是,我将它们结构成一篇篇真实的故事,发表在《人民文学》《当代》《儿童文学》等报刊上。"

这一时期的作品集有《在大熊猫故乡探险》(1994)、《山野寻趣》(1996年增订本)、《红树林飞韵》(1998)、《东海有飞蟹》(1999)等。这些大自然探险纪实散文,以第一人称记叙大自然探险中的奇遇奇趣奇思奇想,每一个字都浸透着他的血与汗,每一个新发现又无不蕴藏着他灵感的火花,每一个篇章都涵纳着他对大自然无限的情与爱,每一个动魄惊险的故事、离奇神秘的情节都记载着他在险境中的勇敢与战栗,从而激发人们对每片绿叶、每座山峰、每条小溪的喜爱,对大自然所有生命的敬畏、尊重,体现出热爱生命、生命平等、人与自然万物是生命共同体的宝贵思想。1999年,第一部以刘先平大自然

---

① 陈伯吹.人与自然的颂歌[C]//束沛德主编.人与自然的颂歌——刘先平大自然探险文学评论集.合肥:安徽少年儿童出版社,1999:9.

探险文学创作为研究对象的评论集《人与自然的颂歌——刘先平大自然探险文学评论集》出版,汇集了10年间29篇代表性的评论理论文章,另附有2篇刘先平的创作谈和《刘先平小传》,对刘先平20年来的大自然文学创作给予了充分肯定和深入研究,指出20世纪"80年代以来的儿童文学史上",应该给刘先平的大自然探险文学创作"以应有的位置的"①。

三、呼唤生态道德(2000—2010)

2000年10月,"安徽儿童文学创作会"在安徽黄山召开,会议总结了新时期以来安徽儿童文学创作发展的经验,充分肯定了刘先平的大自然文学创作的价值和意义,第一次确立了安徽优先发展"大自然文学"的理念,掀开了大自然文学崭新的一页。从此,刘先平作为大自然文学的"旗手"和"奠基人",更加自觉地思考"什么是大自然文学"、如何创作"中国的"大自然文学、中国大自然文学创作的价值和追求等一些关系大自然文学类型建设的基础理论问题。这一时期刘先平的大自然考察从西部动植物世界的多样性和丰富性,开始转向对"水之源""生命之源"这样有发生学和生态哲学意义上的探讨,思考人与自然关系的本质,由此提出了大自然文学的"生态道德主题"这一全新的主题追求。

2008年,刘先平出版9卷本"大自然在召唤"系列,并为这套丛书写了总序《呼唤生态道德——我想将大自然赠送给每个人作为故乡》,开宗明义,"大自然在呼唤——呼唤生态道德,呼唤我们回归"。刘先平不仅第一次明确地提出了"呼唤生态道德"的主题,还强调指出,正是"生态道德的危机,造成了生存环境的危机。感谢大自然的召唤!30多年在山野的跋涉中,她给予了我最生动、最深刻的生态道德教育,因而无论是我在撰写大熊猫、相思鸟世界探险的长篇小说,还是在描写野生动植物世界探险的奇遇,都努力宣扬生态道德的伟大,呼唤着生态道德在人们心间生根、发芽"。

---

① 浦漫汀. 野生动物世界的无穷魅力[C]//束沛德主编. 人与自然的颂歌——刘先平大自然探险文学评论集. 合肥:安徽少年儿童出版社,1999:71.

刘先平这一时期创作的作品，都采用非虚构的纪实形式，以第一人称讲述自己在大自然探险中的"发现"和"寻找"，代表作有："中国Discovery书系"（4种，2000）、"大自然探险寻找系列"（4种，2001）和"东方之子刘先平大自然探险"（8种，2003）、"我的山野朋友"（21种，2010），以及西部探险长篇纪实文学《走进帕米尔高原——穿越柴达木盆地》（2008）。这些作品有大量的摄影照片，记录探险中的大自然场景，讲述作者由文明世界走进自然环境那种身体和精神的体验，思索并描写人类与自然的关系。每一篇都是有感而发，都在讲述生态道德故事，告诉人与大自然应该如何相处的道理。

四、追梦和谐共生（2011—2020）

2011年开始，刘先平将他的大自然文学考察重点由西部沿着长江水系、澜沧江水系一路往东往南，从探寻山之源、水之源到海洋生命之源。有的研究者已经敏锐地观察到，刘先平大自然文学创作题材有陆地向海洋的明显转移，就像刘先平第二个十年创作时期由皖南山区向西部高原转移一样，其中有刘先平的创作思考。如果说从第一个十年到第三个十年，刘先平的大自然探险文学创作在自然地理概念上有一个从"第三阶梯"的皖南向"第二阶梯"的云贵高原再向"第一阶梯"的青藏高原拾级而上的攀登历程，那么在登上珠穆朗玛山峰"一览众山小"后，刘先平已经看到了遥远的东方太阳喷薄而出的海平面，他的思绪已经从山巅顺着奔腾不息的江河来到了大海，此后十年至今，刘先平的大自然考察重点是我国的东海和南海，创作重点也是讲述海洋生态的大自然纪实文学，强烈的海洋意识、疆土意识和爱国主义情怀、生态和谐美景融为一体，现实主义与理想主义相统一，作品传递出不懈追求的探索精神和自信乐观的浪漫情调。

这一时期的代表作有《美丽的西沙群岛》（2012）、《海上红树林》（2013）、《追梦珊瑚——献给为保护珊瑚而奋斗的科学家》（2017）、《一个人的绿龟岛》（2017），以及《续梦大树杜鹃王——37年，三登高黎贡山》（2018）等。前4部作品都是以海洋生态为主题，以第一人称讲述、用散文笔法创作的长篇纪实作品，与第一个十年的大自然探险长篇小说相比，海洋探险系列作品属于非虚构的纪实作品，但与第二、第三个十年创作的大自然探险纪实散文相比，又多了大故事套小故事的长篇结构、人物形象的典型化塑造、故事情节的适度虚构等小说艺术的表现技巧。这一创作特征，在第三时期创作西部探险长篇纪实文学《走进帕米尔高原——穿越柴达木盆地》时，已经有了成功的体现。因而刘先平在创作《美丽的西沙群岛》《追梦珊瑚——献给为保护珊瑚而奋斗的科学家》《一个人的绿龟岛》《续梦大树杜鹃王——37年，三登高黎贡山》4部长篇结构的探险纪实文学时，已经得心应手。刘先平将小说的叙事结构、散文的抒情笔法、纪实的忠于真实、摄影的逼真传神、思辨的深刻哲理，都水乳交融在一起，构筑了大自然探险长篇纪实文学的独特风景。它们不仅代表了刘先平大自然文学创作的最新探索和成就，也为建设发展中的中国特色大自然文学做出了可贵的探索和独特的贡献。

这一时期的作品主题，已经不再局限于反映生态危机的现实，讲述一个个生态道德故事，而是在此基础上更多关注以海洋科学家和植物学家为代表的人类，如何为修复生态环境、重建生态系统而做出不懈努力和奋斗精神，特别是在生态文明建设写入《中华人民共和国宪法》《中国共产党章程》，列入新时代中国特色社会主义建设基本国策、作为社会主义核心价值观主要内容以后，刘先平的大自然文学创作自觉服从于生态文明建设，从人与自然关系的角度，讲述人与自然和谐共生、命运与共的故事，为美丽中国建设和美好生活向往描绘了美好明天，为实现中华民族伟大复兴的中国梦贡献大自然文学的生态智慧和精神力量。

纵观刘先平大自然文学创作的四个时期，是自然生长和有序发展的过程。第一个时期是刘先平大自然文学创作的探索发生期，经历了大自然文学意识由混沌到清晰的过程，是以后各时期大自然文学发展的根源，类似于开发测试阶段的"大自然文学的1.0版"。第二个时期是刘先平大自然文学创作的转型升级期，经历了大自然文学创作由自发到自觉的过程，第一时期创作的"大自然探险文学"已经升级为带有典范意义的"原旨大自然文学"（刘先平语），类似于推广应用阶段的"大自然文学2.0版"。第三时期是刘先平大自然文学创作的快速发展期，经历了大自然文学从题材、主题定性到形式、手法定型的过程,一系列关于大自然文学的基本规则、原理、理论被建立起来,类似成熟稳定阶段的"大自然文学 3.0 版"。第四时期是刘先平大自然文学创作的繁荣发展期,经历了大自然文学创作题材由陆地向海洋的重大转变,创作主题也由环保、生态上升到"人与自然命运共同体"的高度,作者也从最初关注自然生态平衡的环保主义者、生态主义者到新时代生态文化的倡导者、生态文明的建设者,类似于高级智能阶段的"大自然文学 4.0 版"。由此可见,刘先平 40 年的大自然文学创作是不断探索、不断发展、不断完善、不断创新的。研究刘先平大自然文学创作也应该用联系的、发展的观点,将作家、作品放到当时的历史背景中、放到改革开放的历史进程中去考察、分析,总结成败得失,加强理论思考,为作家立传,为读者导航,为繁荣发展中国大自然文学提供借鉴。

第二节 刘先平大自然文学创作的主题意蕴

简单地说,每一部作品都有主题思想,它体现了作者写的动机和所要达到的创作目的。这里的主题思想是"主题意蕴"的一部分,但不等于本书中对"主题意蕴"的概念设定——它是对一系列作品体现出的"主题思想"的再分析再概括。或者说,作品的"主题思想",是从文本分析中得出的"中心思想";"主题意蕴"是将作品放到它所产生的时代背景中,从作品表达的"中心思想"里探讨作者蕴含的人文情怀和精神内涵。因而,主题思想可以是对单篇作品的文本分析,而主题意蕴更多是对作家的一系列作品,甚至是对所有作品进行系统分析后得出的"主题思想"的整体评价。

如果将一个作家创作的全部作品比作以这个作家命名的一幢"星级酒店",那么每一部作品就好比这幢酒店建筑中的每一个房间。房间所在的那栋建筑就类似作家创作的一类作品系列,每一个房间和每一栋建筑的布局和风格,都体现了这家星级酒店的特色和追求,这些特色和追求已经超出了单纯建筑学的含义,而更多地反映酒店经营者的品质、底蕴和精神,这其中体现出的文化价值观和建筑美学观已经融为一体,形成鲜明的"主题意蕴"来展示其独特的魅力。换言之,刘先平的每一部作品都有其具体表达的主题思想,将更多的作品放在一起,就能判断出刘先平大自然文学创作的"主题走向"。如果将刘先平的全部大自然文学作品看作由多个系列组成的"大作品",就像一座以"刘先平"命名的"大自然文学馆",其"主题意蕴"就是刘先平大自然文学创作的初心、使命的集中体现,也是刘先平大自然文学创作的价值和意义所在。

一、"呼唤生态道德"是永恒主题

2018年,在从事大自然文学创作40周年之际,刘先平隆重推出了他创作"37年"的新作《续梦大树杜鹃王——37年,三登高黎贡山》。他在该书"卷首语"中写道:"我在大自然中跋涉40年,写了几十部作品,其实只是在做一件事:呼唤生态道德——在面临生态危机的世界,展现大自然和生命的壮美;生态道德是维系人与自然血脉相连的纽带。我坚信,只有人们以生态道德修身济国,和谐之花才会遍地开放。"①这段话为我们解读刘先平40年大自然文学创作提供了一把钥匙。

刘先平大自然文学创作的主题意蕴是"呼唤生态道德"。"生态道德就是人和自然相处时应遵循的行为准则"②。生态原本指"一切生物的生存状态",这"一切生物"中包括"人"。因为"人"长期"不道德"地对待"一切生物"(包括人),造成人与自然关系的严重对立。刘先平说:"40多年来在大自然的考察,70多年的人生经历,使我深刻地认识到:树立生态道德的重要与紧迫。30多年前我所描绘的青山绿水,现在已有不少面目全非。大片原始森林被砍伐了,很多小溪小河都已退化或干枯,有些物种消亡了……我曾立志为祖国秀丽的山河谱写壮美的诗篇,但只是短短的二三十年,我所描写的山

---

① 刘先平.续梦大树杜鹃王——37年,三登高黎贡山[M].武汉:湖北科学技术出版社,2018:卷首语.
② 刘先平.跋涉在大自然文学的30年[C]//安徽大学大自然文学研究所主编.大自然文学研究(首卷).合肥:安徽人民出版社,2013:10.

川河流不少已是'历史''老照片'……想到这些,使我无限忧伤、愤怒,我要更加努力地呼唤生态道德的建立,也寄希望于孩子们未来的努力"①。

二、生态整体观下的道德意识

环境危机已经危及人类的生存发展,人们纷纷追究其原因并寻找解决良方。正是"生态危机的现实"和"坚信生态道德的伟大",刘先平决定创作大自然文学,在"生态危机的世界里展现大自然和生命的壮美",提倡"人与自然和谐共生"的生态道德。"生态道德的缺失,正是引发环境危机的重要原因……强调生态道德,在于强调、突出它较之于其他道德的鲜明特点——关注人与自然的关系。我们急需建立对于自然应具有的行为规范,消解环境危机,构建人与自然的和谐。这是时代向我们提出的重大命题"②。

1978年,刘先平创作第一部大自然探险长篇小说《云海探奇》,描写了两位少年与野生动物科考队一起考察紫云山短尾猴的生态故事,通过对短尾猴种群生态的追踪研究,提出建立紫云山短尾猴种群自然保护区的重要性和迫切性,从而不让人类的行为打破动植物世界的宁静。

1980年,刘先平创作第二部大自然探险长篇小说《呦呦鹿鸣》,书名取自《诗经·小雅》的首篇《鹿鸣》:"呦呦鹿鸣,食野之苹。"原诗描写了一群鹿儿呦呦鸣叫,在原野上自由自在地吃着蒿草,一片自然和美的景象。而现实中的母鹿和它的幼崽"小月亮"却是另一番生存状态,不仅面临弱肉强食的丛林法则,还要逃脱人类偷猎者的围追堵截,生命时时处于危险中。小说以动物学家陈炳岐带领自然保护小组追踪、救护"小月亮"母子为线索,开展对梅花鹿生态的考察研究,指出梅花鹿种群生态遭到破坏的根本原因,是人类对森林乱伐滥砍而导致自然生态失衡,让梅花鹿失去了生存的自然环境,更有人类对"梅花鹿"展开惨无人道的猎杀。自然保护小组通过跟踪记录"小月亮"母

---

① 刘先平.呼唤生态道德(代序)[M]//续梦大树杜鹃王——37年,三登高黎贡山.武汉:湖北科学技术出版社,2018:Ⅲ-Ⅴ.

② 刘先平.呼唤生态道德(代序)[M]//续梦大树杜鹃王——37年,三登高黎贡山.武汉:湖北科学技术出版社,2018:Ⅱ.

子的生活踪迹和展开"小月亮"的成长历程,形成梅花鹿种群保护的科学报告和恢复梅花鹿种群生态的科学计划,在此基础上编制出梅花鹿生态环境监测数字模型,从而对自然生态失衡的情况进行预报。

1983年,刘先平创作第三部大自然探险长篇小说《千鸟谷追踪》,描写几位小探险家在护林员带领下,在皖南山区追踪相思鸟、考察鸟类生态的探险故事,在故事的最后发出呼吁:"让我们共同接受由相思鸟群带回的大自然的信息,倾听大自然对人类发出信号的回答!"①和自然对话、与自然为友、拜自然为师,是这部作品所要传达的人与动植物生命的平等意识。

1984年,刘先平创作第四部大自然探险长篇小说《大熊猫传奇》,写兄妹俩救助被独眼豹和偷猎者围困的大熊猫母子,随着情节的推进和场景的转换,介绍了国宝大熊猫的生活习惯和生态习性,深情呼唤人类还给大熊猫一个自然、安全、和谐的生态环境。

1987年,刘先平将十年来探险大自然所见所闻所思所感结集为大自然散文《山野寻趣》,在该书后记《热爱祖国的每一片绿叶》里,刘先平第一次谈到"文学和大自然的关系"②,认为中国文学的自然书写可以追溯到第一部诗歌总集《诗经》,自然是文学创作永恒的母题。刘先平创作大自然文学,源自他在自然科考中"发现了大自然","突然明白了这么多年在大自然中寻找的是什么,突然明白了自然保护、生态平衡、人与自然的和谐、野生生物世界对人类的意义……是这些科学家领我走出了'大自然属于人类'的误区"。他以十年教师经历的职业敏感和儿童文学作家的责任,"毫不犹豫决定为他们(孩子们——编者注)写作,因为他们正是自然保护事业的未来"。③

2013年,刘先平策划并主编《生态道德读本》④,呼吁"实施生态道德教育工程,着力推进生态文明建设"。该书从《中国的生态足迹》入手,写了四个方

---

① 刘先平.千鸟谷追踪[M].合肥:安徽少年儿童出版社,2008:224.
② 刘先平.热爱祖国的每一片绿叶[C]//安徽大学大自然文学研究所主编.大自然文学研究(首卷).合肥:安徽人民出版社,2013:14.
③ 刘先平.跋涉在大自然文学的30年[C]//安徽大学大自然文学研究所主编.大自然文学研究(首卷).合肥:安徽人民出版社,2013:4—5,7.
④ 邱江辉,刘先平.生态道德读本[M].合肥:安徽人民出版社,2013.

面内容:一是生态危机警示录——缺少生态道德给人类带来的灾难;二是人与动植物的故事;三是讲述生态道德模范和人们为保护自然所做的努力;四是日常生活中的生态道德。通过这本书,作者希望启发读者意识到培养、树立生态道德的紧迫性和重要性,再次重申"只有人们以生态道德修身济国,和谐之花才会遍地开放"。《生态道德读本》很好地阐释了刘先平的生态道德观,让读者更好地理解生态道德为什么成为刘先平大自然文学创作的基本主题。

刘先平说:"感谢大自然!40多年在山野跋涉中,大自然给予了我最生动、深刻的生态道德教育,因而无论是描写大熊猫、相思鸟世界探险的长篇小说,或是讲述在野生动植物世界探险的奇遇故事,我都在努力宣扬生态道德的伟大,努力使生态道德在人们心间生根、发芽。"[①]刘先平的大自然文学创作,从一开始就将人类命运与大自然生态联系起来,在人与自然关系的描绘中,体现了大自然文学的生态整体观:人与自然是生命与共的命运共同体;人类来自自然,自然永远是人类之母,人类不能凌驾于自然之上;人是万物之灵,人不可能退化到原始人类,自然离开人类也无所谓自然。

三、追寻和谐共生的审美理想

生态整体观是生态审美的基础。它以人与自然整体为审美对象,以人与自然和谐共生为审美理想,突破了"文学是人学"的"人类中心主义",又不忘"万物之灵"的人类负有保护和改善生态环境的责任。刘先平大自然文学创作以生态整体观为指导,以生态审美聚焦人与自然的关系,描绘了人与自然和谐共生的生态理想,作品具有"生态纬度"的本真美、自然美、知性美、和谐美、崇高美。

(一)回归"人之初"的本真美

草木有本心,天地有大美。大自然文学就是探究"本心"与"大美"的文

---

① 刘先平.呼唤生态道德(代序)[M]//续梦大树杜鹃王——37年,三登高黎贡山.武汉:湖北科学技术出版社,2018:Ⅰ.

学。刘先平"把考察大自然看作第一重要,然后才把考察、探险的所得写成大自然探险纪实。希冀充分以真实性的魅力,给读者一个真实的奇妙的自然世界。"①在《山野寻趣》散文集里,写故乡童年的沙滩、草地、苇丛、山野、巢湖、小溪……不仅有他纯真童年的美好记忆,更有他这位"自然的热爱者"一颗不老的童心。自然总是呈现心灵的色彩。刘先平将童年的纯真复活在每一部大自然文学作品里——巢湖岸边的云雀、沙漠深处的红柳,皖南山区的千鸟谷、雪域高原的金丝猴、四川卧龙的大熊猫、西沙群岛的绿龟岛、高黎贡山的大树杜鹃王、两河流域(麻阳河和红渡河)的黑叶猴王国……这些大自然的动植物,都是刘先平的好朋友,与它们相处,刘先平如鱼得水,返老还童。刘先平在"和大自然息脉相承的对话"②中,"言"天地有大美,"议"四时有明法,"说"万物有成理③,将自然生态的本真展现在读者面前,其作品中有一种草木情缘的哲理情思。

(二)热爱每一片绿叶的自然美

大自然从不平凡,它不仅按照美的规律和自然法则来创造自然美,而且满足人类另一种崇高的需求:热爱美。"当你置身在大自然的怀抱时,认真地观察,你会发现它是那样地壮美,那样地富有",激起人们"热爱祖国的每一片绿叶、每一座山峰、每一条小溪"④的崇高情感。在《一个人的绿龟岛》⑤里,刘先平描绘了"你从未见过的大自然之美":形象优美、多样美和悲壮美。首先映入眼帘的是大海绚烂多彩的形象美——大海的蓝色,是一种匪夷所思的变

---

① 刘先平.跋涉在大自然文学的30年[C]//安徽大学大自然文学研究所主编.大自然文学研究(首卷).合肥:安徽人民出版社,2013:9.

② 刘先平.跋涉在大自然文学的30年[C]//安徽大学大自然文学研究所主编.大自然文学研究(首卷).合肥:安徽人民出版社,2013:6.

③ 语出《庄子·外篇·知北游》:"天地有大美而不言,四时有明法而不议,万物有成理而不说。"意思是:天地有大美却不言语,四时有分明的规律却不议论,万物有生成的条理却不说话。

④ 刘先平.热爱祖国的每一片绿叶[C]//安徽大学大自然文学研究所主编.大自然文学研究(首卷).合肥:安徽人民出版社,2013:13.

⑤ 刘先平.一个人的绿龟岛[M].北京:人民文学出版社、天天出版社,2017.

幻美,蔚蓝、湛蓝、钢蓝、湖蓝、宝石蓝、靛青……在阳光的辉映下,又呈现出赤、橙、黄、绿、青、蓝、紫相融相映的迷离……日出时大海燃烧,辉煌灿烂;日落时万千霞光射向蓝天,多姿多彩的云霓,幻化出山峦、虎、豹等无尽的形象,映得大海如繁花似锦的草原;待明月升空,大海又如少女般娴静妩媚。海面下有着生命千姿百态的多样美——有的生命"美得惊人",如能跳会蹦的螃蟹、飞翔的鱼群、跳摇摆舞的花园鳗;有的生命"美得你毛骨悚然",如惹不起的海葵、碰不得的海百合、笑面杀手彩霞水母;有的生命"美得你肃然起敬",如海龟为着延续种族的繁衍,不远千里也要到出生的小岛去产卵,在被鲨鱼潜伏猎杀的最后时刻,也要闪出耀眼的红光——那是鲜血怒放的生命之花。生命的悲壮在"生的执着"与"死的坦然"中迸发出灿烂耀眼的光芒。刘先平说:"热爱生命,尊重生命,热爱自然,保护自然,保护环境,应是生态道德最基本的范畴。"①

(三)养成科学自然观的知性美

大自然是一部宏伟浩繁的百科全书,是赋予人类知识的导师。刘先平的大自然文学就是从生态视角审视大自然、传播自然知识、普及科学自然观、建立生态道德的科普读物。刘先平笔下的大熊猫、黑叶猴、金丝猴、雪豹、麋鹿、绿龟、白海豚、珊瑚礁、大树杜鹃王等动植物形象,都是他在大自然中探险的对象,对这些动植物的生长习性,以及发生在它们身上的传奇故事和历史文化,刘先平都了如指掌。作品中不仅有较为系统的动植物知识介绍,还有对动植物的生存状态和生态环境的考察记录,以及对物种保护和生态修复的哲理思考。刘先平巧妙地将大自然科学知识融入文学的人物、情节、环境和事件之中,让读者在文学阅读中潜移默化地接受知识教育,由无知到有知、由浅知到深知、由知其表到知其里,涉及自然科学和社会科学的诸多方面,最终聚焦到养成科学的自然观,集中体现在如何科学处理人与自然的关系。刘先平

---

① 刘先平.呼唤生态道德[C]//安徽大学大自然文学研究所主编.大自然文学研究(首卷).合肥:安徽人民出版社,2013:24.

及其作品不仅推进人们自然观的变革,也将深刻改变人类的生活方式和发展方式。只有了解自然,才能善待自然,实现人类与自然和谐共生、协调发展的美好生活。刘先平的大自然文学具有信息量大、科学性强、文化味浓、立意高远的鲜明特点,体现出知识的力量和文学的魅力。

(四)追求"诗意栖居"的和谐美

诗意栖居一定是人类在自然的和谐中找到了自我的位置。人类生活要达到的目标是与自然和谐共生。"诗意"源于人与自然的和谐,和谐必须建立在生态道德基础之上。刘先平说:"正是在丈量大地、探索祖国大自然的神秘中,我逐渐领悟到生态平衡的意义:首先是'人'的本身的生态平衡,这主要是指一个人自身的心理和生理的平衡,精神和物质的统一;再是自然界的生态平衡;最高的境界则是人与自然的和谐、共荣共存——天人合一。建设良好的生态和谐的社会,则必须建立生态道德。"①在《美丽的西沙群岛》②里,作者不仅描写了西沙群岛拥有无与伦比的自然之美,而且抒写了另一种至高无上的美——守岛官兵的心灵之美和人类与大海相依与共的和谐美。每个小岛都被大海环绕,最缺的是淡水;每个小岛都是一块陆地,最缺的是可以种植庄稼、蔬菜的土地。正是在反差极大的环境里,守卫建设海疆的战士和渔民,创造了另一种震撼人心的美——令人神往的精神家园。当你踏上西沙最大的岛屿永兴岛,"爱国爱岛,乐守天涯"八个大字最先映入你的眼帘。在军港码头和营房驻地,你会看到这样的标语:"提高军人环保意识,建设一流生态军队!""建设美丽的边疆,爱护我们的家园。""善待地球,就是善待自己。"当朝霞映红东方的海面,整个海洋泛着金光,在大海和小岛交界处,有哨兵在站岗,有海鸥在翱翔。此时,守岛官兵正在举行庄严的升旗仪式,在雄壮辽阔的国歌声中,五星红旗从战士的手中与朝阳一同升起。大海与小岛、朝阳与红旗、海鸥与哨兵已经融为一体,互为风景,这是一首激昂壮美的诗篇,又是一

---

① 刘先平.跋涉在大自然文学的30年[C]//安徽大学大自然文学研究所主编.大自然文学研究(首卷).合肥:安徽人民出版社,2013:10.
② 刘先平.美丽的西沙群岛[M].济南:明天出版社,2012.

幅和谐完美的画卷。

(五)讴歌"时代英雄"的崇高美

"时代英雄"不仅包括《美丽的西沙群岛》中"英雄岛"的官兵,还包括建设中国第一座南海海洋博物馆的科学家。科学家不仅是环保事业的先行者,也是引领生态时代的导师。中国环境保护事业开始于20世纪80年代,刘先平的大自然文学创作与时代同行,为科学家立传,向科学家致敬,塑造了一代又一代献身生态环保事业的科学家形象,他们是生态时代最可爱的人。如《云海探奇》中的动物学教授王陵阳、《千鸟谷追踪》中的鸟类学家赵青河、《大熊猫传奇》中的兽医冷秀峻、《呦呦鹿鸣》中的动物学家陈炳岐、《寻找大树杜鹃王》中的植物学家冯国楣、《黑叶猴王国探险记》中的环保专家李明晶,以及《追梦珊瑚——献给为保护珊瑚而奋斗的科学家》中为保护珊瑚的科学家。在这些科学家的身上,反映了中国环境事业的进程,寄托了人与自然和谐共生的美好愿景,讴歌了科学家在建立生态道德、培养生态文化、建设生态文明、实现绿色发展进程中的责任自觉、科学自信和使命担当。

40多年来,刘先平以"一木支大厦"的坚强意志,与改革开放同步,以一批精品力作,将中国大自然文学引领到一个新高度。他是自觉践行文艺工作者"四力"要求的楷模。他行走大地,思考人与自然关系等重大问题,以一双慧眼和一支生花妙笔,创作中国大自然文学,呼唤建立生态道德,弘扬科学探险精神,描绘了美丽中国的美好前景。他的作品具有鲜明的科学普及价值——普及科学的自然观和科学发展观、普及环境保护知识和生态道德知识,是新时代生态文明建设不可多得的文学作品。中共中央 国务院《关于加快推进生态文明建设的意见》明确指出,要把培育生态道德作为社会主义核心价值观的重要内容,从娃娃和青少年抓起,从家庭、学校教育抓起,纳入国民教育体系和干部教育培训体系,创作一批精品力作,满足广大人民群众对生态文化的需求。中国大自然文学的春天已经来临。刘先平正以饱满的创作激情,跋涉在山水之间,不断创作出无愧于新时代的大自然文学精品。

第五章　刘先平大自然文学的创作类型及作品赏析

40多年来,刘先平创作了50多部大自然文学作品,多次获得国家级、世界性影响的文学大奖,几乎每一部作品都是获奖作品。如此高质量的创作来自他坚持到大自然中考察,坚持写自己所见所闻所思所感,坚持将自己的创作与时代同频共振,坚持以文学的力量讲述生态道德主题。

作家风格的形成,有多种呈现方式,比如主题、题材、内容、形象、体裁等。一个成熟的作家,有自己习惯写的题材和表达的主题,有自己喜爱的形象和熟悉的体裁。刘先平被誉为中国大自然文学的开拓者、奠基人,就一定有他独特的表现和独到的贡献。文学界往往将"刘先平大自然文学"等于"中国大自然文学",说"中国大自然文学",就自然想到"刘先平大自然文学"。这就说明两者之间有同一性的必然联系。

分析一种文学样式的独立价值,或因题材而得名,如战争文学、乡土文学;或因主题而得名,如环保文学、生态文学;或因读者而得名,如儿童文学、妇女文学。有人认为"大自然文学"也是因题材而得名,是写"大自然"的文学,表面上看,大自然文学以大自然为题材并没有错,但大自然自古就是文学创作的母题,和生死、爱情并称为文学创作的三大母题,为什么还要特别提出"大自然文学"呢?因为大自然文学不仅仅是"写什么"的简单题材问题,而且是"怎么写"的创作原则问题。将大自然作为审美主体,将自然万物作为形象主体,从人与自然的关系视角讲述大自然生态故事,给人以科学的生态自然观,教给人们合乎生态道德的发展方式和生活方式,这样的文学就是"大自然文学",而不是寄情山水的"自然文学"。

当然,特定的题材、主题、内容需要合适的文学形式来表达。大自然文学以动植物世界为审美主体,以第一人称讲述亲身探险大自然的经历,其亲历性、纪实性、对话性、互动性和场景性,都对文学表现形式提出了新要求,形成了大自然文学体裁的特殊性,具有某种综合性的文体特征。有人说刘先平的大自然文学体裁是"四不像"文体,有人称之为"刘先平大自然文学体",因为大自然文学这一"新文体"是刘先平在创作中不断探索形成的表现方式。有了属于大自然文学的"新文体",大自然文学特有的题材、主题、形象等内容才能"站立"起来,大自然文学才成为一种形神兼备、内容与形式相统一的"新文学"。

这种"新文学"通过一部又一部典范作品,集"木"成"林",汇聚成大自然文学的"森林"。走进这片"森林",就会发现有多彩的林带和谐共生,构成息息相通的森林生态,就像刘先平的大自然文学创作,50多部作品以"三大类型"组成"大自然文学矩阵",在当代中国文坛形成"一面美学旗帜",为文学繁荣发展展现自身的风采。

第一节　刘先平大自然文学创作的三大类型

刘先平的创作在题材与体裁的结合上有其明显特征。创作题材由野生动植物世界向海洋生物世界转变,创作体裁由虚构的长篇小说向非虚构的探险纪实演变,而每一次演变都是以合适的形式反映特定的内容。在40多年的创作中,刘先平的大自然文学创作逐渐形成了各具表现特色的"三大系列"或"三大类型":大自然探险长篇小说系列;大自然探险纪实系列;大自然探险海洋纪实系列。

一、大自然探险长篇小说系列

这是刘先平开始创作大自然探险文学时采取的主要表现形式,即在创作第一个十年写下的四部作品——《云海探奇》《呦呦鹿鸣》《千鸟谷追踪》《大熊猫传奇》，在文体性质上属于虚构类的小说，在篇幅上属于长篇作品，塑造了大自然探险典型环境中的典型人物。典型环境有其具体的地理性，如皖南山区、川西大熊猫基地；典型人物有其生活中的原型：野生动物科学家、科考队的队员、护林员和参加考察队的少年。这类作品的特殊价值和意义，是在经历"文化大革命"文学荒芜后，给开始复苏的新时期文坛带来一股清新之风——开拓了大自然探险题材和环境保护主题的新领域。

以长篇小说的形式写大自然探险，是刘先平大自然文学创作的起点，也是刘先平大自然文学创作中特有的"小说现象"。在这四部长篇小说之后，刘先平再也没有创作"小说作品"，这是值得关注和研究的创作现象，也许是小说这一虚构的叙述方式，不能很好地反映刘先平探险大自然的纪实性。另外，反映生态危机的现实，非虚构的纪实文体更具有表现力和感染力。作家对表现形式的选择一定是为所要表现的内容服务的，从作品中可看出刘先平对大自然文学这一新文体的理解，以及为这一新文体的独立所做的追求和努力。

二、大自然探险纪实系列

"纪实"是刘先平大自然文学创作最重要的品质。所谓纪实，就是对事情或事件的现场报道。纪实文学是客观真实地反映现实生活的一种文学样式，也称作"报告小说"，这里的小说不是一种文体，而是小说元素的创作手法，即像小说那样富有文学性地讲述真实的故事，其特点是以第一人称讲述亲身经历，最常用的文体有游记、日记、散文、报告、传记等。

纪实既指创作事实的真实，也指创作手法的"记录性"，不同于"写实"。写实是一种创作方法，也指创作风格。它不要求描写对象是"事实的真实"，只要求做到"艺术的真实"；它可以是虚构的真实，这是与"纪实"的本质不同。因此"写实主义"又称"现实主义"，与"浪漫主义"相对应。

刘先平大自然探险纪实作品，就是刘先平在大自然中探险的真实记录，以游记散文为其重要文体特征，一般篇幅不长，一事一篇、一景一记，写看到的、听到的、想到的,同时有摄影照片参与记录和讲述。刘先平大自然纪实作品也有用长篇形式来写一次重大的、历时性的探险活动,但结构依然由一个个探险小故事组成,像画廊里展出的一幅幅图画,事件是完整的,人物是贯穿的,情节是连贯的,连接起来是一个长篇,可以作为一部作品出版;长篇中的章节也可以独立成篇,从长篇中抽出去单独发表。比如《美丽的西沙群岛》是一部海洋探险长篇纪实作品,又可以分作《南海有飞鱼》《西沙神秘岛》《珊瑚岛狩猎》《海底变色龙》等短篇集独立出版。

大自然探险纪实系列作品,贯穿刘先平全部创作的四个时期,是刘先平大自然文学创作的最显著特征。从第一时期创作的探险故事集《山野寻趣》(1987)到第四时期创作的探险长篇《续梦大树杜鹃王——37年,三登高黎贡山》(2018),其间创作的全部作品都属于大自然探险纪实作品。这类纪实作品,随着现代科技技术的进步和传播手段的高科技化,创作手法日益丰富,可以采用多介质融媒体全方位、立体化展示,给人以颠覆性阅读体验和视觉震撼,从而将大自然文学作为一门综合艺术的潜能和魅力展现得淋漓尽致,达到前所未有的审美境界,代表作便是《续梦大树杜鹃王——37年,三登高黎贡山》。这部作品不仅展示了中国大自然文学的新高度,也为未来大自然文学创作的融媒体方向发展提供了经验和启示。

三、大自然探险海洋纪实系列

从纪实体裁的特征看,这类作品属于第二类"大自然探险纪实系列",因为题材——海洋的特殊性和重要性,有必要单独作为一种创作类型,表明刘先平的大自然文学在题材上的重大转变——由陆地向海洋的转变。这一转变的意义不仅体现在文学上,开拓了大自然文学新题材,将文学重视不够或者说"遗忘"的海洋纳入"大自然",从而在大自然文学里实现了"完整的大自然",还体现在文学以外的意义,就是给读者以强烈的震撼——我国在960万平方千米土地以外,还有300万平方千米的海疆。强烈的海洋意识、疆土意识、生态意识和爱国情感在刘先平大自然探险海洋纪实系列作品中融为一体。大自然文学以其博大的"大自然胸怀",坚定地站在祖国的疆土上,展现了全新的文学视野、精神视界和完整意义上的"大自然"文学。

以海洋为题材的作品,贯穿刘先平创作的四个时期,开始于四部大自然探险长篇小说创作的第一时期,但那时在刘先平创作中的数量非常有限,虽然每一篇都写得精彩,但没有因为海洋题材形成特色,引起关注。早在1983年,刘先平就创作了在海南岛探险海洋生物的作品,如《南海花》《孤岛猿影》,于1987年收入刘先平第一部大自然探险纪实作品集《山野寻趣》,并且放在文集第一篇、第二篇的位置。1997年,刘先平出版第二部大自然探险纪实作品集《红树林飞韵》时,不仅收入《孤岛猿影》,还收入另外两篇海洋探险纪实作品《东海有飞蟹》《红树林飞韵》。这些作品描写的是刘先平在海南岛和舟山群岛的探险故事。

2011年到2018年,刘先平先后七次南下,到海南岛、雷州半岛、舟山群岛、西沙群岛等岛屿考察海洋生物和海洋生态,以及到广东、青岛考察海洋滩涂生物,这一时期创作的主要作品也是海洋题材的探险纪实作品,代表作有三部长篇作品,即《美丽的西沙群岛》(2012)、《追梦珊瑚——献给为保护珊瑚而奋斗的科学家》(2017)、《一个人的绿龟岛》(2017)等。

第二节 刘先平大自然文学创作的作品赏析

自1980年出版第一部大自然文学作品《云海探奇》至2020年整整40年,刘先平创作了三大类型作品50余部,不仅展示了中国大自然文学创作的演变进程,而且揭示了被称作"大自然文学"的这类新文学究竟是个什么样子。作家靠作品说话,一种新文学的诞生也靠作品说话。一部中国大自然文学的发展史,集中体现在刘先平大自然文学的创作史中。阅读并研究刘先平不同时期的代表作品,就具有作家研究、文学史研究、学科研究的多重意义。

下面以作品出版年代为序,选择刘先平在不同时期创作的13部(套)代表作品加以重点分析,帮助读者具体地了解刘先平创作特点、更好地理解大自然文学价值、提高大自然文学欣赏水平,普及大自然文学基础知识,从而推进大自然文学创作发展。13部作品如下面表格：

序号	出版时间	作品(丛书)名称	作品类型
1	1980年	《云海探奇》	长篇探险小说
2	1982年	《千鸟谷追踪》	长篇探险小说
3	1996年	"刘先平大自然探险长篇系列"(5种)	长篇探险小说
4	1997年	《红树林飞韵》	探险纪实故事
5	2000年	"中国Discovery书系"(4种)	探险纪实丛书
6	2001年	"大自然探险系列"(4种)	探险纪实丛书
7	2003年	"东方之子刘先平大自然探险"系列(8种)	探险纪实丛书
8	2008年	"大自然在召唤"系列(9种)	探险纪实丛书
9	2008年	《走进帕米尔高原——穿越柴达木盆地》	探险长篇纪实
10	2012年	《美丽的西沙群岛》	长篇海洋探险纪实
11	2017年	《追梦珊瑚——献给为保护珊瑚而奋斗的科学家》	长篇海洋探险纪实
12	2017年	《一个人的绿龟岛》	长篇海洋探险纪实
13	2018年	《续梦大树杜鹃王——37年，三登高黎贡山》	长篇探险纪实

一、《云海探奇》：中国大自然探险文学的开篇之作

《云海探奇》，大自然探险长篇小说，由中国少年儿童出版社于1980年出版。这是刘先平在"文化大革命"后恢复文学创作的第一部作品。小说出版后，引起读者与评论界广泛关注，不仅电台连播，《人民日报》以《开拓了一个新天地》为题发表评论，而且受到儿童文学界"泰斗"式人物陈伯吹先生的高度评价，认为它以崭新的主题、崭新的人物、崭新的面貌，"在少年儿童文学领域里开拓出一块极有价值的新天地"①——"动物科学探险小说"。当时，中宣部、国家新闻出版总署、教育部、文化部、妇联、团中央等6家单位将它列入向青少年推荐的读书目录，还被有关部门提名参评"茅盾文学奖"。

在20世纪80年代初，一部儿童文学作品受到如此高的"礼遇"，还是很

---

① 陈伯吹．人与自然的颂歌[C]//束沛德主编．人与自然的颂歌——刘先平大自然探险文学评论集．合肥：安徽少年儿童出版社，1999:9.

少见的。此后,《云海探奇》多次再版,作为"刘先平大自然探险长篇系列"之一,获得国家图书奖和中宣部"五个一工程"图书奖。2004年,首版《云海探奇》的中国少年儿童出版社,在时隔22后再次出版了《云海探奇》,将其作为"儿童文学传世名著书系"之一。值得一提的是,这套"儿童文学传世名著书系"共推出14部作品,入选两部作品的作家只有刘先平一人,另外一部是《千鸟谷追踪》。由此可见,《云海探奇》和《千鸟谷追踪》是经受了时间与读者检验的"传世名著"。

(一)创作缘起:用新的审美意识写自然保护事业

《云海探奇》的创作缘起要追溯到40多年前。1972年,被迫搁笔15年的刘先平被调到《安徽文学》杂志社做文学编辑。一次偶然的机会,他结识了一批在野外考察的大自然环保工作者,很快成为他们中的一员。艰苦的野外科学考察,将他领到了一个新的天地与新的高度,使他有机会从科学的角度去认识山野中丰富多彩、喧嚣繁荣的动植物世界,认识到世界上新兴的自然保护事业的意义,新的世界、新的审美意识激荡得他思绪汹涌,爆发了强烈创作欲望。于是,在经历了几年的野外探险后,1978年,刘先平做出了一个在今天看来非常重大的决定,那就是"恢复文学创作",不是去继续他已经小有成就的诗歌创作与文学评论,而是要"用新的审美意识写当时早在我国崭露头角的自然保护事业。或许是教师的天职吧,将读者对象定为少年儿童,当时就有了完成三个姊妹长篇小说的构想"(就是后来的《云海探奇》《呦呦鹿鸣》《千鸟谷追踪》)[①]。6月份开始艰难的创作,整个酷暑挥汗如雨,历时5个月,终于完成了初稿。11月将书稿寄到中国少年儿童出版社,很快就收到出版社决定出版的通知。1979年初应出版社之约,刘先平到北京改稿,1980年初《云海探奇》就与读者见面了。

---

① 刘先平. 跋涉在大自然文学的30年[C]//安徽大学大自然文学研究所主编. 大自然文学研究(首卷). 合肥:安徽人民出版社,2013:6—7.

(二)新时期第一部"人与自然关系"重大主题的文学作品

《云海探奇》是"文化大革命"结束后,儿童文学界最早出版的长篇小说。"以《云海探奇》所颂扬的感恩自然、保护野生动物世界、人与自然和谐……在改革开放前是根本不可能得以出版,甚至要被批判为宣扬'阶级斗争熄灭论'等等"①。这表明《云海探奇》的出版有突破创作与出版禁区的标志性意义,这一意义,陈伯吹的评价更明确更具体,称誉《云海探奇》开了"'人与自然'为主题的系列小说"②的先河。

文学史家可能更看重《云海探奇》是我国新时期"第一部"大自然探险长篇小说,但吸引读者的是小说给人耳目一新的阅读感受——全新的大自然题材和全新的人与动植物形象,以及由此反映的"人与自然关系"的重大主题,这是那个拨乱反正、百废待兴的新时期儿童文学春天已经来临的迎春花。

《云海探奇》写两位少年和野生动物科考队一起在猿猴世界探险的故事。小说从茫茫云海开篇,叙述了少年小黑河与望春由怀疑到信任再到自觉参加王陵阳教授科学考察短尾猴生态的过程,渐次展开紫云山瑰丽多姿的自然风光、科学探险的艰辛和乐趣。这便有了小说所描绘的丰富多彩的动植物世界。在这片如诗如画如梦如幻的飘游云海里,有高山峡谷、溪流瀑布、密林幽径、奇松怪石,还有山乐鸟与锦鳞鱼的欢跳、山雀与乌鸦的鸣叫,还有一个鲜为人知的短尾猴"部落社会"。在看似平静和静谧的自然关系里,各种生物体为谋求自身的生存与发展,严格遵循着自然界"物竞天择,适者生存"的自然法则,无时无刻不在进行着一场你死我活的生存竞争。这种竞争的最后结果往往要经过残酷的虐杀来解决。如小说中描写野猪与斑狗的搏斗、红嘴蓝鹊与毒蛇的智斗,甚至是"部落"领导权的更替也是通过新老猴王间血淋淋的决斗来产生的。正如作者在《云海探奇》中所说的:"动物之间的生存竞争,往往

---

① 刘先平.跋涉在大自然文学的30年[C]//安徽大学大自然文学研究所主编.大自然文学研究(首卷).合肥:安徽人民出版社,2013:7.

② 陈伯吹.人与自然的颂歌[C]//束沛德主编.人与自然的颂歌——刘先平大自然探险文学评论集.合肥:安徽少年儿童出版社,1999:9.

是以激烈的搏斗、残酷的虐杀进行着,这时焕发出的生命的光华无比耀目、灿烂辉煌,犹如雷霆万钧的生命交响曲。"动物世界打动了人类的心灵,而一批智者融于自然、探索自然、热爱自然、保护自然、建设自然的活动,明确地表达了作者对人与自然关系友好相处、和谐发展这一文学主题的自觉追求。

(三)成功塑造了王陵阳、小黑河等人物形象

文学以情动人,以形象感人。《云海探奇》成功塑造了王陵阳教授和少年小黑河的典型形象。

王陵阳是一位科学家、保护大自然的勇敢先行者。王陵阳是在最不需要科学的时代中来到紫云山进行科学考察的,考察对象又偏偏是在紫云山还没有记载的"云海漂游者"——短尾猴。他和他的助手一起,跋涉在千山万壑之间,终于弄清了短尾猴的属性、生活习性和活动区域,为在紫云山建立短尾猴自然保护区竭尽全力。如果没有高度的事业心、责任心、科学的态度及为科学献身的精神,是不可能做到的。王陵阳的言传身教与人格力量,不仅是那个时代中国科学工作者科学精神的真实写照,也是少年儿童学习的榜样,难怪小黑河和望春长大了要做像王陵阳叔叔一样的大自然科学家。

小说的成功还在于塑造了以小黑河为代表的少年形象。小黑河的性格最有儿童性,调皮、伶俐、勤奋、好学,富有幻想,又有股"初生牛犊不畏虎"的闯劲,同时还有那个时代的少年所特有的思维方式、知识水平、思想觉悟和政治敏感。他把唐朝诗人李白当作外国人,把戴眼镜的人都看作坏蛋,因而当王陵阳只身来到紫云山考察时,误以为他是坏人而秘密跟踪,结果自己在森林里迷路,险遭野兽伤害。"文化大革命"结束后,他虽然参加了科考队,但还是个孩子,一心只想表现自己,屡次给科考队添麻烦,带来事与愿违的效果。他一声大叫,惊跑了科考队寻找多日才发现的短尾猴;他用激将法,和哥哥望春射杀了国家保护动物苏门羚。这个小黑河,为了考察队早日完成考察短尾猴的任务,只身一人在深山老林跟踪流窜的猴群,根本没有想到在森林中了毒蛇的伏击,遭遇荆棘的剐扯……"一边跑着,一边抹掉脸上的雨水,生怕失去跟踪的目标"。还是这个小黑河,不断分析与模仿猴子失群的叫声。终于,

他发出的叫声得到了猴群的呼应,从而成功找到了猴群。小黑河就是这样成长为一名"少年科学家"。

题材的开拓性、主题的深刻性、形象的典型性是《云海探奇》成功的地方。此外,小说情节的丰富性、语言的生动性、场景的地域性及融于情节中的探险性、科学性、知识性与儿童性,都使刘先平这个"第一部"大自然探险长篇小说具有了广泛的读者群、不朽的艺术性和永久的文学魅力,即使是40年后的读者,也爱不释手。

二、《千鸟谷追踪》:儿童大自然文学的经典之作

《千鸟谷追踪》是《云海探奇》的姊妹篇,"都是描写在皖南黄山地区的野生动物世界探险,有着相同的人物、事件串联,但又各自独立成篇"①。

1979年12月,刘先平在中国少年儿童出版社招待所修改《云海探奇》的同时,开始描写在梅花鹿世界探险的第二部长篇小说《呦呦鹿鸣》,于1981年交由人民文学出版社出版。与此同时,描写鸟类世界探险的第三部长篇小说也在1980年底脱稿,后交给中国少年儿童出版社,于1985年出版。

1996年,《千鸟谷追踪》收入"刘先平大自然探险长篇系列",在由中国青年出版社出版时,做了较大的修订,甚至重写了部分章节,使得这部以儿童为主人公的探险小说更为完美,成为刘先平大自然探险文学创作中最具儿童文学性质的经典之作,也被评论界认为刘先平第一个十年大自然文学创作的巅峰之作。

(一)小说成功塑造了成长中的少年群体形象

小说写李龙龙、刘早早、林凤娟三位鸟迷,在共同爱好下,不约而同地探险千鸟谷,追踪相思鸟,从普通的爱鸟者成长为鸟学小专家与自觉的大自然保护者。他们是同班同学。鸟迷李龙龙,因父母工作变动,从大城市庐城转

---

① 刘先平.跋涉在大自然文学的30年[C]//安徽大学大自然文学研究所主编.大自然文学研究(首卷).合肥:安徽人民出版社,2013:8.

学到紫云山区的仙源镇,就读于黔溪中学初一(2)班,与有"自然小百科"美称的"鸟专家"刘早早同桌。在刘早早的影响下,李龙龙连上课都在想着鸟国趣事,被老师叫起来回答问题,他两次都答非所问,班主任王黎明老师不得不将他们分开,让李龙龙与品学兼优的女生林凤鹃同桌。在李龙龙爱鸟行为的感染下,林凤鹃也与李龙龙成了好朋友,原来林凤鹃不仅是一位鸟学爱好者,而且在护林员赵青河的指导下,研究相思鸟的生态习性,俨然是一位"鸟学小专家"了。他们三人相见恨晚,成为千鸟谷相思鸟王国的勇敢探险者。他们还巧妙地通过作文,向王老师汇报他们的爱鸟情怀、探险精神与新的发现,呼吁在学校成立课外生物兴趣小组,探索鸟类王国的秘密。王老师读着他们充满稚气与科学精神的作文,开始检讨自己对学生过于简单的教育方式,坚定地支持他们开展追踪相思鸟的大自然科考活动,并且成为科考队的重要一员。在一次对千鸟谷的考察中,他意外地与自己昔日恋人赵青河相遇,他们共同担负起引导孩子调研、保护孩子安全的责任,最后圆满地完成了王陵阳教授交给他们的科考课题,成功地研制出成群捕获相思鸟的科学方法,将捕获的相思鸟编上号码,放飞大自然,等来年它们迁徙归来时,就会给人类带来更多的大自然的信息,为人类揭开鸟国之谜。这位王陵阳教授是小说中始终没有正面出场的人物,他是赵青河的老师、鸟学专家、省城某大学的研究生导师,是他给赵青河提出了研究相思鸟的课题,并通过书信对赵青河的实地调研给予具体指导,而三位中学生在赵青河的带领下,将自己对鸟类的简单喜爱升华为鸟学研究与环境保护的高度,成为自觉的小科学工作者。

  小说成功塑造了一群热爱自然、勇于探索、崇尚科学的少年大自然探险者形象。共同的爱好与理想让他们走到了一起。他们是一个探索大自然奥妙的集体,但作者在塑造这一群体形象时,对其中每一个体的着墨又不是平均用力的,可以分为三个形象层次:第一层是最突出、最重要的少年形象,即三位中学生,他们是事件的主体,是小说的主角;第二层是从属于三位中学生的两位成人形象:班主任王黎民老师和护林员赵青河,他们的恋情故事成为作品的一条隐线;第三层是始终没有出场的王陵阳教授。对三位少年形象的描写,作者十分尊重儿童的成长特点与文学塑造形象的个性化原则,用发展的眼光来描写他们的心路历程。所以,三位少年的形象是一个不断丰富,甚至是由负面(调皮、不专心学习、不守纪律、恶作剧)到正面(爱鸟类、爱生命、爱自然、爱冒险、爱科学、爱幻想、有理想,富有探险精神等)的过程,就像作品中描写王黎明眼中的李龙龙的变化那样:"王黎明印象中的那个愣头愣脑的皮猴子不见了,站在面前的是一位倔强、豪爽、内心闪着理想光芒的孩子"。

儿童的成长显然离不开成人的正确引导,这也是作品中三位成人形象的文学意义。对成人形象的塑造,作者始终遵循着典型环境服从于典型人物的现实主义创作要求,将成人形象作为三位少年成长的典型环境中的人物来处理。虽然在现实环境里,成人对儿童有引导、保护的作用,但在文学环境里,作者不仅如实地表现了这一点,而且是把儿童作为主体、成人作为背景来安置的,也就是在人物形象的塑造上,有主要与次要之分。如何处理成人形象与儿童形象在作品中的关系,这对一部儿童文学作品非常重要,甚至关系作品的成败,也是成人文学与儿童文学在描写形象——成人与儿童的重要区别所在。虽然人们普遍认为,无论从本质还是从现象上看,大自然文学都是更贴近儿童的文学,但大自然文学又不等同于儿童文学。当我们说《千鸟谷追踪》是一部典型的、经典性的儿童文学作品,或者说是"儿童大自然文学"或"大自然儿童文学",其主要的标志就是这部作品在创作过程中体现了可贵的"儿童本位"的思想:儿童始终是事件的主角;儿童是成长中的儿童;成人在儿童成长过程中扮演的是引导、保护的双重角色。这也是评论界看重《千鸟谷追踪》这部大自然文学作品的重要原因。

(二)小说以"儿童与鸟的关系"为主线展开故事情节

小说在叙述方式上十分适合中国小读者的阅读习惯,以"儿童与鸟的关系"为故事主线,以爱鸟为出发点,以寻找相思鸟为线索,以保护大自然为主题,将小说的情节分作五个相互连接的阶段,即爱鸟情趣(一至三章)、探险三人行(四至十章)、追踪相思鸟(十一章至十四章)、捕鸟(十五章至二十三章)、放飞大自然(二十四章)。人物的出场也依据情节的发展自然而然地走到读者面前。

李龙龙这个人物是故事发生的源头,因为李龙龙转学,才有新老师王黎明与新同学刘早早;因为李龙龙与刘早早的爱鸟事件,才有同学林凤鹃的出场;林凤鹃的加入,带来了她的恩人、护林人赵青河的出场;因为赵青河的加入,才引出他的导师王陵阳教授,也有了小说的伏线王黎明和赵青河的爱情故事。主线辅线、明线暗线交替有序,故事脉络分明,情节完整,高潮处圆满结束。这些重情节、重故事、重人物的叙事方式,非常适合中国小读者的文学阅读心理,小读者会在不知不觉中随着故事情节的展开与人物命运的变化而被深深吸引,饶有兴趣地读到结束,仍然意犹未尽。

小说的独到与可贵之处,还在于它将大自然这一永恒的文学主题与儿童爱探险、求知强的天性相融合,让儿童的心灵回到久已阔别的大自然,让大自然成为儿童探险、求知的乐园。探险的路程也是儿童心灵成长的历程,每前行一步,都将面临难以预测的艰难险阻,甚至有生命的危险,只有那些不畏艰苦、沿着陡峭山路攀登的人,才有希望体验到探险的惊喜与发现的快乐,也才能真正体会到人与自然和谐发展是多么重要。正如作者在书中写道的:"危险时刻,虽然腿肚发抖,在生命攸关时,能吓得魂不附体;但在那种令人战栗的冒险中,同时有着令人难忘的快乐。这种快乐在一生中也只有那么几次。这是因为和危险、恐怖搏斗时,心中油然升起的一种自豪感,这是对自我价值的认识和肯定,这是一个懦夫永远体会不到的情感,当然也根本得不到这种快乐。"然而,探险小说中主人公所遇到的艰险不仅有来自大自然的险恶,还有来自少年主人公面对大自然险恶的挑战能力,甚至还有那个时代对自然、少年、探险、科研的种种社会偏见。

作者成功地展现了孩子们突破层层障碍,走进自然、走进科学、走出自我、走向成功的成长历程。他们的行为又无疑会感染读者,激发读者探险自然、保护自然的激情与行动。而在探险过程中培养起来的那种不畏艰险、勇敢、自信的坚毅品格与热爱自然、热爱科学、互助合作、坚持真理的科学精神,以及在少年人物身上体现出来的朝气和阳刚之气,将会使儿童读者终身受益。将大自然探险与科学考察及人格养成结合在一起,是这部长篇小说的重要特色和成功之处,很好地突出了自然探险和保护自然的文学主题。

（三）在"三重世界"里展现儿童探险小说的魅力

《千鸟谷追踪》的艺术魅力还在于它营造了丰厚的艺术空间，让读者在阅读过程中，既能与自己的阅读视野相融合，又能激发读者"创造性阅读"的兴趣，在多重艺术空间里自由翱翔，获得更多的阅读享受。

从读者接受来说，小学高年级以上的学生，阅读这部长篇小说，没有阅读上的障碍，但要完全领会小说中丰富而深厚的文化内涵，不是一件容易的事情，需要读者具备多方面的学科知识，甚至需要多次阅读、反复阅读，才能深挖出读者寄予这部长篇小说的深刻寓意，这也就是为什么这部长篇小说孩子和大人都喜欢、都有"看点"，且具有经典魅力的重要原因。

要进一步体味《千鸟谷追踪》的不朽魅力，或要亲历这部小说所营造的多层艺术空间，可以尝试从以下三个阅读层面去感受，也可以说是小说营造的"三重世界"的艺术殿堂。

首先是感受作品描写的文学世界。这是由一群热爱自然的探险者与大自然的动植物世界组成的一个立体可感的丰富多彩的形象世界，是读者通过阅读就能够从文字"还原"为图像的生动鲜活的人与自然相和谐的美好世界和美好情感，也可以说作品是由栩栩如生的形象建构起来的表象世界。

第二层是形而上的、充满哲理的、意义上的世界，也就是读者从形象世界中感知升华而来的对现象背后的理性世界的认识。这是个被抽象了的包含作者创作主旨的主题意蕴。这个意义上的世界，也是可以把握的，就像汉字是形、音、义的统一体，第一层次的表象世界类似于汉字的"形"，第二层次的意义世界类似于汉字的"义"。表象世界和意义世界是相互依存、相互表达、互为内外的一个整体世界，但读者在阅读时，对这两个世界的感知会因为阅读主体的阅读能力与审美关注的不同而有所差异，就必然会产生"知人知面难知心"的陌生感与神秘感。一般来说，儿童更容易感知的是第一层次的表象世界，也能部分地感知第二层次的意义世界，而成人更重视通过欣赏表象世界来获得作品的意义世界，给予人们的警醒、教育与启示。这就是这部作品为什么在出版后的 40 年间，不断再版，多次被改编，不仅少年儿童出版社出版它,成人文学出版社也争相抢购版权,以多种形式予以出版,满足多层次读者的阅读需求。

在上述"两个世界"之外,还有一个特别值得关注的"第三世界",一个既被读者忽视,也被研究者忽视了的真实的现实世界——与大自然文学地域性特征密切相关的区域文化色彩。如果读者是安徽人,或者对被列入世界文化与自然"双遗产"名录的黄山,以及以明清皖南民居宏村、西递为代表的"徽文化"有所了解,阅读过程中将体味到别具一格的徽风皖韵。细心的读者会发现,王陵阳教授所在的庐城就是安徽省会合肥市,合肥古称"庐州府""庐州城"。李龙龙父母工作的紫云山就是黄山,黟溪中学所在地的仙源镇就是宏村。这些具有鲜明地域文化特征的地名背后,是故事发生的特定的历史文化和自然地理的背景,其文学外的意义,随着人们对黄山与"徽文化"的了解,将会被越来越多的读者所感知。有的读者在读了《千鸟谷追踪》后,专程到黄山寻找相思鸟,追寻千鸟谷,文学与旅游的结合,也是这部大自然探险长篇小说的意外收获。

这部小说还是一部关于鸟类,尤其是相思鸟生态习性的小百科,丰富的知识性是作品又一特点。作品描绘鸟类世界的语言同样具有典范意义。教师出身的刘先平特别重视语言的纯洁性和规范性。可以说,生动的叙述、传神的描写、哲理的议论、诗意的韵律,以及极富个性的人物对白,都建立在深厚的文学语言功底之上,使得作品成为一部当之无愧的少年儿童的语言教科书。读者阅读作品,同时也在学习语言、学习写作。

三、"刘先平大自然探险长篇系列":人与自然的颂歌

"刘先平大自然探险长篇系列"(5种)收录了刘先平1996年以前创作的全部作品,约150万字,由中国青年出版社于1996年出版。作为刘先平大自然文学创作十年的第一次集中展示,它引起了儿童文学界高度关注,文学史研究者将这个系列看作中国大自然文学创作的"宣言书",奠定了刘先平在中国大自然文学史的开拓者、奠基者和旗手的地位。

第五章　刘先平大自然文学的创作类型及作品赏析

(一)"四个第一"堪称中国大自然文学创作"第一人"

"刘先平大自然探险长篇系列"包括4部长篇小说和1部散文集。在书的封面和扉页上分别注明:《云海探奇》是"中国第一部描写在猿猴世界探险的长篇小说";《呦呦鹿鸣》是"中国第一部描写在梅花鹿世界探险的长篇小说";《千鸟谷追踪》是"中国第一部描写在鸟类王国探险的长篇小说";《大熊猫传奇》是"中国第一部描写在大熊猫世界探险的长篇小说"。刘先平拥有四个"中国第一部",在大自然探险文学领域可以说是"中国第一人"。另外一部大自然探险散文集《山野寻趣》,是刘先平探险大自然与创作大自然文学的所见所闻所感所想,是4部长篇小说的必要补充,在主题、题材、表现手法与艺术风格上都是融为一体的,也是人们研读刘先平的大自然探险文学不可或缺的重要作品。另外,《山野寻趣》的《热爱祖国的每一片绿叶——和少年朋友谈心(代后记)》更是人们解读刘先平大自然探险文学创作的一把钥匙。

(二)为儿童文学的自然母题创作开拓了新领域

文学与大自然的关系,在我国可以追溯到《诗经》年代,甚至更远的远古神话。马克思在《政治经济学批判导言》中说过,"任何神话都是用想象和借助想象以征服自然力,支配自然力,把自然力加以形象化"。从这个意义上说,自然不仅仅是文学之母,而且是文学自身。在将文学作为人学的"文学自觉时代",人们又将"自然、爱与死"并称文学创作的"三大永恒母题"。而在儿童的审美视野里,处于成长期的儿童与"死"的距离较远,因而文学作品在淡化"死"这一主题的同时凸显出"爱"与"自然"的永恒性。或者可以说,凡是以"爱"与"自然"为母题的文学,只要不是过于艰深难读的,不论是否为儿童读者而创作,都自然地被儿童们占为己有,成为成人与儿童共享的精神食粮。中外儿童文学发展的历史就很能说明这一点。诸如18世纪初英国笛福的小说《鲁滨孙漂流记》,19世纪法国大科学家法布尔用散文形式写成的科学巨著《昆虫记》、英国作家吉卜林创作的以丛林动物为主角的《丛林之书》,还有当代西方重要的动物小说作家汤·西顿的动物文学作品,这些并非为儿童创作的成人文学作品,也都因为它们的自然母题,最终变成了世界儿童文学的经典作品。

我国的情形也是如此,冰心颂扬母爱、放歌自然、礼赞童心的《寄小读者》成为我国儿童文学自觉时期的里程碑式作品。"五四"新文化运动落潮后,承继着"民主"与"科学"的"五四精神",中国儿童文学生出以求得民族生存与解放为主题的战争儿童文学(或革命儿童文学)和以科学救国为主题的科学文艺(或科普文学)这样重要的两翼,其中,大自然文学成为科学文艺中最为主要与最有成绩的一部分,涌现出了像高士其、郭风等优秀的大自然文学作家。20世纪70年代以后,由于野生动植物的生存环境被现代工业文明所破坏,保护生物的呼吁激发了作家的创作热情,以致各种动植物,尤其是那些珍奇物种,纷纷变成儿童文学作品的主角。而刘先平则是这一时期屈指可数的几位关注自然的作家中最有成绩的一个,并且有着与其他作家诸如鲁兵的环保诗歌、沈石溪的动物小说、刘兴诗的科幻小说、乔传藻的环保报告、饶远的绿色童话、吴然的自然散文等迥然不同的独特风格。

(三)大自然探险文学创作的四个特点

"刘先平大自然探险长篇系列"是刘先平第一批大自然文学的代表作,充分体现了刘先平大自然探险文学创作的特点,就是以科学探险为线索,将纪实与审美相融合,融知识性与科学性、探险性与儿童性、生存意识与爱国情愫于一体,具有很强的艺术生命力。

1. 知识性与科学性

刘先平以纪实的手法,实录了他在野外科学考察中的所见所闻所思所感,传达了大量"在考察中所学到的知识"。不仅如此,为科学地解释大自然,他"还读了不少生物方面的科学著作"。因而,他的作品使得儿童读者"有机会从科学的角度去认识山野中丰富多彩、喧嚣繁荣的动植物世界,认识到世界上新兴的自然保护事业的意义"。[①]

---

① 刘先平. 对儿童探险文学创作审美特征的思索[J]. 儿童文学研究,1988(3).

2. 探险性与儿童性

考察大自然本身就是一种探险性很强的活动。人都有探险的天性,尤其是对好奇心很强的儿童来说,"历险记""奇遇记"之类的文学就是他们天然的精神食粮。自幼爱好冒险又熟谙儿童心理的刘先平,巧妙地引导着儿童到大自然中去探险,让儿童"在战胜了危险和恐怖的战栗中,生出了一种自豪感,认识了自我价值,鼓起了欢乐的浪花"①。

3. 生存意识与爱国情愫

动物世界的生存法是"物竞天择,适者生存"。作者对动物求取生存的竞争精神是持肯定态度的。他在《云海探奇》的题词中写道:"动物之间的生存竞争,往往是以激烈的搏斗、残酷的虐杀进行着,这时焕发出的生命光华无比耀目、灿烂辉煌,犹如雷霆万钧的生命交响曲。"礼赞生命,让读者感到人类对生态环境的破坏给动物们本来就很残酷的生存现实带来了更多的危机。刘先平在给这套系列所写的"序"里大声疾呼:"保护大自然的生态平衡,也是保护人类的生存"。在《山野寻趣》的"代后记"——《热爱祖国的每一片绿叶》里,他又写道:"对大自然无动于衷的人,他不会热爱生活,更不会热爱生命!谁的心中没有故乡的山川,就不会热爱自己的故乡,更不会热爱祖国!"因而,展读刘先平的作品,读者会感受到字里行间满含着一种"不绝如缕,——欲抽"的爱国情愫。刘先平大自然文学以其博大的襟怀和丰厚的底蕴,成为爱国主义教育的生动教材。

(四)以大自然探险文学确立在文学史上的地位

对于大自然探险文学,刘先平曾经在1991年发表过专门的研究论文——《对大自然探险小说美学的蠡测》。刘先平认为:"探险文学作品在儿童文学创作中占有特殊的地位,数量大、佳作多;不假思索就能报出一连串'奇遇记''历险记'的书名。但其中绝大多数是童话,以小说体裁直接反映现实生活的作品并不多,因为小说的诸多特点增加了创作的困难,然而,唯其

---

① 刘先平.对儿童探险文学创作审美特征的思索[J].儿童文学研究,1988(3).

'困难',才使直接反映现实生活的探险小说对青少年读者具有特殊的魅力,具有较大的影响,这就使得研究它的美学具有特殊的意义。"刘先平对自己的创作评价道:"我曾有幸随野生动物科学考察队生活,参加过多次考察,写过4部长篇探险小说(《云海探奇》,1980年中国少年儿童出版社;《呦呦鹿鸣》,1981年人民文学出版社;《千鸟谷追踪》,1985年中国少年儿童出版社;《大熊猫传奇》,1987年人民文学出版社)。这些小说都是反映研究自然保护的科学考察的现实生活,描写了一群小探险家出于'保护自然',参与揭示动物世界奥秘的故事,因而也被称为'动物科学探险小说''大自然探险文学'或'人与自然'主题的探索。当1980年《云海探奇》问世时,即被评论为'开拓了(儿童)文学新领域'。"①

5年后,1996年,在为"刘先平大自然探险长篇系列"(5种)出版所作的"序"中,他再一次重申了这一观点:

> 从文学史不难看出,探险文学在儿童文学史上占有的地位,佳作层出,但其中绝大部分是童话或科幻。反映现实生活,尤其是描写科学探险的长篇,确有其较为复杂和艰难的方面。它对于生活的真实性、时代性、人物形象的塑造,尤其是探险生活的科学性等都有着特殊的艺术要求。如果仅仅停留在险、奇或知识性上,那往往只能是科普或其他读物。作为小说,需要将娓娓动听的人生故事,载入探险生活惊心动魄的情节中,文学将知识性和趣味性融为一体,才能对心灵产生巨大的撞击力。

在以上论述中,刘先平不仅表达了对探险文学在文学史上重要地位的认识,也强调了创作探险小说的"困难""具有的特殊魅力",以及作者在探索"大自然探险文学"创作中的追求,即不是以"险、奇或知识性"为目的,而是努力"用文学将知识性和趣味性融为一体",对读者的"心灵产生巨大的撞击力"。但大自然探险文学对"险、奇或知识性"的要求又是不可少的,这就是艺术的辩证法。

---

① 刘先平.对大自然探险小说美学的蠡测[C]//束沛德主编.人与自然的颂歌——刘先平大自然探险文学评论集.合肥:安徽少年儿童出版社,1999:166-167.

第五章 刘先平大自然文学的创作类型及作品赏析

刘先平的创作努力得到了学界认可。1991年,蒋风在其主编的《中国当代儿童文学史》中就给予了高度肯定:"刘先平以科学探险和森林探险题材小说著称。他曾随一些动物学家到崇山峻岭中考察过,对动物生态和深山野林的神奇事物有直接的感性体验。他先后出版了《云海探奇》《呦呦鹿鸣》等长篇小说。这些作品将儿童情趣、动物生态和科学探险融为一体,以创作风格的独特而引人注目。"①1998年,蒋风在另一部《中国儿童文学史》中再次强调,"刘先平独树一帜的大自然文学创作,以探索人与自然为主题,以科学探险为契合点,将纪实与审美相融合,不仅为那个时期的儿童文学创作开拓了一个全新的领域——大自然探险文学或称其为大自然保护文学,而且在审美视角、审美意识上也进入了一个新的层次。"②

(五)为大自然文学创作形式做出了有益探索

"'刘先平大自然探险长篇系列'的问世,对大自然文学的发展起了带头、开拓的作用"③。这种开拓性、带头作用,不仅体现在创作题材和主题方面,更体现在与之密切相关的创作形式——探险小说上。

从"刘先平大自然探险长篇系列"的出版看,刘先平所说的"探险文学"在体裁上有两个特点,或者说有两个优势的体裁,即小说和散文。刘先平他在创作大自然探险文学时,有着强烈的明确的体裁选择,因为在他看来,"以所展现的画卷,只有长篇小说才能表达"④,可以传达大量的自然知识与科学知识,但它又不像是传统意义上的知识读物和科普文学,因为它作为作者艺术审美的成果,塑造了一些典型形象——鲜明的动物形象、生动的人物形象。但它又不像人们印象中的动物小说,动物小说往往借动物界写人类社会,借

---

① 蒋风主编.中国当代儿童文学史[M].石家庄:河北少年儿童出版社,1991:387—388.
② 蒋风,韩进.中国儿童文学史[M].合肥:安徽教育出版社,1998:632—634.
③ 束沛德.新景观 大趋势——世纪之交中国儿童文学扫描[C]//坚守与超越.束沛德儿童文学论集.南宁:接力出版社,2003:9.
④ 刘先平.跋涉在大自然文学中的30年[C]//安徽大学大自然文学研究所主编.大自然文学研究(首卷).合肥:安徽人民出版社,2013:6.

物性写人性,而刘先平的作品主要描绘的是实实在在的自然界(动物界)。对自然界的展现,又不像一般报告文学那样是真人真事,而是作者运用虚构与典型化方法创造的"人化了的自然",或者说对大自然审美的对象化。上述的文体特征,使得刘先平的大自然文学创作始终保有一种新鲜感、一种神秘感和超前意识、一种难以道尽的艺术魔力,其实这些现象之后所隐藏着的事实就是作者在创作上的大胆探索与追求。

(六)追求儿童和成人都能接受的艺术魅力

"刘先平大自然探险长篇系列"的出版,给儿童文学界带来的"冲击"耐人寻味,除了以上所说的"格式的特别",还涉及这个系列的"儿童文学性质"的认识。

刘先平说过,他这个系列主要是为中学生创作的,作品出版后也确实得到青少年读者的喜爱,但同时也受到成人读者的良好反馈,而且有人认为从内容的丰富性、主题的深刻性和艺术的深度来看,似乎与成人的阅读能力更接近。那么这个系列还能被称为"儿童文学"吗?也有人认为,这个系列是不是儿童文学,不是最重要的,最重要的是它能够让儿童与成人都爱读、都喜欢。

为什么这个系列作品,能够让年龄跨度很大、阅读能力相距很远的儿童与成人都能接受呢?刘先平认为,"纵观古今中外优秀的儿童文学作品,之所以能流传千古,百读不厌,在审美上总是满足了多层次的需要。例如安徒生童话《皇帝的新装》,孩子能从其中得到审美情趣的满足,成人也可得到迥然不同的审美需要。儿童读物中有些作品的读者对象是要划分年龄段的,但长篇小说,尤其是探险小说的对象主体,是完全不应再去划分年龄段的。一部优秀的儿童长篇小说,成人也应该是很喜爱的;当然,首先应是满足少年儿童读者的审美需要"。刘先平还强调,"安徒生曾郑重地说,'我的童话不只是写给小孩子们看的,也是写给老头子和中年人看的。小孩子们更多地从童话故事情节本身体味到乐趣,成年人则可以品尝其中的意蕴。'这也是我在创作中的审美追求"①。

不言而喻,孩子和成人存在着两种感受水准、两种思维深度、两种审美需求、两种把握方式。在孩子那里,只要引起他们的兴趣,满足他们的好奇心,有他们喜欢的情节,有他们可以体味到的意味,就可以了。具体到这个系列来说,孩子们首先感兴趣的是千姿百态的动植物世界,而且年龄越小的孩子,他们的身心离大自然越近,如同初民那样与大自然保持着纯朴天然的情感联系,他们对"自然"母题的文学,有着一种与生俱来的超乎异常的亲近感,一草一木都能吸引他们的关注,更不用说那些活泼可爱的动物世界、神秘的大森林和那群兽出没的深山,以及鲜活的少年儿童形象了。而在成人那里,仅仅感知到这些事是不能满足的,他们会透过这些表象深入背后去探讨"人与大自然的关系",想到保护自然环境与人类社会发展的关系,并因此去改变人对大自然的认识,去改变人类不合理的行为。

从表象的"动植物世界"走向深层的"人类社会",这是一个渐进的认知过程,而这个过程的进程与孩子们长大成人的进程有着相当的一致性。换句话说,要较为全面地认识这个长篇系列的主题价值和艺术价值,就一个读者来说,他需要有一个从儿童期到成人期的"不断阅读"的过程,每一次阅读因为读者自身的成长而有不同的阅读感受;而对读者群体来说,就表现为儿童和成人都同样喜欢刘先平的大自然探险作品。其实,成人也都是从儿童时代成长过来的,他们不过是今天已经长成青年、中年、老年的儿童而已,何况还有"大人不失其赤子之心",童年记忆也在成人阅读中发挥着"返老还童"的作用。所以赢得儿童读者的同时也赢得成人读者,丝毫不悖情理。

刘先平认为,人们谈论一件艺术品的"艺术魅力"和"艺术生命力"时,是从来不分儿童与成人的。对儿童有魅力的作品,对成人也应该是有魅力的,绝不能因为是儿童文学就要降低它的艺术标准。进一步说,孩子们自己也不能决定一个作品的出版与传播,更不能决定哪个作品该载入儿童文学史册,

---

① 刘先平.对大自然探险小说美学的蠡测[C]//束沛德主编.人与自然的颂歌——刘先平大自然探险文学评论家集.合肥:安徽少年儿童出版社,1999:178.

一个作品的出版、评价、记载的工作不可避免地要由成人来完成。从这个意义上来说,不能打动成人的儿童文学作品最终也不能作为精品和经典流传下来,任何一个优秀的儿童文学作品都终将由儿童和成人来共同鉴定,因而,适合儿童与成人的儿童文学作品,才是真正的艺术品。刘先平的大自然探险系列作品,你可以称它为"儿童文学",也可以称它为"探险文学",还可以称它为"大自然文学",都没有本质上的区别。我们需要的是开放的儿童文学观,因为这样有利于儿童文学的丰富发展和艺术质量的提高,有利于大自然文学首先在儿童文学的沃土里生根、发芽、开花、结果。

四、《红树林飞韵》:融神奇、科学、哲理于一体

《红树林飞韵》是刘先平第二部探险纪实作品集,作为以环保为主题的"绿色丛书"(4种)之一,由安徽少年儿童出版社于1997年出版。该书收录23篇探险奇遇,其中《金丝燕,你在哪里》《孤岛猿影》《捕鸟时节》《漂浮在零丁洋上的猴岛》《清清回水湾》《寻踪觅迹》《塔里木河漂流记》《黄山山乐鸟》8篇是选自第一部探险纪实作品集《山野寻趣》(1987)。

(一)探险纪实文体的新生

刘先平大自然文学有两种基本文体,除了前面说到的探险小说,还有非虚构的探险纪实。探险纪实类文体古已有之,如唐代有柳宗元的"永州八记",宋有王安石的《游褒禅山记》、朱熹的《百丈山记》,明代有《徐霞客游记》,清代有姚鼐的《登泰山记》等。古代山水游记虽然也是以大自然为题材,但大多是借景抒情、托物言志之作,自然风景本身还没有取得文学作品中主人公的地位,即便是《红楼梦》中大量的田园庭院、花草梅竹描写,也是作为贾宝玉、林黛玉等主要人物的活动背景或情感寄托。所谓"感时花溅泪,恨别鸟惊心",花鸟也都不过是借来比人的情感和心情,在作品中没有独立的意义。

将探险纪实类的自然书写运用到大自然文学创作上,是刘先平创作的大胆尝试。刘先平选用探险纪实类文体,与传统作品中对自然风景的描写有不同的立场,即自然既是题材也是内容和主题,特别在人与自然的关系处理上,

自然不仅与人处于平等的地位,而且人来自自然、人是自然的一部分、人与自然是命运共同体。这是我们不能将刘先平大自然探险纪实简单地当作山水游记来阅读的原因所在。因为刘先平笔下的大自然,不论是"人化的自然"还是"自然的人化",本质上都是尊重自然、敬畏自然、热爱自然、保护自然,是以人与自然和谐共生作为人类行为的出发点,也就是人类行为必须建立在"生态道德"的基础上,否则,人类对自然的破坏最终必将伤害到人类自身。

(二)探索大自然的神奇

刘先平的大自然探险纪实作品,不是"游玩"的闲情逸致,而是"探究"自然的生态奥妙;不是"发现"眼前的世界,而是"寻找"表象世界所掩盖的内在规律。两者聚焦到刘先平的审美反映上,就是"神奇"二字。无奇不有、无处不神的大自然,在作者笔下得到淋漓尽致的展现。例如,东海有飞蟹,南海有猿影;西双版纳原鸡的叫声酷似在赞美茶花:"茶花两朵";黄山山乐鸟的美妙歌喉又似云中飘来的仙乐,简直勾魂摄魄;在新安江,与蛇王一起探访奇妙的蛇国;在邓池沟,与熊猫一起感受大自然对文明人类的奖赏;伦敦的神圣斑鸠勾起乡情无限,澳大利亚唤早的鹦鹉叙说着一段人与鸟的情缘等。不论是漂流塔里木河,还是飞雪过天山;也不论是漂浮在零丁洋上的猴岛,还是清清回水湾,作者笔下的山水草木、虫鱼鸟兽、人情物理,无一不闪烁着神奇的光彩。

刘先平在《红树林飞韵》中对野菠萝根有一段描写:"前面的世界,惊奇得令我透不过气来:树林中突然出现了无数的大蟒,它们或昂首,或低伏;扭曲游动,由地上向树林蹿去;见不到头,看不到尾,错综复杂。这些大蟒在树中织成了一片奇异的景象、怪异的氛围",自然界中极普通的野菠萝根在作者生花妙笔下变成如此神奇的一片"蟒蛇林"。像这样的神奇之笔,可说比比皆是,读之让人惊奇、让人兴奋。人类的好奇心从中得到了激活与满足。

(三)讲述生态自然的故事

传统游记往往侧重于借景抒情、托物言志。刘先平在继承这一游记散文传统的同时,更有自己的创作特色,他不是将大自然作为情感的寄托物,而是将大自然作为审美主体,写的就是大自然本身。在如醉如痴的自我讲述中,作品不仅渗透着他对每一片绿叶的爱心,还向读者传达了丰富而广博的科学知识,以及他对人与自然关系的科学阐述。

是什么力量使两只雄鹿多楂叉的角错综地纠缠在一起,除了把它们拉断,怎么也分不开?为什么许多科学家要把毕生的精力用来"纵虎归山"?为什么金丝燕的发现者要规劝和警告作者"不要写金丝燕"?为什么与狡猾的红鱼搏杀得筋疲力尽的凶猛海雕却向山岩那边投去温柔的一瞥?为什么同是棕噪鹛的歌唱,在黄山却变为云中仙乐,让所有人驻足倾听?为什么绿如翡翠的海上森林被称作红树林?为什么热带雨林的"胭脂太阳"一升起就高高挂在天空?大自然的奥妙无穷无尽,作者通过自己的实地考察,又广征博引,一一给以科学的解释。作品中丰富的植物学、动物学、博物学、地理学、生态学、文化人类学,以及文艺美学的知识,不仅使读者在妙趣横生的阅读体验中大开眼界,而且使读者在不知不觉中上了一堂别开生面的环保教育课,明白了保护自然就是保护人类自身这一朴素而深刻的道理,明白了人类过度开发自然、破坏自然的恶果最终要得到大自然的报复。审美观照下的环保主题、生态道德,使得刘先平的探险游记散文有着鲜明的科学品格及科学审美的艺术价值。

(四)追求哲理意蕴

大自然探险纪实创作,不仅要有游记的真实与科学,还要在抒情言志上追求哲理意蕴。所写之景、所抒之情、所言之志,影响甚至决定着文品的高低,也直接透视着作者的人品。比如,木质低劣的高山榕树的成才,是以牺牲价值高昂的青梅树为代价的,当地山民咬牙切齿地称榕树为"残酷的刽子手"。作者却认为"这是人类的眼睛"对高山榕树的误解,以"大自然的眼光"看,高山榕树"不是也应该有生存的权利?它不去争夺一块宝贵的热带土地,又何处安身?"(《魔鹿》)

自然界的生存竞争就是这样残酷,但人类的贪婪更是大自然的灾难。面对疯狂的杀戮,作者愤怒了:"难道这一物种,就要在枪口下从我国灭绝?"

(《生命结》)当他得悉几年前已经禁止捕捉相思鸟了,称赞"这是人类文明的胜利"(《捕鸟时节》)。"我们应该向动物学家们致敬!向从事保护自然工作的同志致敬!因为他们时时刻刻想着我们生活的这个世界,保护着属于人类的财富——大自然的真、善、美!"(《孤岛猿影》)像这类揭示环保主题、探索生命奥秘的精辟议论,有着丰厚的文化内涵和哲理意蕴,启迪人们对人与自然的关系做更深入的思考。

五、"中国 Discovery 书系":追求人与自然的和谐发展

"中国 Discovery 书系"(4 种)包括《寻找树王》《野象出没的山谷》《黑叶猴王国探险记》《从天鹅故乡到塔克拉玛干大沙漠》,由东方出版中心于 2000 年出版,是继"刘先平大自然探险长篇系列"(5 种)后奉献出的又一套大自然文学丛书,具有"格式特别""环保主题""探索精神""西部情缘"等 4 个方面的艺术特征。

(一)格式特别

图文并茂是该套丛书最突出的表现方式。刘先平善于用"美的形式"表达自己对艺术美的追求,大胆采用大量亲自拍摄的彩色图片,几乎达到文图对半的比例。这些图片既与文字相呼应,又弥补文字表现的不足,还成为内容的一部分,参与讲述探险故事,而在阅读观感上,更直观、更形象、更生动,有图画书的清新感和视觉美。譬如,读《寻找树王》时,读者不仅可以从那优美朴实的文字里领略树王的神奇,还可以从图片上一睹它的雄伟。《野象出没的山谷》以大象的巨照作为封面,仿佛大象正从山谷里笑吟吟地向你走来,让你不由自主地迎上去,迫不及待地翻开书,欣赏着一幅幅精美的图片,和大象一起开始山谷探险。文字的优美与别具匠心的编排版式,给读者以鲜明的印象,让人有一种回到大自然的感觉。

(二)环保主题

环保主题是刘先平大自然文学创作的初心,在这套书系中,继续得到重

视和深化。在《从天鹅故乡到塔克拉玛干大沙漠》里,作者用优美的文字描绘了天鹅湖的幽静纯美,又以沉重的笔触描写了沙漠中大片胡杨林被人为破坏的情景,两两相比,触目惊心,从而提醒读者思考,保护环境就是保护人类自身,这是一项刻不容缓的责任。作者站在追求人与自然和谐发展的时代精神高度,发出"地球只有一个!地球是人类唯一的保护区!"的警示。

(三)探索精神

这是一套以第一人称讲述探险自然的纪实文学。刘先平夫妇在探险中表现出的不怕艰险、勇往直前的探索精神,深深地感染了读者。刘先平夫妇已是花甲"老人",他们依然坚持每年深入大自然,不写自己没有经历过的探险。到大自然中去探险,不仅需要勇气和胆识,更要付出辛劳,甚至会有生命危险。作者在作品中不仅展现了探险过程的惊心动魄,而且向读者传达了探险中的快乐与探险成功的喜悦,而这种快乐与喜悦不亲身经历是无法体验的,让读者向往探险大自然。

(四)西部情缘

这套丛书是刘先平在中国西部探险经历的一次集中展示。在人们以往的印象里,西部总是与荒凉、原始、落后、愚昧、充满野性联系在一起。而刘先平笔下的西部给人们新的视野,让人们感觉到西部很美,充满生命的活力,是一个未受到人类破坏的绿色世界。不论是《黑叶猴王国探险记》,还是《野象出没的山谷》;不论是《寻找树王》,还是《从天鹅故乡到塔克拉玛干大沙漠》,都充满神奇,充满活力。这些生命的绿洲,令人向往,给人启迪,撩起人们探险西部、保护西部的强烈愿望。

六、"大自然探险系列":寻找神奇的动植物世界

刘先平"大自然探险系列"(4种)包括《寻找相思鸟》《寻找香榧王》《寻找猴国》《寻找魔鹿》,共50万字,由中国少年儿童出版社于2001年出版。每部作品的书名中都有"寻找"两个字,又称作"寻找系列"。这个系列收入了刘先

平20多年来在大自然中的"寻找",展现给读者一片"神奇的动植物世界"。

(一)神奇来自大自然生存竞争的惊心动魄

大自然的生存法则是"物竞天择,适者生存"。为能在大自然生命世界里占有一席之地,并维持该种族的生存、繁衍与发展,继续其生命的历程,不论是动物,还是植物,都付出了沉重,甚至是生命的代价。魔鹿为什么会成为热带雨林的杀手?象脚杉木王为什么有了900多岁?(《寻找魔鹿》)坡鹿间为什么会发生残忍的角斗?(《寻找猴国》)新疆的巴各布鲁克为什么会成为天鹅的故乡?(《寻找香榧王》)人们为什么要"纵虎归山"?(《寻找相思鸟》)每一现象的背后都有一个震撼灵魂的生存故事,读者可以从中领略到野生动植物世界激烈的生存竞争,以及维系神秘生物链条的造化神功。正像作者所说的,"在动物世界中,最强大的动物也有致命的弱点;最弱小的动物也有生存发展的特殊本领……而动物之间的生存,往往是以激烈的搏斗、残酷的掠杀进行着,这时焕发出的生命光华无比耀目、灿烂辉煌,犹如雷霆万钧的生命交响曲",唤起人们对一切生命的理解与敬畏,警醒人们对人类以外的生命价值做出新的评定。

(二)神奇来自探险主人公刚毅执着的探险精神

写这套作品时,刘先平已是花甲"老人",但他的心永远是年轻的。他神奇地出现在年轻人都不敢出现的危险地方,多少危险都因他的机智勇敢而神奇地躲过。"危险时刻,虽然腿肚发抖,在生命攸关时,能吓得魂不附体;但在那种令人颤抖的冒险中,同时有着令人难忘的快乐。"这套作品让读者特别感动的是作者那种热爱自然、不畏险阻、顽强探索、相信自己、乐观进取的人格精神。这是一笔宝贵的精神财富,是今天的青少年特别需要的。

(三)神奇在于它是孩子们梦寐探求的心灵世界

大自然是万物之母,人类也是大自然的孩子,与其他大自然生命是平等的。而儿童的心灵最接近于自然,与自然的关系最为亲密。刘先平的"大自然探险系列",给了孩子一个发现自然、重返自然、学习自然的机会。打开这套大自然文学作品,你会发现到处都充满新奇神秘,孩子们会在每片绿叶中,看到生命的跳跃;在每条小溪里,听到动人的歌唱;在每座山峰中,发现一片新奇的世界。

刘先平"用自己的双脚去认识大自然,亲身体验大自然的特殊风韵和底蕴",又用优美的文字与精美的摄影,"将大自然丰富多彩的野生生物世界谱写成壮美的诗篇",让读者在神奇的动植物世界里,享受人与自然和谐相处的快乐和幸福。

七、"东方之子刘先平大自然探险":中国大自然文学的里程碑

"东方之子刘先平大自然探险"(8种)包括《黑麂的呼唤》《麋鹿回归》《天鹅的故乡》《迷失的大象》《潜入叶猴王国》《经历神奇红树林》《圆梦大树杜鹃王》和《解读树王长寿密码》,由湖北少年儿童出版社于 2003 年出版。刘先平用 50 万字 1000 余幅照片,生动记录了他在探险大自然时的无穷乐趣,以及对人与自然关系的深刻思考,是中国大自然文学创作的里程碑式作品。

(一)"东方之子"的由来

2000 年,刘先平正式高举起"大自然文学"的旗帜,将大自然文学创作作为安徽儿童文学面向新世纪的创作重点和创作方向,在全国文学界引起关注。著名评论家束沛德在《文艺报》发表《新景观 大趋势——世纪之交中国儿童文学扫描》,其中指出:"2000 年 10 月举办的安徽儿童文学创作会上打出了大自然文学的旗帜。大自然历来是儿童文学的重要母题之一。随着现代工业、科学技术的发展,保护自然环境,关注生态平衡,已经成为全球普遍关注的时代课题。也就是说,时代呼唤着大自然文学。新时代赋予大自然文学以新的艺术魅力和审美价值。当代大自然文学蕴涵的保护地球的意识,在审美中占据着主导位置;而吸取最新的科学成果,从新的角度观照自然的本质、生命的本质,审视自然的美、生命的美,又使它在审美视角、审美意识上进入一个新的层次,从而使大自然文学这面绿色文学旗帜在新世纪闪耀着绚丽

的美学光辉。"刘先平大自然探险长篇系列"的问世,对大自然文学的发展起了带头、开拓的作用。"①

2001年,刘先平在"中国 Discovery 书系"出版后,接受了中央电视台邀请,走进《东方之子》栏目,讲述他在大自然探险的欢乐与忧虑,讲述大自然文学的主旨。主持人在开场语中说道:"以野生动物为主角讲述大自然中故事的作品,不仅在我们面前展现出了美丽的自然画卷,使我们更能了解自然界所发生的各种事情,增加了关于野生动植物的知识,而且会引发我们人类如何与自然界的生物、与我们赖以生存的大自然和谐共处的种种思考,而创作这样的作品,可以说也是呼唤人们保护自然环境意识的一种方式。走进我们今天《东方之子》的,就是这样一位致力于环境保护创作的作家,被文学界公认为我国现代意义上大自然文学的开拓者,63岁的刘先平。"刘先平在采访结束前表示,大自然是一部大书,他只是采集了大自然当中几个符号而已,他将用毕生的精力来创作大自然文学。

2001年至2003年,刘先平继续在西部云南高黎贡山寻找大树杜鹃;到四川北川、青川考察川金丝猴、大熊猫、牛羚;三上青藏高原,探险林芝巨柏群—雅鲁藏布江大峡谷—珠穆朗玛峰自然保护区;再到湖北考察麋鹿、江苏考察麋鹿……在这段考察过程中创作的大自然探险新作,刘先平给了它一个总名称"东方之子刘先平大自然探险"。

(二)中国的大自然文学

从20世纪80年代刘先平有意识地创作大自然文学开始,他就始终坚持一个明确的创作追求,就是创作属于"中国的"大自然文学。为此,他不仅不断探索,而且始终坚持将考察和探险的动植物全部放在中国的大好河山。就在创作"东方之子刘先平大自然探险"系列作品的过程中,刘先平曾接受《中华读书报》记者的采访,明确表明对考察和探险的动植物对象是有自己的标

---

① 束沛德.新景观 大趋势——世纪之交中国儿童文学扫描[C].//坚守与超越:束沛德儿童文学论集.南宁:接力出版社,2003:9.

准和选择的,他说:"中国是世界上生物多样性最丰富的国家,也是地理风貌独特的国家,这些都是我的图书要介绍给读者的。我也去过世界上很多地区,但我首先要写我们中国的大好河山。""在他的心里其实是憋着一股劲,那就是用中国作者的笔和镜头记录下中国独特的地理风貌和多样性的生物"。①"东方之子刘先平大自然探险"系列作品很好地体现了作者的创作初心,在"中国大自然文学"的创作探索上,有着里程碑式的意义。

(三)人类属于大自然

《黑麂的呼唤》是对人类爱心的呼唤。一只黑麂跑到分管林业和野生动物保护的县长家里,状告人类破坏大自然,给他们的生存带来了灭顶之灾。人类为了自己的私欲,却要动物付出永远离开生它养它的大自然的生命代价。作品告诉人们,动物也像我们人类一样有着爱情、亲情与友情;在它们身上体现出的牺牲精神和无私爱心,让自私的人类感到羞愧和无地自容。在很多方面,进化的人类还应该认真地向动物学习。

作者根据自己在麋鹿保护区的探险经历创作的《麋鹿回归》,给读者揭开了一个个鲜为人知的麋鹿种群的生存和发展之谜,尤其是重笔描绘的在角斗中产生鹿王的过程,更是惊心动魄,发人深省。作者在300多万年自然、人类发展史的宏阔背景下,通过麋鹿两次回归(回归中国、回归自然)的艺术概括,诗化般地再现了麋鹿种群的生存状态及其生命奥妙,以及表达了自己对生命的热爱和对祖国的热爱。

《天鹅的故乡》包括《哈纳斯湖探水怪》《天鹅的故乡》《救救胡杨林》3个短篇,同样以"回归自然"为主题,警醒人类。一旦属于动植物生存的大自然空间没有了,人类也就没有了。《迷失的大象》包括《大象学校》《野象谷》2个小中篇,是对人类文明的一种讽刺。人类对大象一面顶礼膜拜,一面又因贪婪它们珍贵的象牙而大肆猎杀大象。即使是那些在动物园养尊处优、为孩子

---

① 翁昌寿. 打造中国的"探索书系"——访"大自然文学"奠基者、安徽省作协副主席刘先平[N]. 中华读书报(成长·阅读版),2003-10-8.

们带来欢乐的大象,又有哪一头是自动走出丛林走进动物园的呢?每一头大象的背后都有一段辛酸血泪的历史。

《潜入叶猴王国》是一部探险叶猴王国生存秘密的发现之作,叶猴属灵长类动物,是人类的近亲,现在已濒临灭绝,是我国一级保护动物。我国的叶猴有白头叶猴、黑叶猴、灰叶猴、戴帽叶猴4种。这里讲述的是作者寻访白头叶猴、巧遇戴帽叶猴、三探黑叶猴的神奇经历。叶猴王国神秘的"杀婴"行为、"猴结"的种群意义、惊心动魄的"猴战"等生命历程里的重大事件,是否也映照着人类早期的影子呢?

《经历神奇红树林》描绘了充满生命奥妙的植物世界。红树林是生长在热带、亚热带海岸潮间区的森林,又称海底森林,它是一个特殊的森林系统,其中隐藏着很多的生命之谜。《圆梦大树杜鹃王》是一首礼赞生命的交响曲。就在这棵大树杜鹃身上,折射着中华民族一个世纪以来的屈辱与奋起。重新发现大树杜鹃的意义又何止是找到了一棵杜鹃树、一个物种,更是找回了中华民族的尊严与自信。而在新发现的那棵大树杜鹃的周围,又发现了100多棵同样挺拔的大树杜鹃。难道人们从它们身上不能体味到我们中华民族今天所拥有的朝气蓬勃的精神吗?《解读树王长寿密码》告诉人们生命的本质在于创造。树王是一部鲜活的历史,它忠实地记录着这片土地的气候、天文和树种的变迁。而它的长寿,成为一种象征、一种力量。如果能够寻找到其顽强生命力的基因,那将是生命科学上的巨大发现。

综观"东方之子刘先平大自然探险"系列,作者探险自然奥秘,解读生命密码,反思人类行为,呼吁文明发展,宣示了这样一个基本的生存法则,也是我们这个时代的永恒主题:人类属于大自然,因而保护自然万物,就是保护人类自身;只有人与自然和谐共生,人类才能得到真正的发展。

八、"大自然在召唤":呼唤生态道德

2008年是改革开放30周年,也是刘先平大自然文学创作30周年,在这个特殊的日子里,刘先平精选30年代表作品,以"大自然在召唤"为丛书名,收入《云海探奇》等9部作品,再次高举大自然文学旗帜,而且在旗帜上写下

了四个大字"生态道德"。这是继1996年"刘先平大自然探险长篇系列"(5种)后刘先平最重要的作品集结,也是集中展示中国大自然文学30年的重要作品。

"大自然在召唤"系列(9种)包括4部大自然探险长篇小说(《云海探奇》《呦呦鹿鸣》《千鸟谷追踪》《大熊猫传奇》)和5部"大自然探险奇遇纪实"(《山野寻趣》《麋鹿找家》《寻找大树杜鹃王》《和黑叶猴对话》《走进帕米尔高原——穿越柴达木盆地》),其中长篇探险奇遇纪实《走进帕米尔高原——穿越柴达木盆地》是刘先平历时10年精心创作的新作。上述9部作品均为获奖作品,其中4部长篇小说和《走进帕米尔高原——穿越柴达木盆地》获得中宣部"五个一工程"奖,《云海探奇》《山野寻趣》获得中国作协优秀儿童文学奖,《和黑叶猴对话》《寻找大树杜鹃王》《麋鹿找家》获得宋庆龄儿童文学奖。这些作品全方位地展示了作家的探索历程、创作高度和美学追求,再次高高举起大自然文学的旗帜,以亲历故事,讲述自然之道;借文学利器,启蒙科学发展;呼唤生态道德,化解人与自然的矛盾,在金融危机与生态危机双重挤压现时生活空间的当下,显得那么单纯而富有理想、善良而富有爱心、自信而富有责任。

(一)首次提出"生态道德"主题

为"大自然在召唤"系列的出版,刘先平专门写了"总序"——《呼唤生态道德》。这是刘先平第一次提出他创作大自然文学的使命,就是"呼唤生态道德"。刘先平郑重地声明:"我在大自然中跋涉了30年,写了几十部作品,其实只是在做一件事:呼唤生态道德——在面临生态危机的世界,展现大自然和生命的壮美。因为只有生态道德才是维系人与自然血脉相连的纽带。我坚信,只有人们以生态道德修身济国,人与自然的和谐之花才会遍地开放。"

刘先平说:"30多年来在大自然中的考察,60多年的人生经历,使我逐渐深刻地认识到,树立生态道德的重要、紧迫。30多年前我所描写的青山绿水,现在已有不少是面目全非。大片原始森林被砍伐了,很多小溪小河都已退化或干枯"。"我曾立志要为祖国秀丽的山河谱写壮美的诗篇,但只是短短的二三十年,我所描写的山川河流不少都已是'历史''老照片'……这使我无限忧伤、愤怒,更加努力地呼唤生态道德的树立,也更寄希望于孩子。""正是大自然的生存状态,激起了我决心在每篇作品之后写下后记,为过去,为未来,立此存照。""自然养育了人类,可我们缺失了感恩,缺失了对其他生命的尊重,妄自尊大,胡作非为。当人类对自然缺失了道德,自然也会还之于十倍的惩罚!"刘先平告诉人们"热爱生命,尊重生命,热爱自然,保护自然,保护环境,应是生态道德最基本的范畴"。

刘先平指出:"正是生态道德的缺失,成了环境危机的重要原因。长期以来,我们在处理人与自然关系方面,根本没有建立系统的行为规范、树立道德,法律也严重滞后;因而对大自然进行了无情的掠夺、无视其他生命的权利、任意倾泻垃圾……造成了环境污染、资源枯竭、生态失去平衡。直到危及人类本身的生存,才迫使人类重新审视与自然的关系,规范人与自然关系的法律和生态道德才得以突显。强调生态道德,在于强调、突出它比之于其他道德的鲜明特点——人与自然的关系。我们急需建立对于自然、环境应具有的行为规范,以调节人与自然之间的关系,消解环境危机,建设人与自然的和谐。这是时代向我们提出的重大命题。"①

30年来,刘先平响应大自然的召唤,用双脚去丈量大自然,用镜头去记录大自然,用心灵去对话大自然,用文学去反映大自然,创造了融文学性与纪实性、科学性与知识性、哲理性与批判性于一体的"大自然文学体",成为当代文学令人激动期待的文学流派。如今他突然明白自己几十年来"实际上只做了一件事:启蒙和宣扬生态道德、树立生态道德观念"。这是他对当代中国文学从题材、体裁到内容、主题做出的开创性贡献。

大自然经过几百万年的物竞天择、相克相生、共存共荣,才创造一个物种。自从人类进入工业化时代以来,地球上的动植物从每天消失一种"发展"到每小时消失一种。这不能不引起重视。人类是万物之灵,应该懂得保护物

---

① 刘先平.呼唤生态道德[C]//安徽大学大自然文学研究所主编.大自然文学研究(首卷).合肥:安徽人民出版社,2013:22—25.本节以前引用内容未注明出处的,均见《呼唤生态道德》一文。

种的多样性,保护人类赖以生存的自然环境。生态道德应该成为文学的一个主题。

生态道德是个既古老又崭新的课题。200多年前,我国先哲就有"天人合一"的学说,天就是自然界,人类和万物都是大自然和谐的组成部分,人类与自然界是命运共同体。所谓生态道德,就是人处理与自然关系的态度、观念和准则。对于人与自然的关系,向来有两种误解,一是"自然属于人类",人是万物之灵,人是自然的主宰,人类可以随心所欲地掠夺自然;一是"人定胜天",人向大自然宣战,与天斗,其乐无穷,完全无视自然的生态规律。两者都造成人与自然的对立,造成自然生态的失衡,最终毁灭的将是人类。

美国环境史学家罗德瑞克·纳什认为,从过去到现在到将来,伦理学中道德共同体的范围是按这样的顺序扩大的:自我—家庭—部落—国家—种族—人类—动物—植物—生命—岩石(无机物)—生态系统—星球。生态道德属于人类进入地球村时代的生态系统阶段。

如何重建人与自然的和谐关系,刘先平认为当务之急是启蒙生态道德,树立正确的自然观。将道德扩展到生态,关注人与自然的和谐关系,这是文明的进步,是历史的进步。过去只有用法律(如野生动物保护法)来打击和制止违法犯罪者;现在有了生态道德,让破坏生态平衡者受到良心谴责,知道哪些破坏生态平衡的行为是缺德,自责自律,防患于未然。

有个叫西雅图的印第安酋长说得好:"人类属于大地,但大地不属于人类。世界上万物都是相互关联的,就像血液把我们身体的各个部分连接在一起。生命之网并非人类所编织,人类不过是这个网络中的一根线、一个结。但人类所做的一切,最终会影响到这个网络,也影响到人类本身。"人类应把自己看成大自然生态链中的一个组成部分,思考人与自然和谐相处的方式。民间传说,每一座山、每一棵树、每一处泉水、每一条小溪,都有自己的"地方神"即守护神,人们在进山、伐树、采矿和筑坝之前,都需要举行仪式乞求神灵保护。自然是人类之母,自然是人类的摇篮,自然是人类生活的家园,自然是人类的保护神。人对自然应该有一种敬畏感,有一颗感恩之心。

公民意识觉醒胜过千条法规。刘先平正是以文学的形式唤起人们与大自然和谐相处的意识,呼唤生态道德,帮助人们找回在大自然中的本来位置,激励人们去追寻一种有利于生态平衡的生活方式。同时,他站在大自然的立场批判人类对大自然肆意改造和破坏,歌颂、追求人与大自然的和谐,以保护人类赖以生存与发展的大自然,展现了一个从未被文学描绘得如此深入和广阔的人与自然的世界。呼唤生态道德、化解人与自然的矛盾、建设生态文明,成为他几十年来大自然文学创作孜孜追求的主题,也是时代赋予当代大自然文学的责任和使命。

(二)重新认识刘先平的价值

2009年2月28日,"刘先平大自然文学创作30年暨'大自然在召唤'作品研讨会"在北京召开,中国作协副主席、全国人大常委金炳华向会议发来贺信,中国作协名誉主席翟泰丰、中国作协副主席高洪波、中宣部出版局局长张小影,以及众多专家、作家、评论家出席研讨会。与会专家认为,刘先平30年如一日坚持大自然文学创作,关注人类本身生存、发展,追求与自然和谐、共荣共存,强调人与自然的和谐、自我和谐、心灵和谐,提出了"人属于大自然",人类必须响应大自然的召唤,树立"生态道德",建设生态文明的社会。有评论家指出,"过去,我们只从文学与科普的结合、作品的探险意识来看待刘先平的'大自然文学',所以,'大自然文学'的系列作品在二三十年前,是不被读者关注,不被出版社看好的。现在看来,我们对'大自然文学'的社会意义的认识远远不够,应当重新认识刘先平作品的价值"[①]。

"大自然在召唤"系列的出版,再一次"以作品说话",印证了2001年中央电视台《东方之子》栏目采访刘先平时给予的评价,刘先平"被文学界公认为我国现代意义上的大自然文学的开拓者"。这主要体现在以下七个方面:

1. 创作"原旨大自然文学"

刘先平首先是热爱大自然、投身于大自然中的"勇敢的探索者",而后才是"文学的探索者",他"用青春和生命写出作品"。刘先平说:"我热爱大自然

---

① 陈香.作家刘先平首扛中国生态文学大旗[N].中华读书报,2009-3-18(2).

犹如我的生命",要写的是原旨大自然文学,因而"把考察大自然看作第一重要,然后才是把考察、探险中的所得写成大自然探险文学"。①

2. 开拓出大自然文学新天地

"大自然在召唤"系列集中展示了刘先平 30 年大自然文学创作的成果,构建了一个颇具规模的异彩纷呈的人与大自然的世界,谱写出人与自然的颂歌,告诉人们人类与大自然是一荣俱荣、一损俱损的生命共同体。在刘先平之前,还没有哪一位作家几十年来只做一件事——创作大自然文学,呼唤生态道德。正如评论家谭旭东在《散文和报告文学个案分析》中所说:"中国文学的大自然书写到了 20 世纪发生了重大的转变,那就是中国现代意义上的大自然文学的兴起,它的开拓者是安徽作家刘先平"。"刘先平大自然文学一个重大美学突破,就是体现了文化原创精神,建构了全新的艺术空间,这个空间是当下文学中所罕见的"。刘先平大自然文学的最大贡献,是"由文学的人本主义,迈进到生态主义",将中国大自然文学这面鲜艳的美学旗帜高高飘扬在当代文坛的天空。

3. 爱国主义与生态道德是"大自然在召唤"系列最鲜明的特点

刘先平回顾自己 30 年的创作历程,多次表明自己的创作初衷:希望孩子们能热爱祖国的每一片绿叶、每一座山峰、每一条小溪;以自己的作品为祖国的山河谱写壮美的诗篇。因而刘先平笔下描绘的雪山、大漠、山川、森林无不具有诗的韵律、美的灵性,生命的尊严、美丽,他将热爱自然、保护自然、热爱生命、尊重生命等生态道德的主旨融进了高尚的爱国主义情操,如涓涓细流滋润着读者的心灵;他将保护自然的希望寄托在孩子们的身上,在那时就关注生态道德启蒙教育,对构建和谐社会、建设生态文明具有深远的意义。

4. 充满阳刚之气

刘先平的大自然文学作品以独特的审美视角、无比饱满的笔墨,展示了探险生活的神奇魅力、大自然的魅力、人生与自然哲理的魅力。正如张小影

---

① 刘先平.跋涉在大自然文学中的 30 年[C]//安徽大学大自然文学研究所主编.大自然文学研究(首卷).合肥:安徽人民出版社,2013:9.

在评论中指出的,刘先平的作品"不仅描写了人与自然的关系,还能从中领悟到个人的很多追求,比如追求自己的内心的平衡"。刘先平自己"是一个审美追求与人生价值取向高度统一起来的作家"①。张小影提到"在读作品的过程中,结合这段时间工作,一直在想一件事,咱们的青少年读物现在最缺的是什么?可能缺很多东西,但是最缺的是对孩子们从小就培养他们的创造意识、创新品质、探险精神,在幼小的心灵就注入这种精神"。

5. 深厚的文化内涵、博物学的炫目光彩,是刘先平大自然文学经久耐读、愈久弥新的重要品质

刘先平笔下的大自然——山川河海、森林草地、野生动植物世界——都富有深厚的文化底蕴。如《走进帕米尔高原——穿越柴达木盆地》中关于美丽的麝的故事,刘先平就上溯到"麝香"一词之源、麝香的文化、历史中鲜为人知的通向西方的香料之路、马可波罗家族从中国贩卖麝香所获得的巨额财富、麝香的药用价值等,彰显麝香为人类带来的福祉。但也正因为它的神奇,又给动物带来了灭顶之灾。刘先平在"大自然在召唤"系列中,为每一篇作品都写了"后记",讲述写作缘由、作品中描写的大自然的变化、今天的景象,为过去、现在及将来"立此存照",使这套丛书有了一种"生态文化档案"的鲜明特色。

6. 诗性与知性的完美结合,是"大自然在召唤"丛书的又一显著特征

大自然本身就是绚烂多彩,充满诗情画意的。以《走进帕米尔高原——穿越柴达木盆地》为例,每一章节的标题都流淌着诗韵,如《大漠寻鹤》《沙漠情人》《幽默盐湖》《麝啸》等。他对自然风景的描绘,总是合乎"自然法则",给人丰富的动植物及自然生态的知识,或者说,刘先平善于以诗意的文字、以科学的态度讲述大自然的故事。他的作品既是文学的,又是科学的。

---

① 张小影. 他是一位把审美追求与人生价值取向高度统一起来的作家[C]//安徽大学大自然文学研究所主编. 大自然文学研究(首卷). 合肥:安徽人民出版社,2013:171.

7. 为中国大自然文学的国际交流提供了重要参照,为生态文化创意产业提供了丰富资源

人与自然是国际性的永恒主题,大自然文学也是最具有国际性的文学,因为人与自然是生命共同体,人类也是命运共同体,在"地球村"时代,地球是人类的家园,人类都是地球的村民,所有人——不分民族肤色、不分国别地域,都属于自然,都在自然中成长、发展,面临的现实和命运都是相通的。中国大自然文学以刘先平为代表,与西方自然文学都起步于20世纪80年代,经过几十年的发展,已经有实力、有资格、有优势与西方自然文学相提并论、相互促进了。同时,大自然文学因为大自然题材、生态保护主题、动植物神奇世界、人与自然命运共同体等诸多文化属性,在文化产业时代具有文化创意产业开发的特性。其日益成为文学服务现实、文化资源孵化文化产业的重要资源,刘先平大自然文学作品被改编成电影(如《大熊猫传奇》)、动漫及创建大自然文学主题公园等愿景正在变成现实。

九、《走进帕米尔高原——穿越柴达木盆地》:大自然探险长篇纪实的代表作

《走进帕米尔高原——穿越柴达木盆地》是"大自然在召唤"丛书中唯一一部原创新作,出版后获得中宣部"五个一工程"奖。金炳华称赞这部作品"流淌着爱国主义和人与自然和谐相处的旋律"。翟泰丰认为"突破了传统的大自然文学作品原有的审美格局,开辟了大自然文学创作的新境界"。包明德认为"作品激活了人们曾有的想象、记忆,灌输了一种道德的力量、一种责任的力量"。樊发稼认为这部作品让"现代大自然文学旗帜更高飘扬"。①

为写这部作品,刘先平用两年时间横穿中国,从南北两线走进帕米尔高原,穿越柴达木盆地,领悟生命的真谛,关注生命状态,呼唤生态道德。读这部作品,能感受到一种自然清新的审美取向——旷野的壮美、生命的震撼、自

---

① 呼唤生态道德 高扬大自然文学旗帜——刘先平大自然文学创作30年暨"大自然在召唤"作品研讨会纪要[N]. 文艺报. 2009-3-19(C6).

然的魅力、道德的力量、历史的沉重、批判的品格、时代精神及和谐的境界。

(一)以"生命—环境"为主题

在《走进帕米尔高原——穿越柴达木盆地》一书封面上两句提示语"生命的故事,生命的礼赞",让读者联想、沉思,如何将高原、盆地、生命三者联系在一起。作者以一颗敬畏的心,对大自然生命顶礼膜拜,特别是险恶生存环境下的生命奇迹,不仅展示了生命的可贵和美丽,更体现了生命的顽强与坚韧,通过对大自然生命的礼赞,激发了人们对人类生命的思考,以及在生命平等的观念下,如何处理好人类与自然的关系。这部作品的意义还在于,在人们失去对自然理解力、审美力的今天,提醒人们注意自然与人类生命的休戚相关。

以"生命—环境"为主题,刘先平在十年的时间内五上青藏高原,跋涉于横断山脉之间,考察中国西部高原环境下生命的生存状态。先是考察水之源:长江、黄河、澜沧江、怒江、雅鲁藏布江……的源头;继之是考察山之源,连续两年横穿中国,从南北两线走进帕米尔高原,穿越柴达木盆地。这部长篇就是刘先平在十年考察的基础上,又耗时三年精心创作的纪实作品。在作品中,作者记录了一个真实的西部山区的生存环境:"山峦突起,没有一棵草,只有灰头土脑嶙峋的岩石,流石滩、砾石……虽然各具形象,都有个性,但是个个沧桑,像参禅悟道的哲人,只是默默沉思。"在帕米尔高原"地也有潮气,可是,地表水的一丝踪迹都没有"。就是在这样恶劣的环境里,仍然有鲜活的生命,这是一种生命力啊!作者满怀激情地描绘了一幅幅别样的风景:浩瀚的青海湖在变幻的色彩中律动,绿色的生命和婉转的鸟鸣活跃在沉寂的戈壁滩;磅礴的大山被皑皑白雪覆盖,孕育了一条条长河……通过细致的观察,从历史学、地质学、生态学、文化学的角度,探寻南线丝绸之路、魔鬼城下油海形成的地质奇观、藏羚羊生育大迁徙的生态。在赞叹承载生命的大地的同时,作者更不惜笔墨讴歌扎根大地的生命的奇迹和力量:生活在高原的藏羚羊是生命壮丽的化身,黑颈鹤的典雅和美丽仿佛是一首动人的诗,而戈壁石缝中金黄的野花丛正是顽强生命力的写真。

在刘先平笔下,生命的色彩丰富而深厚。帕米尔高原的盘羊们,宣扬着生命的壮丽,就是一首动人的诗;戈壁中蓝色的绒蒿花、石缝中金黄的野花丛,宣泄着生命力的顽强。可鲁克湖里的快乐而鲜活的生命妩媚多姿——水生植物茂盛,浮游生物丰富;阳光下的盐湖,日复一日地蒸发,成了另一种形态,不再有荡漾的水波,留下了岁月清晰的年轮;有个茫茫无际的察尔汗盐湖,静静地躺在蓝蓝天穹下,任凭大漠风沙肆虐,没有一棵草,没有一棵树,没有一只飞鸟,似乎没有任何一种生命。

"生命—环境"的杰作莫过于沙漠中的胡杨。胡杨对生命的理解具有深奥的哲理,特别令人惊叹的是它懂得放弃——放弃一部分,求得最本质的前进。它对"得失"的理解最为透彻,对退一步海阔天空有更高的境界。在应对干旱和风沙时,胡杨常常是自行枯死一部分枝条来延续生命。现在它选择了倒下,用自己的躯体化作根系,滋养新枝繁荣茂盛。民谚说得好,"胡杨三千年","生而一千年不死,死而一千年不倒,倒而一千年不朽"。也就是说,胡杨的生命可以活一千年,它死后的躯体可以站立一千年而不倒,待到倒下后又一千年不腐烂。这是怎样的令人震撼——顽强、坚韧和不屈。其实,胡杨的生命年龄又怎么能以它活的时间长短来计算呢?母株已被沙丘掩埋,却将新的枝条顶出,以枝代干,又是一片新绿。生命就是这样一代一代传续,前起的生命牺牲于后者,后起的生命踏着前者的躯体生长、成长,这是一种多么伟大的牺牲精神,一种前赴后继、生生不息的生命精神。作品将旷野的壮美、生命的震撼、自然的神奇、历史的沉重和时代精神及和谐愿景有机结合在一起,讴歌了恶劣环境下顽强生长的生命奇迹,富有象征意义。正如曹文轩所说的:刘先平"通过他的小说,告诉人们的道理,也绝不是普通意义上的保护自然,绝不在保护草木与动物这样一个层次上,而是将自然与人的精神、灵魂放置在一起的。他通过他的小说向我们诉说的是自然的哲学、人生的哲学。"

在刘先平笔下,生命的力量无处不在。一条小河,把绿色的希望镶嵌在万里黄沙之中,书写着一部与沙漠抗争的英雄史;一垛垛红柳与胡杨的台地,散播在浩瀚的沙漠中,像一对对沙漠情人,深情地眺望;一株株孤傲的胡杨,扎根地下50多米,抗干旱、斗风沙、耐盐碱,更有顽强的生命力,懂得通过放弃获得新生，求得本质的前进，对得失的理解最为透彻，对生命的理解最有哲理。

（二）一堂生态道德的文学课

刘先平说："追寻生命的奥妙，我们走向帕米尔高原。"刘先平选择穿越柴达木盆地，翻越阿尔金山、昆仑山北、塔克拉玛干大沙漠南缘至帕米尔高原，这一路有着太多的神奇，蕴含着太多的奥妙，也无时无刻不在折射着自然与人类的关系——人类对雪豹、藏羚羊、黑颈鹤等珍稀动物的猎杀，以及沙漠、戈壁、盐湖的恶劣生态，仿佛是一个又一个"生态道德的课堂"，告诉你必须善待自然、善待生命、与自然和谐共生的哲理。

《走进帕米尔高原——穿越柴达木盆地》中写了一位来自广东的姑娘，她是一家合资企业的白领，利用自己全年的年休假，来到可可西里参加巡护藏羚羊的志愿者行动。因为高原反应——头疼，一夜要醒来五六次，鼻子出血就塞上止血棉球，原本白嫩的脸上留下了高原的风和强烈的紫外线的明显印记。她不仅不后悔，而且说很享受，以后不仅自己会来，还要动员同事朋友们也一起参加。她说："真的，来这儿是享受，多壮美！祖国有多么辽阔！懂得了生命的意义，懂得了保护藏羚羊是保护一种生命。它们和我们一样，都有生存发展的权利，都是大地的孩子……回去后，我要向同伴们讲保护藏羚羊，保护这片原生态地区的意义，保护地球村的重要。还要想方设法帮助这里解决一些困难。我肯定会时常想念这里，雪山、冰川、大漠……这个地方是我的第二故乡。"她的话在作者"心里掀起了波澜。短短几天，在保护其他的生命、保护自然中，她已经经历了生态道德的洗礼、启蒙，开始领悟对生命的尊重……这是人生中的一次升华。"原来城市的生活，割断了人与自然的天然联系。到达了可可西里，与大自然的相处，又使她和大自然血脉相连，这无论是对她的人生，还是对社会都具有特别重要的意义，因为"自然保护区的志愿者行动的意义，在于很大程度上弥补了人类过去所忽略的生态道德启蒙和培养"。在一定意义上，自然保护区是地球上所剩不多的最美好的生态家园，它的建立本身就含有人类的忏悔。所以刘先平在作品中指出："如果我们能将志愿参加保护区的巡护作为一种社会风气加以提倡、推广,那么保护区就成了生态道德教育的学校、最鲜活的爱国主义教育的基地!道德具有伟大的力量。"①

在这部作品的前面,刘先平有一篇序文《呼唤生态道德——我想将大自然赠送给每个人作为故乡》,总结了他30年创作大自然文学的体会,他说:"30多年来,我响应了大自然的召唤。她以真挚、纯朴、无比的热情,接纳了我这个跋涉者,我和她结下了深厚的友谊。无论是山川河流,还是野生动植物世界的生灵,都是我的朋友。现在我将这些朋友介绍给读者,热切地希望大家都能够倾听到它们的呼唤——热爱生命,尊重生命,热爱自然,保护自然,保护环境……这也是生态道德最基本的范畴。"②正是基于这样的认识和追求,刘先平才能在作品中坚持现实主义的审美取向,希望用作品还给所有人一个真实的大自然,激活人类曾有的记忆,接通与大自然相连的血脉,接受生态道德的洗礼、启蒙,同时,启迪智慧的成长,尤其是未来一代的少年儿童的成长。

(三)大自然文学长篇纪实的成功开拓

《走进帕米尔高原——穿越达柴达木盆地》在刘先平大自然文学创作中有着突出的划时代的意义。在此之前,刘先平大自然文学创作的形式有两大类:长篇小说,如《云海探奇》等;短篇纪实,如《山野寻趣》。这两种基本形式经过30年的探索发展,已经成为大自然文学的最基本形式,但也会产生这样那样的争论。因为刘先平最初4部大自然文学作品都是长篇小说,他自己在创作之初,也明确表示长篇小说是最适合的形式。但4部长篇之后,刘先平再也没有以长篇小说的形式来表达大自然文学的题材、内容与主题,而是充分发挥《山野寻趣》类探险纪实的特点,每一部大自然文学作品,由几十篇写

---

① 刘先平.走进帕米尔高原——穿越柴达木盆地[M].合肥:安徽少年儿童出版社,2008:130.

② 刘先平.呼唤生态道德——我想将大自然赠送给每个人作为故乡[M]//走进帕米尔高原——穿越柴达木盆地.2008:2.

大自然探险的纪实游记散文集合而成,即使整部作品写一件事、写一次探险、写相同的人,也不再进行文学典型化的虚构,地点、人物、事件都是真实的,犹如日记、报告文学,但篇幅总体来看以小的千字文为主,最长的也不过万字。这种大自然文学的表现形式几乎成为一种模式。在被爱好大自然文学的作者争相模仿时,刘先平自己率先打破了习惯,用长篇报告纪实的形式写自己走进帕米尔高原、穿越柴达木盆地的全过程,给人耳目一新的惊喜。

《走进帕米尔高原——穿越柴达木盆地》的成功,在于作者开创了长篇结构、短篇纪实相结合的形式,既发挥了长篇反映重大事件、丰富内容的特点,又发挥了短篇纪实写景抒情、记叙自由、叙议结合的特点,特别是探险纪实的第一人称讲述,具有亲历性、生动性、亲切感、现场感,不像小说那样以虚构的人物、情节、环境来推演。作品的现实性具有直击读者心灵的冲击力。

从《走进帕米尔高原——穿越柴达木盆地》看,用长篇结构写大自然探险故事,需要满足一个基本条件,那就是整个作品应该有一个完整的大事件,有贯穿始终的情节和人物。在此前提和基础上,根据主题、内容表达的需要,根据人物、情节进展的需要,来自由选择灵活多样的表现手法,从而形成整部作品,仿佛一幢雄伟建筑,组成作品内容的一个个小故事,既有连贯性又有独立性,仿佛雄伟建筑中一个个排列有趣的房屋,给读者一种"形散而神不散"的妙趣,达到了《山野寻趣》等短篇散文无法达到的内容厚度、主题高度和艺术维度。

值得注意的是,在《走进帕米尔高原——穿越柴达木盆地》获得巨大成功后,刘先平此后的大自然文学创作,都采用了这种长篇结构的短篇纪实模式,如《美丽的西沙群岛》《追梦珊瑚——献给为保护珊瑚而奋斗的科学家》《一个人的绿龟岛》和《续梦大树杜鹃王——37年,三登高黎贡山》等。

十、《美丽的西沙群岛》:心灵的风景

《美丽的西沙群岛》是刘先平大自然文学创作的又一成果,由明天出版社于2012年出版。这是一部以海洋为题材的长篇探险纪实作品。作者以其亲身经历配以大量照片,向读者讲述了西沙群岛探险的故事。作者用散文的笔

调,纪实性地展现了考察西沙群岛海洋生物及海洋生态时所看到和所经历的事,通过对西沙群岛神秘海洋世界的描绘,力图寻找人类生存的最高境界——人与自然相和谐,共荣共存。作品在描写西沙群岛自然风光美景的同时,还有对驻守西沙群岛的解放军官兵热爱西沙、保卫西沙、自觉呵护西沙生态的生动描写,揭示了西沙守岛官兵的心灵美。这部作品表明作者已经从帕米尔高原走向西沙群岛,标志着刘先平大自然文学实现了大自然题材意义上的完整——从陆地到海洋,海洋文明所特有的蓝色文化成为刘先平大自然文学画廊中最美的"心灵的风景"。

(一)创作题材从陆地走向海洋

2012年是刘先平大自然文学创作的又一个转折点。这是从题材内容到表现形式的全面转折。在此之前,刘先平的大自然文学创作的题材主要是陆地,写山川河流,追寻山之源、水之源、生命之源,大熊猫、相思鸟、黑叶猴、大树杜鹃等陆地上的动植物是作品的主人公。在此之后,刘先平连续创作了三部海洋大自然探险长篇纪实作品——《美丽的西沙群岛》(2012)、《追梦珊瑚——献给为保护珊瑚而奋斗的科学家》(2017)、《一个人的绿龟岛》(2017),被称为"海洋大自然文学三部曲"。将海洋纳入大自然文学创作的意义,还在于刘先平通过作品强调的国家疆域意识,提醒人们我国不仅有960万平方千米的陆地,还有300万平方千米的海疆。热爱海洋、了解海洋、敬畏海洋、保护海洋,与海洋和谐共生,也是生态道德建设的基本要求。关于海洋题材的大自然文学创作弥补或完善了刘先平大自然文学创作的题材空白,也拓展了中国大自然文学的题材空间,极大地丰富了中国大自然文学的主题,在中国大自然文学史上开拓了新领域。

(二)讴歌生命的壮美

哪里有飞鱼,哪里就有鲣鸟;哪里有鲣鸟,哪里就有军舰鸟。这食物链上一物降一物的天性,导演了一曲曲海空一体的生命保卫战——早已聚集在涌浪上方的鲣鸟们,在嘎嘎的尖叫声中,纵横飞掠,捕猎飞鱼。飞鱼们在浪尖上如一条条银线,射向不同的方向。天空、海面和海里,同时上演了围猎与大逃亡的生死博弈。遭到上下围攻的飞鱼们,个个奋力疾飞,运用群体协作,迷惑敌人。一只鲣鸟叼住了一条飞鱼快速飞高,一只黑色的大鸟突然从高空的云层里,如出膛的炮弹,向捕到了飞鱼的鲣鸟展开凌厉的攻势。生命的坚强与脆弱在瞬间分晓,生命的鲜活和绚烂在瞬间绽放。(《南海有飞鱼》)在神奇的珊瑚世界里,珊瑚是海洋中重要的生态系统,它一遭到破坏,鱼呀、虾呀等海洋生物就全部无法生存。而珊瑚虫自己与它体内的虫黄藻互利互惠,共同创造生命的奇迹。作品在让人们感受到生命之力、生命之奇、生命之美的同时,让人们自然联想到,人也是生命体,人与人、人与社会、人与自然都应该互惠互利,共同谱写和谐之歌。(《珊瑚世界》)

(三)强烈的海疆意识

与以往的大自然文学不同,《美丽的西沙群岛》有着强烈的国土意识和爱国情愫,凸显现实意义和时代精神。国土是一个国家与民族生存的根基。作者的忧虑是,谁都知道我国有960万平方千米的辽阔国土,但又有多少人知道我国还有300万平方千米的海疆?又有多少人知道,拥有一个弹丸之地的岛礁,根据《海洋法公约》就拥有了数万倍面积的海疆?所以,他不遗余力、不厌其烦地讲述西沙历史,普及疆土知识,讴歌蓝色文化,宣示南海主权。《爱国爱岛,乐守天涯》《历史是面镜子》《司令的朋友》《海博士和西沙海洋博物馆》《神秘岛》《大海拾贝》《英雄岛》等作品中有着十分可贵的疆土意识、海权意识及以战争保卫和平、以生命捍卫主权的意识。

守岛战士的爱国情愫更是更令人感动。国就是家,家就是岛,为国尽忠就是为家尽孝。他们的财富观就是"钱是纸,情是金"。他们以树铭志,新战士上岛种"扎根树",老兵退伍种"纪念树",首长巡视种"励志树",终于把荒凉的海岛变成了郁郁葱葱的"森林",有5000多棵马尾松。这是守岛战士创造的最完美的精神家园、最亮丽的心灵风景。他们是我们这个时代最可爱的人。(《财富的故事》)

（四）大自然文学的蓝色风景

刘先平是当代文坛少数几位能够将大自然风景精确记录下来，给予清晰的科学解释，并付之诗的神魂，使之成为文学作品的人。从20世纪80年代创作第一部大自然文学探索作品《云海探奇》到《美丽的西沙群岛》，作者用自己的双脚"走"遍了祖国的山山水水，"走"出了中国大自然文学的独立疆土。"走"是他创作大自然文学的特征，其足迹、心迹完美地融合在他的大自然文学里。两条创作轨迹清晰可见，一是走进自然，从皖南山区走向西部高原，从高原走向海洋，通过探险自然达到认识自然，明白"人为自然的一分子、自然是人类之母"的自然法则；二是走进心灵，通过重塑心灵，认识人性、评价人类、尊重人权、敬畏生命，明白"自然是人类的导师、自然是文学艺术之源"的文学法则。"走进自然"与"走进心灵"因此成为刘先平大自然文学创作经久不衰的主题。

刘先平文学观的最可贵处，是以作品说话，颠覆了"文学是人学"的审美传统，确立了以大自然为审美主体的新文学观，将审美主人公由"人"变成（自然万）"物"（动植物），把描绘与探索人与自然的关系作为文学创作的主题，把和谐之美作为审美追求，由此带来了文学题材、体裁及表现方式方法的变革，极大地拓展了中国儿童文学的空间，丰富了中国当代文学的艺术形态，开辟了对接世界主流文坛的有利路径。《美丽的西沙群岛》以其独有的蓝色海洋文化、绿色生态文明和红色国土文艺，成为刘先平多姿多彩的大自然文学画廊中一道亮丽的风景。

十一、《追梦珊瑚——献给为保护珊瑚而奋斗的科学家》：重建生态道德

2017年，在刘先平创作大自然文学40周年来临之际，80高龄的刘先平又推出一部长篇海洋探险纪实新作《追梦珊瑚——献给为保护珊瑚而奋斗的科学家》，由湖北科学技术出版社出版。这是我国第一部描写珊瑚礁科考和保护的纪实文学作品，作者用优美的文笔，在极富小说艺术的讲述中，生动展现了我国科学家为保护海洋顶级生态系统——珊瑚礁生态系统所做的艰苦

卓绝的奋斗,讴歌了他们长年累月冒着生命危险在海底的追梦之旅。作品附有大量彩色照片,向读者展示了难得一见的如梦如幻的海洋生物世界,带领读者一起探险海底珊瑚世界,再一次发出重建生态道德的文学呼唤,也从一个侧面彰显了"绿水青山就是金山银山"的深刻道理。

(一)珊瑚礁——海洋生态系统

有着5000年文明历史的中国,正在奋力实现中华民族伟大复兴的中国梦。海洋强国是中国梦不可分割的重要内容。不同于起源于海洋文明的西方国家,我们对2000多年前古罗马哲学家西塞罗所说的"谁控制了海洋,谁就控制了世界"的论断没有切身体会。长期以来,我们习惯说中国有960万平方千米的土地,却忘记了还有300万平方千米的海洋国土。我国的海岸线有1.8万千米,拥有的海洋面积居世界第四,大陆架面积居世界第五,200海里专属经济区面积为世界第十。我们不仅是陆地大国,也是海洋大国,但我们对海洋的了解少之又少。有科学家断言,经过几千年发展,我们对大海的了解仍然不过只有1%,这个缺课我们今天需要尽快补上。

正是源于这样的紧迫感和责任感,刘先平将大自然文学创作题材从广袤的陆地改变为浩瀚的海洋,希望借文学的力量,做普及海洋知识的志愿者,做呼唤海洋生态道德建设的呐喊者。他希望读者通过阅读这部《追梦珊瑚——献给为保护珊瑚而奋斗的科学家》,可以多了解一点海洋知识,就像观察一滴水可以领略太阳的光辉一样,了解了珊瑚礁就多了一把打开海洋神秘世界的钥匙,因为在珊瑚礁中,众多生物共同形成了一个特殊的生态系统——珊瑚礁生态系统,它与陆地上的热带雨林系统相似,被誉为海洋的热带雨林或热带海洋的绿洲,是海洋的顶级生态系统。可惜,全球约有20%的珊瑚礁被彻底摧毁,约50%的珊瑚礁处在危险之中。保护珊瑚礁,就是保护海洋、保护地球、保护人类家园。这部作品主题立意高,生态思考深,有"21世纪是海洋世纪"的战略视野,以及陆地文明与海洋文明融合发展的时代精神。

(二)科学家"重建"海洋生态

刘先平在2008年创作长篇大自然探险纪实文学《走进帕米尔高原——

穿越柴达木盆地》后,就将深入大自然生活的重点由陆地转向海洋,开始关注海洋生态,创作海洋大自然文学。《追梦珊瑚——献给为保护珊瑚而奋斗的科学家》是他继《美丽的西沙群岛》后,又一部描写西沙群岛的海洋大自然文学,写作者与海洋科学家皇甫晖博士带领的科考队一起进行珊瑚礁生态考察的故事。皇甫晖博士的科考队由一批珊瑚生物学和珊瑚礁生态学的专家学者组成,以如何保护和修复被破坏的珊瑚礁生态系统为科研课题。珊瑚礁生态是海洋中的顶级生态系统,如果珊瑚礁生态出了问题,将给整个海洋生态带来灾难,保护珊瑚礁生态,就是保护人类家园。西沙群岛是由珊瑚礁形成的岛礁,是最理想的珊瑚礁生态考察地。西沙群岛不仅有完整的珊瑚岛海洋生物,如水母、飞鱼、鲣鸟、灵芝、螃蟹、珊瑚、鳊鲹、金枪鱼、旗鱼、小丑鱼……它们构成了海洋生物链,形成相对稳定的生态系统,而且西沙群岛在海洋中的特殊地理位置,其动植物生态、海洋生态与月球等天象的关系,也在神秘中展现了大自然的法则和神奇。在驻岛部队的大力支持下,科考队在西沙群岛建立了珊瑚孵化移植试验区,和守岛官兵一起开展"追梦珊瑚"行动,把保护祖国海疆和保护海洋生态融为一体,极大地丰富了"我为祖国守边疆"的时代内涵。

科考队在对我国近海岸珊瑚礁缩减80%和西沙群岛珊瑚礁生态保持良好的比较研究中,有了重大科学发现,就是珊瑚礁生态系统可以依靠"自然本身蕴藏着的巨大修复能力"而得到不同程度的恢复,提出了"封海育珊瑚、植珊瑚造礁的宏伟构想",这完全颠覆了学界普遍认为"珊瑚生态不可能或很难依靠自然力恢复"的观点。科考队将这一远赴南海的珊瑚礁生态考察称为"追梦之旅",以期为恢复和保护珊瑚礁生态系统探索出一条新路。在以皇甫晖博士为代表的科学家身上,集中体现了我国青年科学家执着、奉献、求真、追梦的科学精神,作品有着批判现实主义的厚重和青春浪漫主义的情怀,在现实与追梦之间架起了一座生态道德的桥梁,并坚信没有生态道德就没有生态文明。

(三)纪实风格与小说艺术的统一

刘先平的大自然文学创作始终具有科考纪实风格,科学家是他作品中不可缺少的正面形象。每一部作品都是他探险考察大自然所见所闻所思所感的文学记录,而每一次探险考察都会由当地的科学工作者陪同,刘先平满怀敬意地将他们写进作品,借他们之口介绍科学知识,在他们身上赋予象征愿景,体现崇尚科学的精神、尊重自然的敬意和面向未来的希望。这部《追梦珊瑚——献给为保护珊瑚而奋斗的科学家》更是以"献给为保护珊瑚而奋斗的科学家"为副标题,这里的科学家是以海洋生物研究专家皇甫晖博士、小袁博士、小李博士和小安研究生等为代表的科学家集体。人物形象的重大突破,反映了作者文学立场的重大转变,已经由批判地反映生态问题的批评家转变为积极地建设生态系统的实践者。此时的大自然文学对自然生态的观照更为深刻,与生态文明建设的关系更为密切,中国大自然文学创作也由此进入一个新时期。

《追梦珊瑚——献给为保护珊瑚而奋斗的科学家》的故事讲述非常注重"小说艺术"。作者在开篇《引子》里,用一组长镜头推出了"大自然—宇宙—太阳系—地球—陆地与海洋—海洋生态—珊瑚礁"由远及近的宏阔画面,寥寥数句,极富层次地展示了珊瑚礁在海洋、地球、宇宙、大自然中的重要位置和生态意义,引发全文对珊瑚的追梦和对人类的追问。作品以探险小说的悬念推进情节,以极富个性的语言塑造人物,以鲜活逼真的描写展现海洋世界的优美、生命状态的壮美、人与自然的和谐美,突出了生态道德建设的主题,给人以阅读的美感和哲理的启迪。

(四)用美的文字写出美的意境

既然讲述的是"追梦珊瑚"的海洋历险故事,就离不开对海洋世界的描写。作者成功描写出海洋世界的不同境界。以"海洋之夜"为例,就有多层视角转换。作者刚登上礁盘,举目张望,"今夜没有月亮,繁星虽满天,但总在闪烁。海水泛着深沉的靛蓝色,就像一块大幕,遮住了神奇世界的大门,只有迷迷糊糊的身影似虾似鱼,在水中游动,而近处远处的鱼跳声和各种似昆虫叫的窸窸窣窣声又特别撩人。嗨,还有个小红球在游动呢!是海龟?还是刺鲀?可当我想去追寻真相时,一切又被黑暗掩去……"待作者打开头灯探望,

"光柱下,海底花园色彩斑斓,里面仿佛长满了奇异的树木和小草,开满了大朵大朵的鲜花。然而南海海水虽透明度高,夜里看,仍给人一种雾里看花的感觉"。作者情不自禁地潜到海水中,"好家伙,眼前这景色如西天晚霞落入海底!比春天的柳条还要青翠的枝状珊瑚,变幻着深红、玫瑰红的红海柳、鹿茸般的鹿角珊瑚,白玉般的石芝珊瑚,大块头的脑珊瑚、滨珊瑚……更有无数盛装的小鱼在珊瑚礁中游来游去,红白相间的是小丑鱼吧,嫩黄、靛红、黑蓝相间的是蝴蝶鱼吧,还有举着大钳子的蟹,一纵一纵的虾……好美的珊瑚世界!"作者巧妙地用人们熟悉的陆上世界来比拟海洋世界,读者在阅读中有如临其境之感,美不胜收,心旷神怡。文学是语言的艺术,儿童文学的语言表达更要规范、准确、纯洁、传神,孩子们阅读作品的同时,不仅享受文学的魅力,而且可以学习语言的表达。

《追梦珊瑚——献给为保护珊瑚而奋斗的科学家》在题材、主题、人物、语言的全面突破,标示着刘先平的大自然文学创作进入了一个新的审美阶段,即由大自然题材的动植物书写转向自然与人并重、突出科学家在重建生态道德和重构人与自然和谐关系中的主导作用,或者说,由过去习惯单纯以"大自然动植物"作为审美对象,转向以"人与自然"整体作为审美对象,从真正意义上将"人作为自然之子"来描写。作品通过青年科学家提出的"大自然修复力"理论——将人类"异化了的自然""再修复"到"人与自然和谐"的生态系统,引发我们思考,人类自身是否也应该具有一种力量来主动修复"被人异化了的自然"?答案是肯定的,那就是人类亟须建立科学的"生态道德观"。

十二、《一个人的绿龟岛》:大自然的生命之歌

《一个人的绿龟岛》由人民文学出版社、天天出版社于2017年出版,这是刘先平以海洋生态为题材的最新力作,与《美丽的西沙群岛》《追梦珊瑚——献给为保护珊瑚而奋斗的科学家》构成"海洋探险三部曲",讲述了作者在神钓手阿山带领下考察我国南海濒危动物绿海龟的探险故事。阿山是生于斯长于斯的南海渔民,了解海洋,敬畏海洋,是海洋生态保护的觉醒者,被称为"精英渔民"。他在一次海洋风暴中遇难,与受伤的红脚鲣鸟相依为命,在绿

海龟的引航下,来到被海洋潜流环绕、生态完美、从未被人发现的绿龟岛——绿海龟的产卵地。他把这个属于他"一个人的绿龟岛",介绍给大自然文学作家刘先平夫妇,带领他们"再探绿龟岛"。作品以第一人称纪实手法,以生动的小说文笔,深情讲述探险海洋生命的快乐,以海洋生命的广博、丰富、坚韧和伟大,引导人类养成保护海洋生命的自觉意识,是一部激荡人心的、讴歌大自然的生命之歌。

(一)千姿百态的生命美

生命源于大自然。自然中最神奇奥妙的是生命,海洋被誉为蔚蓝色的生命摇篮,有"你从未见过的大自然之美"。"初看大海,壮阔、澎湃顷刻向心灵扑来"。看那蓝色,更是匪夷所思地变幻着:蔚蓝、湛蓝、钢蓝、湖蓝、宝石蓝、靛青……在阳光的辉映下,呈现出赤、橙、黄、绿、青、蓝、紫相融相映的迷离……船行海上,"它是那样透明,那样浩瀚,海船行了几天,还是满眼深蓝;天连着水,水连着天,有时不知是在天上还是在海上,天河海都是那样蓝,似乎永远走不完"。在一望无际的蔚蓝海洋上,西沙群岛犹如漂浮的绿叶,小小的绿龟岛更像一朵浪花在大海中闪烁,有着"海市蜃楼"般的神秘。日出时大海燃烧,辉煌灿烂;日落时万千霞光射向蓝天,多姿多彩的云霓幻化出山峦、虎、豹等无尽的形象,映得大海如繁花似锦的草原。站在岛边看大海,"夕阳如一只硕大的金橘,悬在西天,海里也有个金橘——我还是头次看到大海里的夕阳如此金黄——金橘上空是一抹胭脂红,衬得西天迸射的万千金线无比美丽"。待明月升空,大海又如少女般娴静妩媚。

美丽自然是生命赏心悦目的衣装。变幻无穷的大海给人蔚蓝壮阔的绘画美和意境美,也给人神妙莫测的神秘感和神圣感。作者"每天都沉浸在海的呼吸中,都在海边看画",在"海的呼吸"里嗅到生命的味道,在海边的浪涛里听见生命在欢歌,在海面的蔚蓝下看见千姿百态的生命。有的生命"美得惊人",如能跳会蹦的螃蟹、飞翔的鱼群、跳摇摆舞的花园鳗,还有神奇的滨珊瑚,一个滨珊瑚上竟然附生着几十种贝类、螺类,像是南海生物多样性的袖珍博物馆。有的生命"美得你毛骨悚然",如惹不起的海葵、碰不得的海百合、恐怖的魔鬼鱼、吃海龟的鲨鱼,还有"笑面杀手"彩霞水母,"刚出水,一片红艳耀花了眼……直径总在五六十厘米,阳光下霞光四射,彩色缭绕,大海美极了,美得我小腿肚打战,心都提到了喉咙口"。可千万小心,彩霞水母的美姿会让人忘记它是有毒的海洋生物,"不懂的人见它只是一收一合,优雅地飘荡,无比飘逸、潇洒,可知道它厉害的人见到它,会觉得它美得让你心惊胆战,魂飞魄散。当你潜入海底时,你会惊诧地发现一片鲜活的珊瑚林,摇曳舞动,荧荧闪光,洋溢着生命的光华。南海中没有比鲜活的珊瑚生命更精彩的了——珊瑚虫和虫黄藻组成奇妙的动植物生命共同体,唯有它们之间的光合作用,活着的珊瑚才会发出生命的荧光,这是珊瑚生态的智慧之光"。作者感叹,"生命形态真是千变万化!小到每个生物一生中有不同的形态,大到万物各具特色的丰富多彩!生命真是太伟大了!"

(二)生命的神圣与壮美

生命的大美莫过于母性的爱。生命的伟大不仅在于"生命形态的多样性",更在于动物母性的爱绽放出的无疆大美。母爱中体现出的坚韧与奉献的本能行为,被赋予高尚与神圣的审美品格,具有庄严的使命感和崇高美。在《惹不起》里,小丑鱼选择海葵丛作为自己的产卵区,利用海葵的毒刺触手,为自己的下一代撑起保护伞。当穿着潜水服的作者游过来时,小丑鱼奋不顾身地扑上去,用自己的牙齿撕咬潜水服,发起凶猛如狼的攻击。在《梦想》里,有着超常灵性的海龟,不管身在何处,每年六七月,都要回到出生地产卵,纵有千里之遥,也要历经艰险,踏上"回家"的路,在明月之夜,完成生命的交付。海龟们陆续登岛、趴窝、产卵,再扒沙掩盖蛋坑,专心致志地做着一切,早已将自身安全置之度外。有的海龟产完蛋自己也没有了气息,活活累死;更多的海龟在返回大海时,会遭到鲨鱼的伏击……它们用顽强不屈和恪守天职谱写着母爱的神圣与壮美,作者赞叹道:"无论是陆地还是海洋,动物们的母爱都同样深厚!没有母爱,哪有世界!"

生命的神圣在于传承生命。母爱出于天性,却承载着生命传承的神圣使命。作者用大量篇幅描写海龟迁徙产卵的过程,有着庄严的仪式感和神圣感。海龟是由陆地走向大海的,不管漂泊到哪个大洋大海,到了生儿育女时,它们都要回到出生的地方完成生命的传承。《鲨鱼伏袭》写海上明月之夜,正是海龟们朝圣的日子,它们从四面八方赶往产卵地,完成寻根、留根的生命传递。作品中写道"食物链具有神奇的魅力,鲨、鲸从冥冥之中得到了信息,赶来狩猎。不信——不远处海浪声响成一片,不难揣测,鲨鱼正在追赶海龟!海龟们在奋力游动,努力尽快上岛……突然,一条大鲨鱼从海里蹿出,将海龟顶出了几米高,待到它落下时,张开口,咬住了海龟,咔嚓一声,剩下的一半掉到了水中……"大自然的法则就是这样残酷,有时竟残酷得让你无法接受。这种残酷在《梦想》里引发了作者的忧伤和悲叹,每只海龟要从海里爬到岛上,产下一百五六十枚蛋,历时几小时,筋疲力尽。它们必须在太阳出来之前返回大海,但回到大海的路途,早有鲨鱼潜伏,以逸待劳,结果海龟凶多吉少。血腥的屠杀无法阻挡海龟们完成生命传承的重任,而留在岛上的幼龟出壳后,又难以逃脱海鸟、鲨、鲸等天敌的捕猎,90%的生命在诞生时即死亡。

生命的壮美在生与死的瞬间迸放。大海中每一种美妙的生命,都有它的天敌,就像作者在《夜海奇遇》中描述的,自由飞翔的鱼群后面,紧跟着庞大的海蛇阵,海蛇阵后面悄然潜行着魔鬼鱼,真可谓"螳螂捕蝉,黄雀在后"。《有能跳会蹦的螃蟹?》里写道"小鱼渐渐游近了……突然,沙中蹿出一只红色的家伙,展开两只大钳——啊,粗粗壮壮的——一下就钳住了小鱼,缩身、潜入沙中……一条小鱿鱼来了……一道红影从沙中闪起,钳住鱿鱼,就潜入沙中。伸缩之间如电光石火,没有一丝多余的动作。"像拳击手使出的一套组合拳——流畅、迅雷不及掩耳之势,这是琵琶蟹在海底生存必须练就的本领,它将自己潜伏在沙中,无异于隐身在城堡里,奇妙的是,它的两只眼睛生有伸缩自如的长柄,可以洞察外面的世界。要想不被掠杀,第一要保护自己,这是基本常识。在《跳摇摆舞的》故事里,有一场海豚追猎花园鳗的悲壮演出。开始时,海豚们在花园鳗的上层游弋,若无其事地兜了一圈又一圈。突然,"像听到了号令,海豚们一弓身,迅速向密集的花园鳗方向俯冲,但距离还有一二十米时,似是飓风前哨已到,正跳着摇摆舞的精灵们顷刻销声匿迹,无影无踪!只有一片流畅的沙地,稀疏的海藻"。但你以为海豚已经失手时,就大错特错了,只见"海豚们没有丝毫气馁、沮丧,反而快乐地将嘴贴到了沙上",海底突然浑浊,扬起沙粒,钻在沙里的花园鳗暴露无遗,成了海豚们的美味。原以为已是一场完美的狩猎,但正在美食的海豚突然仓皇逃窜,原来有一条大鱼正贴着海底悄无声息地快速接近,来不及逃走的几条花园鳗,还在三四米远处,就被大鱼的长鞭子腰斩成几段,海里弥漫起殷红的血水。在自然界中,所有生命都不过是食物链中的一环,追捕和逃生是它们的生命常态,每时每刻都面临生与死的天择。"生"是死里逃生,"死"也是为生而死,似乎没有最终的胜利者。纵然生命在瞬间消失,也要在最后时刻闪出耀眼的红光——那是鲜血迸放的生命之花,是生命的永恒!动物在生存竞争中创造出的生命智慧,让人类望洋兴叹。自然界中最强大的生命也有致命的弱点,最弱小的生命也有生存的本领,也许这就是不公平中的公平。自然界中生命各尽天择,那种执着求生和坦然向死的生命态度,让人心灵震撼,让人想到什么是生命,什么是死亡;面对生死,如何自爱又如何爱人;想到人从自然中走来,又如何回到自然中去……

(三)人在自然生命中的位置及责任

人是自然界唯一有思想的生命。人回到自然中,就会看清自己从哪里来,要往哪里去;就会明白人在自然界的位置——人也是"两条腿"的动物,和其他生命一样,是大自然里的匆匆过客;就会认识生命的价值,自然中的生命生来平等,各有其不可替代的生命价值,必须得到尊重和保护;就会反思人与自然的关系,人是万物之灵,但不是大自然生命的主宰,人与自然是生命共同体。自然因生命而精彩,生命在自然中实现价值。人与自然应该如何相处,作者在作品里塑造了渔民阿山夫妻、海洋生态科学家欧阳东博士、大自然文学家刘先平夫妇三类形象,从社会发展、科学研究、文学审美的三个层面告诉人们应该有的共同价值观:人与自然是生命共同体,人类必须尊重自然生命、顺应自然规律、承担自然保护责任。

人类要对其他自然生命承担保护的责任。人与自然相依为命。作为万物之灵的人,不仅脱离不了自然,更要在道德和伦理方面,承担对其他自然生命保护的责任,就像作品中的阿山那样,"用大海的神奇和富饶"进行启蒙教育,宣传"生物圈是命运共同体"的科学道理。阿山自述:"钓鱼只是我谋生的手艺,但海给了我很多的知识和快乐,所以来岛上进行考察的老师们愿意找我做向导。我也争取当个好学生,是老师们打开了我的眼界。给我印象最深的是,海洋动植物互利共生,组成了命运共同体。"阿山有一个"保护绿龟岛的计划",他要连同南海珊瑚这一海洋顶级生态系统一同保护起来,还要在网上建立保护区——对国人尤其是青少年进行国土教育、海洋生态教育、生态道德教育。

大自然文学作家是生命及生态启蒙教育的"引路人"。鲁迅说过,要改造国人的精神世界,首推文艺。大自然文学在改造国人的自然观、生命观、生态观方面,有着独特的艺术力量。刘先平的大自然文学正是借文学形式,讲述生命故事,呼唤生态道德。刘先平在《一个人的绿龟岛》前有一篇极短的"卷首语",全文不过百字:"我在大自然中跋涉四十年,写了几十部作品,其实只是在做一件事:呼唤生态道德——在这个面临生态危机的世界,充分展现大自然和生命的壮美——因为只有生态道德才是维系人与自然血脉相连的纽带。我坚信,只有人们以生态道德修身济世,和谐之花才会遍地开放。"

刘先平坚持40年如一日地走进大自然深入生活,拜大自然为师,在"人与自然"伟大实践中,汲取"生活与艺术"的营养,不断进行美的发现和美的创作。他以"铁肩担道义"的社会责任,将高尚的人格修为融入字里行间,使得他的大自然文学创作,有一种"笼天地于形内,挫万物于笔端"的宏阔大气,又有着自然美、生命美、生态美的优雅细腻。特别是近几年来,刘先平更是心系海洋,挂念着南海的海洋顶级生态系统珊瑚礁——海洋中的热带雨林。他四下南海,写下《美丽的西沙群岛》(2012)、《追梦珊瑚——献给为保护珊瑚而奋斗的科学家》(2017)和《一个人的绿龟岛》(2017)三部以海洋生态为题材的大自然文学作品,书写和记录南海的生态变化和人们建设生态南海的伟大实践,有一种"生态道德引领"的力量。这些作品,以批判现实主义精神观照满目疮痍般生态失衡的现实,以浪漫主义情怀书写青山绿水般人与自然和谐的美景,就像他的《一个人的绿龟岛》,从《探险绿龟岛》开始,到最后一节《梦想》

结束,既有逐波踏浪的坚实,又有仰望星空的豪迈,让人看清现实和责任,看到美好和希望,看见"梦想"就在前方。①

十三、《续梦大树杜鹃王——37年,三登高黎贡山》:开创中国大自然文学的新境界

2018年,是改革开放40周年,也是刘先平大自然文学创作40周年。这一年,刘先平用37年写成的一部长篇探险纪实文学《续梦大树杜鹃王——37年,三登高黎贡山》由湖北科技出版社出版,以其不断探索的时代精神和媒体融合的艺术形式,成为十九大后文学界响应新时代生态文明建设的重要作品,荣获"首届中国自然好书奖"之"2018年度华文原创奖",开创了中国大自然文学的新境界。

(一)37年圆梦之作

40年来,刘先平从皖南山区写到西部的青藏高原,又从西部高原写到南部辽阔的西沙群岛,有一件事始终让他魂牵梦绕,那就是云南的千年大树杜鹃王。他不忘创作初心,因为大树杜鹃的命运就是中华民族命运的缩影,在大树杜鹃的身上,有中国人民的历史;他坚持追寻大树杜鹃,37年的执着,有着一份还原历史、讲好中国故事、讴歌美丽中国的使命担当。我们看到这本书时,眼前一亮,杜鹃花开,如沐春风;品读作品,如临其境,有一种"我要去云南,寻梦杜鹃王"的冲动。作家如何不忘初心,始终脚踏实地反映现实生活;如何不忘使命,始终与时俱进吹响时代号角。

《续梦大树杜鹃王——37年,三登高黎贡山》讲的是作者与大树杜鹃的故事,由3篇章组成:21年圆梦、16年寻梦、37年续梦。这个梦就是寻找大树杜鹃王。它源自中国植物学家冯国楣告诉刘先平,1919年——距今100多年了,英国植物学家福瑞斯特在云南发现了一棵巨大的杜鹃树,有250岁,英国人放倒大树,锯成圆盘,做成标本,运回英国自然博物馆,轰动植物学界,1926年被学界定名为"大树杜鹃"。为寻找这棵大树杜鹃,植物学家冯国楣

---

① 刘先平.一个人的绿龟岛[M].北京:人民文学出版社、天天出版社,2017.

在山水间跋涉了30年,终于实现了梦想。刘先平受到激励,立志寻访大树杜鹃,终于在21年后,见到了大树杜鹃。遗憾的是,此时花期已过,满地落英。在作者心中,有一种渴望越来越强烈,那就是渴望见到满树红艳、漫山遍野的繁华景象,刘先平在思念、向往、期待中度过了16年,终于在2018年重返云南,续梦大树杜鹃王。这个圆梦、寻梦、续梦的故事,有着强烈的象征意义,它是源自初心的信仰,来自使命的担当,我们很自然地想到中华民族伟大复兴的中国梦,想到十九大描绘的青山绿水的美丽中国。

(二)将大自然文学提升到一个新境界

40年行走大自然,刘先平的文学之履有着清晰的足印。在思考人与自然关系的主题下,刘先平从走进山野到走向海洋、从探险动物到描绘植物、从虚构小说到虚拟体验、从反映自然到反思人类,在动物学、植物学到博物学的自然书写中,传达了生态学、文化学到人类学的哲理情思。正如刘先平自己所说的,他在大自然中跋涉40年,写了几十部作品,其实只是在做一件事:呼唤生态道德——在面临生态危机的世界,展现大自然和生命的壮美;坚信只有以生态道德修身济世,和谐之花才会遍地开放。

刘先平所说的"和谐之花",不仅指人与自然的和谐,还有"修身济国"的社会和谐。和谐之美是大自然文学的最高境界,大自然文学就是反映人与自然关系的和谐美学。大自然文学作家以"美的心灵"观照自然,告诉人们一个简单的事实:人类来自自然,自然从未离开。自然不仅供给人类生存的物质,还满足人类更崇高的精神需求——对美的渴望和热爱。先是赏心悦目的自然美,给人以认识自然、感知自然的快乐;继之是自然法则规范人类行为的道德美,人类的一切行为都必须遵守生态道德;进而是与美德相联系的和谐美,生态道德维系着人与自然的血脉关系,开放出人与自然命运与共的和谐之花。

《续梦大树杜鹃王——37年,三登高黎贡山》不仅是作者不忘初心的"追梦之作",还是放飞理想的"和谐之作"。云南滕冲的高黎贡山无人区,屹立着世界上独一无二的千年大树杜鹃王,这是大自然的神奇。作者以文字、图片和摄像视频,全方位展现了高黎贡山原始森林的自然生态美。作品中写到作者37年间三上高黎贡山寻梦、圆梦、续梦大树杜鹃王的历程,得到植物学家冯国楣等科学家、保护区工作人员和出版单位编辑的热情无私的支持帮助,字里行间流淌着浓浓的人性美。作者讲述了100多年前(1919年)英国植物学家福瑞斯特从高黎贡山砍倒大树杜鹃制作成圆盘标本带回英国,并在英国自然博物馆展出的历史故事,既为西方园艺界流传的一句名言而骄傲——"没有中国的杜鹃花,就没有西方园林的丰富多彩",更为那个时代积贫积弱的中国感到痛惜和悲哀。作者发誓一定要找到大树杜鹃,那时他要自豪地说:"这是我们中国人自己找到的确良!"为此,刘先平魂牵梦绕37年,三上高黎贡山,又远涉重洋到英国自然博物馆,寻找大树杜鹃成为他人生的使命和责任,直到实现这一愿望。他将这一心路历程写进作品里,极大地拓展了作品的叙事空间,给人一种穿越时空的历史厚重感和文化沉思美。刘先平动情地讲述《续梦大树杜鹃王——37年,三登高黎贡山》的故事,他将壮美的大树杜鹃赠送给每个人,供他们种植在心灵家园,努力地呼唤生态道德的建立,歌颂人与自然友好相处的和谐之美,将大自然文学提升到一个新境界。

(三)前所未有的阅读体验

刘先平自述,《续梦大树杜鹃王——37年,三登高黎贡山》是一部"激情燃烧之作"。他说:"激情是对生命的热爱,激情是对自我价值的追求,激情是创新的动力。激情燃烧,能产生难以想象的力量!激情鼓励着科学家在艰难中探索,激情让文学家迸发出创作灵感的火花,激情催动工匠追求精致……正是激情使我想创造一种崭新的阅读体验——文学+博物学+大自然探险+新媒体。这对今天的大自然文学和博物学来说都有着特殊意义。无论文学或博物学对自然的描写如何精准,都难以与自然中鲜活的具象相比。当然,视频中看到的依然是影像,但毕竟是真实的,且能激起你到大自然中去探索的向往。大自然文学闪耀着博物学的光辉,蕴含着自然的奥妙,充满着趣味。大自然文学与博物学描写的对象都是自然,存在契合点。文学可为博物学插上翅膀。其实,优秀的博物学作品也是大自然文学作品,正是创新的激情,将我和出版社、影像摄制、自然保护区……诸多与此相关的伙伴凝聚成一个目标一致的团队"①。

刘先平的激情鼓励他追求大自然文学的极致,将文学与博物学有机结合,实地探险和虚拟体验无缝衔接。他创造的大自然文学创作与阅读的新体验,让人眼睛一亮,别开生面,又恰到好处。《续梦大树杜鹃王——37年,三登高黎贡山》首先映入眼帘的是一幅幅探险自然的精美照片,让你情不自禁地动手翻阅。翻阅中你会惊奇地发现有24处二维码标识,拿起手机扫一扫,就能看到无人机拍摄的高黎贡山原始森林的视频。再去阅读作者充满激情的温暖文字,就更有身临其境、物我两忘的体验了。大自然文学与博物学、影像学、新媒体的融合,有着特殊的文体创新意义。文学或博物学的自然书写如何精准,相比镜头中鲜活的自然都是相形见绌的。作者的镜头充满诗意和灵气,捕捉到的影像纯净无瑕,充满人与自然之间的爱和信赖,饱满深情的文字叙事,使作品达到天人合一的美妙意境。大自然文学的自然性、具象性和整体性呈现,特别需要图片、视频、数字媒体的加入。该书做了有益的尝试,不仅图文并茂,而且集多种媒体形式于一书,是一部融媒体大自然文学,可读、可看、可听、可视、可玩。读文字、看图片、听故事、看视频、玩虚拟体验。这个尝试不仅创造了大自然文学表现的新形式,更给读者阅读带来前所未有的新体验。

"杜鹃也报春消息,先放东风一树花"。刘先平的《续梦大树杜鹃王——37年,三登高黎贡山》以其新高峰、新境界、新体验、新形象,预示着中国大自然文学春天的到来。刘先平倡导的中国大自然文学必将在新时代的东风里,百花竞放,春色满园。党的十九大报告中指出:"我们要建设的现代化是人与自然和谐共生的现代化"。要推进绿色发展,建设美丽中国,为子孙后代留下天更蓝、山更绿、水更清、环境更优美,这是一项伟大工程。在这个伟大工程里,不能没有大自然文学的参与,因为大自然文学就是追求人与自然和谐共生的文学。

---

① 刘先平.续梦大树杜鹃王——37年,三登高黎贡山[M].武汉:湖北科学技术出版社,2018:254.

第六章 "刘先平大自然文学创作"评论述评(上)

刘先平坚持在大自然中探险45年,创作大自然文学50余部,获得中宣部"五个一工程"奖、中国作协全国优秀儿童文学奖、原国家新闻出版总署中国出版政府奖、中国版协中华优秀出版物奖,以及宋庆龄儿童文学奖、冰心儿童文学奖等各类重要的文学奖项。其作品受到一代又一代读者喜爱和文艺评论界的关注,被称为"刘先平大自然文学"现象,刘先平也被称为中国大自然文学的开拓者、奠基人,有"中国大自然文学之父"的赞誉。这些奖项和评价就是评论界对刘先平大自然文学创作的肯定和褒扬。

创作与评论是大自然文学发展的双翼。评论是在创作之后,因为评论的对象是作家的作品,然而评论一旦"发声",反过来对作家创作也有指导作用。同时,评论自身作为一种独立的文艺现象,有其发生发展的规律,从而形成一种"评论的力量",推进创作按照评论所期望的方向发展。

综观评论界对刘先平大自然文学创作的反映和评价,可以分作前后两个阶段四个时期,重点关注九个方面的创作话题。

第六章 "刘先平大自然文学创作"评论述评（上）

第一节 "刘先平大自然文学创作"评论的"两阶段四时期"

刘先平大自然文学创作的分期与刘先平大自然文学创作的评论分期，是两个既密切联系又完全不同的概念。刘先平大自然文学创作分期的基础是作品特征，刘先平大自然文学创作评论的分期基础是对作品评论的评价特征。

本书第四章《刘先平大自然文学的创作分期与主题意蕴》中，将刘先平大自然文学创作分作"四个时期"：（1）突出环保主题（1977—1987），又称"第一个十年"；（2）讴歌生命壮美（1988—1999），又称"第二个十年"；（3）呼唤生态道德（2000—2010），又称"第三个十年"；（4）追梦和谐共生（2011—2020），又称"第四个十年"。评论以创作为前提、为条件，与创作紧密联系，但又有自身评论的规律。从文艺评论的视角看，2000年是一个转折点，这一年刘先平提出"大自然文学"这一概念，不仅其创作面貌为之焕然一新，而且"刘先平大自然文学创作"评论也因此进入一个新阶段。

一、两个阶段：前20年和后20年

2000年，安徽儿童文学创作会议召开，会议在分析以刘先平创作为代表的安徽儿童文学创作现状和发展趋势后，提出了新世纪安徽儿童文学创作将优先扶持"大自然文学"，从而打出"大自然文学"旗号，提出发展"大自然文学"规划。以此为分界，将"刘先平大自然文学创作"的评论分为前后两个20年，即"前大自然文学"评论阶段和"大自然文学"评论阶段。

（一）第一阶段，"前大自然文学"评论阶段（1980—2000）

所谓"前大自然文学"评论阶段，指在"大自然文学"概念确立之前，刘先平的创作没有明确的"大自然文学"意识，文学评论的对象主要是"刘先平大自然探险长篇系列"作品，其评论活动有以下五个方面特点：（1）站在儿童文

学立场;(2)关注大自然题材的突破;(3)探讨探险文学形式;(4)重视生态环保主题的表达;(5)以书评和研讨会为主要评论方式。

这一阶段的主要评论文章有:徐民和的《开拓出一个新天地——读刘先平的两部儿童文学作品》(1980)、陈伯吹的《人与自然的颂歌》(1987)、赵凯和吴章胜的《儿童文学也是人学》(1988)、汪习麟的《用文学统一科学性和趣味性——读〈大熊猫传奇〉札记》(1989)、束沛德的《勇敢的探索者》(1996)、张小影的《刘先平大自然探险文学的审美价值》(1996)、江晓天的《耐得住寂寞 经得住时间检验》(1996)、韩进的《大自然的呼唤——刘先平大自然文学创作散论》(1996)、高洪波的《刘先平探险小说的三个特色》(1996)、樊发稼的《独具思想艺术魅力的精品》(1996)、浦漫汀的《野生动物世界的无穷魅力》(1996)、李准的《用青春和生命写出的作品》(1998)、班马的《自自然然地颠覆一个只写"人"的以往文学世界——读出刘先平作品的性情与气质》(1998)、金波的《人与自然的赞歌》(1998)等,以及刘先平自己的理论文章《热爱祖国的每一片绿叶》(1983)、《对大自然探险小说美学的蠡测》(1991)等。

从上述评论的作者、时间和标题可以得出,这一阶段的评论特征还是儿童文学圈子内的评论,是处于最基础层次的作品评论,具有作品介绍和阅读推广的意义,还没有上升到综合性、系统性、个性化、学理性的作家创作论、文学现象论、文学史论等以作品论为基础的更高层次的学术性研究。

(二)第二阶段,"大自然文学"评论阶段(2000—2020)

此时"大自然文学"已经作为一种独立明确的文学类型被提倡、被接受。刘先平的创作有明确的"大自然文学"追求,他坚持创作"中国的"大自然文学。文学评论的对象主要是"刘先平大自然探险纪实"作品,其评论活动有以下五个方面特点:(1)站在大自然文学的立场;(2)关注大自然生态问题;(3)强调探险纪实的文学形式;(4)重视"生态道德"主题的提出;(5)研讨会和专题研究的评论方式。

这一阶段的主要评论文章有:韩进的《大自然文学走出儿童文学的藩篱》(2003)、唐先田的《大自然文学的鲜明品格——兼论刘先平的大自然文学创作》(2004)、谭旭东的《从文学的人本主义到生态主义》(2007)、吴尚华的《人与自然的道德对话——刘先平"大自然文学"生态意涵初探》(2008)、翟泰丰的《大自然文学与时代的呼唤》(2009)、高洪波的《人与自然和谐的颂歌》(2009)、张小影的《他是一位把审美追求与人生价值取向高度统一起来的作家》(2009)、樊发稼的《高举大自然文学的旗帜——兼谈刘先平新作〈走进帕米尔高原——穿越柴达木盆地〉》(2009)、赵凯的《大自然的壮美诗篇——刘先平创作论》(2009)、韩进的《呼唤生态道德 讴歌自然和谐——刘先平与他的大自然文学》(2009)、王景的《人与自然的和谐乐章》(硕士论文,2010)、金波的《高举大自然文学的旗手》(2012)、君早的《论大自然文学衍生文化创意产品的体现方式——以刘先平的大自然文学作品为例》(2013)、苏勤的《论新媒体技术与大自然文学产业转化的关系》(2013),翟泰丰的《刘先平大自然文学创作成就与文学形态的探索、创新》(2014)、赵凯的《生态文明视域中的大自然文学》(2014)、韩进的《中国大自然文学发端于安徽》(2014)、雷鸣的《论刘先平的大自然文学对于当代文学的意义》(2014)、吴尚华的《论"大自然文学"的生态理想》(2014)、梅杰《中国大自然文学"走出去"的意义》(2014)、韩进的《文学皖军扛旗:中国大自然文学与世界同步》(2014)、魏春香的《刘先平大自然文学的解读》(硕士论文,2014)、汤盼盼的《"大自然文学"创作审美探究》(硕士论文,2017)、王蕾的《生态美学视域下的刘先平大自然文学创作研究》(硕士论文,2017)、鲁枢元的《生态时代的道德体系重建——兼谈刘先平的大自然文学书写》(2019)、石海毓的《大自然文学作家热爱世界的生态伦理观——以爱德华·艾比和刘先平大自然书写为例》(2019)、王俊暐的《大自然文学的概念界定及其中国特质——兼及中国生态批评话语体系的建构》(2019)、王欣的《行走的生态诗学——评刘先平的大自然文学》(2019)、张玲的《一个人的生态主义运动——基于刘先平大自然文学的生态批评》(2019)、梅杰的《大自然文学漫谈》(2019)、盖光的《大自然文学的理论构建及语境条件》(2019)、任雪山的《刘先平大自然文学研究综述》(2020)、韩进的《中国大自然文学40年——兼论刘先平对中国大自然文学的贡献》(2020),等等。这一阶段,刘先平谈自己大自然文学创作的理论文章有《跋涉在大自然文学的

30年》(2008)、《呼唤生态道德》(2008)等。

从上述评论的作者、时间、标题可以看出,这一阶段的评论特征已经走出儿童文学圈子,走向了文学大家庭,而且走进生态文学的视域里,将大自然文学当作一面"美学旗帜"来维护并培育,评论方式更加丰富多元,在传统的书评和研讨会之外,还有很多综合性、系统性、专业性、学理性学术研究,评论重点已经从简单的作家作品介绍,深入到作家创作论、作品类型论、审美价值论、媒体融合论和创意产业论等多个领域,特别在多所高校和多家研究机构,已经将刘先平大自然文学创作作为研究生论文的方向和学术研究课题,大自然文学评论开始进入具有学科建设性质的系统理论研究的更高层次,其学术研究、学科建设和文学创新的价值和意义更加明显。

二、四个时期:儿童文学、大自然探险文学、原旨大自然文学、生态大自然文学

"两个阶段"的划分是以评论界关于"大自然文学"概念的确立为标准,分作前后两个20年。但在每个20年间,又可以从文学概念的演进中发现不同时期的特点。具体来说,在"前大自然文学"评论阶段,以1996年举办的"'刘先平大自然探险长篇系列'作品研讨会"为界,分作前期的"儿童文学时期"(1980—1996)和后期的"大自然探险文学时期"(1996—2000)。在"大自然文学"评论阶段,以2014年召开的"大自然文学国际研讨会"为界,分作前期的"原旨大自然文学时期"(2000—2014)和后期的"生态大自然文学时期"(2014—2020)。

(一)儿童文学时期(1980—1996)

刘先平作为儿童文学作家,有着明确的儿童读者意识,他写的作品是不折不扣的儿童文学作品,题材是与儿童最亲近的大自然,主人公也是儿童,出版作品的出版社是中国少年儿童出版社、人民文学出版社和安徽少年儿童出版社,获得的文学奖也是儿童文学奖。这与他长期从事教师的职业有关,他说他从事文学创作是要承担起"教师、家长、作家"的三重责任。因此,1982年5月,刘先平在北京参加优秀少儿读物授奖大会,他给北京儿童图书馆的

题词是:"热爱祖国的每一片绿叶,每一座山峰,每一条小溪。"他说:"这是我对少年读者的希望。也是我写作《云海探奇》《呦呦鹿鸣》《千鸟谷追踪》……那些作品时的初衷。更是自勉!"①

儿童文学作家是刘先平文学人生的底色,为儿童读者创作是刘先平坚持一辈子的事业。他退休时仍然是一名优秀儿童文学作家,作为中国作家协会儿童文学委员会委员、国际儿童文学研究会会员、安徽省作家协会常务副主席兼儿童文学委员会主任、安徽省儿童文艺家协会主席,他获得过世界儿童文学界最高奖——安徒生奖的提名奖。也因为这一身份认同和儿童文学影响力,很多人习惯从儿童文学的视角来阅读、解析、评价刘先平的大自然文学,而这个视角虽然是重要且合适的视角之一,但不影响还有很多人将刘先平大自然文学创作当作中国的大自然文学来阅读、解析、评价。

刘先平从来没有否认过他的儿童文学作家身份,反而他始终以能做一位儿童文学作家、毕生为孩子写作为荣。然而,他又多次提醒人们不要把他仅仅当作儿童文学作家,不要认为他的创作只有儿童文学,而且多次强调希望人们不要"纠缠"于他的儿童文学作家身份,而要重视他是一位大自然文学作家。他这样的"较真"其实不是矛盾,也不是相互否定,更不是因为曾经是儿童文学作家,成名后对儿童文学不屑一顾,恰恰相反,刘先平将儿童文学与大自然文学相提并论,视为同样重要,不希望人们在解读他的创作时,因为儿童文学而低估了大自然文学的价值,也不要因为是大自然文学作品而忘记了儿童读者。这也说明了一个事实,就是刘先平倡导并以刘先平创作为代表的中国大自然文学,首先是从儿童文学发起的,在儿童文学中孕育、发芽、生长,最终"走出儿童文学的藩篱"②,成为一门独立的大自然文学类型;而大自然文学的确立和发展,又"在少年儿童文学领域里开拓出一块极有价值的新天

---

① 刘先平. 热爱祖国的每一片绿叶——和少年朋友谈心(代后记)[C]//刘先平. 山野寻趣. 合肥:安徽少年儿童出版社,1987:239.
② 韩进. 大自然文学走出儿童文学的藩篱[N].中华读书报.2003—7—6.

地"①,极大地丰富和提升了儿童文学创作与发展的艺术空间。

（二）大自然探险文学时期(1996—2000)

早在1991年,刘先平在谈到自己恢复文学创作10年来的体会时,就将自己的创作定位为儿童文学领域的"大自然探险文学"。刘先平认为,"探险文学作品在儿童文学创作中占有特殊的地位,数量大,佳作多,不假思索就能报出一连串'奇遇记''历险记'的书名。但其中绝大部分是童话,以小说体裁直接反映现实生活的作品并不多,因为小说的诸多特点增加了创作的困难,然而,唯其'困难',才使直接反映现实生活的探险小说对青少年读者具有特殊的魅力,具有较大的影响",这就是刘先平为什么选择"探险小说"体裁的原因。刘先平说,"我曾有幸跟随野生动物科学考察队生活,参加过多次考察,写过4部长篇探险小说。这些小说都是反映研究自然保护的科学考察的现实生活,描写了一群小探险家出于'保护自然',参与揭示动物世界奥秘的故事,因而也被称为'动物科学探险小说''大自然探险文学'或'人与自然'主题的探索,当1980年《云海探奇》问世时,即被评论为开拓了(儿童)文学新领域"。

将刘先平的名字与"大自然探险文学"紧紧连在一起,还是1996年的事情。这一年,江泽民总书记发出要重视"三大件(长篇小说、电影、儿童文学)"和"出版更多优秀作品,鼓舞少年儿童奋发向上"的指示,中国青年出版社在贯彻落实这一指示精神时,选了刘先平的儿童文学作品。这些出版于1980年至1987年的儿童文学作品,已经有过10年到15年的市场检验,得到儿童读者的喜欢和儿童文学专家学者的肯定,值得"辑结成集"出版,因为"这套书中的作品,它们在'三大件'中占了两件:长篇小说和青少年文学"。出版社"认真地学习和领会关于'树立精品意识,实施精品战略'的指示,认为刘先平的系列作品,与一般丛书和文集,有明显的不同。重要的是突出这套书的特点:是一位作家锲而不舍地努力开拓的同一题材的作品,高昂的主旋律、独特

---

① 陈伯吹.人与自然的颂歌[C]//束沛德主编.人与自然的颂歌——刘先平大自然探险文学评论集.合肥:安徽少年儿童出版社,1999:8.

的审美视角……它们初版于20世纪80年代不同的时间,在当时都产生过反响,但囿于人们那时对拯救自然认识程度等原因,尚未达到应有的影响。经过十多年的考验,其特色更加显出魅力,现在结集成为系列,便共同焕发出强烈的爱国主义精神,共同构成人类在野生动物世界探险的传奇图景,共同发出拯救自然、拯救人类的强烈的呼唤,形成规模效应,给读者的震撼格外厚重,为任何一部单篇作品难以企及……"。在这样的思想指导下,出版社和刘先平多次商谈,"对原作品作了较大的修订和充实,有的章节甚至是重写",再次"开拓了文学、儿童文学创作的新领域,填补了空白",这集中体现"题材、文学样式的开拓性和首创性"。①

"刘先平大自然探险长篇系列"出版总策划、总编辑陈浩增回忆说:"确定选题前后,我们征询了我国著名的儿童文学史研究家浦漫汀(北师大)、蒋风(原浙江师大校长)等教授,以及从事自然保护事业的卿建华(中国濒危物种办公室主任)等专家学者的意见,论证了我国描写自然探险长篇小说,确系从《云海探奇》开始。文学界公认它们开拓了我国文学的新领域,被称之为大自然探险文学,或自然保护文学,而且这几部作品,至今依然独树一帜。世界文学史上,不乏这类优秀作品,但在我国是填补了空白。自然保护是当今世界重要的课题,主题具有国际性。"②

基于上述评判,出版社和专家学者一起,将"刘先平大自然探险长篇系列"(5种)定位为"5个第一":

"刘先平大自然探险长篇系列"是中国第一套描写在野生动物世界探险的长篇系列;

《云海探奇》是中国第一部描写在猿猴世界探险的长篇小说;

《呦呦鹿鸣》是中国第一部描写在梅花鹿世界探险的长篇小说;

---

① 本段引用文字均见陈浩增.中国第一套描写在野生动物世界探险的长篇系列[C]//束沛德主编.人与自然的颂歌——刘先平大自然探险文学评论集.合肥:安徽少年儿童出版社,1999:24-25.

② 陈浩增.中国第一套描写在野生动物世界探险的长篇系列[C]//束沛德主编.人与自然的颂歌——刘先平大自然探险文学评论集.合肥:安徽少年儿童出版社,1999:23-24.

《千鸟谷追踪》是中国第一部描写在鸟类世界探险的长篇小说；

《大熊猫传奇》是中国第一部描写在大熊猫世界探险的长篇小说；

《山野寻趣》是描写探险中的奇闻奇遇。

丛书名和"5个第一"的定位，凸显了刘先平创作"大自然探险文学"的特质，或者说，这次修订再版，集中了专家学者的智慧，重新发现了刘先平创作的"新价值"，就是中国文学缺乏、中国少年儿童特别需要的"大自然探险文学"。这个基于文学现实和文学史视野的评判，将刘先平"儿童文学创作"的特点——大自然探险文学凸显出来，将这一特征放到世界文学史和中国文学史上的"探险文学"系列去考察和评价。刘先平创作在"儿童文学"国际性的基础上，又多了一条以"探险文学"融入中外文学大家庭的新路径，刘先平创作也被文学界认为"刘先平大自然探险文学"，有了在文学界独立门户的创作倾向。

1996年11月，"刘先平大自然探险长篇系列"作品研讨会由中国作家协会和中国青年出版社在北京联合召开后，会议研讨成果由束沛德主编，以《人与自然的颂歌——刘先平大自然探险文学评论集》收录出版，"大自然探险文学"也就成为刘先平创作的"代名词"，得到文学界、出版界、读者的广泛接受。此后，刘先平不论有新作出版，还是修订再版，"刘先平大自然探险"都成为用得最多的丛书名，也是刘先平坚持使用最多的丛书名，这里面不仅有刘先平对1996年评论界"会诊"评判结果的珍惜和尊重，更有刘先平以此为激励，创作"中国的"大自然文学的决心和信心。"刘先平大自然探险"成为刘先平创作的代表性品牌，让刘先平在中国儿童文学界独树一帜、鹤立鸡群，成为具备儿童文学界的探险文学和探险文学中的儿童文学的"双重身份"的优秀作家。

在"大自然探险文学"时期，虽然刘先平探险的环境是"大自然"，在探险大自然中发现了"野生动物世界"，但思考的是"人与自然的关系"。因此评论界在将刘先平创作定位为"大自然探险"的同时，也看到了刘先平的"大自然探险"不是游山玩水，大自然探险文学创作也不是借景抒情，而是将大自然作为生态整体，在生态环保的主题上深入到生态道德的思考上，也就是刘先平在创作中提出的如何处理人与自然的关系，即思考人在自然界中的位置，以及人应该怎样对待大自然生命,这就为刘先平创作第三个时期"原旨大自然文学"的到来,埋下了伏笔,或者说成为必然。

(三)原旨大自然文学时期(2000—2014)

经历儿童文学、大自然探险文学两个时期的发展后,刘先平创作迈入了"生态文明"的21世纪,开始了由儿童文学向大自然文学的转型发展。评论界开始以"刘先平大自然文学"来代替"刘先平大自然探险文学",这标志着刘先平创作进入了一个新高度。

刘先平创作的"大自然文学"特质是与"大自然"题材与生俱来的。随着自然生态问题的日益突出,社会生态文明意识的日益加强,文学进入生态时代的历史使命,还有作家刘先平与时俱进的创作追求,早已预示着一个"大自然文学"时代必将到来。

2000年10月,世纪之交的安徽儿童文学界,在刘先平的带动下,召开面向21世纪的"安徽儿童文学创作会"。会议通过对安徽儿童文学创作成绩的回顾,认识到安徽儿童文学的突出成就和最大特色,是以"刘先平大自然探险长篇系列"为代表的"大自然文学"。安徽儿童文学在新世纪的创作方向,应该优先扶持"大自然文学"创作,竖起"大自然文学"这面旗帜,这首先得到儿童文学界的响应和支持,"安徽大自然文学"被认为中国儿童文学天空高高飘扬的"三面美学旗帜"(另二者为江西大幻想文学、浙江幽默儿童文学)之一。

刘先平对大自然文学的首倡,引起文学界和社会广泛关注。2001年中央电视台《东方之子》栏目采访刘先平,请他讲述大自然探险中的欢乐与忧虑,讲述大自然文学的主旨,扩大了"刘先平大自然文学"的影响。按照安徽优先发展大自然文学、在文学界首举"大自然文学"旗帜、努力创作"中国的"大自然文学、推进中国大自然文学融入世界大自然文学潮流的整体思路,安徽儿童文学文艺家协会在刘先平主席领导下,先后于2003年、2014年召开"大自然文学研讨会"和"大自然文学国际研讨会",这两次以"大自然文学"直接命名的研讨会,让"大自然文学"的创作理念不断扩大,让刘先平与大自然文学的联系更加紧密。文学界一致认为,中国大自然文学发端于安徽,开拓者是安徽作家刘先平,刘先平是中国大自然文学的奠基人,是"中国大自然文学之父"。

可以说,从2000年刘先平在"安徽儿童文学创作会"上旗帜鲜明地提出"大自然文学"这一主张,到2014年刘先平组织召开"大自然文学国际研讨会",刘先平创作已经完成了从"儿童文学"到"大自然文学"的华丽转身,刘先平创作中自始至终所涵盖的"人与自然关系"的主题,像一颗"大自然文学"的种子,经过20年的发芽、开花、生长,在21世纪到来之时,已经破土而出。在21世纪生态文明的阳光下,大自然文学茁壮成长,终于成为中国当代文坛的现象级文学,成为一门新兴的大自然文学种类和大自然文学学科,"刘先平大自然文学"也成为一个文学专有名词。

一切都是水到渠成。回顾刘先平在不同时期说过的话,就会一目了然。1996年,在"刘先平大自然探险长篇系列"研讨会上,刘先平介绍自己的创作时说:"1978年恢复写作,主要致力于大自然文学、儿童文学和美学研究"[①]。2008年,刘先平第二次将自己的重要作品结集出版,丛书名为"大自然在召唤"(9种),除了《走进帕米尔高原——穿越柴达木盆地》这部原创长篇探险纪实,还有5部1996年版的"刘先平大自然探险长篇系列",3部刘先平大自然探险作品,都是再次修订重新出版。这次集中出版正好是刘先平大自然文学创作30周年,刘先平在"大自然在召唤"这套丛书《后记:我的30年——跋涉在大自然文学》中说:"我突然明白了,30年来,我实际上只做了一件事,'启蒙和宣传生态道德、树立生态道德观念'"。刘先平为这套丛书的出版,专门写了总序《呼唤生态道德》,再次强调,"30多年来对大自然的考察,60多年的人生经历,使我逐渐深刻地认识到树立生态道德的重要性和紧迫性。30多年前我所描写的青山绿水,现在已有不少面目全非。大片原始森林被砍伐了,更多小溪小河都已退化或干涸","这使我无限忧伤、愤怒,更加努力地呼唤生态道德的树立,也更寄希望于孩子。正是大自然的生存状态恶化,激起

---

① 刘先平.刘先平小传[C]//束沛德主编.人与自然的颂歌——刘先平大自然探险文学评论集.合肥:安徽少年儿童出版社,1999:219.

了我决心在每篇作品后写了后记,为过去,为未来,立此存照"。①

这一时期,一系列以"刘先平大自然文学"为品牌的活动开展起来了。2010年1月,安徽省人民政府批准建立"刘先平大自然文学工作室"并授牌。2010年5月,安徽大学大自然文学研究所成立,刘先平受聘担任安徽大学教授兼任研究所所长,并于2011年、2012年担任安徽大学中文系文艺学专业大自然文学硕士研究生论文答辩委员会主任。2014年10月,以"刘先平大自然文学工作室"名义筹备并召开了"大自然文学国际研讨会",参会者有来自中国、瑞典、美国、英国、俄罗斯等国家的大自然文学研究者,他们带来了新观点、新视野。中外学者虽然因为文化差异对大自然文学的理解不同,但在人类共同面对的生态危机面前,都不约而同地思考"人与自然的关系",在生态文明的视野里,中外大自然文学实现了殊途同归。

这个时候,刘先平有了新的发现,发现很多研究者心中的"大自然文学",是极端个性化的概念,就像"一千个读者就有一千个哈姆雷特"。刘先平既不同意将大自然文学仅仅当作儿童文学之一种来理解,也不同意将大自然文学与生态文学混为一谈。刘先平非常赞同程虹对美国自然文学所下的定义,认为程虹笔下的美国自然文学与他提倡的中国大自然文学有着本质上的相通之处,譬如大自然题材、人与自然关系视角、生态主题和纪实题材等。为不引起评论界的误解,也是提醒评论界注意,刘先平解释说:"简单地说,大自然文学是描写人与自然的故事,歌颂人与自然的和谐。我这里要强调的是这个'自然'应是真实的自然,或者说是原生态的自然,是科学的自然,而不是童话或寓言式的自然。也可以叫作'原旨大自然文学'"。刘先平在不同场合多次强调,"我要写的是原旨大自然文学,因而把考察大自然看作第一重要,然后才是把考察、探险中的所得写成大自然探险文学"。他还建议"在中小学课本中增加大自然文学作品的分量",因为"大自然文学在培养青少年崇尚自然之美、生态道德、热爱生命、感恩自然方面有着特殊的、显而易见的作用。《关于

---

① 刘先平.呼唤生态道德[C]//安徽大学大自然文学研究所主编.大自然文学研究(首卷).合肥:安徽人民出版社.2013:23—24.

加快推进生态文明建设的意见》中明确提出：培育生态道德应'从娃娃和青少年抓起，从家庭、学校教育抓起'。目前中小学教材不是没有大自然文学作品，而是数量少，且缺少优秀的原旨大自然文学作品。当然，各种文学样式都会起到潜移默化的作用（如童话等），但原旨大自然文学有其更为直接的作用"。

刘先平提出"原旨大自然文学"，重在强调大自然文学创作中的"自然"的原生态性，强调笔下的大自然是真实的大自然，"不写没有考察过的大自然"，而这个"大自然"，既是生态危机的现实大自然，也是生态和谐的美好大自然。呼唤生态道德、培育生态文化、建设生态文明，日益成为刘先平大自然文学创作的主题，为刘先平创作进入"生态大自然文学时期"做好了文学准备。

（四）生态大自然文学时期（2014—2020）

这一时期，刘先平仍然坚持"原旨大自然文学"创作，不写自己没有考察过的自然，作品中的"自然"仍然是原汁原味的原生态自然，但描写原生态自然的视角，不再是从儿童文学出发，不再是从探险文学出发，也不再强调"原旨大自然书写"，而是强调"生态视角"，不再像过去那样对评论家从生态文学视域评论他的创作感到"不满"，感到是对他的创作和作品的一种"误读"。这一时期，刘先平非常重视倾听来自生态批评的意见，注意汲取生态文学的优势，努力在生态文学与大自然文学之间寻找"平衡点"或"契合点"，对有评论家将其创作称作"生态大自然文学"不表示自己的意见，完全尊重评论家的观察，只要"言之有据"，即便只是"一家之言"，刘先平也采取十分宽容的态度。评论界对于"刘先平大自然文学"的研究，也因此进入"百花齐放、百家争鸣"的热闹、和谐局面。

从生态视角研究刘先平的大自然文学创作由来已久，早在第一个十年的"儿童文学时期"，人们以儿童文学标准来评判刘先平创作的同时，已然看到了作品中表现出的环保主题下的生态意识。而且随着社会生态问题日益突出，刘先平在创作中对生态问题越来越重视，与此相应，评论界也越来越多地从生态批评的视角来重新发现刘先平创作的价值。另外，刘先平自己也在不断发现自己创作的"灵魂",越来越明确地意识到,他45年的大自然文学创作,其实只是在做一件事:呼唤生态道德,建设生态文化。

刘先平第一次提出"呼唤生态道德",是2008年推出"大自然在召唤"(9种)时写的丛书总序《呼唤生态道德》,是刘先平对自己提倡的"原旨大自然文学"创作的理论总结,"呼唤生态道德"既是刘先平对自己大自然文学创作的重大发现,也是刘先平大自然文学创作区别于其他大自然文学的标志性特征。而"建设生态文化"或"培育生态文化",是刘先平在2015年以后,特别是2017年党的十九大召开以后提出的。

10年后的2018年,刘先平出版《续梦大树杜鹃王——37年,三登高黎贡山》,仍然将10年前"大自然在召唤"的"总序"——《呼唤生态道德》作为该书的"代序",只是将文中的"30年"改为"40年",这表明刘先平这10年来一直坚持自己的"发现",并有意识地践行"呼唤生态道德"这一创作原则。刘先平说:"40多年来在大自然的考察,70多年的人生经历,使我深刻地认识到:建立生态道德的重要与紧迫。"又说:"40多年在山野跋涉中,大自然给予了我最生动、深刻的生态道德教育,因而无论是描写大熊猫、相思鸟世界探险的长篇小说,或是讲述在野生动植物世界探险的奇遇故事,我都在努力宣扬生态道德的伟大,努力使生态道德在人们心间生根、发芽。"需要注意的是,这里刘先平明确地以他恢复创作的第一批作品——"描写大熊猫、相思鸟世界探险的长篇小说"为例,说明"呼唤生态道德"如果不是刘先平创作的初衷,那么也是刘先平作品中内涵的意蕴。这与刘先平下面这段自白是一致的:"我在大自然中跋涉40多年,写了几十部作品,其实只是在做一件事:呼唤生态道德——在面临生态危机的世界,展现大自然和生命的壮美;生态道德是维系人与自然血脉相连的纽带。我坚信,只有人们以生态道德修身济国,和谐之花才会遍地开放。"①

评论界最早从生态视角解读刘先平大自然文学创作,可以追溯到2007

---

① 以上引文均见刘先平.呼唤生态道德(代序)[M]//刘先平.续梦大树杜鹃王——37年,三登高黎贡山.武汉:湖北科学技术出版社,2008.

年谭旭东在《从文学的人本主义到生态主义》一文中,将"自然书写与生态文学"的写作概念相比较,提出"刘先平的大自然探险文学是中国最早的现代意义上的生态文学"①。2009年,韩进对刘先平"大自然在召唤"系列(9种)进行评价。他认为,"'大自然在召唤'荟萃了刘先平30年来最优秀的大自然文学作品","呼唤生态道德、化解人与自然的矛盾、建设生态文明,成为他30年来大自然文学创作孜孜以求的主题,也是时代赋予当代大自然文学的责任和使命"。"刘先平30年大自然文学创作中对人与自然关系的探寻,浓缩了以人类为中心走向以生态为中心的文明进程"②。谭旭东认为,"大自然在召唤"系列"树立了人类生态整体观念,构建了一个个大自然审美意象,突破了儿童文学的边界,也突破了传统生态文学的边界,既保留了儿童文学的纯美气质,又借鉴了西方生态文学多大自然的温情关怀,同时也得到了环境文学的艺术滋养"。"刘先平所倡导并亲身实践的大自然文学与西方生态主义思想和绿色哲学可以说不谋而合,其对人与自然关系的重审,也是人对自身的重审。如何摆正人类在大自然中的位置,使人类的生命得到一种真实的确认,也是大自然文学的价值取向。"③

2014年,"大自然文学国际研讨会"召开,从生态批评的视角来解析和评价刘先平创作成为会议论文的主要特色。翟泰丰以《刘先平大自然文学创作成就与文学形态的探索、创新》为题在大会上做了主旨演讲,指出,刘先平的大自然文学创作,带领人们"认识大自然中的人本,把握人本中的大自然","急切地向全社会呼唤生态道德,'先人一步'开创新的审美视角,进入了生态文明建设新的历史时期"。"人与自然和谐相处的生态道德,将成为第三次工业革命大数据智能化新时代主要的观念形态,是生态文明建设的观念基础。刘先平的大自然文学,走进了新的社会文明,走进了工业文明新的历史时期,

---

① 谭旭东.从文学的人本主义到生态主义[C]//安徽大学大自然文学研究所主编.大自然文学研究(首卷).合肥:安徽人民出版社,2013:72.

② 韩进.呼唤生态道德 讴歌自然和谐——刘先平与他的大自然文学创作[C]//安徽大学大自然文学研究所主编.大自然文学研究(首卷).合肥:安徽人民出版社,2013:187.

③ 谭旭东.大自然文学三十年回顾[C]//安徽大学大自然文学研究所主编.大自然文学研究(首卷).合肥:安徽人民出版社,2013:190-191.

具有人本与大自然和谐一体的中国特色。这也正是刘先平大自然文学的历史地位和审美价值"。参加会议的外国研究者,如瑞典原驻华文化参赞、自然文学作家伊爱娃笔下的"大自然文学"就是"生态文学",美国俄亥俄州联合大学文学和环境研究员教授、大自然文学作家、理论家约翰·塔尔梅奇在题为《回归本质:国际背景下的中美大自然文学》论文开头就明确说道:"今天,我带来了来自美国大自然文学界及人文环境学者,特别是生态批评学者的问候。生态批评是从生态视角出发,解读文学、艺术、电影及其他各类文化产物。"①中国学者、评论家、安徽大学大自然文学研究所所长、《大自然文学研究》主编赵凯的论文,更是旗帜鲜明地表明自己的评论立场——《生态文明视野下的大自然文学》,指出刘先平大自然文学创作的演进源自"作家文学观念的演变。作家自觉的生态文明视域,是其大自然文学创作的出发点"。②

自 2014 年"大自然文学国际研讨会"后,从生态批评视角来研究刘先平的大自然文学创作,成为一种普遍的现象,如吴尚华的《论"大自然文学"的生态理想》(2014)、赵凯主持的安徽省哲学社会科学规划重点项目《生态文明视域中的"大自然文学"研究》(2016)、吴琼的硕士学位论文《刘先平大自然文学创作特色研究》(2016)、张玲的《中国当代大自然文学的"自然"之"道"——基于刘先平大自然文学的生态批评实践》(2018)、王蕾的硕士学位论文《生态美学视域下的刘先平大自然文学创作研究》(2018)、韩进的《呼唤生态道德——生态审美视野下的刘先平大自然文学》(2019)等。

2019 年 11 月,安徽大学大自然文学协同创新中心和刘先平大自然文学工作室等联合主办"生态文明视野下的当代大自然文学创作研讨会",会议把"在国家大力推进生态文明建设的背景下"、"进一步推动大自然文学创作及生态批评研究走向深入"、"大自然文学与生态道德、生态文明建设的关系"列

---

① [美]约翰·塔尔梅奇. 回归本质:国际背景下的中美大自然文学[C]//安徽大学大自然文学研究所主编. 大自然文学研究(第二卷). 北京:人民文学出版社、天天出版社,2015:30.

② 赵凯. 生态文明视域下的大自然文学[C]//安徽大学大自然文学研究所主编. 大自然文学研究(第二卷). 北京:人民文学出版社、天天出版社,2015:61.

入会议重点议题。会议论文也多紧扣"生态文明视野下"这个特定视角,对以刘先平为代表的当代大自然文学创作,进行了广泛交流和深度研讨。主要论文有:王俊暐的《大自然文学的概念界定及其中国特质——兼及中国生态批评话语体系的建构》、贺绍俊的《人类的大自然和大自然的人类》、鲁枢元的《生态时代的道德体系重建——兼谈刘先平的大自然文学书写》、王欣的《行走的生态诗学——评刘先平的大自然文学》、石海毓的《大自然文学作家热爱世界的生态伦理观——以爱德华·艾比和刘先平大自然书写为例》、雷鸣的《生态伦理的诗学演绎——论刘先平的〈美丽的西沙群岛〉》、汪树东的《生态巡礼和生态忧思——评刘先平的纪实文学作品〈走进帕米尔高原——穿越柴达木盆地〉》、张玲的《一个人的生态主义运动——基于刘先平大自然文学的生态批评》,等等。

(五)"四位一体"的文学批评观

若要搜寻 40 年来"刘先平大自然文学创作"评论的关键词,莫过于"儿童文学""大自然探险文学""原旨大自然文学""生态大自然文学"四大文学概念。呼唤生态道德是贯彻刘先平大自然文学创作始终的主题,是唯一不变的一根"红线";相对"生态道德"主题而言,儿童文学、大自然探险文学、原旨大自然文学和生态大自然文学就是刘先平大自然文学创作在不同时期的表现形式,是在刘先平大自然文学创作的时间长轴上刻上的"四个路标"。有趣的是时间变化了,评论的作品虽然还是那个作品,但评判理论和评价结果发生了变化。换言之,变化的是评论家的"说法"。同是"刘先平大自然探险长篇系列"(5 种),却在 40 年的评论中被赋予了不同的身份和性质,它既是儿童文学,又是大自然探险文学,还是原旨大自然文学,也是生态大自然文学。这套"刘先平大自然探险长篇系列"(5 种)几乎每 10 年就会被重新"改造"一次,每一次都会以不同的身份面市,如最初的儿童文学,继而大自然探险文学,接着是原旨大自然文学,而后是生态大自然文学。这种现象表明,在刘先平创作的大自然文学作品中,儿童文学、大自然探险文学、原旨大自然文学和生态大自然文学是"四位一体"的,只是在不同时期某种特征成为评论的"主体",其他特征则组成"背景"而已。

"刘先平大自然探险长篇系列"包括《云海探奇》《呦呦鹿鸣》《千鸟谷追踪》《大熊猫传奇》《山野寻趣》5部作品,在1996年以前,被当作"儿童文学"来评价,为"新时期儿童文学开拓了新领域"。1996年,这5部作品以"刘先平大自然探险长篇系列"的名义集中重版时,特别强调探险品格的培养对少年儿童成长的意义,以及探险精神对中华民族精神的传承意义。针对现实缺少探险文学作品,将这套书中所含的探险品质挖掘出来,给读者以明确的阅读引导。

其实,在"大自然探险文学"时期,评论家浦漫汀就指出"刘先平创作就是'中国的'大自然文学",只是作家刘先平建议采取谨慎的态度,不急着"打旗帜""贴标签"。因而,在1996年"刘先平大自然探险长篇系列"作品研讨会的评论文章结集出版时,就没有用"大自然文学"来替代"大自然探险文学",而是在经过三四年的"民间"酝酿后,在世纪之交的2000年召开的"安徽儿童文学创作会"期间,刘先平才郑重地打出"大自然文学"的旗帜。评论界理所当然地"接受"了。到了这个时候,作品还是那些作品,已经不叫"儿童文学",也不叫"大自然探险文学",而改名为"大自然文学"了。

"大自然文学"概念提出后,需要创作与理论支撑,需要在刘先平创作之外,寻找更多作家作品来"加入"大自然文学阵营。然而,文学一旦与"大自然"发生联系,就必然和同时期的"生态文学"发生千丝万缕的联系,因为它们像一对孪生兄弟那样相似,让人们不得不采用类似"生态文学视阈下的大自然文学"或"大自然文学视阈下的生态文学"的限定表达来阐述自己的观点,以免发生误解。

这一情形在2014年"大自然文学国际研讨会"召开期间得以放大到不能不加以重视的程度,因为很多参加"大自然文学研讨会"的专家学者,特别是来自瑞典、美国、英国、俄罗斯等的国外研究者,他们几乎都是从"生态文学"的视角来谈论"大自然文学",将大自然文学与生态文学在"大自然题材"和"生态保护主题"两大方面的共性进行大胆融合,形成了你中有我、我中有你、你我与共的审美效果。因为大自然文学根本无法,甚至也没有必要说清楚在

"大自然题材"和"生态保护主题"两方面与生态文学的区别,所以干脆采取开放的态度,各取所需。同样还是《云海探奇》那几部长篇小说,在这个时期,有人说它们是"大自然文学",有人将其作为"生态文学",似乎都没有异议,都可以接受,都活在各自的话语体系里。因而,2019年的"大自然文学研讨会"干脆以"生态文明视野下的当代大自然文学创作研讨会"为题,而且生态批评已经成为大自然文学评论的重要武器,不再由生态文学独享了。

第二节 "刘先平大自然文学创作" 评论界关注的九大话题

广义的评论指"读者反应批评",狭义的评论指文艺评论界的反应,也称作大众读者意见与专家学者评价。刘先平大自然文学创作自始至终都得到评论界的高度关注,与刘先平创作有着很好的互动,相互促进,在时间概念上经历了上述"两个阶段四个时期",在评论话题上也不断变化深入。任雪山认为,"改革开放以来,刘先平大自然文学创作越来越受到读者的喜爱,也日益引起学术界的瞩目。纵观40年的大自然文学研究,虽然涉及不同方面,又受到各种理论方法的影响,但主要表现在大自然文学的兴起、定位、特征、主题、创作风格、美学形态、审美价值、教育意义等八个方面"[①]。参考任雪山的研究成果,它将对大自然文学创作的兴起、定位、特征、主题、分期,以及创作风格、审美价值、比较研究、刘先平精神等九个方面进行归纳,可概括为评论界关注"刘先平大自然文学创作"的"九大话题"。

一、大自然文学创作的兴起

中国大自然文学兴起于安徽,安徽作家刘先平是中国大自然文学的开拓

---

① 任雪山.刘先平大自然文学研究综述.该文为作者在2019年11月召开的"生态文明视野下的当代大自然文学创作研讨会"上的交流论文。

者,这是评论界的共识。韩进在《中国大自然文学安徽独树一帜》一文中,回顾了中国大自然文学兴起的过程。1996年"刘先平大自然文学探险长篇系列"(5种)出版,评论家浦漫汀高度评价刘先平的创作"以崭新的人与自然的关系审美,写出的是最新的大自然文学,有鲜明的特点,是中国的大自然文学"[①]。正式以"大自然文学"的名义倡导一种新的文学形态,始于2000年10月召开的"安徽儿童文学创作会"。刘先平的《高举大自然文学的旗帜》、金波的《高举大自然文学的旗手》两篇会议论文,不约而同地提出了安徽的"大自然文学方向",得到与会代表的共鸣和响应,一个以刘先平为代表、以安徽儿童文学作家为团体的"大自然文学"快速兴起,很快成为引人注目的中国文学现象。2001年10月29日,中央电视台《东方之子》栏目播出了对刘先平大自然文学创作的专访,并以"今天走进《东方之子》的是文学界公认的、我国现代意义上的大自然文学的开拓者刘先平"来开场。2002年1月1日,评论家束沛德在《文艺报》发表《新景观 大趋势——世纪之交儿童文学扫描》一文,将"安徽大自然文学"称为世纪之交中国儿童文学的"三面美学旗帜"之一。2003年10月8日,浦漫汀在《中华读书报》发表《兼跨文学两个领域的名篇——读"东方之子刘先平大自然探险"系列有感》,指出"20世纪70年代末以来,始终致力于大自然文学创作的刘先平,已被公认为我国现代意义上的大自然文学的开拓者"。

2009年,刘先平"大自然在召唤"系列(9种)召开会议,会议的一个重要成果,就是确立了刘先平在中国大自然文学史上的地位。高洪波在给《走进帕米尔高原——穿越柴达木盆地》这部作品参加中宣部第十一届精神文明建设"五个一工程"奖的推荐词中写道:"自20世纪70年代以来,刘先平就以巨大的热情、坚韧的毅力和非凡的勇气投入对大自然的观察、研究及相关文学作品的创作中,30年如一日,创作了数百万字的优秀文学作品,开创了中国的'大自然文学'流派。"评论家王泉根认为"安徽作家刘先平是大自然文学的

---

① 刘先平.跋涉在大自然文学的30年[C]//安徽大学大自然文学研究所主编.大自然文学研究(首卷).合肥:安徽人民出版社,2013:8.

积极开拓者与探索者"①,评论家曹文轩认为刘先平"为中国创造了一种叫'大自然文学'的门类"。

二、大自然文学创作的定位

如何定位大自然文学,首先要搞清楚什么是大自然文学,这经历了一个比较漫长的过程。因为"大自然文学"是刘先平倡导的一个新文学种类,没有现成的理论。广义的理解为"以大自然为题材的文学",评论界都能理解,但狭义的理解则各有各的解读。有人与古代的自然书写相比较,认为"刘先平大自然文学是中国当代最早的现代意义上的大自然文学"②。有人与欧美自然文学相比较,认为"有共通之处,但也有很多不同之处。可以笼统地认为,欧美的'自然文学'(Nature Writing)是一种狭义概念,我国的'大自然文学'(Literature of Nature)是一种笼统概念"③。有人与生态文学相比较,认为刘先平大自然文学"是中国特色的生态文学"④,或者说是"当代生态文学书写的一种独特形态"⑤。有人坚持大自然文学的独立性,认为"大自然文学就是大自然文学,是整个大文学的一个门类,就像文学分成人文学和儿童文学一样,大自然文学也有'成人'与'儿童'之分"⑥。刘先平认为,"歌颂人与自然和谐、呼唤生态道德的文学,即当代大自然文学"。

如何定位大自然文学,与如何定位作家刘先平密切相关。张之路认为,"刘先平是一位作家,他也是一位大自然人的'探索者',是一位向青少年也包

---

① 王泉根.中国儿童文学史[M].天津:新蕾出版社.2019:419.
② 赵凯.生态文明视野中的大自然文学[C]//安徽大学大自然文学研究所主编.大自然文学研究(第二卷).北京:人民文学出版社、天天出版社.2015:60.
③ 梅杰.大自然文学漫谈.该文为作者在2019年11月召开的"生态文明视野下的当代大自然文学创作研讨会"上的交流论文。
④ 谭旭东.从文学的人本主义到生态主义[C]//安徽大学大自然文学研究所主编.大自然文学研究(首卷).合肥:安徽人民出版社.2013:73.
⑤ 吴尚华.人与自然的道德对话——刘先平"大自然文学"生态意涵初探[C]//安徽大学大自然文学研究所主编.大自然文学研究(首卷).合肥:安徽人民出版社.2013:80.
⑥ 樊发稼.高举大自然文学旗帜——兼谈刘先平新作《走进帕米尔高原——穿越柴达木盆地》[C]//安徽大学大自然文学研究所主编.大自然文学研究(首卷).合肥:安徽人民出版社.2013:175.

括我们这些成年人介绍大自然的'普及者',同时他也是一位'呼唤生态道德'的'布道者'";"刘先平是我国现代意义上大自然文学的开拓者,他以崭新的人与自然观,在文学领域开拓了一片新天地"。①

综上所述,2000年以前的20年,刘先平创作被更多地认为儿童文学范畴内的大自然探险文学;2000年以后的20年,刘先平创作被更多地认为是保留了儿童文学纯美和生态文学批评的别具一格的大自然文学,与儿童文学、生态文学等文学是平等的类文学关系,是经过40年发展出来的具有独立的"创作法则和批评理论的大自然文学国"。

三、大自然文学创作的特征

对刘先平大自然文学创作特征的探讨,几乎是每一篇评论文章都会涉及的话题,以此为专题的研究文章也有不少,如汪习麟的《以文学统一科学性和趣味性》(1989)、韩进的《大自然的呼唤——刘先平大自然文学创作散论》(1996)、王泉根的《解读刘先平和大自然文学》(2009)、谭旭东的《大自然文学的特点和价值》(2014)、祖琴的《论刘先平大自然文学的审美特征》(2015)、吴琼的《刘先平大自然文学创作特色研究》(2016),以及赵凯、张玲的《大自然文学的审美特征与思想基础》(2019)等。

综合评论界诸多观点,大自然文学的最大特征有两个方面。第一个方面体现在内容要素方面的"写什么",这有两层意思,一层是题材概念,指描写生态危机的大自然;一层是主题概念,即刘先平强调的"歌颂人与自然和谐、呼唤生态道德"。第二个方面体现在形式要素方面的"怎么写",也有两层意思,一层是创作视角或创作立场,从生态视角亦即从"人与自然关系"立场来写;一层是创作形式或文体特征,兼有小说、散文、游记、故事等体裁因素的"跨文体写作",形成一种特有的"刘先平大自然文学体"。

四、大自然文学创作的主题

作品主题中蕴含着作者创作动机。大自然文学的主题关乎大自然文学

---

① 张之路."大自然在召唤"的回响[J].中国少儿出版.2009(1).

的本质,即为什么需要大自然文学,以及刘先平为什么选择大自然文学,为什么创作大自然文学,为什么倡导大自然文学?主题自身带有的目的性和功利性。评论家不能回避对创作主题的探究,因为主题既是作家思想的表达,也会对读者的思想产生潜移默化的影响,是文学实现自身价值和社会效益的重要途径。

研究者都非常重视刘先平的说法,对"呼唤生态道德"主题非常熟悉并高度认同。刘先平多次表示,他在大自然中探险几十年,创作大自然文学50余部,最终发现只有一个愿望,就是通过自己的大自然文学创作,通过读者向社会呼吁建立生态道德,也就是人类应该与自然和谐相处,人与自然万物是生命共同体,人类只有建立生态道德、养成生态文化、建成生态文明,人与自然才能和谐共生,人与人的关系才会和谐美好,人类社会才会持续发展。

在"呼唤生态道德"的总主题下,刘先平大自然文学创作的主题又是十分丰富的。因为写大自然,热爱大自然成为主题;因为写探险,探险精神成为主题;因为写动植物生命,热爱生命成为主题;因为传递科学知识,热爱科学成为主题;因为写生态危机的现实,生态环保成为主题;因为写中国大自然,爱国主义成为主题;因为写人与自然的辩证关系,养成科学自然观成为主题……生态道德主题的一贯性和体现这一主题的丰富性相统一,使得刘先平的大自然文学有着经典的魅力,不仅孩子和成人都喜欢阅读,都能各取所需、各有所得,而且不同时期的读者、同一个读者的不同人生阶段,都喜欢阅读刘先平的大自然文学。刘先平大自然文学作品获得多类文学奖项,不断再版重印,与其主题的深刻性、典型性、时代性、丰富性、启发性有着重要关系。

五、大自然文学创作的分期

创作分期是对创作现象阶段性特征的认识。我们要想准确认识刘先平的大自然文学创作,就要对其40年创作历程做线性分析,从不断变化的创作轨迹里,将创作经验上升到找寻创作规律的理论高度,从而通过对刘先平创作史的研究,了解中国大自然文学的发展史。

刘先平大自然文学创作的分期,主要有"三分法"和"四分法"。"三分法"

的代表有赵凯和谭旭东。赵凯将刘先平的全部创作活动分作三个时期。第一个时期(1957—1963)是刘先平创作的尝试阶段,第二个时期(1978—1987)是刘先平文学生涯中的黄金时期,第三个时期(1987年至今)是作家的文学理念与实践更加自觉与更加成熟的阶段。①谭旭东将刘先平的大自然文学创作分作"初创、发展和成熟"三个阶段。初创期为20世纪70年代末80年代初。"这一时期,由于大自然文学表现内涵契合了儿童对神秘大自然的天然亲近的本体属性,于是大自然文学与儿童文学亲密合流,在儿童文学界得到了广泛认可,并成为儿童文学的一面重要美学旗帜"。发展期为20世纪90年代。这一时期,大自然文学"与生态文学、绿色文学和环保文学相呼应,形成了一种对生态进行批评、由文学的人本主义到生态主义大自然文学创作潮流"。新世纪以来的大自然文学创作进入了较为成熟的阶段。"首先是刘先平提出了自己成熟的创作观并对大自然文学的艺术旨向及审美追求提出了自己的见解";同时在创作中"树立了人类生态整体观念,构建了一个个大自然审美意象,突破了儿童文学的边界,也突破了传统生态文学的边界,既保留了儿童文学的纯美气质,又借鉴了西方生态文学对大自然的温情关怀,同时也得到了环境文学的艺术滋养"。②"四分法"的代表是韩进,从题材和主题的演变中,将刘先平40年的大自然文学分作四个时期,每个时期10年,即第一个时期"突出环保主题"(1977—1987)、第二个时期"讴歌生命壮美"(1988—1998)、第三个时期"呼唤生态道德"(1999—2009)、第四个时期"追梦和谐共生"(2009—2019)。(详见本书第四章《刘先平大自然文学的创作分期与主题意蕴》)

六、大自然文学创作的风格

风格即人。刘先平的大自然文学创作具有鲜明的个人特色,从而被称作"刘先平大自然文学",这说明大自然文学这种文体已经深深打上了刘先平的

---

① 赵凯.大自然的壮美诗篇——刘先平创作论[C]//安徽大学大自然文学研究所主编.大自然文学研究(首卷).合肥:安徽人民出版社.2013:87.
② 谭旭东.用文学呼唤生态道德[N].人民日报.2009—4—13.

创作个性的烙印。束沛德认为,刘先平"把小说的叙事、散文的抒情、纪实文学的真实、摄影文学的逼真传神,水乳交融在一起,构筑成别具特色的大自然探险文学。这是他为建设中国特色的大自然文学作出的独特贡献"①。韩进认为,"刘先平创作的最大风格,就是纪实风格",用刘先平的话说,就是"不是亲历考察的不写"、道听途说的不写、捕风捉影的不写。甚至为达到"现实的真实",不允许有"合理的虚构",也不允许"编辑做技术处理"。所以,阅读刘先平的作品,亲历性、探险性、纪实性和在场感扑面而来,不看作者就能知道是刘先平的作品。

吴琼在其硕士论文《刘先平大自然文学创作特色研究》的《第二章 刘先平大自然文学的艺术特色》中,从文体、语言风格、形象、视角等四个方面,对刘先平大自然文学创作风格做了全面的分析:一是独特的文体。认为刘先平大自然文学融合了传统小说、传奇故事、探险小说、儿童故事、报告文学等不同类型的文本形态,形成跨文体写作的风格。二是多种语言风格的统一。认为刘先平作品中叙述自然科学知识的语言非常严谨,讲述动物故事的语言轻松活泼,描写儿童生活的语言充满童趣,描绘自然场景的语言诗性优美,思考问题的语言带有哲学……语言的丰富性展现了强大的表现力。三是丰富的动植物形象。认为刘先平作品中的动植物形象丰富多彩,但没有一种写进作品中的形象不是作者精心挑选的,在这些平凡的动植物身上,都有不平凡的生命奇迹。珍爱生命、敬畏生命、讴歌生命是刘先平创作的基本主题,刘先平笔下的动植物,无论是大熊猫短尾猴,还是麋鹿香獐,或者是石斛杜鹃,都充满了顽强蓬勃的生命力。四是独特的儿童视角。认为刘先平在创作的大自然文学作品中,贯穿始终的是"儿童的视角"。初期从儿童文学的立场创作大自然探险文学,他总是想着给孩子们创作的同时,也要给孩子们身后的大人们写点什么。后来从生态文明视野创作大自然文学,他总是想着给大人们创作的同时,也要让正在长大的孩子们能喜欢。儿童视角的"童真"与大自然文

---

① 束沛德.有胆有识的拓荒者——略说刘先平与其"大自然在召唤"丛书[J].中国少儿出版.2009(1).

学的"本真"融汇一体,让刘先平的大自然文学达到了现实真实与文学真实的有机统一。

七、大自然文学创作的审美价值

在新时期儿童文学的春天里,刘先平大自然文学无疑是一道亮丽的风景,给人赏心悦目的审美感受。束沛德赞赏道:"时代呼唤着大自然文学。新时代赋予大自然文学以新的艺术魅力和审美价值……大自然文学这面绿色文学旗帜在新世纪闪耀着绚丽的美学光辉。"①早在10年前的2009年,翟泰丰在评价刘先平的"大自然在召唤"系列(9种)时就指出:"如何评价刘先平'大自然在召唤'丛书在文学史上的历史地位及其审美价值,已为文学界乃至学术界广泛议论,已成为大家共同思考和探求的一个议题,且已有很多精到的论述、论证。"翟泰丰指出,"'大自然在召唤'无疑突破了传统的大自然文学作品原有的审美格局,开辟了大自然文学创作的新境界,其审美观照是开拓性的,其审美视角已跨入生物科学与信息技术的新时代,其笔触已伸向人与自然内在联系的哲理领域,大声疾呼生态道德"。翟泰丰还强调:"血的教训告诉我们,坚持科学发展观势在必行。血的教训告诉我们,树立生态道德迫在眉睫。这正是刘先平大自然探险文学在文学史上的历史地位和审美价值,历史已经证实了这个价值之所在,历史还将继续证明这个审美价值的分量。"②

张小影在《刘先平大自然探险文学的审美价值》③中高度肯定刘先平创作能够给当下儿童读者提供他们最需要但儿童读物中最缺少的"创造意识、探险意识、向上精神","在一定的意义上说,探险精神、创造精神确实和我们民族的凝聚力和向上精神是联系在一起的"。曹文轩认为,刘先平通过大自

---

① 束沛德. 新景观 大趋势——世纪之交儿童文学扫描[N]. 文艺报. 2002-1-1.
② 翟泰丰. 大自然文学与时代的呼唤[C]//安徽大学大自然文学研究所主编. 大自然文学研究(首卷). 合肥:安徽人民出版社,2013:161-162.
③ 张小影. 刘先平大自然探险文学的审美价值[C]//安徽大学大自然文学研究所主编. 大自然文学研究(首卷). 合肥:安徽人民出版社,2013:40-41.

然文学创作,"告诉人们的道理,绝不是普通意义上的保护自然,绝不在保护草木与动物这样一个层次上,而是将自然与人的精神、灵魂放置在一起的。他通过他的小说向为我们诉说的是自然的哲学、人生的哲学";"刘先平作品的意义还在于,在我们失去对自然理解力、审美力的今天,提醒我们注意自然与我们生命的休戚相关"。①

韩进在《呼唤生态道德——生态审美视野下的刘先平大自然文学》②中认为,刘先平大自然文学创作以生态整体观为指导,以生态审美聚焦人与自然的关系,描绘了人与自然和谐共生的生态理想,作品具有"生态纬度"的多种美学形态,如"回归'人之初'的本真美""热爱每一片绿叶的自然美""养成科学自然观的知性美""追求'诗意栖居'的和谐美""讴歌'时代英雄'的崇高美"。

八、大自然文学创作的比较研究

刘先平大自然文学创作的缘起,是与美国自然文学相比较而产生的。早在1996年"刘先平大自然探险长篇系列"(5种)出版之时,浦漫汀就对刘先平说:"你以崭新的人与自然的关系审美,写出的是最新的大自然文学,有鲜明的特点,是中国的大自然文学。世界上大自然文学流派的真正兴起,也是在七八十年代。"刘先平自己也是以美国自然文学为参照来立志创作"中国的大自然文学"。刘先平说:"世界各国五彩缤纷的大自然文学,以及数年来的创作过程中的感受,使我原来的愿望逐渐鲜明和强烈:创作具有中国特色的大自然文学,将中国的大自然、丰富多彩的野生生物世界谱写成壮美的诗篇、回荡在天宇的乐章。朝这个目标努力的基础,必须用自己的双脚去认识大自然,亲身体验中国大自然的特殊风韵和底蕴。"③2014年,翟泰丰在"大自然文

---

① 曹文轩.大自然文学的美学回归[J].中国少儿出版,2009(1).
② 韩进.呼唤生态道德——生态审美视野下的刘先平大自然文学[J].科普创作.2019(2).
③ 刘先平.跋涉在大自然文学的30年[C]//安徽大学大自然文学研究所主编.大自然文学研究(首卷).合肥:安徽人民出版社,2013:8-9.

学国际研讨会"上指出:"国际上大自然文学作家,潇洒挥笔,创作了大量优秀作品,俄罗斯、英国、法国、日本、美国的许多大自然文学作品,在中国享有众多读者。瑞典著名儿童文学作家林格伦的作品,也深受中国孩子们欢迎。刘先平创作的具有中国特色的大自然文学,在世界大自然文学中,独树一帜,多种作品被译为外国文字。他创造性地开创了大自然文学的一种新形态,一种新文体。"

刘国辉认为,地球村是人类唯一的家园,生态危机威胁着全世界的人们,化解人与自然的矛盾是地球村所有人面临的任务,而"自然文学从古至今都是人类的共同语言,是真正意义上的'世界语'"。他建议"全方位地将其(刘先平)打造成真正拥有国际声誉和大众影响力的中国大自然文学作家品牌和中国大自然文学品牌,引导和推动中国大自然文学的创作、发展,进一步提升中国大自然文学在国际上的影响和地位"[①]。梅杰认为,大自然文学是最容易走出国界的文学作品,刘先平的大自然文学以其人类共同主题、中国特色、自然审美、图文阅读的特点,成为最具世界性的中国文学,有计划地输出刘先平大自然文学作品具有重要的"外宣"意义[②]。韩进认为,以刘先平大自然文学创作为代表,"中国大自然文学与世界同步"[③]。石海毓通过对刘先平大自然文学创作与美国自然文学作家爱德华·艾比的大自然文学创作对比,指出"大自然文学作家以走进自然的亲身体验来书写自然,通过描写自然中千姿百态的万物来展现热爱自然世界的生态伦理观"。"大自然文学作家的生态伦理观是客观的,不是感情用事的极端见解,他们所否定的'不是整个文明、科学和人类,而是批评文明的缺失和不健康发展,是批判科学的失误和科学至上主义,是批判人类的狂妄自大和人类中心主义'[④]。'只有人们以生态道

---

① 刘国辉.在大自然文学国际研讨会上的致辞[C]//安徽大学大自然文学研究所主编.大自然文学研究(第二卷).北京:人民文学出版社、天天出版社.2015:16.
② 梅杰.中国大自然文学"走出去"的意义[C]//安徽大学大自然文学研究所主编.大自然文学研究(第二卷).北京:人民文学出版社、天天出版社.2015:96—97.
③ 韩进.文学皖军扛旗:中国大自然文学与世界同步——大自然文学国际研讨会述评[N].中华读书报.2014—12—3.
④ 王诺.生态与心态——当代欧美文学研究[M].南京大学出版社.2007:97.

德修身济国,人与自然的和谐之花才会遍地开放'①"。②

王俊暐指出了我国大自然文学研究与创作的不平衡,因为"从时间上看,中国的大自然文学创作与世界生态文献学的兴起相差无几,中国生态批评与世界生态批评的发展也几乎同步。这无疑给中国学者长了不少学术自信。但遗憾的是,目前国内的生态批评研究中,我们看到的仍然更多的是中国学者对西方生态理论和相关文学作品的引介和解读,而对中国传统的生态思想和当代生态文学作品的研究少之又少,即便有,也难见高质量、有深度的成果"。"具体到大自然文学的研究而言,我们在相关中国当代生态文学研究中更是难见其踪影。作为一个如此具有中国特质的文学类型,大自然文学似乎一直在安徽本土的较小范围内独自生存和发展,这是中国生态批评的遗憾,也是中国大自然文学的困境"。③

九、大自然文学创作中的刘先平精神

金波最早提出要研究"刘先平精神"。他在评价刘先平作品《追梦珊瑚——献给为保护珊瑚而奋斗的科学家》时指出:"我们对先平的作品当然要研究,更重要的是对先平这个人进行研究,他这些年是怎么走过来的,是哪一种精神支持着他走到今天,而且写的作品越来越好、越来越深刻,这是具有普遍意义的。"金波在这里有感而发的是刘先平坚持大自然文学创作40年,始终在做一件"呼唤生态道德"的事情。金波感慨地说:"这么多年了,先平能坚持在大自然中写作,是非常不容易的。我从他的好多作品中,看到这是非常艰苦的事业。先平的这些作品是跋山涉水、一步一步走出来的,是蘸着他的汗水写出来的。像我们,定好题材,回去就可以在书斋里写了,而先平,则

---

① 刘先平.走进帕米尔高原——穿越柴达木盆地[M].北京:人民文学出版社,2016:4.
② 石海毓.大自然文学作家热爱世界的生态伦理观——以爱德华·艾比和刘先平大自然文学书写为例.该文为作者在2019年11月召开的"生态文明视野下的当代大自然文学创作研讨会"上的交流论文.
③ 王俊暐.大自然文学概念界定及其中国特质——兼及中国生态批评话语体系的建构.该文为作者在2019年11月召开的"生态文明视野下的当代大自然文学创作研讨会"上的交流论文.

要在万水千山中行走——这种精神贯穿了他45年的写作经历,因此在儿童文学作家中是一个楷模,是很值得我们去学习的。""先平的精神在今天,特别是对于儿童文学作家来说,要真正踏踏实实地走下去,下到生活中去,不断地写出好作品,这是很有启发意义的。"①无独有偶,对"刘先平精神"的关注,翟泰丰早在10多年前的2009年就已经有了高度的概括。翟泰丰认为,"刘先平在大自然探险中之所以取得如此巨大成就,我以为有四点特别值得我们共同探讨和学习"——"其一是为追求和认识大自然的真谛,不辞万苦,坚忍不拔,自讨苦吃的精神";"其二是不拘一格,走自己之路的探索精神";"其三是他在创作中永不满足,永不停步,艰苦跋涉的精神";"其四是他的顽强求知欲"。②

---

① 金波. 呼唤生态道德四十年——读《追梦珊瑚》[C]//赵凯主编. 大自然文学研究(第三卷). 合肥:安徽文艺出版社,2018:122-123.
② 翟泰丰. 大自然文学与时代的呼唤[C]//安徽大学大自然文学研究所主编. 大自然文学研究(首卷). 合肥:安徽人民出版社,2013:162-163.

第七章 "刘先平大自然文学创作"评论述评(下)

"文艺批评是文艺创作的一面镜子、一剂良药,是引导创作、多出精品、提高审美、引领风尚的重要力量。"①刘先平的大自然文学创作能够坚持40年而与时俱进,除了刘先平主观坚守和不断探索,还与文艺评论界的关注与支持分不开。

一个好汉三个帮。刘先平从事大自然文学创作之旅,从来就不是孤立独行的,而是有很多人在激励他、陪伴他,甚至是引领他勇往直前。早年在皖南山区考察时得到野外科考队科学家的引导,刘先平走出了"大自然属于人类"的认识误区,建立了"人类属于大自然""人与自然是命运共同体"的科学自然观;后来从皖南山区到西部高原考察山之源、水之源,再到东海南海考察海洋生态,刘先平都得到了国家林业部、各地林业厅和驻岛官兵,以及自然保护区的科学家和工作人员的全力支持。刘先平创作的大自然文学作品得到出版界、教育界等文化部门和单位的高度重视,成为全民阅读、青少年阅读推广的重点书目;而文艺评论界更是与出版界、媒体界紧密合作,长期关注、追踪、评论、研究、宣传刘先平的大自然文学创作,以文学评奖和文学批评等手段,将刘先平一个人的创作发展为一种明显的文学现象,将刘先平一个人的追求变

---

① 习近平.在文艺工作座谈会上的讲话(2014年10月15日)[M]//北京:人民出版社,2015:29.

成新时代文学家的共同事业。因而,评论刘先平的大自然文学创作,既要坚持"以作品为中心"的原则,又不能局限于对文本的分析,还要知人论世,了解刘先平创作大自然文学的社会背景,其中需要特别关注的是,文艺界对刘先平大自然文学创作的反映和评价,因为这是关系刘先平是否坚持与如何追求大自然文学创作的具体环境和重要因素。

作家的文学史地位和作品的审美价值,最终是需要通过评论的形式来判定的。对刘先平大自然文学创作的评价和定位,主要来自两个方面:一是中宣部、中国作家协会有关领导对刘先平大自然文学创作的评价;二是儿童文学界和文艺理论界专家学者对刘先平大自然文学的评论,他们也是读者的代表。这些评论文章,主要收录在束沛德主编的《人与自然的颂歌——刘先平大自然探险文学评论集》(1999)和安徽大学大自然文学研究所主编的三卷本《大自然文学研究》里(分别由安徽人民出版社、人民文学出版社与天天出版社、安徽文艺出版社于2013年、2015年、2018年出版)。

第一节　翟泰丰、金炳华、张小影、束沛德、高洪波论刘先平大自然文学创作

"文艺评论是党领导文艺工作的有效方式。以文艺为具体对象,运用理论批评的专业形式,通过对作品和作家进行分析评介,对文艺思潮进行解析和评断,能够把党的政治优势、思想优势转化为专业优势、学术优势,使党的文艺主张更容易为广大文艺工作者接受和赞赏,从而实现专业化、学理化的思想领导。"[①]中宣部是党中央主管意识形态方面工作的综合职能部门,按照党中央的统一工作部署,在政治方向和方针政策方面对文艺发展实施领导,负责制定和指导落实党的文艺路线、方针和政策,负责从宏观上指导精神产品的生产,代管中国文学艺术界联合会和中国作家协会。中国文学艺术界联

---

① 中共中央宣传部编.习近平总书记在文艺工作座谈会上的重要讲话学习读本[M].北京:学习出版社,2015:135.

合会和中国作家协会是党领导的全国性的文艺家、作家组成的专业组织,自觉接受中宣部的直接领导,对作家创作提出要求并创造良好的创作生态,确保先进文化前进方向,推进文艺创作繁荣发展,为社会主义精神文明建设提供精神动力和舆论环境。

一个作家的创作得到中宣部和中国作家协会的认可和肯定,是作家实现自我价值的必由之路,也是作家的成功标志和至高荣誉。刘先平就是这样一位自觉践行社会责任和文学使命的作家,将党和政府的创作要求和人民大众的阅读需求作为自己的创作原则和价值追求,与中国生态文明建设的伟大进程同步,与中国人民建设美丽中国和追求美好生活的伟大实践同步,为党和政府的文学事业的繁荣发展做出了贡献,党和政府也给予他的大自然文学创作以充分肯定和崇高荣誉。

刘先平大自然文学创作从一开始就得到中宣部、中国作家协会有关领导的关心和支持。翟泰丰、金炳华、郭运德、李准、张小影、束沛德、高洪波、胡平等有关领导专家以个人名义参加刘先平作品研讨会,也代表组织对刘先平大自然文学创作表达出关心和重视。没有中宣部、中国作家协会有关领导专家对刘先平大自然文学创作的鼓励和肯定,甚至为刘先平的创作指明方向和给予具体指导,就没有今天刘先平大自然文学创作的成就,中国大自然文学也不可能从无到有,并不断发展壮大。

一、翟泰丰:开创了中国特质、中国气魄的大自然文学

翟泰丰(1933—2020),著名评论家,中共中央宣传部原副部长、中国作家协会原党组书记、副主席、书记处书记。自1996年《会同先平探险归来——致"刘先平大自然探险长篇系列"作品研讨会的一封信》开始,对刘先平的大自然文学创作始终给予热情鼓励和评论支持,主要文章有《大自然探险与文学形态的探索》(2002)、《大自然文学与时代的呼唤》(2009)、《在〈美丽的西沙群岛〉首发式上的发言》(2012)、《刘先平大自然文学创作成就与文学形态的探索、创新》(2014)、《放声呼唤生态道德——读刘先平〈追梦珊瑚〉》(2017)、《对"生态道德"的深情呼唤——刘先平大自然文学的当代价值》(2019)等。

翟泰丰对刘先平大自然文学创作评论的重点有四个方面：一是文学形态方面的探索与创新意义；二是刘先平大自然文学创作的三个阶段；三是刘先平大自然文学创作成就及其当代价值；四是强调刘先平大自然文学"独具中国风格"。

(一)关于文学形态方面的探索与创新意义

翟泰丰认为，刘先平创立了新的文学形态——大自然文学，并形成了独特的大自然文学文体。刘先平"在探险的过程中，思考着自然界与人类之间的关系及其发展前景的重大哲理性课题，在探险中同时探索着在新时代文学发展的新观念、新形态"——大自然文学。就文体而论，大自然文学创作"不拘泥于文学创作的三要素，不集中于作家想象力，去构造一个神秘离奇的情节和编织一组相互冲突的人物故事，而是在文体上大胆创新，以第一人称的笔法，沿着探险历程，在叙事中融小说、纪实文学、散文、报告文学为一体，形成一个独特的新文体，读来如同身临其境，既真实又神秘，既惊险又和谐，作者与读者共同享受大自然赋予的美，共同思考人类与生物合一生存的理念"。翟泰丰进一步分析指出，"文体当然是为作品内容服务的，只有多文体的文学作品，才能涵纳于大自然自身的富有"。刘先平"之所以在文体上做了如此大胆的探索，将多文体和谐共存于一套丛书中，代表了作者对信息、生物科学时代的理解深度，反映了作者对动植物的熟悉与关怀，对大自然的向往和欢呼……作品记述了作者对建设人与自然界、人与生物、人与动物界和谐共存的生态环境的急切的心态，善良的愿望及新的道德观念。这是时代的要求，这是时代的产物。"①

(二)刘先平大自然文学创作的三个阶段

翟泰丰认为，刘先平的大自然文学创作具有与时俱进的创新品格，不断

---

① 翟泰丰. 大自然探险与文学形态的探索[C]//安徽大学大自然文学研究所主编. 大自然文学研究(首卷). 合肥：安徽人民出版社，2013:28、29、31.

"突破传统大自然文学作品原有的审美格局",不断开拓"大自然文学的新境界","其审美视角已跨入生物科学与信息技术的新时代,其笔触已伸向人与自然内在联系的哲理领域,大声疾呼生态道德"①。因此,他将刘先平的大自然文学创作"分为三大阶段"②:

第一阶段是20世纪70年代至90年代中期。刘先平激情地为大自然呐喊,歌唱它千姿百态的神奇,作品在结构、样式、语言、图画和出版版式上,都具有鲜明的儿童文学特色,对爱好大自然探险的成年人读者也颇具吸引力。

第二阶段是20世纪90年代中后期至21世纪初期。作品既保留原有风格,又展现出对大自然文学审美价值新的追求与探索,在大自然探险中开始思索什么是大自然,什么是大自然的生命,大自然与动物、与人、与人文、与宇宙是什么关系,给予大自然更广泛、更深刻的审美观照,提出人与大自然同生共荣的审美理念。

第三阶段是21世纪初期至今。刘先平为生态失衡的世界而悲痛、懊丧、哭啼,以一腔热血挥笔为大自然的悲壮命运发出生命的呐喊! 在这个阶段,他总是在思考天、地、人之间自然一体的法则,认识到人与大自然有着内在统一的关系,人与大自然谁也不附属于谁。

(三)刘先平大自然文学的创作成就及其当代价值

翟泰丰认为,"刘先平是一位生就与大自然结缘深厚的大自然文学家",是"当代大自然文学经典作家"的代表。他不仅以"40多年的脚印,35年的笔墨,15年奔走呼唤生态道德,48部大书"的惊人表现,"在中国大自然文学界开创了难能可贵的唯一"③,而且以"其作品审美视角更新,其情感独具中国

---

① 翟泰丰.大自然文学与时代的呼唤[C]//安徽大学大自然文学研究所主编.大自然文学研究(首卷).合肥:安徽人民出版社,2013:161.
② 翟泰丰.对"生态道德"的深情呼唤——刘先平大自然文学的当代价值[N].光明日报,2019-01-30.
③ 翟泰丰.刘先平大自然文学创作成就与文学形态的探索、创新[C]//安徽大学大自然文学研究所主编.大自然文学研究(第二卷).北京:人民文学出版社,天天出版社,2015:5、6、11.

特色",而"迈步于世界大自然文学行列"①,其"审美价值与历史价值"体现在"三个方面"②:

一是"竭尽全力以生命攀登,饱蘸热血以心灵写作";

二是"在大自然中探险,在探险中认识大自然";

三是"认识大自然中的人本,把握人本中的大自然"。

"刘先平的大自然文学与当今世界第三次工业革命同歌同曲",与"党中央加强生态文明建设"和"实现中华民族伟大复兴的历史任务"同频共振,急切地向社会呼唤"人与大自然和谐相处的生态道德","走进了新的社会文明,走进了工业文明新的历史时期,具有人本与大自然和谐一体的中国特色。这也正是刘先平大自然文学的历史地位和审美价值"。

(四)刘先平大自然文学创作的中国风格

翟泰丰认为,刘先平创作的大自然文学,"是从文学的角度考察大自然,审美于大自然。在大自然中寻找人与大自然、人与环境、人与生物共荣共存和谐相处的悟性"③。这一"悟性","源于他长期沉浸在大自然之中而收获的鲜活感受,源于'道法自然'的大自然哲学,遵循'天人合一''和谐共生'的哲理,源于历史唯物主义、辩证唯物主义哲学。所有这一切都化为刘先平的大自然哲学,就是'大自然赋予我生命,我爱大自然如生命',就是'我在大自然中跋涉了几十年',其实只是在做一件事,'呼唤生态道德'"。因而,刘先平"40余年来以50余部作品,关注生态平衡,呼唤'生态道德',已经初步形成刘先平大自然文学的审美体系和哲学理念"④,即"着眼于当今信息与生命科

---

① 翟泰丰.大自然探险与文学形态的探索[C]//安徽大学大自然文学研究所主编.大自然文学研究(首卷).合肥:安徽人民出版社,2013:29.

② 翟泰丰.刘先平大自然文学创作成就与文学形态的探索、创新[C]//安徽大学大自然文学研究所主编.大自然文学研究(第二卷).北京:人民文学出版社、天天出版社,2015:6—8.

③ 翟泰丰.大自然探险与文学形态的探索[C]//安徽大学大自然文学研究所主编.大自然文学研究(首卷).合肥:安徽人民出版社,2013:26—27.

④ 翟泰丰.对"生态道德"的深情呼唤——刘先平大自然文学的当代价值[N].光明日报,2019—01—30.

学的时代,遵从中国传统文化中'天人合一''天地不仁,以万物为刍狗'的精华,纵万物于生生息息,通过对大自然、生物与人之间生存的辩证统一关系的审视,探求人自身的心理和生理的平衡,精神与物质的统一,人与自然和谐与共的哲理"①。研究刘先平大自然文学,就需要"严肃认真地挖掘刘先平大自然文学深厚的文化底蕴、学术底蕴、道德底蕴和哲学底蕴。寻找'天人合一''天长地久''玄牝之门'中华文化之根脉,探寻刘先平大自然文学独树一帜的中国特色的文化灵魂"②。

研读刘先平的作品,翟泰丰得出结论:"在 40 余年大自然文学的创作生涯中,刘先平不同于国内外大自然文学的显著特点,就在于他不把精力放在结构惊险离奇的探险故事上,而是按照总书记的讲话精神,认识'人因自然而生,人与自然是一种共生关系,对自然的伤害最终会伤及人类自身'。因此他脚走万里冰川路,心读大自然万卷书,探寻大自然生存的脉络,走进道法自然的哲理,认识人与大自然同生共存的历程,追讨天人合一的道法境界。故而他的大自然文学独具中国风格,在道法自然的哲理中,吟诵大自然的壮丽诗篇,奏响千川万壑的时代交响,创建了人与自然和谐共存的中国特质、中国气魄的大自然文学。"③翟泰丰称"读他的书,总感到给我一种鼓舞,给我一种在险境中求人生精彩的力量。都说他是我国大自然文学的开拓者,我觉得应该加上一条:他是我国屈指第一的、是顶棒的探索文学的作家。"④

二、金炳华:崭新的文学观念

金炳华(1943—),复旦大学哲学系教授,曾任第十届和十一届全国人

---

① 翟泰丰.大自然探险与文学形态的探索[C]//安徽大学大自然文学研究所主编.大自然文学研究(首卷).合肥:安徽人民出版社,2013:27,29.

② 翟泰丰.刘先平大自然文学创作成就与文学形态的探索、创新[C]//安徽大学大自然文学研究所主编.大自然文学研究(第二卷).北京:人民文学出版社、天天出版社,2015:11.

③ 翟泰丰.放声呼唤生态道德——读刘先平《追梦珊瑚》[C]//赵凯主编.大自然文学研究(第三卷).合肥:安徽文艺出版社,2018:111-112.

④ 翟泰丰.《美丽的西沙群岛》首发式上的发言[C]//安徽大学大自然文学研究所主编.大自然文学研究(首卷).合肥:安徽人民出版社,2013:192.

大常委、第十一届全国人大教科文卫委员会副主任委员,中国作家协会党组书记、副主席。金炳华在主持作协工作期间,对刘先平大自然文学创作给予关注,主要观点有以下三个方面:

(一)体现了先进时代呼声的文学观念

2001年12月18日至22日,中国作家协会第六次全国代表大会在北京举行,中国作家协会党组书记金炳华做了题为《坚持先进文化前进方向,开创社会主义文学事业新局面》的工作报告。报告指出:"孙幼军、金波、刘先平、张之路、郑春华等一大批儿童文学作家,在童话、儿童诗、科幻小说、幼儿文学、大自然文学、探险文学等不同领域的可喜收获,充分说明儿童文学创作提升到了一个新的水平。"将大自然文学与科幻文学、幼儿文学和探险文学并列,作为一种新的综合性文学门类加以肯定。2002年初,金炳华在评价刘先平"大自然探险系列"(包括《寻找猴国》《寻找香榧王》《寻找麋鹿》《寻找相思鸟》)时指出,"与先平同志的创作历程相伴随"的大自然文学,是"一个经过实践的感悟与抉择而提炼的崭新的文学观念,一个体现了先进时代呼声的文学观念",是刘先平自觉适应党和政府关于繁荣长篇小说、影视文学、儿童文学"三大件"的创作要求,"不断开拓新领域、展示新境界"的新成果。①

(二)对大自然文学文体的探索

金炳华认为,应该"关注和研究""先平同志对创作文体的不断探索","特别是最新出版的《寻找猴国》《寻找香榧王》《寻找麋鹿》《寻找相思鸟》这四部作品,兼有散文的抒情和哲理、小说的情节、报告文学的纪实诸多特征。作者通过这种独特的文体,反映大自然题材,反映人与自然和谐这一审美意境,丰富了作品的表现手法,增强了作品的吸引力和艺术感染力。"②

---

① 金炳华. 情寄自然谱新篇[C]//安徽大学大自然文学研究所主编. 大自然文学研究(首卷). 合肥:安徽人民出版社,2013:144.
② 金炳华. 情寄自然谱新篇[C]//安徽大学大自然文学研究所主编. 大自然文学研究(首卷). 合肥:安徽人民出版社,2013:145.

(三)强烈的社会责任感和历史使命感

金炳华说:"刘先平长期致力于大自然文学的创作,他对大自然的热爱,对文学事业的忠诚,给我留下深刻印象。'大自然文学'是刘先平人生和艺术追求的目标,包含着他数十年冒着危险跋山涉水的丰富经历,体现着他的执着信念"。他高度评价"刘先平是一位有着强烈社会责任感和历史使命感的作家","他的作品是深入实际、深入生活获得的丰厚回报,他的创作经历对我们有重要启示意义";"他的作品不只是用手写出来的,还是用脚走出来的,是用生命丈量出来的","他的作品流淌着爱国主义和人与自然和谐相处的旋律,充满权威性和知识性,让读者在对大自然的向往中抒发美好的感情"。[①]作品中"强烈的爱国主义精神和科学求知精神","对广大读者特别是青少年读者树立正确的自然观和科学精神,增强对祖国大好山河的热爱,能起到潜移默化的作用"[②]。"刘先平以其几十年的辛勤耕耘,为我国社会主义文学尤其是大自然文学拓展了新的艺术领域,给广大读者特别是青少年带来了精神上的陶冶和美的享受"[③]。

三、张小影:崭新的文学观念

张小影(1959—),曾任中宣部出版局局长,经济日报社社长、总编辑,现任中国公共关系协会副会长。张小影在中宣部出版局工作期间,对刘先平大自然文学创作非常关心,曾参加1996年由中国作家协会和中国青年出版社在北京主办的"刘先平大自然探险长篇系列"作品研讨会和2009年由中国作家协会和时代出版传媒股份有限公司在北京召开的"刘先平大自然文学创作30年暨'大自然在召唤'作品研讨会",并分别做了《刘先平大自然探险文

[①] 金炳华. 强烈社会责任感和历史使命感的作家[C]//安徽大学大自然文学研究所主编. 大自然文学研究(首卷). 合肥:安徽人民出版社,2013:164.

[②] 金炳华. 情寄自然谱新篇[C]//安徽大学大自然文学研究所主编. 大自然文学研究(首卷). 合肥:安徽人民出版社,2013:144.

[③] 呼唤生态道德 高扬大自然文学旗帜——刘先平暨"大自然在召唤"作品研讨会纪要[N]. 文艺报. 2009-3-19(C6).

学的审美价值》和《他是一位把审美追求与人生价值取向高度统一起来的作家》两次重要发言,对刘先平大自然文学创作给予充分肯定和高度评价。

(一)在儿童的心灵里注入探险精神

张小影谈到她阅读"刘先平大自然探险长篇系列"的感受时说,她"非常惊讶","一个作家能够推出这样洋洋洒洒同一个题材的四部系列长篇小说,加上一部散文!"她认为这是作家刘先平"深厚的社会责任感"的体现。他高度评价"刘先平的作品以饱酣的笔墨、独特的审美视角,以惊心动魄的探险生活,展示了变幻莫测的大自然,展示了奇妙的野生动物世界……充满了阳刚之气,塑造了众多生动的形象,形成了巨大的魅力"。

在评价刘先平作品时,张小影结合当时少儿读物现状,认为"最缺的是对孩子从小就培养他们的创造意识、创新品质、探险精神"的文学作品,而刘先平的大自然探险文学正好可以"在幼小的心灵就注入这种精神"。她说:"前不久,我们办了一个少儿读物成就展,邀请了北京部分青少年、家长、老师去专门看了展览,开了四个座谈会,听取意见。其中有个共同的意见,无论是老师还是孩子,都说看了这么多好东西,但是觉得,有关写探险的文学作品,太少、太少了!而他们又非常喜欢这些作品,希望我们的作家和出版社能够多出这样的作品。这样的呼吁,使我们在想:他们为什么喜欢这些东西?确实,人类是在对未知的世界的探索中成长的,科学文化艺术是在探索中发展的。对于未知世界的探索,可以说是人类的天性。青少年更是充满了热情,渴望了解未知的世界。在一定的意义上来说,探险精神、创造精神确实和我们民族的凝聚力和向上精神是联系在一起的……在某种意义上是预示了我们民族所需要的精神"。刘先平多年来孜孜不倦地致力于大自然探险文学的创作,正是满足了广大青少年的需求。而这一创作动机,"是来源于他曾做过十年教师的生活,来源于他对青少年生活、兴趣的了解,来源于强烈的责任感"。

(二)以大自然探险为题材"特别具有意义"

张小影在阅读和分析刘先平的大自然探险文学后,发现"一个事实值得注意"。她提醒说:"从世界文学史上看,探险的作品,大多是科普或科幻作品,刘先平以现实生活为题材构筑长篇小说,其意义确是不一般的,他在作品中塑造了那么多在艰难困苦中跋涉、为了科学勇于献身的科学工作者,塑造了一群勇敢地在大自然中探险的青少年形象。特别努力刻画他们如何战胜危难、为了保护我们生活的家园、大自然的和谐,终于成为勇敢的人、顽强的人!这种现实生活的巨大感染力,在今天特别具有意义!这是我们过去所忽略的。"张小影希望刘先平"在今后的创作中能更加自觉地注入这种精神……为孩子创作更多的作品,把我们中华民族存在于血液中的永远不熄灭的探险意识、创造意识、向上精神,能够一代代光大发扬下去"。①

(三)"一位把审美追求与人生价值取向高度统一起来的作家"

张小影对刘先平大自然文学创作的关注总是和现实的文学状况联系起来的,因而有着很强的针对性,经常做出精彩的评论,有她自己独到的发现。

譬如,怎么来看刘先平的创作和创作特点?张小影说:"这么多年,他给我最深的印象、包括看他的作品的最深印象,他是一个把审美追求与人生价值取向高度统一起来的作家。"张小影这样评价刘先平及其创作,是有感而发的。在张小影看来,"现在很多人都在谈人与自然的关系,包括很多作家在关注人与自然的关系……也并不是只有先平老师一人关注自然、进行大自然文学创作。但是在很多作家那里,其实并不是将人与自然的关系作为自己的审美追求,作为自己人生价值取向的追求,长期坚持,并用自己的一生去实践。我一直在想,一个作家是如何完成他的文学理想、完成他的人生追求呢?这可能要靠他的实践来说话,靠他的文学成就……他的作品不仅描写了人与自然的关系,还能让读者从中领悟到他的很多追求,比如追求自己的内心的平衡。在这样一个躁动的商品社会中,怎样寻求实践人生价值的体现?在他的作品中我们可以看到很多。更为难能可贵的是,他不满足于把这种审美追求

---

① 以上引文均见张小影.刘先平大自然探险文学的审美价值[C]//安徽大学大自然文学研究所主编.大自然文学研究(首卷).合肥:安徽人民出版社,2013:40—42.

和价值取向追求作为自己一生的追求,他还试图利用文学的形式,在更广泛的范围内传达这种追求,用自己的这种文学形式传达来带动、影响更多的人,特别是年轻人来树立这样的追求。这是他创作中所能给人特别大的启发,我特别看重这点"。

再譬如,怎么认识刘先平、认识刘先平创作的价值?张小影从自己的认识体会得出结论,就是"随着时代的发展,在不断地加深","十多年前我们刚认识时,更多的是从文学和科学的结合角度、用文学培养青少年探险精神、创造意识来领悟他的创作。随着时代的变化,我们每个人对他的价值的认识都在不断地深化。特别是在树立科学发展观这样一个大的背景下,更多的人来审视他的创作价值,恰好体现出他的非常敏锐的思想追求和非常自觉的孜孜不倦的人生价值的追求。先平老师还在不断突破自己、向前走,不停止追求、不停止创作,将来创作的作品,可能会让大家更加认识到先平老师作品的社会意义,有更多新的领悟"。

(四)要让倡导大自然文学的作家成为明星

张小影的文学评论不仅注意"知人论世",而且习惯换位思考,从作者的角度和读者的角度探讨会有什么需要,然后从自己的角度和自己的岗位思考可以做什么、应该做什么。张小影说:"面对先平老师的创作,面对目前展现出来的文学现象,我们能够做什么,应该做什么,这是我们更需要去思考和回答的问题。"她注意到,"30年前,中少社(中国少年儿童出版社)刚出版刘先平老师的作品时,他的作品还不被很多出版社看好,不被很多的读者了解。20世纪90年代,刘先平又陆续在中青社(中国青年出版社)等出版作品,逐渐受到重视,但仍然仅仅停留在作品本身,获了奖,但对他代表的大自然文学的社会意义重视不够"。

张小影充分肯定出版界对刘先平创作的重视,但一针见血地指出,"只是大规模地出版他的作品,还是很不够;因为他创作的作品背后所蕴含的博大的理念,是现在应该在全社会去大力倡导的"。她对出版刘先平"大自然在召唤"丛书(9种)的时代出版传媒公司和安徽少年儿童出版社提出希望,"以先平老师的作品作为尝试,试着怎么样用现代的营销手段,更好推介先平老师的作品,推介先平老师这样的作家,推介他所倡导的大自然文学所代表的理念",并强调"这是需要我们研究的问题"。

张小影提出这个问题,自己带头思考具体的办法。她认为刘先平的创作及其大自然文学作品,仅仅在研讨会上"有很多的作家、评论家在一起讨论",还是很不够的,"我觉得他的作品应该在更广泛的范围内去讨论、推介,才更有价值。他的作品中其实既有面向青少年读者群,但又不局限于青少年读者群的,针对不同的读者群,怎样使他的作品更好地传播,我们可以去研究很多具体的方法。比如说在出版的形式上,可以对他的作品做一些分类来处理。面向青少年的,可以做一些改写;面向成人的,可以做一些选择。在结集出版的情况下,还要做一些分类的处理。作者也可以有意识地做一些修改,做一些调整,使它针对不同的读者群体,发挥更大的作用。这样一来,我们就可以在更广泛的范围去宣传,更多地发挥出一些作用来。因为我个人感觉,我们不仅仅是宣传刘先平这样一位作家,也不仅仅是宣传他的一些作品,更重要的是通过这样的推广,达到我们真实的目的,就是使刘先平老师所坚持的这种追求、这种理想能在全社会形成更广泛的理想和价值追求"。

张小影注意到,"先平老师在我们圈子里是比较有名气的,但在全国,大自然文学的位置并没有真正地确立起来,他的影响力没有达到我们希望的价值"。她认为"作协可以做很多工作,就是怎么样使作家成为社会上的明星,使他——倡导大自然文学的作家成为明星,让他可以在更大的范围内去讲他看到的大自然、他的文学理念、他所倡导的社会理念。这是可以去做的"。她进一步建议,"我们现在的'百家讲坛'……为什么不可以有这样的作家去讲?王树增去年在'百家讲坛'讲长征的时候,我就感觉这是一个很好的尝试。我们需要更多的作家去这样的平台讲我们的美学追求、人生理想、社会理想。这件事我们是能做的。包括时代出版传媒股份有限公司,可以调动很多媒体来做这些事情,可以研究更多的手段来做这些事情"。

张小影从她所处的中宣部出版局局长的角度,对出版界、创作界、媒体界提出的课题非常准确、具体,而且有现实操作性。虽然刘先平大自然文学创作走过了40多个年头,刘先平是"公认的中国大自然文学的开拓者",但对刘先平及其倡导的大自然文学的研究和宣传仍然没有很好地开展起来,张小影在10多年前(2009)指出的——"先平老师在我们圈子里是比较有名气的,但在全国,大自然文学的位置并没有真正地确立起来,他的影响力没有达到我们希望的价值"——这一现象仍然没有得到根本改变,因而,张小影10多年前说的下面这句话,今天读起来仍然有现实针对性,更值得今后不断重温,从而督促并推进刘先平大自然文学创作的推广与研究。张小影是这样说的:"我想提出面对这样的作家、有追求的作家,我们还应该做些什么,还能做些什么? 这是我们应该思考和回答的问题。"①

四、束沛德:新世纪中国儿童文学的美学旗帜

束沛德(1931—),著名儿童文学评论家,中国作家协会原书记处书记、中国作家协会儿童文学委员会原主任。束沛德在中国作家协会长期负责儿童文学工作,从中国儿童文学发展的高度,始终关注刘先平的大自然文学创作,主编《人与自然的颂歌——刘先平大自然探险文学评论集》(1999),主要评论文章有《勇敢的探索者》(1996)、《体味"寻找"的苦与乐》(2002)、《有胆有识的拓荒者——略说刘先平》(2009)、《自然美与心灵美交相辉映——读〈美丽的西沙群岛〉》(2012)等。束沛德对刘先平大自然文学创作评论的主要论点有四点:一是充分肯定刘先平是中国大自然文学创作的拓荒者;二是高度评价"大自然文学"是新世纪儿童文学的"美学旗帜";三是肯定"人类属于自然"的重要命题;四是强调刘先平大自然文学对于少年儿童成长的特殊价值。

(一)刘先平是中国大自然文学创作的拓荒者

束沛德是最早关注并始终支持刘先平大自然文学创作的中国作家协会领导、专家之一。他长期从事中国作家协会领导工作,对发表评论和自己的

---

① 以上引用均出自张小影.他是一位把审美追求与人生价值取向高度统一起来的作家[C]//安徽大学大自然文学研究所主编.大自然文学研究(首卷).合肥:安徽人民出版社,2013:171—173.

观点非常谨慎,因而他的意见非常可信而且有权威性。他对刘先平的基本评价是:"刘先平是我国最早投入大自然文学创作的拓荒者"①,"是生态文明建设热情的倡导者、践行者"②。

这里"最早"的概念,束沛德也是有明确时间的,指"新时期"。"在新时期儿童文苑里,从事大自然探险题材的长篇创作,刘先平是个勇敢的探索者。"《云海探奇》是'中国第一部描写在猿猴世界探险的长篇小说';《呦呦鹿鸣》是'中国第一部描写在梅花鹿世界探险的长篇小说';《千鸟谷追踪》是'中国第一部描写在鸟类王国探险的长篇小说';《大熊猫传奇》是'中国第一部描写在大熊猫世界探险的长篇小说'。刘先平拥有这么四个'第一部',在大自然探险文学领域也许算是中国第一人了"。"刘先平这几部长篇小说,探索人与自然的主题,揭示动物世界的奥秘,在儿童文学领域里开拓了一片新的天地,在审美视角、审美意识上进入一个新的层次"③。

束沛德高度赞赏刘先平以"呼唤生态道德"作为创作主题,评价刘先平开创的大自然文学是"我国辽阔的文学版图上独领风骚的一片绿洲,原始、自然、清新、纯朴、神奇、奥秘,显示出野趣无限,魅力无穷……展现人与自然和谐发展的新天地,从而使我们置身于美丽神奇的大自然怀抱,领悟'天人合一''天地人和'的哲理和情趣。愿生态道德在亿万人们心灵深处生根、开花,让生态文明之风吹遍华夏大地"④。

(二)新时期中国儿童文学的一面"美学旗帜"

站在世纪之交,回望历程展望未来,束沛德写下《新景观　大趋势——世

---

① 束沛德.有胆有识的拓荒者——略说刘先平[C]//安徽大学大自然文学研究所主编.大自然文学研究(首卷).合肥:安徽人民出版社,2013:166.

② 束沛德.自然美与心灵美交相辉映——读《美丽的西沙群岛》[C]//安徽大学大自然文学研究所主编.大自然文学研究(首卷).合肥:安徽人民出版社,2013:194.

③ 束沛德.勇敢的探索者[C]//安徽大学大自然文学研究所主编.大自然文学研究(首卷).合肥:安徽人民出版社,2013:35.

④ 束沛德.有胆有识的拓荒者——略说刘先平[C]//安徽大学大自然文学研究所主编.大自然文学研究(首卷).合肥:安徽人民出版社,2013:166-167.

纪之交中国儿童文学扫描》长篇论文,发表在2002年1月1日《文艺报》上。在这篇文章中,束沛德将刘先平开创的"大自然文学"列为"20世纪90年代中后期,中国儿童文学领域上空先后高扬起的三面鲜明的、光彩夺目的美学旗帜"之一,给予高度评价并热情推介。束沛德所说的"三面美学旗帜"是江西二十一世纪出版社倡导并出版的"大幻想文学"丛书、浙江少年儿童出版社倡导并出版的"幽默文学"丛书、安徽儿童文学界打出的"大自然文学"旗帜。

束沛德写道:"2000年10月举办的安徽儿童文学创作会上打出了大自然文学的旗帜。大自然文学历来是儿童文学的重要母题之一。随着现代工业、科学技术的发展,保护自然环境,关注生态平衡,已经成为全球普遍关注的时代课题。也就是说,时代呼唤着大自然文学。新时代赋予大自然文学以新的艺术魅力和审美价值。当代大自然文学蕴涵的保护地球的意识,在审美中占据着主导位置;而吸取最新的科学成果,从新的角度观照自然的本质、生命的本质,审视自然的美、生命的美,又使它在审美视角、审美意识上进入一个新的层次,从而使大自然文学这面绿色文学旗帜在新世纪闪耀着绚丽的美学光辉。'刘先平大自然探险长篇'系列的问世,对大自然文学的发展起了带头、开拓的作用。"①

(三)张扬"人类属于大自然"的重要命题

束沛德认为,刘先平大自然文学创作的价值与魅力,"首先在于篇篇都是真实的故事,都是作者迈开双脚,跋山涉水,历尽千辛万苦采撷来的关于野生动物的生存环境、生活习性、生命状态、繁衍历程的真实记录"。束沛德评价刘先平"是一个钟爱、迷恋大自然的有心人,对山野、大漠、森林、溪流充满的各种声音、色彩、气息感觉特别敏锐,观察格外细致",因而对大自然的描写"情深意切,鲜明生动地揭示了人与自然和谐发展、'天人合一'的美好理想"。譬如,刘先平细心倾听各种鸟鸣声,从白腰雨燕的呢喃声中,引领人们去了解作为乳燕生命的摇篮的燕窝是如何制成的;从斑鸠的咕咕声中,引领人们去

---

① 束沛德.守望与期待:束沛德儿童文学论集[C].南宁:接力出版社,2003:8—9.

分辨同属于一个家族的四种不同的斑鸠,并勾起读者对童年、故乡、亲人的回忆与思念。刘先平"紧紧把握、极力张扬'人类属于大自然'这个常说常新的重要命题,用自己的亲身经历和感受,写出一篇篇真实的大自然探险故事,启迪小读者领悟:作为大自然之子的人类,只有保护大自然的义务,没有毁坏大自然的权力"。

(四)对少年儿童成长具有"不可代替的、特殊的作用"

束沛德从文学创作"自然母题"的视角,强调大自然文学的儿童文学特质及发展趋势——"大自然是人类的母亲,也是文学艺术的源泉;而儿童文学又是最接近大自然的文学。在保护生态环境成为国际性话题的背景下,发展大自然文学,营造绿色文化,启迪、引导少年儿童热爱大自然,保护大自然,向他们传递地球家园意识、生态保护意识,已成为世纪之交儿童文学令人瞩目的一种创作走势"[①]。

与此同时,束沛德认为,刘先平是一位自觉为少年儿童创作大自然文学的作家。"刘先平致力于大自然探险长篇系列创作,并认定少年、中学生为主要读者对象,正是从自己的生活经历、兴趣特长、审美个性出发所做出的一种最佳选择。这种选择既顺乎世界潮流——儿童文学的发展趋向,又合乎赤子之心——少年儿童的审美情趣,可以说是具有远见卓识的"。

束沛德认为,刘先平的大自然文学作品具有"炽热的爱国主义情感"与对美丽自然的描写渗透在一起、"揭示动物王国的奥秘与探索孩子心灵的奥妙融合在一起"、"规范丰富的科学知识与引人入胜的故事情节交织在一起"的特点,"充分地展示大自然的丰富、神奇、美妙,让跨世纪的一代新人更加热爱大自然,向往大自然,并用自己的热情、智慧去为争取人和大自然的和谐而建功立业","在塑造新世纪的民族魂,培养新一代开拓进取、百折不挠的性格这

---

① 束沛德.新景观 大趋势——世纪之交中国儿童文学扫描[C]//束沛德.守望与期待束沛德儿童文学论集.南宁:接力出版社,2003:17—18.

一巨大的社会系统工程中,具有它的不可代替的、特殊的作用"①。

五、高洪波:中国现代意义的大自然文学发端于安徽

高洪波(1951—),著名作家、评论家。中国作家协会党组成员、副主席,书记处书记,中国作家协会儿童文学委员会主任。高洪波参加了 2003 年在安徽召开的"大自然文学研究会",以"非典时期的野猫"来比喻当代中国踽踽独行的大自然文学,向以刘先平为代表的中国大自然文学的开拓者表示敬意。高洪波的评论文章主要有《刘先平探险小说的三个特点》(1996)、《非典时期的野猫——我的大自然文学观》(2003)、《人与自然和谐的颂歌》(2009)、《充满冒险色彩的美文——读〈美丽的西沙群岛〉》(2012)、《情怀、情感、情趣——读〈追梦珊瑚〉》(2017)等。主要观点有三:一是阐明了自己的"大自然文学观";二是提出了"中国现代意义的大自然文学发端于安徽"的论断;三是评价刘先平创作具有"三情"特点。

(一)"人与自然的关系是大自然文学关注的核心"

在大自然文学倡导初期,人们对什么是"大自然文学"没有明确的意见,高洪波从自己的阅读感受出发,将自己的大自然文学主张"简单"地概括为:"一是自然;二是文学"。"自然"首先是"题材","大自然文学"所要回答的问题是:"要是没有了动物,人会怎么样?广而言之,没有了森林,没有了小溪,没有了湛蓝的天空、洁净的白云,没有了辽阔的草原,没有了纯净清新的空气……人会怎么样?"由此可见,人与自然的关系是大自然文学关注的核心。"中国古代文明很讲究'天人合一',讲究一种宇宙和谐"。20 世纪"我们尝到了挑战自然带来的苦涩的果实,所以我们变得宽容而聪明,这种思维方式的重大调整,使大自然文学拥有一种辽阔深厚的背景支撑",但发展大自然文学的条件还不成熟,"缺少耐力和勇气直至体能",因而在高洪波看来,"大自然

---

① 束沛德. 勇敢的探索者[C]//安徽大学大自然文学研究所主编. 大自然文学研究(首卷). 合肥:安徽人民出版社,2013:36—37.

文学是强悍者的文学,是野外生存者的文学,同时又是爱心文学、细心文学,既是拯救环境也是拯救人类自身的文学,是当代人的文学,也是为了未来的文学";"当代中国的大自然文学,有时就像这只踽踽独行着的猫,顽强地在大自然中、在文学的丛林里生存,昭示着某种生命和生存的尊严和价值,传递着生命与生存的信息与信念"。①

(二)"开创了中国的'大自然文学'流派"

2009年,高洪波在给《走进帕米尔高原——穿越柴达木盆地》这部作品推荐参加中宣部第十一届精神文明建设"五个一工程"奖的推荐词中写道:"自20世纪70年代以来,刘先平就以巨大的热情、坚韧的毅力和非凡的勇气投入对大自然的观察、研究及相关文学作品的创作中,30年如一日,创作了数百万字的优秀文学作品,开创了中国的'大自然文学'流派。"高洪波评价刘先平的大自然文学创作不仅展现了大自然美丽的画卷,更突出了"人与自然和谐相处"的主题,唱响了保护环境的颂歌,在广大读者之中引起了强烈反响,仅此就可证明刘先平敏锐和超前的意识。

高洪波评价刘先平是一位崇尚自然、关注自然、描写自然,进而提出大自然文学的比较独特的作家,是一位用脚来行走、用头脑来写作、用心灵来感受自然的独特作家,是一位有着强烈责任感和使命感的作家。从20世纪70年代中期开始,就致力于开创中国文学新领域、新题材的创作,突出了"人与自然和谐相处"的主题,在广大读者之中引起了强烈的反响,在此后几十年的探险考察过程中,他跋山涉水,历经艰辛,同时也得到大自然的丰厚回报,先后出版了几十部作品。他的作品中,充满了野性的情趣,以清新简约却又回味悠长的语言,让读者身临其境,给读者莫大感动。在他的作品中,"我们还看到了一种沉重、一种忧伤,因为人类给大自然留下太多的伤疤"。

高洪波认为,文学最能触动人的心灵深处,用文学的方式来唤起人们的

---

① 高洪波.非典时期的野猫——我的大自然文学观[C]//青春在眼童心热——高洪波文学评论、随笔集.南宁:接力出版社,2008:209、210、212.

环保意识,并能自觉加入环保事业上来,实现人真正与自然和谐相处,这是"大自然文学"的初衷,也是从事"大自然文学"作家的责任和使命。刘先平是这个事业的先行者、守望者、开拓者,是一位有着强烈责任感和使命感的作家,他的作品充满了野性的情趣,借助真切的亲密接触描绘野生动植物的神奇和美妙,以近乎白描般的语言叙述所见所闻,让小读者身临其境,置身于奇情异趣的大自然中,从而影响着小读者的阅读趣味和人生选择。①

(三)"情怀、情感、情趣"

"情怀、情感、情趣"②是高洪波阅读刘先平海洋大自然文学《追梦珊瑚》时的感受,也是对刘先平创作的整体评价。

"情怀是生态道德",是刘先平自己所倡导的。高洪波评价说,"'生态'和'道德'这两个词组合在一起,你会产生很多的联想,我甚至联想到习近平总书记所提到的'人类命运共同体'一词,地球是我们人类命运的共同体。刘先平的情怀四十年如一日,用他一部一部的书、用他一个一个的脚印、用他一次又一次的探险,用心灵在大地上写作,给我们的孩子留下了具有独特色彩的属于刘先平痕迹的大自然文学"。

"情感"是刘先平自始至终"对大自然的一种敬畏","对大自然文学的执着"。刘先平"从陆地深入海洋,甚至从海面深入海底、深入珊瑚礁,所以他的情感是很了不得的";"他咬准大自然文学,死盯到底,从四十岁盯到八十岁,这是非常重要、难得的情感",对"大自然和大自然文学"的这份执着情感,在"儿童文学界""还没有第二个"。

"情趣"是给孩子看的书最重要的特征,刘先平的"每部作品都洋溢着浓郁的情趣","写作时脑海里总有一个小读者",但"也是写给成人看的"。

"三情"在作品中表现为三大特色:一是"传导了一种人和自然的全新的

---

① 呼唤生态道德 高扬大自然文学旗帜——"刘先平暨大自然文学创作30年'大自然在召唤'作品研讨会"纪要[N].文艺报.2009-3-19(C6).
② 高洪波.情怀、情感、情趣——读《追梦珊瑚》[C]//赵凯主编.大自然文学研究(第三卷).合肥:安徽文艺出版社,2018:114-115.

观念:人与自然的关系不再是征服和被征服的那种非 A 即 B 的势不两立的关系,不再是'人定胜天'的一种宣言,而是和谐相处"。二是弘扬探险意识。以"探险意识、和大自然和谐共处的精神"塑造少年儿童的"民族性格",焕发"中华民族的活力"。三是审美追求。以"实证式动物小说"的文本形式,讲述"人与动物之间扑朔迷离的关系","追求一种大气,一种沉实,一种出自内心的颖悟"。①

第二节　儿童文学界、文艺评论界论刘先平大自然文学创作

众所周知,刘先平是著名的儿童文学作家,他的大自然文学创作首先得到儿童文学界的认可。40 多年来,刘先平作品的出版者主要是儿童读物出版社。他的作品获得很多国家级、全国性优秀儿童文学大奖,如中宣部"五个一工程"图书奖、中国作协全国优秀儿童文学奖,以及宋庆龄儿童文学奖、冰心儿童文学奖;另作为少儿文学读物获得中国出版政府奖、中华优秀出版物奖。直到今天,刘先平大自然文学仍然是优秀的儿童文学,得到儿童文学界专家学者和少年儿童读者的双重认可和欢迎,被纳入儿童文学经典作品之列。

与此同时,刘先平大自然文学创作又不局限于儿童文学这个范畴。因为大自然题材是文学创作的永恒母题,人与自然关系是人类社会最基本的生存关系,呼唤生态道德、建设生态文明主题是人类社会发展到生态文明时代的世界性主题,加之刘先平大自然文学创作方式具有探险纪实性,所以刘先平大自然文学就具有了广泛的文学性和受众性,是孩子和大人都需要汲取的精神食粮,都喜爱阅读的探险纪实类型。另外,因为刘先平大自然文学"面对生态危机的现实",呼唤生态道德的文学主题已经深入生态文化和生态文明这

---

① 高洪波.刘先平探险小说的三个特色[C]//束沛德主编.人与自然的颂歌——刘先平大自然探险文学评论集.合肥:安徽少年儿童出版社,1999:57—59.

一社会建设、国家治理、人类命运的更高层次中,所以越来越引起整个文学界的关注。作为人类社会发展到生态文明时代的高级别文学形态,作为一种立足生态危机的现实、面向人与自然和谐共生的未来的新文学,自然文学日益成为生态文明建设新时代的主流文学,必然会引起文艺评论界的高度关注和重点研究。刘先平倡导的中国大自然文学也由此实现了"两个走出去",一是走出儿童文学的藩篱,走进文学大家庭,成为新世纪最有前途的主流文学,得到大人和孩子的共同喜爱;二是走出安徽文学界,走上全国文艺大舞台,成为新时代中国文坛的新现象,拥有自己独立的美学原则和美学理论。

刘先平对大自然文学的追求和倡导,首先且始终得到文学界特别是儿童文学界的关注、响应和支持。很多研究者倾注了极大的热情,40多年来,始终如一,与刘先平同行,以对刘先平及其大自然文学创作的及时评论,直接参与中国大自然文学的建设进程中。

束沛德、高洪波拥有中国作家协会领导和儿童文学界专家的双重身份,他们对刘先平大自然文学论述已经有专门介绍。在作协系统之外,还有两支重要评论队伍,一是高校和研究机构的评论家,如:浙江师范大学的蒋风教授,北京师范大学的浦漫汀教授、王泉根教授,首都师范大学的金波教授,中国社会科学院文学研究所樊发稼研究员,北京大学的曹文轩教授,安徽大学的赵凯教授,上海大学的谭旭东教授等。二是刘先平作品的出版人,如陈伯吹、海飞、徐德霞、刘国辉、潘凯雄、薛贤荣、梅杰、安武林、冷林蔚等。

在儿童文学界之外,关注刘先平大自然文学创作的研究者,还有从事当代文学批评,特别是生态文学批评的专家学者,如鲁枢元、贺少俊、雷鸣、石海毓、王树东、王俊暐、崔庆蕾、李铮、郑小燕等,以及安徽文艺界的评论家,如苏中、唐先田、韩进、唐跃、吴尚华、吴怀东、刘飞、胡安琪、徐久清、张玲、朱育颖、任雪山、范倩倩、周玉冰等。他们不受儿童文学思维的限制,更多从生态视角来审视刘先平大自然文学创作,极大地拓展了刘先平大自然文学创作的现实深度、学术宽度和理论高度,呈现出大自然文学与生态文学汇流的新趋势,从而共育生态文化,共建生态文明,为实现人与自然和谐共生的美好社会做出贡献。

一、蒋风、浦漫汀、王泉根论刘先平大自然文学创作

蒋风、浦漫汀、王泉根三位教授是我国儿童文学学科建设的带头人,也是我国儿童文学理论创建的代表者。他们不是刘先平大自然文学作品的一般读者和评论者,而是专业的儿童文学理论家,更多时候是将刘先平大自然文学创作放到中国儿童文学发展史的进程中去考察分析,给了刘先平及其大自然文学创作一个应有的"文学史"地位。正是因为他们的研究,后人可以从文学史的讲述里了解到刘先平及其大自然文学创作,将其作为中国儿童文学的突出成就和宝贵资产,传之久远,发挥了经典作品的永久魅力。

(一)蒋风:首次在《中国儿童文学史》中给予"刘先平大自然文学创作"重要地位

蒋风(1925—),著名儿童文学理论家、史论家、教育家。曾任浙江师范大学校长、教授,儿童文学研究所所长,我国第一位招收儿童文学研究生的导师。中国现代儿童文学学科的创建者,以毕生时间和精力,从事儿童文学理论研究、儿童文学史研究、儿童文学教育及人才培养。获得宋庆龄儿童文学特殊贡献奖、国际格林奖、世界儿童文学大会理论贡献奖。主要著作有《中国儿童文学讲话》(1957)、《儿童文学概论》(1982)、《中国现代儿童文学史》(主编,1987)、《中国当代儿童文学史》(主编,1991)、《中国儿童文学史》(与韩进合著,1998)、《中国儿童文学发展史》(主编,2007)、《中国儿童文学史》(主编,2018),等等。

蒋风早在1991年主编的《中国当代儿童文学史》里,就已经关注到刘先平的创作。这部文学史的写作时间正是刘先平创作出版《云海探奇》等4部大自然探险长篇小说和1部大自然探险奇遇故事《山野寻趣》之后。在该书《第三编 1977—1988年间的儿童文学》的《第三章 新时期儿童文学》的《第七节 中、长篇儿童小说的收获》中,写道:

> 刘先平以科学探险和森林探险题材小说著称。他曾随一些动物学家到崇山峻岭中考察过,对动物生态和深山野林的神奇事物有直接的感

性体验。他先后出版了《云海探奇》《呦呦鹿鸣》等长篇小说。这些作品将儿童情趣、动物生态和科学探险融于一体,以创作风格的独特而引人注目。①

这段文字提到了"科学探险""动物生态""儿童情趣"三个关键词,并称刘先平的作品"以创作风格的独特而引人注目",评价十分中肯精准。因为刘先平在1980年至1987年期间陆续出版的作品,其作品价值和读者反映还需要一段时间来检验。直到1996年,中国青年出版社将刘先平之前几乎全部作品结集为"刘先平大自然探险长篇系列"出版,以5种130万字的规模,向文学界整体展示了刘先平大自然文学创作的实绩,刘先平作品第一次被评论界公认为"中国的大自然文学"。这一学术成果也及时体现在蒋风和韩进合著的《中国儿童文学史》中。

1998年出版的《中国儿童文学史》,是由蒋风和他的研究生韩进合著的。当时韩进在安徽少年儿童出版社工作,该书由安徽教育出版社出版,刘先平当时是安徽省作家协会的常务副主任兼省儿童文学委员会主任、安徽省儿童文艺家协会主席。这在客观上给了作者和作家直接"面对面"交流的机会。事实上也是如此,韩进也是中国作家协会会员、安徽省儿童文艺家协会副秘书长,并在"刘先平大自然探险长篇系列"(5种)策划出版期间,与刘先平有过很多次交流,并参加了该书在北京举办的研讨会,在会上做了《大自然的呼唤——刘先平大自然文学创作散论》的交流发言。这一交流成果也顺理成章地成为正在编著的《中国儿童文学史》中的一个章节,即《第五编 中国儿童文学的发展(二下)(1949—1994)》的《第二章 以任大霖、梅子涵、沈石溪、孙云晓、刘先平为代表的儿童小说创作》的《第三节 沈石溪、孙云晓、刘先平的小说创作》之《三、刘先平的大自然文学创作》。这是第一次公开使用"刘先平大自然文学"这一文学概念,也是第一次在《中国儿童文学史》中给予"刘先平大自然文学创作"一个专节的篇幅加以介绍。全文如下:

---

① 蒋风主编.中国当代儿童文学史[M].石家庄:河北少年儿童出版社,1991:387-388.

刘先平,1938年生,安徽肥东人。现为中国作协全国委员会委员、中国作协儿童文学委员会委员、中国野生动物保护协会理事、安徽省作协常务副主席和省儿童文艺家协会主席。1957年发表处女作《儿山与母山》。大学毕业后,做过教师与编辑。被迫搁笔15年。但其中一次偶然的机会,为他后来进行儿童文学创作打下了基础。那是1972年,他结识了一批在野外考察的动物学家,使他有机会从科学的角度去认识山野中丰富多彩、喧嚣繁荣的动植物世界,认识到新兴的自然保护事业的意义以及引导青少年热爱大自然的重要性,爆发了强烈的创作欲望。

"文化大革命"结束后,恢复了写作自由的刘先平毅然放弃了他已有成绩的诗歌、散文与美学研究,将审美视野投注于大自然,从1978年至1987年这10年间,写下了百余万字的大自然文学系列,为那个时期在恢复中艰难发展的新时期儿童文学竖起了一道充满生机的绿色风景线。

这一"大自然文学系列"包括《云海探奇》(中国少年儿童出版社,1980年)、《呦呦鹿鸣》(人民文学出版社,1981年)、《千鸟谷追踪》(中国少年儿童出版社,1985年)、《大熊猫传奇》(人民文学出版社,1987年)、《山野寻趣》(安徽少年儿童出版社,1987年)等作品。其中《山野寻趣》是一部很优美的考察纪实作品集,但它是对其他4部长篇的必要补充,在主题、题材、表现手法与艺术风格上都是融为一体的,也是人们研读刘先平大自然文学不可或缺的重要作品。其他4部均为长篇小说。这4部长篇小说都是我国第一部描写在猿猴世界、梅花鹿世界、鸟类世界、大熊猫世界——野生动物世界探险的长篇小说。

刘先平的大自然文学创作,就篇幅而言,不像同时期的其他作家那样选择短小优美的童诗、童话与散文形式,而是选择了包容量很大的长篇小说,而且一写就是100多万字。就作品体裁的特征而言,它传达了大量的自然知识与科学知识,但它又不像传统意义上的知识读物和科普文学,因为它作为作者艺术审美的成果,塑造了一些典型形象——鲜明的动物形象、生动的人物形象。但它又不像人们印象中的动物小说,动物小说往往借动物界写人类社会,借物性写人性,而刘先平的作品主要描绘的是实实在在的自然界(动物界)本身。然而对自然界本身的展现，又不像一般报告文学那样是真人真事，而是作者运用虚构与典型化方法创造的"人化了的自然"，或者说对大自然审美的对象化。刘先平独树一帜的大自然文学创作，以探索人与自然为主题，揭示动物世界奥秘；以科学探险为契合点，将纪实与审美相融合，使得他的作品融知识性与科学性、探险性与儿童性、生存意识与爱国情愫于一体，始终保有一种内容的神秘感、阅读的新鲜感，具有长久的艺术生命力。他的作品不仅为那个时期的儿童文学创作开拓了一个全新的领域——大自然探险文学或称其为大自然保护文学，而且在审美视角、审美意识上也进入了一个新的层次。

(二)浦漫汀：第一个说刘先平创作的是"中国的大自然文学"

浦漫汀(1928—2012)，著名儿童文学理论家、教育家。北京师范大学教授、儿童文学研究生导师，曾任中国儿童文学研究会副理事长、全国高校儿童文学教学研究会会长、国际儿童读物联盟中国分会委员。浦漫汀是最早关注刘先平大自然探险文学创作的研究者之一，更是中国第一位将刘先平的大自然探险文学创作定位为"中国的大自然文学"的理论家，为刘先平的大自然文学创作指明了目标和方向。从某种意义上说，浦漫汀是刘先平大自然文学创作的"总策划师"，是"中国大自然文学"这一新兴文学形态的开拓者和建设者。

1. 浦漫汀："以崭新的人与自然的关系审美"，写出的是"中国的大自然文学"

浦漫汀最早肯定刘先平是"我国现代意义上的大自然文学的开拓者"[①]，其作品"为新时期的儿童文学带来一股清新之风"，"在思想性、艺术性及创作风格上给儿童文学带来了有益的启示"。其认为代表作"刘先平大自然探险

---

① 浦漫汀. 兼跨文学两个领域的名篇——读"东方之子刘先平大自然探险系列"有感[N]. 中华读书报，2003-10-08.

长篇系列""在儿童文学中,特别是 80 年代以来的儿童文学史上,是应该给以应有的位置的"。①

2008 年,刘先平"大自然在召唤"系列出版,集中展示他 30 年来创作大自然文学的主要成果,包括《云海探奇》《大熊猫传奇》《呦呦鹿鸣》《千鸟谷追踪》《山野寻趣》《和黑叶猴对话》《麋鹿找家》《寻找大树杜鹃王》《走进帕米尔高原——穿越柴达木盆地》等 9 种。在该套丛书的"后记"《我的 30 年——跋涉在大自然文学》②中,刘先平写道:

> 是著名的文学评论家、北师大的浦漫汀第一个说:你以崭新的人与自然的关系审美,写出的是最新的大自然文学,有鲜明的特点,是中国的大自然文学。世界上大自然文学流派的真正兴起,也是在七八十年代。我很感动于她的理解与鼓励,她也给了我很多的帮助和指点。1996 年,中国青年出版社将几部长篇小说结集,"刘先平大自然探险长篇系列"就是由她定名的。③

关于浦漫汀为刘先平的创作"正名"和为刘先平的作品"定名"这两件事,其实是"一件事",刘先平在怀念浦漫汀的《睿智》一文里有较为详细的讲述。这些有史料价值的文字,不是同时代关系密切的"圈内人",已经很难看到。为保全原貌,供有心研究刘先平大自然文学创作的人使用,这里将文中与"刘先平大自然文学"有关的部分抄录如下:

> 1995 年下半年,中国青年出版社总编辑陈浩增先生,有意将我的几部描写在野生动物世界探险的长篇小说集结成一个系列,作为重点书推出,同时应允将尊重作者的意见,包括装帧设计。这对我来说,已是非常

---

① 浦漫汀.野生动物世界的无穷魅力——《刘先平大自然探险长篇系列》小议[M]//浦漫汀.浦漫汀儿童文学论稿.石家庄:河北少年儿童出版社,2002:95-96.

② 刘先平.我的 30 年——跋涉在大自然文学[M]//大熊猫传奇.合肥:安徽少年儿童出版社,2008:273-280.该文此后改名为《跋涉在大自然文学的 30 年》,收入安徽大学大自然文学研究所主编的《大自然文学研究(首卷)》,安徽人民出版社于 2013 年出版.

③ 刘先平.跋涉在大自然文学的 30 年[M]//安徽大学大自然文学研究所主编.大自然文学研究(首卷).合肥:安徽人民出版社,2013:8.

优厚的条件了。我很看重"尊重作者的意见"!他的美意令我兴奋,因为这给了我一个重新审视创作历程,筹谋以后创作方向的机会。

不知为什么,心里涌起了强烈的愿望,想将整个消息第一个告诉浦大姐。于是,在北京开完会后,我就急急忙忙地赶到她家。她听完我的话后,一改常态,高兴得大声说:好呀!好事呀!还是有人别具慧眼呀!她平时说话总是慢言细语地,娓娓道来。接着就对她的先生陶老师说:"今晚我们要为先平祝贺祝贺!"

关于编辑这套书的种种,我很想听听她的意见。她说:是你的作品,你的美学追求个性鲜明,当然还是你最有体会。我可以帮你出谋划策。于是,我将一些想法滔滔不绝,没有标点——没有停顿地一股脑儿地说了出来。说完后,连自己都奇怪,为何思维是这样的敏捷、流畅?

……

你要思索一个重要的问题:为什么你的作品在初版十几年之后,还有读者,还有出版社想再版?这在今天是很难得的。我曾说过:你的作品几十年甚至更长一些时间还会有人兴趣盎然地读。你在二十世纪七十年代末写的《云海探奇》,是我国第一部描写在野生动物世界探险的长篇小说,成功地展示了一个崭新的世界。在这条探索的道路上,一走就是十几年,不断开拓。这对一个人的勇气和意志都是考验。是什么支持了你呢?

你的作品,为新时期的儿童文学带来一股清新之风,这在我的一篇文章中说到了。但总觉得它还有一种更大的冲击力。是什么呢?我仍在考虑,很可能是你所展示的人与自然的关系,是一种新的内涵……我们都再想想。这对将来的创作很重要……

接着,就如何修订作品等等作了商讨,浦大姐郑重地说:待作品出来后,一定要开个研讨会。这不是你个人的事,是发展儿童文学的事,很可能是超越了儿童文学范围的事。

浦大姐的热心肠,对后生的诚挚携扶,对儿童文学的高瞻远瞩,给了我极大的激励,很多启发,也让我更进一步体会到她博大的胸怀。

1996年5月,我去北京和陈浩增总编辑商量版式、装帧等问题。当他听完我和浦教授的谈话之后,立即以出版家的敏锐感到要在四部长篇小说的封面,打上"中国第一部"描写在猿猴、梅花鹿、鸟类、大熊猫世界探险的长篇小说。我感到有些不安,他说求证的工作由他去做。关于这套书的冠名,虽有几种方案,但未最后定下。

当然要去拜访浦大姐,进门刚坐下,她就说:你的作品其实是大自然文学,这不仅仅是以题材来说,是由于它们表现了一种新的理念、新的人与自然的关系,是中国的新的时代的大自然文学。这是我又看了你的作品之后,得出的印象。大自然文学已不仅仅是儿童文学,读者面更宽,这在你的《山野寻趣》中已体现得很好。世界上新的大自然文学正在兴起、繁荣,中国应该有自己的大自然文学,你是个拓荒者。

我全身一凛,瞪着十分惊讶的眼睛看着她,按捺着被理解的洋溢的幸福,长时间说不出话来。她就是这样一位善于点化、善于点亮夜行者灯塔的睿智的师长。

我觉得还是"夹着尾巴做人"为好,低调子为好,暂不提大自然文学。她很理解。但"刘先平大自然探险长篇系列"的书名却是商量后定下的。浦大姐还一再叮嘱,要将"刘先平大自然探险"做成品牌。

那年的八月,样书出来后,我又去了北京。可以说,作品研讨会前的各种事项,都是她帮助筹划的,包括介绍一些新的朋友。

后来,这套书得了几项大奖,她比我还要高兴。

关于大自然文学,在后来的岁月中,束沛德、金波、樊发稼等先后都有精辟的论述。直到2000年,在一次儿童文学研讨会上才正式提出。2001年,束沛德先生在台湾讲学时,将幽默文学、大幻想文学、大自然文学称为三面美学旗帜,后来刊登在《文艺报》上,题为《新景观 大趋势》,为中国的大自然文学呐喊助威。于是有了2003年在黄山召开的大自然文学研讨会。这次会议以现代意义的大自然文学的特点、现状、对当代文学的影响以及如何繁荣,进行了热烈的讨论。浦大姐因故未能参加。

会上,我特意介绍了她的那次谈话。①

这是一篇信息量很大、内容很丰富、意义很重大的大自然文学史料。对研究浦漫汀、研究刘先平、研究中国大自然文学,都具有十分重要的不可或缺的意义。

刘先平在文中详细介绍了他向浦漫汀请教的全过程,生动描述了基于新时期儿童文学创作实践的"中国的大自然文学"概念的萌生,以及"刘先平大自然探险"这一大自然文学品牌冠名的由来。浦漫汀说"待作品出来后,一定要开一个研讨会",这个研讨会就是1996年11月在北京召开的"'刘先平大自然探险长篇系列'作品研讨会"。这次会议的研究成果结集为《人与自然的颂歌——刘先平大自然探险文学评论集》。此后至今20多年中国大自然文学的不断演进发展,印证了浦漫汀对刘先平说的那句话:"这不是你个人的事,是发展儿童文学的事,很可能是超越了儿童文学范围的事。"

2. 浦漫汀指出:儿童文学史上应该给予"这套书"应有的地位

浦漫汀说她曾在"一篇文章中说到"刘先平的作品"为新时期的儿童文学带来一股清新之风",笔者没有找到这篇文章,但意外地发现几乎与刘先平向浦漫汀请教出版"刘先平大自然探险长篇系列"的同时,浦漫汀正在主编一部《中国当代儿童文学国际性主题作品选》,1996年12月由希望出版社出版。在该书的"序言"里,浦漫汀将"人类与大自然"列为"具有永久性的国际主题在我国儿童文学中主要表现"之首。

浦漫汀认为,热爱大自然是孩子们的天性。随着环保意识的增强,他们不仅要亲近自然,而且由知到行,会在力所能及的条件下积极投入对大自然的保护活动。这些活动使他们的情操受到陶冶,心身得到了完美健康的发展。"这种描绘、表述遍及诗歌、散文、童话、故事、小说等各种体裁作品之中,它们的主旨大致是":"写孩子对大自然的向往";"写孩子一时糊涂或无意中伤害了小鸟等之后的懊悔,或立即采取弥补过失的积极行动";"写孩子们关

---

① 刘先平. 睿智[M]//柯岩,束沛德,金波,等. 浦漫汀与儿童文学. 北京:北京燕山出版社,2005:241-243.

心、理解大自然,并自觉地为扭转生态失衡而参与力所能及的活动";"写孩子或成人与动物间的友好";"还应提及的是近些年崛起的动物小说";"还有许多以抒情主人公的视角或叙事人的体验描绘大自然的作品,虽不一定涉及儿童,但能使小读者感受到大自然的美及其功用,同样能够启发孩子们热爱大自然,为环境保护而尽力。郭风、圣野、田地、刘先平……老中青作家的作品都具有这样的作用"。①浦漫汀关于"人类与大自然"主题的意见,虽然不是针对刘先平的大自然探险文学创作来说,但从中仍然可以看出她对"人类与大自然"这一类儿童文学创作的重视。

正因为对"人类与大自然"主题的关注和研究,浦漫汀才有对"刘先平大自然探险长篇小说"文学价值的充分肯定和超前认识,这集中体现在浦漫汀在"刘先平大自然探险长篇系列"研讨会上的发言里——《野生动物世界的无穷魅力》。也许浦漫汀"很理解"刘先平"低调子为好,暂不提大自然文学"的想法,浦漫汀在这篇评论中并没有使用"大自然文学",但对刘先平在作品中"所展示的人与自然的关系"的"新内涵",其"读者面更宽","很可能是超越了儿童文学范围"的评判,以及刘先平是"中国的大自然文学"的"拓荒者"的评价,都有充分的论述。

浦漫汀认为,"刘先平大自然探险长篇系列"这套丛书"规模之大、内涵之丰富到意义之深远都是令人叹服的","他不仅依据'物竞天择,适者生存'的客观法则和考察中所掌握的实际情况具体地表现了大自然中实有的动物世界,并以高超的技艺把它写成'人化的自然',亦即以'自然的人化'理解、表现了大自然的诗意美。这种理解、表现的本身就体现了一种艺术的创造"。浦漫汀高度评价了"这套书的意义是深远的、多方面的"。

首先是在儿童文学样式上的完备与题材上的拓展。

用长篇小说的样式表现大自然探险、野生动物世界探险的题材的作品,过去是没有的。

---

① 浦漫汀.《中国当代儿童文学国际性主题作品选》序言[M]// 浦漫汀.浦漫汀儿童文学论稿.石家庄:河北少年儿童出版社,2002:209—215.

大自然是人类文学艺术的三大母题之一。我国自古以来就有表现大自然的传统,《诗经》中就有"呦呦鹿鸣"的名句,古代散文中也有写大自然的名篇。孔子说的"诗可以多识草木鸟兽之名"就概括了文学的一种题材与一种功能——表现大自然和提高认识能力的作用。

大自然与儿童更有天然的联系。儿童喜爱大自然,大自然也是他们成长中的一个重要课堂。所以儿童文学多以它为题材。但所用体裁多为富于抒情色彩的散文、诗或短篇小说、童话等。

刘先平的系列长篇形成了一股集团的力量,内容集中气势磅礴,可以说是大自然探险与自然保护文学的巨著。在极其广泛的大自然探险与野生动物世界的题材中,它所占的'四个第一'实际也就是填补了四个方面的空白。故而它对儿童文学体裁的完备、题材的拓展都是很有意义的。

其次是在思想性、艺术性以及创作风格上给儿童文学带来了有益的启示。

……………

综上,这套书在儿童文学中,特别是80年代以来的儿童文学史上,是应该给以应有的位置的。①

3.浦漫汀说:刘先平"肩跨文学两个领域","已被公认为我国现代意义上的大自然文学的开拓者"

2003年11月,浦漫汀因故没能参加在安徽黄山举办的"大自然文学研讨会",但在2003年10月8日,浦漫汀在《中华读书报》上发表了她为刘先平在湖北少年儿童出版社出版的系列新书"东方之子刘先平大自然探险"(8种)写的评论文章,第一次以"大自然文学"的名义评价刘先平的"大自然探险"创作,充分肯定了刘先平在中国大自然文学史上的"开拓者"地位。浦漫汀指出:

---

① 浦漫汀.野生动物世界的无穷魅力——《刘先平大自然探险长篇系列》小议[M]//浦漫汀.浦漫汀儿童文学论稿.石家庄:河北少年儿童出版社,2002:88、89、94—95、96.

上个世纪(20世纪)70年代末以来,始终致力于大自然文学创作的刘先平,已被公认为我国现代意义上的大自然文学的开拓者。他前不久推出的"'东方之子'刘先平大自然探险"系列进一步巩固了这一为人敬慕的历史地位。这套书共含《天鹅的故乡》《迷失的大象》等8本的探险系列作品,既有刘先平的新作,也有他卓有成就的代表作。通读他包括本系列在内的主要作品,再联想起所了解到的他的读者情况,不禁感到刘先平的贡献不止于对儿童文学的推动,还以崭新的品牌著作为儿童文学平添了一面"美学旗帜",而且,对成人文学的丰富与扩展也立下了功劳。

浦漫汀非常重视对刘先平大自然文学作品的"老少咸宜",且具有持久魅力的现象研究。她分析了刘先平的大自然文学创作由"儿童文学"走向"成人文学",又在两个文学领域"如鱼得水"的思想价值和艺术价值。

孩子们喜爱大自然,在他们的眼中花草树木、鸟兽虫鱼都是有生命、有感情的,都是应该亲近和了解的。大自然文学正适合他们的童心与童趣。所以,刘先平初期作品首先是受到孩子们的欢迎,并顺其自然地以新的文学形态进入了儿童文学领域。随着人类对大自然的破坏,大自然的无情报复无不日趋严重。面对人与自然的矛盾激化,人们开始深层的反思,全社会的环保意识普遍增强。于是,刘先平的作品便自然而然地收到了成人读者的关注和青睐。这就使它以大自然文学的独立品格,跨入了成人文学领域。这种兼跨儿童文学与成人文学两个领域的文学现象,在古今中外名人名著中皆有例可循。其"兼跨"的可能与良好效果皆源于它们能够满足不同层次的审美需求,在内容、表现手法等方面具备老少咸宜的特点。刘先平的作品也正是如此。

浦漫汀明确指出,刘先平的大自然文学作品首先是"为孩子们创作的",但同时也"为成年人所喜欢",源于"人与自然的矛盾激化",环保和生态问题成为社会关注的热点。刘先平创作的大自然探险作品"以大自然文学的独立品格",自然而然地成为"兼跨文学两个领域的名篇",以其题材和主题的广泛性和丰富性、时代性与哲理性,大人和小孩在阅读中可以各取所需,而且一部作品可以供读者从孩提时代读到长大成人。

在生活体验、鉴赏水平、理解能力上差距甚大的孩子与成年人,读同一部作品时,他们都各有各的欣赏角度,阅读中的收益也不尽相同。

孩子阅读该丛书,无疑要侧重于欣赏其中有趣的动植物故事、这些野生生物的生存发展的奥秘,以及自然造化的山山水水、大漠古木等的神奇壮观,还有书中所附的一幅幅精美的照片。他们会感受到作品拉近了他们与大自然的距离,作家又为他们开拓了一片新天地供他们随意遨游,乐在其中。就这样,他们会于不知不觉之中开阔了视野,增长了知识和爱国情愫。而不久的未来要同大自然打交道的又正是他们这一代人。所以,他们今天的感悟虽有待深化,但也体现了该丛书对少年儿童在审美与思想方面不可或缺的教育作用。

成年人读该系列丛书所受益的则是在多种审美享受中,感悟到贯穿于全套丛书始终的"天人合一"的自然观,把植物视作与人类平等的生命价值观,及其所蕴含的"万物之灵的人只是大自然万物中的一员"的颠扑不破的真理。有识的成年读者接受了这些观点与真理之后,会自觉地认同作品中所透露的大自然的危机必然导致人类的生存危机的预见,进而就会真的从"大自然属于人类"的传统误区中走出来,去珍惜、保护大自然,求得人与自然的和谐、共荣,以确保人类更好的生存与发展。而这也正是该套系列丛书的主旨及其重大的现实意义。

浦漫汀在这里无意间说明了一个重要的"大自然文学"现象,对人们把握大自然文学的本质有着深刻的启发意义。长期以来,人们一直对大自然文学是属于儿童文学还是属于成人文学有着疑虑,这也是很长一段时间乃至如今导致大自然文学处境非常尴尬的问题所在——儿童文学界因为大自然文学作品具有较大的思想深度及被成人读者重视而将其视为儿童文学之外的文学,成人文学界因为创作大自然文学的作家大多是儿童文学作家而将其视为儿童文学。虽然在客观上看到了大自然文学"兼跨"儿童文学和成人文学两个文学领域的事实,但没有人从理论上给予准确的描述和科学的解释,这也造成儿童文学作家语境下的大自然文学和成人文学作家语境下的大自然文学不是一回事,往往儿童文学作家笔下的大自然文学作品因为其"儿童性"被成人大自然文学作家认为"浅显"而不被承认,成人文学作家笔下的大自然文学作品因为其"深刻性"被儿童文学作家认为"深奥"而不能接受。其实我们应该既有写给孩子们的大自然文学,也有写给成人的大自然文学,还有儿童和成人都喜欢的大自然文学,它们都是大自然文学,在文学本质上是一致的,只是因为读者对象的特殊性而对文学创作的内容与形式有特殊要求而已。

刘先平大自然文学作品就属于老少咸宜的大自然文学,正如浦漫汀所说的,刘先平的《大熊猫传奇》《云海探奇》等大自然文学作品,不仅大人孩子可以各取所需,而且从20世纪80年代创作出版至今的40年里,一直畅销不衰,受到不同时代、不同年龄读者的喜爱,具有经典文学的不朽魅力,这好比《云海探奇》《千鸟谷追踪》这样的长篇小说在出版的20年后被收入"中国儿童文学传世名著",由中国少年儿童出版社再次出版,而且刘先平从20世纪80年代以来的大自然文学作品,今天仍然是很多出版社抢购版权的热门,其出版形式也由图书向融媒体发展,甚至被作为创意文化产业资源进行二次或多次开发。

(三)王泉根:生态背景下的大自然文学

王泉根(1949—　),北京师范大学教授、博士生导师。文学评论家,儿童文学理论家、史学家。中国作家协会儿童文学委员会副主任,亚洲儿童文学学会副会长。长期从事中国现当代文学与儿童文学的教学研究,以及中国文化研究。主要著作有《现代儿童文学的先驱》(1987)、《中国儿童文学现象研究》(1987)、《现代中国儿童文学主潮》(2000)、《中国新时期儿童文学研究》(主编,2004)、《中国儿童文学30年》(2008)、《中国儿童文学概论》(2015)、《百年中国儿童文学》(2017)、《中国儿童文学史》(插图本,2019)等。王泉根对刘先平大自然文学的评论集中体现在以下文章中:《激扬精神生命的力作》(1996)、《解读刘先平和大自然文学》(2009)、《大自然文学的特征与刘先平的意义》(2009)、《我们最缺少的是这样的书——读〈追梦珊瑚〉》(2017)、《中国儿童文学史》中关于"大自然文学"的论述。主要观点有四个方面：(1)刘先平是"大自然文学的积极开拓者与探索者"；(2)刘先平是"儿童文学界提倡环保文学的先行者之一"；(3)刘先平作品具有"三个维度和特点"；(4)刘先平是"有精神追求、精神境界的人"。

1."安徽作家刘先平是大自然文学的积极开拓者与探索者"

2019年，王泉根的著作《中国儿童文学史》(插图本)由新蕾出版社出版。在《当代卷》的《第十七章　资本市场与互联网双重影响下的21世纪初叶的儿童文学(下)》的《第四节　生态文明背景下动物小说的升温与大自然文学》中，将"动物小说"和"大自然文学"共同放在"生态文明背景下"加以考察，在比较分析中指出：

> 动物小说是动物文学的重要品种。较之其他文学样式，动物文学更直接更有力地指向生命存在的价值、奥秘和瑰丽，指向关于竞争、共生、再生、自生等天人关系的生态思维，指向关于生命、关于生存、关于地球等'人与自然的和谐发展'，指向关于力量、意志、挫折、磨砺等少年儿童精神成长的根本性命题。因而动物文学是少年儿童的重要精神钙质。发展繁荣包括动物小说、大自然文学、少年环境文学在内的生态文学创作，正在成为21世纪儿童文学的重要趋向。①

王泉根在这里将"动物小说、大自然文学、少年环境文学"并列，归于"生态文学"名下，体现了王泉根在生态文明背景下对刘先平大自然文学创作的认识和定位，认为"安徽作家刘先平是大自然文学的积极开拓者与探索者"②，这一部分的文字引用如下：

> 安徽作家刘先平(1938—　)是大自然文学的积极开拓者与探索者。自20世纪70年代末以来，刘先平40余年如一日，执着地跋涉在大自然，曾五上青藏高原，四探怒江大峡谷，三次穿越柴达木盆地，两次穿越

---

① 王泉根.中国儿童文学史[M].天津:新蕾出版社,2019:419.
② 王泉根.中国儿童文学史[M].天津:新蕾出版社,2019:419.下面长篇引文也见此书第419—420页。

塔克拉玛干大沙漠,直达帕米尔高原,朝拜万山之祖,远行西沙群岛。刘先平用双脚丈量大自然的壮美版图,用笔抒写大自然的雄浑气象。他在激情创作《云海探奇》《呦呦鹿鸣》《千鸟谷追踪》《大熊猫传奇》《山野寻趣》《和黑叶猴对话》《寻找大树杜鹃王》《走进帕米尔高原——穿越柴达木盆地》等数百万字作品的同时,还在探索生态文学、生态文明、生态道德理论。他认为"人与自然之间的关系根本未纳入'道德'的范畴,缺失了生态道德","如果不能在全社会牢固地树立生态道德观念,就无法建设生态文明和人与自然和谐的社会"。正是基于这样一种清醒的生态道德观念,刘先平才能在作品中坚持现实主义的审美取向,传达当今人类共同的生态文明主题,从动物保护、水源保护,到资源寻踪、无人区探险,几乎涉及大自然的一切命题。他为太湖、滇池以及他家乡的巢湖水质污染而痛苦,为我国最大的高寒泥炭沼泽湿地若尔盖退化为草原进而沙化而伤心,为珍稀动物黑麂、麝、藏羚羊不断被猎杀的命运而愤怒,为他十年、二十年前赞美过的山川河流快速成为"历史老照片"而忧心忡忡。但他是坚定的,忧伤使他"更加努力地呼唤生态道德的树立,也更寄希望于孩子"。①

2."儿童文学界提倡环保文学的先行者之一"

王泉根对刘先平创作的体裁特征认识有一个过程。在1996年以前,中国"大自然文学"这一新概念还没有提出时,人们对刘先平的创作各有其称谓。陈伯吹称之为"儿童科学探险小说",王泉根称之为"儿童文学界的环保文学"。

王泉根认为,把一个什么样的地球交给下一代,是主宰社会的成年人的课题和责任。有识之士深切渴望人与自然的和谐相处与共同发展,并在其文学作品中寄予了强烈的忧患意识与自觉意识,而且环保教育必须从根本上做起,从孩子抓起,于是"儿童文学创作中的又一国际性题材——环保文学诞生了。以关注大自然、保护环境、拯救地球、拯救人类为中心话语的环保文学,

---

① 刘先平. 大自然文学:呼唤生态道德[J]. 创作评谭. 2015(4):39-40.

以崭新的目光审视着人类及其生存家园,企图从文学角度建构人类与大自然的和谐关系,表现人类善待地球上诸种生灵的理性关爱"。"当世界儿童文学日渐奏出关于环境保护的最强劲音符时,刘先平开始用一种耳目一新的审美意识描写了在我国崭露头角的自然保护事业,并逐渐成为国内儿童文学界提倡环保文学的先行者之一"①。

这里的"环保文学"就是"大自然文学"的代名词。10年后,王泉根在评价刘先平"大自然在召唤"系列(9种)时指出:"中国大自然文学的兴起、发展与安徽作家刘先平的名字紧密联系在一起。大自然文学的诸多特征在刘先平的艺术实践中有着充分的呈示,或者说,刘先平的艺术实践有力地丰富了大自然文学的内涵。"②为打造具有中国特色、民族风格、时代精神的大自然文学积累了新鲜经验。

3. 刘先平大自然文学的"三个维度和特点"

王泉根认为,刘先平的大自然文学有"三个维度和特点"。

第一维度和特点是,"从人类的中心主义和人类中心论走向地球中心主义和地球中心论"。"这是大自然文学的发展趋向,也是刘先平大自然文学非常有特色的文学坐标"。"刘先平的大自然文学所要追寻和张扬的正是维护地球生命共同体,在地球生态面前众生平等,众生都有生命价值与尊严。他的大自然文学清醒地走出了大自然弱于人类的误区,而进入了人类弱于大自然的境界。刘先平不但通过他的文学作品,而且通过讲学、写论文等多种途径大力倡导生态道德。我们一般人讲的道德是人与人、人与社会和谐的一种道德,他则更进一步,讲人与自然的和谐、人对自然的尊重这种道德。所以在刘先平身上,让我们看到一种崭新的道德,这种道德在今天这个时代,在人类面临严重生态危机的背景之下,难能可贵"。

第二个维度和特点是,"直面现实,基于忧患,坚守现实主义精神的大自然文学的美学取向"。

---

① 王泉根,陈晓秋.激扬精神生命的力作[C]//束沛德主编.人与自然的颂歌——刘先平大自然探险文学评论集.合肥:安徽少年儿童出版社,1999:46—47.
② 王泉根.解读刘先平和大自然文学[N].文学报.2009—8—20.

第三个维度和特点是,"大自然文学是一种特殊的文学类型,这种特殊性体现在它跨文化的对话、跨代际的沟通、跨文体的写作。这是刘先平大自然文学重要的艺术取向"。①

上述"三个维度和特点",在刘先平的艺术实践中有着充分的呈示。王泉根认为,刘先平大自然文学的上述"三个维度和特点"与刘先平创作大自然文学的"三个回归与三种意识"有关,即"回归自然、回归童年、回归生命。激情地召唤三种意识:召唤自然之美、召唤童心之真、召唤生命之善"。②

4. 刘先平是"有精神追求、精神境界的人"

王泉根认为,人一辈子如果能够专注于一件事情,那就可能把这件事情做到极致,做到最好。"刘先平先生就是这种有精神追求、精神境界的人。四十多年来,他跋涉在大自然,从平原到沙漠,从高山到海洋,用他的双腿丈量着大自然的壮美版图,用他的笔抒写着大自然的雄浑气概。但更难能可贵的是,刘先平被大自然震撼的同时,更为大自然的千疮百孔、多种污染所痛苦,从而使他的文学观、价值观、道德观、人生观发生了深刻的变化。作为一个作家,他被写作对象所打动、所感染,甚至转变他的观念,我认为这是一个很好的研究对象"③。

二、陈伯吹、金波、樊发稼、海飞、曹文轩、赵凯、谭旭东论刘先平大自然文学创作

和刘先平创作关系最密切的是出版人和书评人。很多文艺评论家是从书评人做起的,或者评论家同时也是书评人。作家、出版人、书评人(评论家)总是在新书发布会或作品研讨会上相聚,特别是作品研讨会成为最常见最重要的文艺评论现场,研讨会上的学术成果和交流发言,或在媒体发表,或汇编成册,成为作家作品评论的重要记录和研究资料。关于刘先平大自然文学创

---

① 王泉根. 我们最缺少的是这样的书——读《追梦珊瑚》[C]//赵凯主编. 大自然文学研究(第三卷). 合肥:安徽文艺出版社,2018:124-126.
② 王泉根. 解读刘先平和大自然文学[N]. 文学报. 2009-8-20.
③ 王泉根. 我们最缺少的是这样的书——读《追梦珊瑚》[C]//赵凯主编. 大自然文学研究(第三卷). 合肥:安徽文艺出版社,2018:124.

作的很多评论就属于这类情况。

能够参加作家作品研讨会的代表,一般是主办者和作者精心选择的在评论界有一定影响力和较高理论水平的专家学者,仍然以"儿童文学圈子"为主。刘先平大自然文学创作有影响的评论,最早见于1983年5月24日《人民日报》发表《开拓出一个新天地——读刘先平的两部儿童文学作品》,作者是《中国记者》的总编辑徐民和,他高度评价刘先平的《云海探奇》(1980)和《呦呦鹿鸣》(1981)"把文学和科学结合起来,成为一个新品种,这在儿童文学中是一个新的探索","在儿童文学的园地里开拓出一个新天地"。有影响的刘先平创作研讨会是1996年11月由中国作家协会和中国青年出版社在北京联合主办的"'刘先平大自然探险长篇系列'作品研讨会",儿童文学作家、评论家班马从这套长篇系列里"读出了刘先平作品的性情和气质",认为刘先平"真正具有中国作家气质",他的创作体现了"天人合一"的"中国真正的深刻性传统",因为"'人与自然的关系'这一文学主题的上升,在中国很不容易做到",而刘先平"一意孤行","除了识见,除了勇气,还当有孤愤,还当有决意,以及一种博大与规模",才能导致"自自然然地颠覆一个只写'人'的以往文学世界",成为"中国也有强力的自然主义作家"①。徐民和与班马的评论在不同时期针对不同作品所得出的结论是一致的,就是刘先平的大自然文学创作颠覆了"文学是人学"的传统文学观,"开拓出一个新天地"。这些精辟的论断不仅给刘先平的大自然文学创作以充分肯定和激励,而且为评论界如何看待刘先平大自然文学创作奠定了基调。

(一)陈伯吹:开拓儿童文学的新天地

陈伯吹(1906—1997),中国儿童文学界泰斗式的人物,著名儿童文学作家、理论家、出版家、教育家。早在1982年,刘先平第一部长篇小说《云海探奇》(1980)出版不久,陈伯吹就"高度评价了它的成就"。1987年,陈伯吹受

---

① 班马. 自自然然地颠覆一个只写"人"的以往文学世界[C]//束沛德主编. 人与自然的颂歌——刘先平大自然探险文学评论集. 合肥:安徽少年儿童出版社,1999:31—33.

到刘先平寄赠的《云海探奇》《呦呦鹿鸣》《千鸟谷追踪》《大熊猫传奇》四部长篇小说后,又于10月25日夜亲自给刘先平写信,称赞这四部作品形成了"以'人与自然'为主题的系列小说",是"人与自然的颂歌",称赞刘先平"正是我们所要赞美并且钦佩的作家",称赞刘先平"在少年儿童文学领域里开拓出一块极有价值的新天地"。肯定刘先平创作的"开创性"是陈伯吹论刘先平大自然文学的核心。陈伯吹说:

> 我对您的作品,怀有很大的兴趣,不只因为它们是正在学习成长的少年儿童的精神食粮,还因为您在少年儿童文学领域里开拓出了一块极有价值的新天地! 创作了对读者有益的"科学探险小说"。我也能同意您称它们为"科学探险小说",而其中《云海探奇》和《呦呦鹿鸣》更为出色。关于《云海探奇》,我已自拙著《儿童文学简论》一书中,高度评价了它的成就。至于《呦呦鹿鸣》,是继《云海探奇》之后所开拓的新领域,成了以"人与自然"为主题的系列小说,对形象的审美特征把握得更为准确……其实后出版的三部,也一点不弱,毫不逊色,我细细读来,感到您将自然知识溶解在生动美好的艺术性中,从而写出了生动的崭新的文学作品。①

(二)金波:大自然文学的旗手

金波(1935—),著名儿童文学作家,首都师范大学教授,中国作家协会儿童文学委员会委员。他对刘先平大自然文学的关注有其独到的视角,善于从作家的创作个性和精神气质方面来研究创作,体现在他的《人与自然的赞歌》(1998)、《高举大自然文学的旗手》(2012)、《呼唤生态道德四十年——读〈追梦珊瑚〉》(2017)等一系列评论中。主要观点有三个方面:一是称赞"刘先平是高举大自然文学的旗手";二是赞赏刘先平提出"生态道德"概念;三是提出研究"刘先平精神"。

---

① 陈伯吹.人与自然的颂歌[C]//束沛德主编.人与自然的颂歌——刘先平大自然探险文学评论集.合肥:安徽少年儿童出版社,1999:9.

1."刘先平是高举大自然文学的旗手"

金波最早在评论界提出"先平是高举大自然文学的一个旗手"(1997),并引用高尔基(1868—1936)评价俄罗斯大自然文学作家普里什文(1873—1954)的话来评价刘先平的创作:"在我看来您所写的不仅是大自然,而是比大自然更大的东西,是大地,是我们伟大的母亲。"①金波评价刘先平"是一位独特的作家","在我国文学界,能有他那么广博的野生动物知识的作家,还不多见";"他自觉地把丰富的野生动物知识和文学创作结合起来,为读者奉献出了大自然探险题材的鸿篇巨制。这在儿童文学作家中,可称得上是戛戛独造";"他拥抱大自然的情怀,具有诗人的禀赋。他虽然是以叙述的散文方式写作,不是言词形式的诗人,但他的激情和行动,早已使他成为一个诗人。"他的作品就有"一种诗的直抉心灵的力量"。②

2.赞赏刘先平"生态道德"概念的提出

金波在谈到他阅读刘先平作品的感受时特别指出,"他的大自然文学作品给我触动最大的是提出'生态道德'的问题。在这一点上,他是与时俱进的,也可以说明,他作为一个作家,思考的深入性和深刻性。大自然文学是他带着忧患意识来写的,他在告诉人们,我们该如何热爱大自然,这种热爱跟我之前举的例子是很不一样的,他的热爱大自然是积极的、主动的,甚至是用人的力量重新复活大自然,培养大自然,科学地保护大自然和改造大自然。所以这些作品的意义,我觉得不仅仅是向我们介绍了自然的知识,提高了我们的爱国主义精神,他还说得非常具体,我们怎样去保护大自然,特别是'生态道德'这个概念的提出,这对于全民,特别是少年儿童的爱国主义教育是非常有帮助的"③。

---

① 金波.高举大自然文学的旗手[C]//安徽大学大自然文学研究所主编.大自然文学研究(首卷).合肥:安徽人民出版社,2013:198—199.
② 金波.人与自然的赞歌[C]//束沛德主编.人与自然的颂歌——刘先平大自然探险文学评论集.合肥:安徽少年儿童出版社,1999:77—78.
③ 我们缺少的就是这样的作品——四人谈刘先平大自然文学[M]//刘先平.一个人的绿龟岛.北京:天天出版社,2017:208.

金波认为,几十年来,刘先平通过大自然文学创作,全身心地接受大自然的抚爱和洗礼,他的心中盛满色彩,也令他的心灵导向更丰富、更高尚的境界,这就是他对"物竞天择、优胜劣汰"的印证和思考。在他的作品中,"无论是对香獐的温情呵护,对于麝香药用科学的阐释,还是'鸟鼠同穴''同胞相残'生态秘密的探究,都是给人'一个真实的大自然',都是竭尽全力地呼唤道德。这种富于哲学意味的思考,显示出作者对于他热爱、所熟悉的大自然的歆合与思慕,也是他深思熟虑之后所达到的一种明确深刻的论述高度。山与水相依,人与自然和谐。在这和谐相处中,人的品格得到提升。'智者乐水,仁者乐山',刘先平的大自然文学创作,在探索自然奥秘、解释说明真谛、呼唤生态道德的进程中,'仁'与'智'也相融为一体,成为刘先平大自然文学创作的灵魂"。①

3. 提出研究"先平的精神"

金波经常用动情的语言赞赏刘先平对大自然文学创作的坚守,表达他对刘先平的"一种敬意"②。这种"敬意"来自刘先平的创作经历和作品魅力对自己心灵的"撞击力"③,来自"先平的精神"力量。金波说:"这么多年了,先平能坚持在大自然中写作,是非常非常不容易的。我从他的好多作品中,看到这是非常艰苦的事业。先平的这些作品是跋山涉水、一步一步走出来的,是蘸着他的汗水写出来的。像我们,定好题材,回去就可以在书斋里写了,而先平,则要在万水千山中行走——这种精神贯穿了他四五十年的写作经历,因此在儿童文学作家中是一个楷模,是很值得我们去学习的。"④作为"精神探险"的先导者,刘先平"以他的作品满足了青少年读者的精神需要"。"他的

---

① 金波.山水相依 仁智相融——读《走进帕米尔高原——穿越柴达木盆地》[N].安徽市场报.2009—3—16(B8).
② 金波.高举大自然文学的旗手[C]//安徽大学大自然文学研究所主编.大自然文学研究(首卷).合肥:安徽人民出版社,2013:198.
③ 金波.人与自然的赞歌[C]//束沛德主编.人与自然的颂歌——刘先平大自然探险文学评论集.合肥:安徽少年儿童出版社,1999:80.
④ 金波.呼唤生态道德四十年——读《追梦珊瑚》[C]//赵凯主编.大自然文学研究(第三卷).合肥:安徽文艺出版社,2018:122.

探险文学,与其说是为了征服大自然,不如说是为了引领我们亲近大自然,理解大自然,从而与大自然更为亲密地融合在一起,使它成为我们物质的和精神的家园";"他赋予大自然具有人的思绪和情怀,他发现大自然所蕴含的无穷诗意,他以创造的大自然的美,提高着我们的精神境界。""童年的不幸,锻炼了他顽强的性格,培养了他百折不挠的精神";"他有一颗比常人更贴近大自然的心","给我们创造了一个全新的大自然,一个让人萦怀系心的家园"①。他的作品"不仅仅是向我们介绍了自然的知识,更提高了我们的爱国主义精神"。金波进一步提出:"先平的精神在今天,特别是对于儿童文学作家来说,要真正踏踏实实地走下去,下到生活中去,不断地写出好作品,这是很有启示意义的。我们对先平的作品当然要研究,更重要的是对先平这个人进行研究,他这么些年是怎么走过来的,是哪一种精神支持着他走到今天,而且写的作品越来越好、越来越深刻,这是具有普遍意义的。"②

(三)樊发稼:大自然文学就是大自然文学

樊发稼(1937—),著名儿童文学作家、评论家,中国社会科学院文学研究所原研究员、中国作家协会儿童文学委员会原副主任。樊发稼不仅激情倡导大自然文学,给"高举大自然文学旗帜"的刘先平以有力支持,而且身体力行,将自己的创作"有意识地当作大自然文学来写",与刘先平一起"高举大自然文学旗帜"③。他的主要作品有:《独具思想艺术魅力的精品》(1996)、《高举大自然文学旗帜——兼谈刘先平新作〈走进帕米尔高原——穿越柴达木盆地〉》(2009)等评论文章和《鸟窝》《一只受伤的鸟》《啊,大森林》《蛙鸣》等诗歌作品。樊发稼关于刘先平大自然文学的评论有两个重要观点,即"大自然文

---

① 金波.人与自然的赞歌[C]//束沛德主编.人与自然的颂歌——刘先平大自然探险文学评论集.合肥:安徽少年儿童出版社,1999:78—81.
② 金波.呼唤生态道德四十年——读《追梦珊瑚》[C]//赵凯主编.大自然文学研究(第三卷).合肥:安徽文艺出版社,2018:123.
③ 樊发稼.高举大自然文学旗帜——兼谈刘先平新作《走进帕米尔高原——穿越柴达木盆地》[C]//安徽大学大自然文学研究所主编.大自然文学研究(首卷).合肥:安徽人民出版社,2013:174—175.

学就是大自然文学"和刘先平创作是"具有独特的思想艺术魅力的"。

1."大自然文学就是大自然文学"

樊发稼强调指出:"我想郑重辨证一个概念,这就是:我们过去把大自然文学简单归类为儿童文学(可能是因为许多作品都是由少儿读物出版机构出版之故吧),实际上是不准确的、不科学的,是一个'误区'。大自然文学就是大自然文学,是整个大文学的一个门类,就像文学分成人文学和儿童文学一样,大自然文学也有'成人'与'儿童'之分。最近我和云南著名作家吴然通信谈大自然文学,他在信里称:'如你所说,大自然文学是个大概念、大文学,非儿童文学所独有。俄罗斯的大自然文学恐怕是世界上最发达、最突出的,很多都不好归入儿童文学。日本也极重视大自然文学,川端康成的作品,岛崎藤村、国木田独步、德富芦花等的散文,都是经典的大自然文学。德富芦花的散文,一直被列为日本国民情感教育的读本。我国古代《徐霞客游记》堪称大自然文学的范本。'"樊发稼认为,"在地球自然生态遭到严重破坏的当今高科技时代,大自然文学是特别应当受到重视、应当予以大力倡导和发展的一个文学品类"。①

2."具有独特的思想艺术魅力"

樊发稼认为:"中国改革开放30年来,现代大自然文学获得可喜发展,涌现了一批优秀大自然文学作家。刘先平就是其中的一位杰出代表。"②他的大自然文学创作,"将人和大自然作为一个整体来观照,既让读者领略到动物世界新奇神秘的生活形态和弱肉强食的生存竞争,又让人领悟到人类和大自然紧密的不可分割的依存关系,由此启迪和引导人们去追求人与大自然和谐统一的理想境界"。这样的作品是"具有独特的思想艺术魅力,而且可读性

---

① 樊发稼.高举大自然文学旗帜——兼谈刘先平新作《走进帕米尔高原——穿越柴达木盆地》[C]//安徽大学大自然文学研究所主编.大自然文学研究(首卷).合肥:安徽人民出版社,2013:175.

② 樊发稼.高举大自然文学旗帜——兼谈刘先平新作《走进帕米尔高原——穿越柴达木盆地》[C]//安徽大学大自然文学研究所主编.大自然文学研究(首卷).合肥:安徽人民出版社,2013:176.

强,其认识价值、教育价值和审美价值都是不可低估的,应该说是真正意义上的、名副其实的精品。在我看来,它也是老少咸宜的,任何年龄层次的读者都会喜欢,都会从中获得深刻的启悟和教益"①。

(四)海飞:非常需要像刘先平这样的作家走向国际

海飞(1946—),作家、童书出版家。中国少年儿童新闻出版总社原社长、总编辑,曾任中国版协副主席、中国版协少儿读物工作委员会主任,国际儿童读物联盟中国分会主席。从国际视野看刘先平大自然文学,海飞认为有两个特点:

1. 具有"走向国际"的价值

2007年,海飞在担任国际儿童读物联盟中国分会主席期间,策划出版刘先平大自然文学代表作《我的山野朋友》和《千鸟谷追踪》的英文版,推荐刘先平获得国际安徒生奖提名奖。在英文版"作者简介"里向读者介绍:"刘先平,中国现代意义上大自然文学的开拓者,深受读者喜爱,被誉为具有突出成就的'东方之子'。"介绍刘先平"曾应邀赴法国、英国、美国、加拿大、南非、澳大利亚等国访问、讲学",刘先平的作品来自"作者多年来探险生活,特别是在中国特有的野生动物世界的奇闻、奇遇","当你随着作者充满艰辛的步伐,认识了这些山野朋友时,就揭开了大自然的种种神奇、奥秘,便充满了震撼人心的魅力,倾听到人和大自然的对话"。②

2010年,海飞在全国儿童文学创作会议上做题为《中国童书出版与儿童文学走向世界的观察与思考》的主题演讲,就重点推荐"刘先平的大自然文学"③。2002年,海飞读完刘先平新作《美丽的西沙群岛》后写道:"我是一口气读完这本有一百多幅优美图片的新作的,作家写过很多作品,越写越好,激

---

① 樊发稼.独具思想艺术魅力的精品[C]//束沛德主编.人与自然的颂歌——刘先平大自然探险文学评论集.合肥:安徽少年儿童出版社,1999:61-62.
② 刘先平.我的山野朋友——刘先平大自然探险奇遇(中英文版)[M].北京:中国少年儿童新闻出版总社,2007:212-215.
③ 海飞.黄金出版——海飞演讲录[C].北京:北京时代华文书局,2018:185.

情不减,难能可贵。我国非常需要像他这样的作家走向国际"①。

2.体现了"大格局"和"深度"

海飞认为,"在中国儿童文学作家里,刘先平的分量很重,而且他很特别,有鲜明的特色,是独树一帜的,首先出了'大自然文学'这个板块,举起了这面大旗。他的'大自然文学'体现了中国儿童文学的大格局和中国儿童文学的深度。以往外国人看我们的儿童文学,觉得你们中国人老是在教室里为了一些鸡毛蒜皮的事折腾来折腾去,小孩都陷到那里面去了,而大自然文学完全不一样,是《山海经》——追到山里、海里去了,我觉得视野很开阔。这种格局和深度,其他儿童文学作家距此还是有很大差距的"。"刘先平的大自然文学是站得很高、看得很远的作品",是"铁肩担道义的作品,是体现中华民族家国情怀的作品,还是非常优秀的科普作品"。②

(五)曹文轩:他为中国创作了一种叫"大自然文学"的门类

曹文轩(1954—),北京大学教授,儿童文学作家。中国作家协会儿童文学委员会副主任,国际安徒生奖获得者(2016)。主要作品有《山羊不吃天堂草》(1991)、《草房子》(1997)、《根鸟》(1999)、《青铜葵花》(2005)、《蜻蜓眼》(2017)等。曹文轩曾经参加过2003年在黄山召开的"大自然文学研讨会"并做主要发言。此后他一直关注刘先平的创作活动,在《大自然与文学》(2003)中给中国大自然文学以关注,在《大自然文学的美学回归》(2009)中给刘先平大自然文学创作很高的评价。

曹文轩发现,"20世纪80年代,中国文学出现了1919年以来的新文学史上从未有过的大自然崇拜"③。刘先平就是大自然崇拜者之一,早在20世纪

---

① 海飞.爱我海疆 爱我海洋——读《美丽的西沙群岛》[C]//安徽大学大自然文学研究所主编.大自然文学研究(首卷).合肥:安徽人民出版社,2013:201.

② 海飞.他高举大自然文学旗帜——在《追梦珊瑚》研讨会上的发言[C]//赵凯主编.大自然文学研究(第三卷).合肥:安徽文艺出版社,2018:127.

③ 曹文轩.大自然与文学[C]//曹文轩著,眉睫编.曹文轩论儿童文学.北京:海豚出版社,2014:306.

70年代,他就拜"在荒郊野外、深山老林中的科学家们"为师,"用刘先平的话说,是他们让他走出了'大自然属于人类'的误区而进入'人类属于大自然'的境界"。"刘先平先生不辞辛苦穿越沙漠,多次穿行横断山脉,两次横穿中国,五上青藏高原,正是基于这点认识。这是一个大认识。这个大认识一直支撑着他,是他为中国创造了一种叫'大自然文学'的门类"。刘先平的作品让我们"逐渐领悟到生态平衡的意义",首先是人本身的生态平衡——个人自身的心理和生理的平衡,精神和物质的统一,再是自然界的平衡,最高的境界是人与自然的和谐、共荣、共存,天人合一,因而"他把生态道德看成修身济国的前提";刘先平的作品让我们认识到,他通过作品想表达的"绝不是普通意义上的保护自然,绝不在保护草木与动物这样一个层次上,而是将自然与人的精神、灵魂放置在一起的。他通过他的小说向我们诉说的是自然的哲学、人生的哲学"。刘先平的作品"为我们留下了中国大地的丰饶、绚丽与无穷无尽的风姿"。在刘先平作品中,我们"随时可以看到富有浪漫主义色彩的文字,当我们阅读这些文字的时候,我们能感受到他的那种激情";他的作品"意义还在于,在我们失去对自然理解力、审美力的今天,提醒我们注意自然与我们生命的休戚相关的关系。从这个意义上说,刘先平所从事的是一项功德无量的事业"。①

(六)赵凯:中国最早的现代意义上的生态文学

赵凯(1955—),评论家,安徽大学教授、安徽大学大自然文学研究所所长,主编《大自然文学研究》辑刊(2013年开始,已经出版首卷、第二卷、第三卷),主持省级社科重点项目《生态文明视域中的"大自然文学"研究》(2016)。赵凯是较早关注刘先平大自然文学创作的评论家之一。主要评论文章有《儿童文学也是人学》(与吴章胜合著,1990)、《大自然的壮美诗篇——刘先平创作论》(2009)、《生态文明视域中的大自然文学》(2015)等。与一般评论家不同,赵凯更多从"生态文明"视角评价刘先平的大自然文学,主要观点有两个

---

① 曹文轩.大自然文学的美学回归[J].中国少儿出版.2009(1).

方面:一是关注大自然文学的生态属性;二是肯定大自然文学的生态审美价值。

1. 关于大自然文学的生态属性

赵凯认为,"刘先平的大自然探险文学是中国最早的现代意义上的生态文学"。"现代意义上的大自然文学是以大自然为题材,关照人类生存本身,追求人与自然和谐,这种文学观念和审美追求,表现了作家对人类社会发展的深刻理解,也与世界文学发展的潮流一致"。"刘先平的大自然文学创作,特别是20世纪80年代以后的作品,应该是属于第二种创作现象的,因为他的文学宣言,就是通过大自然文学,引领读者走出'大自然属于人类'的误区而进入'人类属于大自然'的境界"。这里说的"第二种创作现象",就是"生态文学"。赵凯认为,文学的自然书写有两种情形:第一种是以人为本位,以大自然为书写客体,借大自然的景物和山水来"张扬人的主体意识且置于大自然的主宰地位";第二种是"以大自然为本位的,站在大自然的立场来批判人类对大自然的肆意改造和破坏。后者也被称为'生态文学'"。赵凯引用刘先平自己的话来印证他的观点,刘先平说:"我在大自然中跋涉40多年,写了几十部作品,其实只是在做一件事:呼唤生态道德——在面临生态危机的世界,展现大自然和生命的壮美;生态道德是维系人与自然血脉相连的纽带。我坚信,只有人们以生态道德修身济国,人与自然的和谐之花才会遍地开放。"由此,赵凯认为,"呼唤生态道德与讴歌自然和谐,是刘先平数十年来追求的文学理想。在此基础上的大自然文学的创作实践,表现出作家自觉而清晰的文学理念与独到而成熟的艺术风格,在文学界独树一帜。"①

2. 关于大自然文学的生态审美价值

从生态文明的视阈看,"现代意义上的大自然文学应该具有两个基本的学理前提。第一,它是对现代主义文明造成的人类生态问题的深刻反省与理性批判;第二,它应该是艺术审美的自然生成,即大自然具有艺术审美本体的

---

① 赵凯.大自然的壮美诗篇——刘先平创作论[C]//安徽大学大自然文学研究所主编.大自然文学研究(首卷).合肥:安徽人民出版社,2013:100、88.

价值与意义,既是对象又是目的。当代世界文学发展的趋势,表明了当代人类对人与自然关系的关注与审视,而人对自然的关注,实际上是对人类自身命运与前途的关注。从这个意义上说,大自然文学的强势呈现,是理性主义文学观念与美学观念的苏醒。人与自然的和谐程度,与人类文明发展的进程成正比。关注自然和谐,呼唤生态道德,是当代意识,当然也是当代艺术与审美意识"。由此审视刘先平的大自然文学创作,赵凯指出刘先平作品的生态审美价值,集中体现在两个方面:一是"对当代文艺创作的艺术空间的开拓"。这"取决于作家文学观念的演变。作家自觉的生态文明视阈,是其大自然文学创作的出发点。传统文学的表现对象都是'以人为中心的社会生活',即使是描写大自然的作品,其自然景物也不过是表达心态的道具和对应灵魂的形象。而在刘先平的大自然文学作品中,大自然世界无疑成为其文学叙事的中心。在他的笔下,大自然的动植物都已处于文本的主角地位,而改变了传统的大自然文学书写大自然的那种被观赏、被主宰的被动次要的位置。"这是文学叙事中心的一次重要的转变,更是当代文学价值取向的一个重要转型。二是"对人与自然关系的重新思辨"。刘先平的大自然文学作品,"关注的是人与自然的整体关系,它以一种世界观的姿态重新审视人类的生存理念与行为准则",体现出"生态整体主义世界观"。因而,在刘先平的作品中,"读者就深刻感受到作家对大自然生命的关爱与悲悯情怀,感受到作家对那些破坏生态平衡、践踏野生物种生命权利行为的否定与批判,感受到作家对人与自然共存共荣关系与'天人合一'境界构建的期待与呼唤"。①

3. 刘先平文学创作的三个阶段

赵凯在研究刘先平大自然文学创作时,将其纳入刘先平的文学人生中去做整体考察。在2009年的《大自然的壮美诗篇——刘先平创作论》里,赵凯指出:"刘先平的创作经历是漫长的,至今已有半个世纪。他1957年开始发表文学作品,由于众所周知的原因于1963年停笔,1978年恢复写作,从此便

---

① 赵凯.生态文明视阈中的大自然文学[C]//安徽大学大自然文学研究所主编.大自然文学研究(第二卷).北京:人民文学出版社、天天出版社,2015:60、62.

一发不可收。"因而,赵凯认为刘先平的文学创作可以分为三个阶段:

1957年至1963年是第一个阶段。先是写诗歌、散文,后又涉足文学评论。这是刘先平创作的尝试阶段。

1978年至1987年是第二个阶段。"这一时期虽然是文学回归的开始,但也是作家文学生涯中的黄金阶段",先后创作了《云海探奇》《呦呦鹿鸣》等4部以大自然探险经历为题材的长篇小说,"这些作品以崭新的面貌开辟了中国当代文学(特别是长篇小说)创作的新领域,在审美理念与艺术风格的追求上独树一帜,刘先平因此被称为当代中国最早投入大自然文学的拓荒者"。

1987年至今是作家创作的第三个阶段。这是"作家的文学理念与实践更加自觉与更加成熟的阶段"。值得注意的是,作家这一时期的创作,虽然延续着大自然探险的题材范式与叙事精神,却一改过去长篇小说的文学架构与叙事风格,而继之以纪实文学的形式与手法,这是作家对大自然文学创作"进行思考,希望有新的尝试,希望我国的大自然文学更加多样化"的主动求变,"表现出一位优秀作家的理性与智慧。作为大自然文学的拓荒者,不断开拓与丰富这一文学流派的表现手法与意识境界,从而激活与提升大自然文学的艺术空间与审美张力,是一种创新,也是一种责任"。[①]

4. 刘先平大自然文学的审美特征

赵凯认为,对刘先平全部作品的文学解读是困难的,因为他已经创作了几十部作品,而且每年都有新的作品产生。但通过对其代表作品的分析,还是可以从中发现刘先平大自然文学作品的审美特征,"因为这些作品确立了刘先平作为儿童文学家或作为大自然文学家的基本品位"。

综观刘先平创作的大自然文学,其鲜明的审美特征表现在三个方面:

首先,"在于其对中国当代文学艺术空间的开拓"。"作为一个从传统儿童文学理念起步的作家,刘先平的作品仍然难以避免传统文学思维的影响,这算是正常的","当他逐渐自觉树立起一种新的关于人与自然关系的价值理

---

① 赵凯.大自然的壮美诗篇——刘先平创作论[C]//安徽大学大自然文学研究所主编.大自然文学研究(首卷).合肥:安徽人民出版社,2013:90—91.

念与伦理诉求后,他的全部创作,无论是文学叙事中心的确立,还是文学终极境界的构建都有了根本性的转向"。这就是"似乎有意地以探险的姿态,对传统的儿童文学进行艺术改造,突破过去儿童文学以'童心童趣'、儿童生活作为创作基点的模式,将读者的视线引入到更为广阔的自然空间,让他们在感受大自然丰富多彩的同时,实现对人类生存普遍命运的思考"。① 可以说,"从少年的童趣,到人类整体生命的童趣;从世俗功利到返回与直面大自然,大自然文学审美空间的游移与拓展,为这种生气勃勃的新文学生长开辟了新的视野、场域和境界"。

其次,"取决于作家文学审美观念的演变。作家逐渐自觉的生态整体主义立场,是大自然文学创作的出发点"。在刘先平的大自然文学创作中,"大自然世界无疑成为其文学叙事的中心。在他的笔下,大自然的动植物都已处于文本的主角地位,而改变了传统的文学书写中大自然的那种被观赏、被主宰的被动、次要的位置。在作家的心中,野生动植物这种非人类的生命形式同样应该得到应有的尊重,在这个地球上,所有的生命都是休戚与共、相互关联的一个整体"。

再次,"表现在作家对大自然文学新的文体与语言风格的探索与实践上"。刘先平"力图突破小说于纪实文学单一的叙事功能与叙事模式,从而探寻大自然文学文本叙事的多种可能,并最终构建一种能容纳多种文本功能的复合式的叙事模式。从刘先平作品的文本呈现来看,小说的叙事、散文的言情和报告文学的纪实性熔为一炉,各种文学元素既独立呈现又自然依存,孰重孰轻难以分辨"。赵凯认为刘先平作品的文体很难界定,很多作品体现出跨文体写作的风格。"与文体形式密切相关的语言风格,也是大自然文学作家在文学审美个性上所着力追求的重要方面。在刘先平的作品中,语言的诗意化追求是显而易见的",他用"诗一般的韵味,山水画一般的色彩","来实现

---

① 谭旭东.重绘中国儿童文学地图[M].西安:西北大学出版社,2006:248.

自己与大自然的心灵对话与情感交流"。①

(七)谭旭东:中国大自然文学的首倡者和首创者

谭旭东(1969—),上海大学文学院中文系创意写作学科教授,博士生导师。儿童文学作家、诗人、文学评论家,鲁迅文学奖获得者。主要理论著作有《重绘中国儿童文学地图》(2006)、《童年再现与儿童文学重构》(2009)、《儿童文学的多维思考》(2013)、《当代儿童戏剧史论》(合著,2017)等。谭旭东关于刘先平大自然文学的评论文章主要有《从文学的人本主义到生态主义》(2007)、《大自然文学三十年回顾》(2009)、《大自然文学的特点和价值》(2014)等。

1. 刘先平是中国大自然文学的开拓者

谭旭东认为,"中国文学的自然书写到了 20 世纪发生了重大的转变,那就是中国现代意义的大自然文学的兴起,它的开拓者是安徽作家刘先平。刘先平自 20 世纪 70 年代中期起,参加野生动物考察和独自在山野、沙漠、戈壁跋涉,80 年代起陆续创作和出版了描写在野生动物世界探险的长篇小说《云海探奇》《大熊猫传奇》、'刘先平大自然探险长篇系列'(5 卷)和大自然探险纪实《山野寻趣》、'中国 Discovery 书系'(4 本)、'大自然探险系列'(4 本)、'东方之子刘先平大自然探险系列'(9 本)等。他的这些大自然探险文学展现了一种独特的审美理想,建构了一种全新的审美空间,与中外文学中常见的自然书写和绿色文学是有着质的区别的。"②

谭旭东进一步分析指出:"《云海探奇》出版之时是以大自然探险小说命名的,虽然没有直接提出'大自然文学'这个概念,但这是中国作家第一次把

---

① 关于刘先平大自然文学的"审美特征"部分引用的文字均见赵凯、张玲的文章《大自然文学的审美特征与思想基础》。该文为作者在 2019 年 11 月在合肥召开的"生态文明视野下的当代大自然文学创作研讨会"上的交流论文。该研讨会由安徽大学文学院、安徽大学大自然文学协同创新中心、安徽省文联文艺理论研究室、安徽省文艺评论家协会联合主办。

② 谭旭东. 从文学的人本主义到生态主义[C]//安徽大学大自然文学研究所主编. 大自然文学研究(首卷). 合肥:安徽人民出版社,2013:71.

'大自然'作为一个主题词来界定自己的创作内涵取向和艺术目标的。由此也可以看出,刘先平倡导的大自然文学也是顺应了改革潮流,才得以发展并倡扬的。如果没有改革开放的社会环境,就不可能有现代思维,新的文学观念也就不可能有萌发的土壤,读者也就不可能接受这种以人与自然关系为主题、以尊重自然生命为价值追求的文学。"①

所以,谭旭东认为:"'大自然文学'是刘先平提出来的概念,刘先平也是我国最早的大自然文学创作者",这里有着深厚的"文化背景","大自然文学无疑是刘先平首倡或创立的,它的出现也是当代文学进入丰收期、繁荣期的一个重要标志","与当代文化多元化的开放环境有着密切关系","与当前世界性的文化潮流有关","也与安徽的绿色文化及和谐的自然生态有密切关系"。②

2. 刘先平大自然文学的三个阶段

谭旭东认为,"从刘先平对大自然文学的最初发现与探索至今,大自然文学大体经历了初创、发展和成熟三个阶段"。

"初创期为20世纪70年代末80年代初"。这一时期刘先平在《云海探奇》《呦呦鹿鸣》《千鸟谷追踪》等大自然探险长篇系列中"表达出的对大自然保护事业的关注,也得到了文学界的肯定。这一时期,在儿童文学界,'动物小说'也开始兴起,并不自觉地呼应并汇入大自然文学"。"这一时期,由于大自然文学表现内涵契合了儿童对大自然的天然亲近的本体属性,于是大自然文学与儿童文学亲密合流,在儿童文学界得到了广泛的承认,并成为儿童文学的一面重要美学旗帜"。

"发展期为20世纪90年代"。这一时期,"大自然文学队伍越来越扩大,它与生态文学、绿色文学和环保文学相呼应,形成了一种对生态进行批评、由文学的人本主义到生态主义的大自然文学创作潮流"。代表作是"刘先平大

---

① 谭旭东. 大自然文学三十年回顾[C]//安徽大学大自然文学研究所主编. 大自然文学研究(首卷). 合肥:安徽人民出版社,2013:188.
② 谭旭东. 大自然文学的特点与价值[C]//安徽大学大自然文学研究所主编. 大自然文学研究(第二卷). 北京:人民文学出版社、天天出版社,2015:64—66.

自然探险长篇系列",在这套重新策划、整体推出的作品中,已经表现出刘先平的大自然文学观念,即"明确地以大自然为关怀对象,并以宏大的视野来展现大自然生命的尊严和价值,并且刘先平的大自然文学创作是随着他对祖国高原、峡谷、森林和草地等探索足迹的深入而得以拓展和深化的,所以刘先平的大自然文学呈现了独特的风格并成为这一个阶段的艺术标志"。

"新世纪以来,大自然文学创作进入了较为成熟的阶段。首先是刘先平提出了自己成熟的创作观并对大自然文学的艺术旨向及审美追求提出了自己的见解。如他认为大自然文学是呼唤'生态道德'、唤醒人对自然的感恩之心的文学。"这一时期,由于"刘先平的大自然文学主张符合人类对和谐地球和美好生态的追求,因此大自然文学成为一种独特的文学品种而受到了广泛的注意,而且大自然文学的创作实践也充分展示了其价值关怀及美学意义"。这一时期刘先平创作的《圆梦大树杜鹃王》《走进帕米尔高原——穿越柴达木盆地》中,已经"树立了人类生态整体观念,构建了一个个大自然审美意象,突破了儿童文学的边界,也突破了传统生态文学的边界,既保留了儿童文学的纯美气质,又借鉴了西方生态文学对大自然的温情关怀,同时也得到了环境文学的艺术滋养"①。

3. 刘先平大自然文学的审美特点和美学意义

谭旭东认为,刘先平大自然文学除了有英美自然文学所具有的一般性特征,还有它自身的一些特点,尤其是与我国其他作家的生态文学和自然文学创作相比,刘先平大自然文学创作在"探索姿态、现代观念、内涵追求、形式创新、审美趣味、文化风格、读者定位"等七个方面有鲜明特点。

在这些特点中,谭旭东强调"第一个特点是理解其他特点的一把钥匙"。"可以说世界上没有哪一位大自然文学作家像刘先平那样有在大自然中探索40余年、从事30多年的大自然文学创作的丰富经历和经验;国内也没有哪位作家像刘先平那样去祖国各地的山河、海洋、沙漠、湿地、高原去考察,去探

---

① 谭旭东.大自然文学三十年回顾[C]//安徽大学大自然文学研究所主编.大自然文学研究(首卷).合肥:安徽人民出版社,2013:188-190.

险,去思考。国内也没有哪一位作家像刘先平那样去深情地、虔诚地注视大自然、热爱大自然、呼唤大自然"。"正因为刘先平敢于在大自然里探索、思考,才有了大自然文学的探索,才使得大自然文学有了其现代观念,它独特的形式与内容的创新,它特有的审美趣味与文化风格满足了多层次读者的需求"。①

谭旭东认为,"刘先平大自然文学的价值是多方面的,它不但丰富了当代文学,还对当代文学创作有重大启示,也给人们提供了新的观察自我、审视人与自然关系的立场和视野"。综合谭旭东有关评论,可以归纳为四个方面:

一是"建构全新的艺术空间"。"刘先平大自然文学的一个重大美学突破,就是体现了文化原创精神,建构了一个全新的艺术空间,这个空间是当下文学中所罕见的","在感受大自然丰富多彩的同时,实现对人类生存普遍命题的思考","实现了儿童文学与成人文学的沟通,在儿童与成人之间架设了一座公开的审美桥梁"。

二是"推动全面生态道德的教育"。刘先平大自然文学创作中对人与自然关系的探寻,浓缩了中国人从以人类为中心走向以生态为中心的文明进程,关注生命状态、呼唤生态道德成为刘先平大自然文学创作自觉的主题追求。"刘先平大自然文学也是少年生态教育、环保教育的一个生动活泼的教材"②。

三是"实现儿童文学的国际对话"。就刘先平的大自然文学而言,这有两个理由:"其一,它是具有国际意义的'环保'与'生态'题材",正如有人说的,'既呼唤着人心向动物世界的开放与对话,着力在孩子的幼小心田播撒爱的种子,又在回归大自然中构建出人与动物友善和睦、携手共建地球家园的绿色憧憬'。其二,儿童文学是贴近大自然的文学。因为儿童初生状态的自然天性遗传了人类对自然界、对动物世界原始的亲近与热爱之情,这是人类灵

---

① 谭旭东. 大自然文学的特点与价值[C]//安徽大学大自然文学研究所主编. 大自然文学研究(第二卷). 北京:人民文学出版社、天天出版社,2015:67—68.
② 谭旭东. 大自然文学的特点与价值[C]//安徽大学大自然文学研究所主编. 大自然文学研究(第二卷). 北京:人民文学出版社、天天出版社,2015:70.

性的天然状态。有研究者断言,儿童是'神秘主义者',是'主客互渗的个体',是'泛灵论者'。从这个意义上说,刘先平大自然文学又给当代儿童提供了其他作家难以提供的精神食粮,蕴藏其中的对动植物的深刻的关爱与悲悯,深深地打动着每一个读者的心,也引起每一个读者深深的思考"。①

四是"中国的文学品牌"。谭旭东强调,"刘先平大自然文学在我看来,是中国特色的生态文学。之所以称其为'中国特色',就是因为它是具有中国'东方美学'品质的"。"刘先平曾多次宣称他的大自然文学创作是追求儒道思想中的'天人合一'的境界的,并认为这是人类生存的最高境界,即人与自然的和谐、共荣共存。"刘先平这一美学品质体现在三个方面:一是"文体的突破:跨文体写作";二是"艺术立场的转移:从人本主义到生态主义";三是"视野的拓展:由生活到大自然"。②

4. 从文化产业视角看刘先平大自然文学的价值

谭旭东对刘先平大自然文学创作的研究是多方面的,除了从儿童文学的角度、生态文学的角度来研究,还从文化产业的角度来研究,他比同时代的评论家看得更远、想得更多,这也是由大自然文学所具有的文化创意产业特性所决定的。谭旭东说:"从文化产业的角度看,大自然文学也是可以通过产业思维进行开发与推广的。"为此,谭旭东提出四个方面的建议:一是"刘先平的大自然文学是安徽省绿色旅游文化的一个标志,也是一个推进器",建议"把大自然文学与安徽的绿色旅游文化结合起来";二是"刘先平大自然文学是青少年生态教育、环保教育的生动活泼的教材",可以将刘先平大自然文学中"包含着的丰富的大自然知识",做成"科学教育资料"和"生态教育资料";三是"刘先平大自然文学也是安徽的一张文化名片,是中国的文学品牌","作品背后所蕴含的博大的理念,是现在应该在全社会去大力倡导的";四是"刘先平大自然文学一旦建成产业基地,它的作用和价值会更加扩大","有可能成

---

① 谭旭东. 从文学的人本主义到生态主义[C]//安徽大学大自然文学研究所主编. 大自然文学研究(首卷). 合肥:安徽人民出版社,2013:75-76.

② 谭旭东. 从文学的人本主义到生态主义[C]//安徽大学大自然文学研究所主编. 大自然文学研究(首卷). 合肥:安徽人民出版社,2013:73-74.

为文学创作的基地,启发更多的人进行大自然探索,从事大自然文学创作,从而激发起一股大自然文学创作的热潮"。①

三、鲁枢元、唐先田、雷鸣、吴尚华、王俊暐、张玲论刘先平大自然文学创作

这一组评论家都是高校和文学研究机构从事专业文艺批评的专家学者,他们不从事儿童文学创作与评论,不受儿童文学思维的限制;他们从事当代文学研究,而且主要从事生态文学批评,因而他们把刘先平大自然文学创作放到当代文坛的文学思潮中去考察,在生态文明视野下,用生态文学的标准(不是儿童文学,甚至也不是大自然文学)来评判,站位更高、视野更广、空间更大、结论更新,给刘先平大自然文学创作评论带来新思路、新方法、新气象,也给刘先平大自然文学创作带来新动力、新目标、新方向。只有有更多像鲁枢元这样的当代著名文学批评家和文学理论家的加盟,大自然文学才可以说真正以一种独立的文学样式端坐在神圣的文学殿堂里,得到应有的理解与尊重,更好地融入文学大潮,与儿童文学、环保文学、绿色文学、生态文学等文学样式一起,为新时代生态文明建设伟大事业做出贡献。

(一)鲁枢元:呼吁"生态道德"的重大意义

鲁枢元(1946—),现任黄河科技学院特聘教授、生态文化研究中心主任、山东大学兼职特聘教授。曾为苏州大学文学院教授、博士生导师。兼任中国文艺理论学会副会长、中国作家协会理论批评委员会委员,《文艺理论研究》杂志编委等。主要著作有《生态文艺学》(2000)、《生态批评的空间》(2006)、《自然与人文——生态批评学术资源库》(2006)、《走进大林莽——40位人文学者的生态话语》(2006)、《文学的跨界研究:文学与生态学》(2011)等;在苏州大学工作期间,曾承担国家社会科学基金项目课题《自然在中国文学中的地位及其演替》,组织并主持召开"中国首届生态文艺学学科建设研讨

---

① 谭旭东.大自然文学的特点与价值[C]//安徽大学大自然文学研究所主编.大自然文学研究(第二卷).北京:人民文学出版社、天天出版社,2015:70—72.

会""生态时代与文学艺术——田野考察及学术交流会议",在国内引起较大反响。近十多年来,鲁枢元把他的研究重心转移到对当代社会人类精神生态的研究中来,试图将"生态"观念植入文艺学、美学的机体,将"诗意"注入现代生态学系统,把自然生态、社会生态、精神生态三者看作一个有机完整的系统,加以综合的比较研究,从而为现代社会的健康发展提供新的理论依据,被认为中国当代生态批评的奠基者。

2019年11月,鲁枢元应邀参加在合肥召开的"'生态文明视野下的当代大自然文学创作'研讨会",在会上做了《生态时代的道德体系重建——兼谈刘先平的大自然文学书写》的发言,将刘先平大自然文学创作放到"生态时代"的大背景下,给予高度评价并提出"道德体系重建"过程中文学具有的义不容辞的责任。

鲁枢元对刘先平以大自然考察为题材的大自然文学书写非常赞赏,认为"刘先平先生已经完成了他对呼伦贝尔大草原、黑龙江东北虎、鄱阳湖候鸟越冬湿地的大自然生态考察。他关于大自然的文学书写是超前的"。鲁枢元把刘先平的大自然考察探险、大自然文学书写与提出生态道德主题当作一个完整的文学创作过程来审视,揭示了三者之间紧密的因果联系。鲁枢元指出:"四十多年来,刘先平先生筚路蓝缕、摩顶放踵,三次穿越戈壁沙漠,四次深入怒江大峡谷,六次攀登青藏雪域高原,在大自然中的探险与考察,使他清楚地看到生态道德的缺失造成了严重的环境危机;四十多年的大自然文学书写,也是他努力宣扬生态道德、呼唤生态伦理的过程。刘先平先生从他的旷野考察与大自然文学创作的实践中得出一个结论:'生态道德的缺失,是造成生态环境危机的肇因之一','如果不能在全社会牢固地树立生态道德的观念,就无法建设生态文明及人与自然的和谐社会。'我很赞同他的这一判断,这与我多年来的研究领域很接近。"

鲁枢元进而从人类道德史的视角,告诉人们"刘先平先生呼吁'生态道德'的重大意义"。鲁枢元认为,"人类的道德体系是时代的产物,因而总是会受到时代的局限"。中国"五四"新文化运动时期,极力反对的"旧道德",当时被称作"封建道德",现在看来也就是"农业时代"的道德;当时全力赞扬的"新道德",现在看来乃是欧洲启蒙理性开创的"工业时代"的道德观念。如今一百年过去了,人们已经清楚地看到工业时代道德观念的问题局限,"如:人是万物之灵、人类福祉至高无上、利用科学技术对大自然的无度开发,以及由此引发的科学主义、实用主义、消费主义、享乐主义、极端个人主义的泛滥,已经严重地损伤了大自然的生态平衡,这个自然而然地运转了亿万年的地球,如今却被人类糟蹋得千疮百孔、发烧发昏、污秽不堪!一百年来的高速发展,同时也给人类自己带来莫大的伤害,看似繁荣昌盛的时代,人们生命最基本的需求——呼吸、饮水、吃饭、生育反倒都成了问题。更严重而又尚未引起人们普遍关注的,是现代人内在的精神病变,其中就包括现代社会人的道德观念的颓败"。在"这个全力征服自然的功利型现代社会",培养了一群"精致的利己主义者","这样的人也必然是地球生态系统最后的葬送者"!由此可以理解刘先平先生呼吁"生态道德"的重大意义。鲁枢元引用翟泰丰的文章指出:"刘先平关于'生态道德'的呼唤,揭示了人为自私之利而违背自然规律、破坏生态平衡,最后会遭受大自然惩罚的苦果。他建立'生态道德'的迫切愿望,发自热爱大自然的深情呐喊。"[1]

鲁枢元对刘先平坚持大自然探险的创作态度给予高度评价,指出"刘先平先生一身兼具旅行家、探险家、新闻记者、科普作家等身份,他的特长是在旷野中行走、在旷野中观察,在旷野中思考,甚至在旷野中写作。他坐实了美国当代著名生态批评家斯洛维克·斯考特的一句名言,也是他的一部书的名字:《走出去思考》。看来,'走出去思考'应该是一位生态文化学者的基本功。"对刘先平这样一位长期坚持"走出去思考"的大自然文学开拓者,鲁枢元表达发自内心的尊敬:"很庆幸,在中国、在安徽也出现了这么一位痴情守望着大自然的文学家刘先平,他热爱大地,热爱旷野,热爱大雁,热爱黑颈鹤,热爱藏羚羊、高原狼、梅花鹿、短尾猴,热爱红柳、胡杨、杜鹃花、芨芨草……并把这一切上升到'生态道德'的高度。"

鲁枢元认为,"生态文明呼唤一种高生商的生态人"。所谓"生商",就是

---

[1] 翟泰丰:"生态道德"的深情呼唤[N].光明日报,2019-1-30.

"生态商"。生态时代除了"智商""情商",还需要"生商",也就是"做一个拥有生态情怀、生态德行的人"。"生态人"就是有"大道德"的人。"在生态灾难频频发生的当下,生态道德的培养既是迫切需要的,又是任务艰巨的。这无论是对于文学,还是对于教育,都是义不容辞的"。

(二)唐先田:刘先平大自然文学创作的鲜明品格

唐先田(1944—),编审、作家、评论家。安徽省社科院副院长。曾任安徽省评论家协会副主席、安徽省文学学会会长。主要著作有《20世纪末中国文学颓废主义思潮》(合著,2006)、《中国散文小说简论》(2007)、《鲁彦周评传》(2016)、《安徽文学史》(主编,2013)等。唐先田对发生在本省的刘先平大自然文学现象始终关注,及时阅读刘先平创作并给予积极评价,主要文章有《大自然文学的鲜明品格——兼论刘先平的大自然文学创作》(2004)、《大自然文学:文学的自觉》(2014)。在其主编并编著的《安徽文学史》(第三卷,现当代)中的《第三章　当代安徽作家的小说创作》特设《第十一节　刘先平的大自然文学》(由赵凯执笔)。

唐先田认为,现代意义上的大自然文学发生在20世纪80年代,"不仅仅是一个时间概念,更重要的是,它是人类、是当代文艺家对自身生存危机认识和反思的结果,是作家、文学家对人类终极关怀的结果"。在这方面,俄罗斯作家们觉悟较早,19世纪屠格涅夫的《猎人笔记》和列夫·托尔斯泰笔下就有以大自然、以动植物为题材的动人描写,他们成为大自然文学的先导。20世纪的六七十年代出现了繁荣时期,但那时俄罗斯作家们也有一个小的误区,那就是还是将他们的阅读对象较多地定位为少年儿童。美国的作家们为大自然文学开辟了新的境界,20世纪80年代中期,美国文坛兴起了一个新的文学流派——大自然文学流派,以描写自然为主题,探索人与自然的关系为内容,比俄罗斯作家们的视野更为开阔,被称为美国文学史上的"新文艺复兴"。"我省的大自然文学作家刘先平先生,也是深感人类生存的危机,而自觉地投向大自然的,他于20世纪70年代,就和科学家一起考察山川河流,观察大自然中的花草树木、鸟兽虫鱼,创作了大量的大自然文学作品,他的作品以目击性、纪实性著称而独树一帜,被誉为中国当代大自然文学的开拓者。刘先平自觉奔向大自然的那个时期,中国刚刚结束十年'文化大革命',中国并没有出现什么后工业化,现代高新科技时期还未到来,还处于贫困和落后之中,生态环境保护虽有一些麻烦,但还没有出现大的危机,刘先平的自觉意识的超前性,来源于他对整个世界的人类生存状况的观察与思考"。①

唐先田将中国的大自然文学和俄罗斯、美国的大自然文学相比较,不仅"看到大自然文学对于人类的意义,也可以看到大自然文学对于文学未来的意义",同时在比较中发现中国以刘先平创作为代表的大自然文学"有着自己的鲜明品格":一是"以大自然生态系统整体利益为最高价值",颠覆了"文学是人学"文学定律,"在大自然文学里,不再只讲人性,而是要讲兽性、禽性、山川河流花草树木之性";二是"考察和表达大自然与人类关系",这就决定了"大自然文学的目击性、纪实性和现场性";三是"探寻人与自然和谐相处",作品表现的是"自然与人的关系,落脚点却是人类的思想、文化、科技、经济、生活方式及社会发展等模式上,探寻和揭示的是造成生态灾难的社会根源,使得大自然文学具有显著的文明批判特点"。唐先田将上述三个方面的品格看作中国大自然文学自觉的体现,分别是"文学理念的自觉""文学创作方法的自觉"和"文学价值的自觉"。所以,唐先田认为,"明确地将大自然文学作为文学的一个品种,在中国,是从刘先平开始。大自然文学是文学的自觉,更是文学的时代反映"。"三个自觉"表达了刘先平以大自然探险为题材的文学创作,是以生态整体观为指导的新型文学,已经走出了"大自然属于人类"的传统误区,是"追求人与自然和谐、共存共荣的文学,也便是现代意义上的大自然文学"。②

(三)雷鸣:刘先平创作对于当代文学的意义

雷鸣(1972—),西北大学文学院教授、博士生导师,评论家。主要从事

---

① 唐先田.大自然文学的鲜明品格——兼论刘先平的大自然文学创作[C]//安徽大学大自然文学研究所主编.大自然文学研究(首卷).合肥:安徽人民出版社,2013:59—61.

② 唐先田.大自然文学:文学的自然[C]//安徽大学大自然文学研究所主编.大自然文学研究(第二卷).北京:人民文学出版社、天天出版社,2015:85—88.

当代生态文学批评研究,主要文章有《中国当代生态小说几个问题的省思》(2008)、《当代生态小说的审美迷津》(2008)、《新世纪生态小说的四大缺憾》(2010)、《祛魅与返魅:新世纪生态小说的现代性反思》(2010)、《生态文学研究:急需辩白概念与图谱》(2012),主持河北省社会科学发展研究项目《中国当代生态小说的现状与未来发展研究》(2008)。评论刘先平大自然文学创作的文章有《刘先平的大自然文学对于当代文学的意义》(2014)、《谓我心忧·精神颂歌·诗意智性——评〈追梦珊瑚——献给为保护珊瑚而奋斗的科学家〉》(2017)。

雷鸣从生态文学视角研读刘先平创作,认为"刘先平是我国当代大自然文学的开拓者","他跋涉于大自然之中,以拥抱与守望自然的精神姿态,展呈大自然的丰盈魅力,吁求着生态道德。刘先平的大自然文学,所表现出来的写作方式、伦理维度、人性塑造、文体创造等诸多方面,在当代文学创作谱系中均具有多方面的开拓、示范的意义"。

雷鸣认为,"行走无疆"是刘先平"对当下'媒介化'写作方式的一种颠覆"。刘先平大自然文学的写作方式,是"用双脚去丈量大地,用身心去体验中国大自然的脉动和风韵。他穿行于大漠戈壁,流连于江河湖海,翻越于崇山峻岭,青藏高原、贵州山区、怒江峡谷、西沙群岛……恰如刘先平自己所说,他要写的是原旨大自然文学,因而他把考察大自然看作第一重要,然后才是把考察、探险中的所得写成了大自然探险纪实"。刘先平"是一个冒着生命危险写作的作家。刘先平是在用生命写作。他以时刻'在场'的方式,面对大自然,把大自然冬去春来的生命律动的感受,真切地奉献给读者……刘先平却几十年坚持不懈,充满劳绩地奔忙于各地进行创作,毫无疑问,具有守望者的殉道精神"。

雷鸣认为,"自然伦理"是刘先平"为当代文学提供了一种新的伦理维度"。中国文学不乏对自然的赞美与讴歌,但作品中"自然"很少具有主体性,基本上置于被借用的状态,抑或是文人骚客"比德"的工具,以抒情咏志;抑或是人物描写的附件,以渲染气氛、烘托情绪。即便是鲁迅、茅盾、曲波、周立波、孙犁、浩然、刘绍棠等这样描写自然的大家,"笔下的自然,往往是当时社会景况与时代背景的映射",或者"只是人物活动的场景和环境"。"刘先平的大自然文学,却让大自然在作品中充当一个独立的、不可或缺的角色,让自然从'背景'走到了'前台',彻底摆脱了在以往小说中被遮蔽与依附的状态,自然不再是被剥夺了任何主体性经验和感觉的一种空洞的存在。刘先平总是以谦逊、尊崇和敬畏之情,书写大自然作为一个丰盈博大的生命体的无穷魅力"。刘先平作品中所表现出来的对动物的关心、对生命之爱、对自然的感激,是把自然拓展成为伦理对象,告诉人们"伦理不仅与人有关,而且与动物有关,动物和我们一样渴求幸福、承受痛苦和畏惧死亡,这种思想就是承认:对动物的善良行为是伦理的天然要求"[①],因此,刘先平在作品中建构了这样一种尊重自然、敬畏生命的自然伦理,为当代文学增添了新的伦理维度。

雷鸣认为,"人性重塑"是刘先平为当代文学建构新的人物类型的一个特征。人们处理人与自然的关系时,离不开人与人的关系,更离不开人自身的人生观、价值观等问题。自然生态的恶化、现代社会生态的严重失衡都与当代人自身的生存抉择、价值偏爱、认知模式、伦理观念、文明趋向、人生理想、道德修养等密切相连。"刘先平在许多作品中塑造了不同于此前当代文学中的人物形象:他们不为外物所役,简单生活,把保护自然作为自己毕生使命和最高的意义;他们与天地万物融为一体,融入大自然当中;爱惜物命,珍视天地间的一切生命,实现人生的诗意化和去功利化"。如《云海探奇》中的王陵阳置政治动荡不顾,竭尽心力建自然保护区;《呦呦鹿鸣》中的陈炳岐、方玲之间信念和爱情的纽带,是保护珍稀动物梅花鹿;《千谷鸟追踪》中的赵青河坚忍不拔地探索林海奥秘。还有那些珍惜自然界的一切,视自然为神明,人与动物、植物都血脉相通的形象,如《大熊猫传奇》中那对自然山林发出本能的爱的草瓦老爹,《呦呦鹿鸣》中的雷大爷、《云海探奇》中的罗大爷都是这类珍爱和保护自然的人物形象。上述人物形象自觉校正自己在自然中的位置,平等对待其他一切生命。这样的人物形象彻底告别了人在世界中是征服者、享受者的现代性角色,所呈现的是一种守护和照料家园的全新生存逻辑,可以

---

① 曹文轩.中国八十年代文学现象研究[M].北京:作家出版社,2003:157.

说,他们是在以一种前所未有的方式实现自己的新人性。"刘先平笔下的这些人物,在其他客体面前(如自然),不再是主体性的姿态,主宰者的脸孔,而是一种俯就、尊崇自然的人性呈现,这无疑是对当代文学人性塑造与表达的一种更新"。

雷鸣认为,刘先平创作实践表明"'中间性'文体"成为"一种新的文学可能性"。刘先平的大自然文学创作"在尽可能模糊的文体界限中营造一种特殊的叙事策略,以某种'中间性'的创新模式打破传统文学叙事的存在样态"。刘先平的作品既不同于纯粹的虚构文学,把现实世界悬置;又不同于那种以"事件"为中心的新闻化写作或传统的报告文学写作。从总体上看,刘先平的创作不炫技,朴素地坚守文学理应具有的审美魅力;同时,借助社会学和人类学"田野考察",力图通过"客观叙述",从不同侧面展示大自然的全部真相。因此,他的大自然文学,既有游记散文的优美,又有纪实文学的实录性,在追求科学性的同时,还包容了通俗小说的探险、传奇元素。总之,"刘先平的大自然文学创作,已经打破了传统文学思维,为当代文学的创作提供了一种新的话语立场,一种发现经验的新视角,一种书写经验的新方式,从文学秩序上来说,为当代文学提供了新的生机、力量和资源,成为一种新的文学可能性"。

(四)吴尚华:人与自然的道德对话

吴尚华(1955—),评论家。安徽师范大学文学院副教授。《学语文》杂志副主编。主讲中国现代文学史、中国现当代文学作品选、中国现代诗歌发展史等课程,从事生态文学批评。主要文章有《走向和谐:人与自然的主题变奏》(1996)、《试论当代文学中的环境文学》(2006)、《人与自然的道德对话——刘先平"大自然文学"生态意涵初探》(2008)、《论"大自然文学"的生态理想》(2014)等。

吴尚华认为,一般意义上的大自然文学,"特指以大自然作为文本表现对象、以建构人与自然和谐共生诗意图景为基本主题、具有鲜明的现代生态意识的文学书写"。以刘先平为代表的中国大自然文学,"又凝结了更为强烈的时代精神和现实内涵,尤其在中国社会生态意识普遍匮乏的时期,更有其独特的文化思想启蒙意义"。① 这一启蒙意义集中体现在"强力张扬的生态意识",包括"生态主义整体观"和"自觉的生态伦理意识"。② 这就可以理解刘先平将他的"大自然文学"标示为"大自然探险",而不是"文类意义上的探险小说"的用意。"作家只是借助于这种文类的叙事方式,因为更有利于建构生态主题。作家让人直接走进自然的怀抱,与自然进行对话和心灵交流,通过零距离的当下观察来体验和感悟自然给我们的灵魂启示。《云海探奇》《呦呦鹿鸣》《大熊猫传奇》《千鸟谷追踪》都是通过探险考察活动的行踪和观察来体验和感悟人与自然之间的和谐关系"。由此认为,"刘先平大自然文学书写无疑是人与自然的道德对话,它所张扬的道德评判具有鲜明的生态伦理取向。这种伦理价值取向体现了现代生态哲学的整体观……进而拷问人性、追问人对自然的道德关怀和义务"。③

吴尚华认为,刘先平的"大自然文学"以"人与自然的和谐共生"为核心主题,这一生态理想的确立贯穿在"人与自然的道德对话中"。因而,刘先平的大自然文学书写更关注的是以原生态自然作为表现对象,不是直接以人与自然的尖锐冲突作为情节中心,而是"通过对自然的观察、体验来感悟人与自然之间的和谐关系,传达人对自然的道德义务",并在"人与自然的互动关系中构建生态人格",表现为"人的道德关怀必须或者应该从人的范畴扩展到动物范畴,应该建立起对自然所有生命形式的道德自律。人与动物的关系就是人与自然的关系"。④

(五)王俊暐:具有中国特质的文学类型

王俊暐(1983—),江西省社会科学院副研究员,《鄱阳湖学刊》编辑,主

---

① 吴尚华. 人与自然的道德对话——刘先平"大自然文学"生态意涵初探[C]//安徽大自然文学研究所主编. 大自然文学研究(首卷). 2013:80.

② 吴尚华. 人与自然的道德对话——刘先平"大自然文学"生态意涵初探[C]//安徽大自然文学研究所主编. 大自然文学研究(首卷). 2013:83、85.

③ 吴尚华. 人与自然的道德对话——刘先平"大自然文学"生态意涵初探[C]//安徽大自然文学研究所主编. 大自然文学研究(首卷). 2013:82-83.

④ 吴尚华.论"大自然文学"的生态理想[C]//安徽大学大自然文学研究所主编. 大自然文学研究(第二卷).北京:人民文学出版社、天天出版社,2015:90、91、92、93.

要从事生态批评研究。《鄱阳湖学刊》是一种综合性生态学术期刊,由江西省社会科学院主管主办,面向海内外公开发行。该刊自2009年7月30日创刊以来,以科学发展观为指导,以"传播生态思想,弘扬生态文化,发展生态经济,建设生态文明"为出版理念,立足江西,面向全国,辐射世界,主要刊登海内外生态学与人文社会科学跨学科研究的多样成果,主要栏目有:(1)专题研究栏目。其关注生态哲学、生态经济学、生态人类学、生态史学、生态文艺学、生态社会学等领域研究成果。每期一个专题,滚动推出。(2)特色栏目。其聚焦具有重大理论意义的生态现实问题和具有重大现实意义的生态理论问题,以《高端访谈》《白鹤论坛》《特别关注》《鄱阳湖大讲堂》栏目推出。(3)综合栏目。其探讨"文化地理""绿色传统""生态文明""生态批评""自然悦读"等。

在这样的学术氛围中,王俊暐发表了一系列关于生态文艺批评文章,已发表的生态批评文章主要有:《爱德华·艾比:杰出的生态文学作家》(2005)、《"全球视野中的生态美学与环境美学"国际学术研讨会综述》(2009)、《古代茶诗的生态审美意蕴》(2010)、《生态视角:中国茶文化研究创新的可能》(2011)、《"像大地一样思考"——论艾比的生态思想及其启示意义》(2011)、《影响世界走向的十大生态名著之十:〈有意破坏帮〉》(2011)、《论爱德华·艾比的处所意识——以〈沙漠独居者〉为核心》(2013)、《中国茶文化的生态意蕴及其现实意义》(2016)、《大自然文学的概念界定及其中国特质——兼及中国生态批评话语体系的建构》(2019),等等。

王俊暐认为,"生态问题是全球性的共同课题,没有任何一个国家可以做旁观者,所以生态美学研究必须从全球视野出发才能够具有足够的高度与深度,此为全球视野;我国的生态美学研究起步远远晚于西方及其他国家,因此在研究中需要谦虚借鉴他们的有关资源,此为世界资源;作为一门人文学科的生态美学,其差异性比共通性更为重要,中国学者要构建本土的生态美学就一定要把握自己的特殊经验,此为中国经验"①。所以,王俊暐对刘先平大自然文学创作的研究也是从"全球视野"出发,以欧美自然文学为参照,探讨刘先平大自然文学创作的"中国特质"。

在《大自然文学的概念界定及其中国特质——兼及中国生态批评话语体系的建构》一文中,王俊暐认为应当对"大自然文学"这一核心概念进行明确的界定,尤其要将其与源自美国的"自然文学"进行严格区分。"中国作家刘先平于2000年正式提出'大自然文学'的概念,在此之前,他已经从1978年开始其自身定义的大自然文学创作。因而,刘先平被誉为'中国当代大自然文学之父',并被公认为中国大自然文学的开拓者"。然而,"身为作家的刘先平在提出'大自然文学'这个口号时,或许并没有从学理上做太多语言上的区分和思考,他当时很可能是受国人从小接受的'拥抱大自然''走进大自然''热爱大自然'之类言语表达的潜意识驱动。在我看来,'大自然'一词的使用流露出中华民族天人关系或者说自然观的集体无意识,其中蕴藏两方面的内涵。一是'大'字所表达的尊崇敬畏之意……'大自然'充分体现出中华传统文化中敬畏自然的生态智慧。二是'大自然'与'自然'在语义上的区分……从词源学上论,'大自然'是一个更加中国化的概念,正好用以区别于在内涵上偏重于西方文化的'自然'这一概念。我以为,刘先平在提出大自然文学作为其自身长期坚持创作的一种独特的文学类型时,他应当是想强调自己所关注的是鲜活的自然界,是壮丽的山河、是无边的荒野、是无数濒临生存危机的野生动物,等等。因而,他的'大自然文学'概念,在客观上具有重要的文学意义和中国意义。某种程度上甚至可以说,这一概念自诞生之日起,就在有意无意间区别于来自欧美的自然文学等概念"。

那么,什么是"大自然文学"呢?王俊暐认为,刘先平的定义似乎更为概括。刘先平说:"现代意义上的大自然文学是以大自然为题材,观照人类生存

---

① 王俊暐整理."全球视野中的生态美学与环境美学"国际学术研讨会综述[J].鄱阳湖学刊.2009(3):125.

本身,追求人与自然的和谐。"①王俊暐更倾向于评论家吴尚华的定义:"大自然文学是在20世纪全球性的生态环境危机背景下崛起的、以人与自然的关系作为主要书写内容、以生态哲学作为思想基础、以构建人与自然和谐共存的诗意家园为最高的审美理想境界、具有鲜明的现代生态伦理意识的一种文学思潮和文学现象。其(刘先平)大自然文学具有强烈的现实批评精神和文化反思意识。"②

王俊暐认为,大自然文学的中国特质突出体现在两个方面:其一,大自然文学的生态思想资源主要来自中国哲学,即"天人合一"的自然观;其二,大自然文学以培育具有生态道德的生态公民为目标,以推动生态文明建设为创作旨归。当前学界的中西交流中仍然存在着西方学者占主导而中国学者多处于聆听状态的现象,中国学者完全有实力也应当发出自己的声音,从而构建属于中国的话语体系。为了大自然文学的长足发展和中国生态批评话语体系的建构,王俊暐认为,我们至少可以做以下几方面的努力:一是加强大自然文学的理论建构,形成完善的话语体系;二是壮大大自然文学的创作队伍,扩大大自然文学的研究范围;三是加强作家与研究者之间的联系,共同推动大自然文学和生态批评的双向繁荣。

(六)张玲:一个人的生态主义运动

张玲(1975—),文学博士,安徽大学科学技术处助理研究员,从事马克思主义文艺评论研究,关注国内外生态文学及研究动态,对中国当代大自然文学有比较深入的研究。发表文章有:《仰望使命的魔鹿——〈魔鹿〉赏析》(2015)、《马克思、恩格斯"劳动说"中的生态审美意识探讨》(2018)、《中国当代大自然文学的"自然"之"道"——基于刘先平大自然文学的生态批评实践》(2018)、《大自然文学的"追梦"之旅》(2019)、《一个人的生态主义运动——基

---

① 安徽省文学艺术界联合会,安徽省文艺评论家协会主编.1949—2009:安徽作家报告(下)[M].合肥:安徽文艺出版社,2009:302.

② 吴尚华.人与自然的道德对话——刘先平"大自然文学"生态意涵初探[J].湖州师范学院学报.2008(6).

于刘先平大自然文学的生态批评》(2019)、《大自然文学的审美特征与思想基础》(与赵凯合作,2019)。另外,参与省级社科重点项目《生态文明视域中的"大自然文学"研究》(2016)等。

张玲认为,新世纪以来,"生态批评"逐渐形成一门显学。然而,观览目前国内的生态批评状况,不难发现其中的困顿:一方面是可供作范例的成熟生态文学作品比较匮乏,另一方面是生态批评往往胶着于对生态危机的警醒式反思,只在理论框架上叠床架屋,常常脱离文学作品,对作为批评对象的文学作品有所忽视,这些都不利于生态批评的正确开展。

中国大自然文学的不断发展,为国内生态批评提供了一个典型的范例。从 20 世纪 80 年代的"刘先平大自然探险长篇小说系列",到新世纪前后的纪实性散文"大自然探险系列",再到《一个人的绿龟岛》等纪实性散文小说,可以看出刘先平大自然文学的不断变化:从自发地走向自然,到讴歌自然,再到以恢复自然之魅为己任,呼唤生态道德,从中可以窥见刘先平大自然文学鲜明的"生态意识"特色:一是"反应性生态主义运动"特色,其主旨是"回归自然";二是"批判性生态主义运动"特色,其主旨是在反思人与自然的关系及所产生的问题过程中,批判现代文明对世界的祛魅;三是"积极性生态主义运动"特色,则从批判转向一种积极的实践姿态,努力恢复世界之魅,以求实现生活方式的变革,让自然和社会共同得以塑造。刘先平敏锐地察觉到文明进步中人与自然的疏离,自觉地站在生态时代精神的前沿,为倡导人与自然的和谐共生而大声呐喊,他的大自然文学与国内兴起的生态文学思潮形成汇流,与西方生态主义运动同声连气,体现出"一个人的生态主义运动"历程。①

---

① 张玲.一个人的生态主义运动——基于刘先平大自然文学的生态批评.该文为作者在 2019 年 11 月召开的"生态文明视野下的当代大自然文学创作研讨会"上的交流论文。文中引文未加注释的,均引自该文。

余　论　中国大自然文学的"安徽现象"

从前面诸多论述中可以得出结论:安徽作家刘先平是中国大自然文学的开拓者、奠基人和高举大自然文学的旗手,以致业界已经习惯将"刘先平"的名字与"大自然文学"连在一起,称作"刘先平大自然文学"。正如评论家唐先田所说的:"明确地将大自然作为文学的一个品种,在中国,是从刘先平开始的。"① 评论家王泉根也指出:"中国大自然文学的兴起、发展与安徽作家刘先平的名字紧密联系在一起。大自然文学的诸多特征在刘先平的艺术实践中有着充分的呈示,或者说,刘先平的艺术实践有力地丰富了大自然文学的内涵,为打造具有中国特色、民族风格、时代精神的大自然文学积累了新鲜经验。"② 评论家韩进更以《中国大自然文学安徽独树一帜》《文学皖军扛旗:中国大自然文学与世界同步》为题,较为全面地分析了以刘先平为代表的安徽大自然文学创作的兴起、发展及其对中国大自然文学的影响与意义。

第一节　中国大自然文学发端于安徽

2014年10日至19日,"大自然文学国际研讨会"在安徽合肥召开,高洪波因故不能参加会议,他特给大会发来《贺信——致大自然文学国际研讨

---

① 唐先田.大自然文学:文学的自觉[C]//安徽大学大自然文学研究所主编.大自然文学研究(第二卷).北京:人民文学出版社,天天出版社,2015:85.

② 王泉根.大自然文学的特征与刘先平的意义[J].中国少儿出版.2009(1).

会》,在信中写道:"中国现代意义的大自然文学发端于安徽,开拓者是著名作家刘先平"。在刘先平的带动和示范下,"安徽一直从建设生态文明的战略高度关注、重视大自然文学的繁荣和发展","有理由企盼大自然文学将成为安徽文化的一张闪亮的名片"。

一、安徽大自然文学发展简述

中国现代意义的大自然文学发端于安徽,始于新时期刘先平与改革开放同步的《云海探奇》等4部大自然探险长篇小说创作,兴盛于世纪之交的"大自然文学"理念的倡导,在十九大后的新时代迎来千载难逢的发展机遇。

新时期指1976年"文化大革命"结束以后。中国大自然文学就兴起于20世纪70年代末80年代初。1977年儿童文学界开始拨乱反正。1978年国家实施改革开放国策。同年,国家出版局、文化部等单位在江西庐山联合召开会议,就儿童读物的出版、评奖、交流、科研和教学等做了认真、细致、具体的规划和部署。同年12月21日,国务院批转了国家出版局等八家单位根据"庐山会议"起草的《关于加强少年儿童读物出版工作的报告》,中国儿童文学开始进入全面恢复时期。以大自然文学为代表的安徽儿童文学,从新时期重新出发,与改革开放同步,与世界大自然文学同步,40多年来结出可喜成果,成为中国大自然文学的策源地与发展中心。

(一)安徽大自然文学创作从新时期起步

安徽儿童文学创作在这样的背景下得到恢复与发展。1980年,刘先平出版大自然探险长篇小说《云海探奇》,开启了新时期安徽儿童文学的新时期。此后一发而不可收,陆续创作出版了3部大自然探险长篇小说——《呦呦鹿鸣》(1981)、《千鸟谷追踪》(1985)、《大熊猫传奇》(1987)。这些作品被评论界认为"开拓了一个新领域——大自然文学"。1996年,樊发稼在谈到刘先平这一时期的创作时,曾有这样的评价:"刘先平作为一个儿童文学作家,在20多年前,就矢志不渝地执着于这样一个重大题材,而且历尽艰险参与考察,呕心沥血投入创作,终于写出了130多万字的系列作品。这是一个很了不起的重大成果。这在文学创作领域,是一种开创性的创造性劳动、开创性的业绩。这也是作者踏踏实实深入生活,满怀社会责任感,为广大青少年创作取得的一个重大成果。作品在一定程度上代表了新时期青少年文学、儿童文学健康发展的方向。"①这些具有当代意识的大自然文学创作,也毫无疑问地成为安徽儿童文学的新起点。1982年,刘先平大自然探险长篇小说《云海探奇》获"全国优秀少儿读物奖"。

在刘先平之外,涉足大自然文学创作的还有两位重要作家——方君默和张子仪。他们合作创作了大自然游记小说《神奇的黄山》(1981)、大自然散文《花儿开在你心上》(1985)等。《神奇的黄山》以兄妹游览黄山为线索,形象地描绘了黄山的秀丽风光,介绍了那里的珍禽怪兽、奇花异草,展现了那里雄伟壮丽的群峰、栩栩如生的巧石、苍劲多姿的青松、变幻莫测的云海和四季宜人的温泉。浅显的语言,并配有大量精美的插图,适合青少年阅读。《花儿开在你心上》是一本描写花朵的别开生面的散文集。作者采用观看电影的手法,展示了20余种色彩绚丽、形态各异的花朵。这些花朵生活在春、夏、秋、冬,生长在高山、平原、水面和屋顶,开放在白天和夜晚……作品对这些花朵的某一特性给予拟人化的描绘,形象地揭示了它们高尚的品德、美好的心灵、刚毅的性格和不屈的精神,在陶冶读者心灵的同时,让人们从情感深处热爱自然,珍爱大自然给予我们的美好环境。②

(二)安徽倡导大自然文学从世纪之交开始

世纪之交,憧憬美好未来,文学界都在积极谋划,期待以全新的面貌进入新世纪。20世纪80年代以来,中国社会开始迈进市场经济时代。经过短短30年的高速发展,中国竟然以世界第二大经济体跃升世界经济的顶层,相伴而来的是中国的生态状况不断恶化。愈演愈烈、不断威胁人类生活与生存的

---

① 樊发稼.独具思想艺术魅力的精品[C]//束沛德主编.人与自然的颂歌——刘先平大自然探险文学评论集.合肥:安徽少年儿童出版社,1999:62.

② 刘先平,韩进.安徽儿童文学发展论析[C]//王泉根主编.新时期儿童文学研究.石家庄:河北少年儿童出版社,2004:612-627.

生态危机，必然反映到文学里，大自然文学便应运而生，成为一种"特立独行"的文学现象。安徽儿童文学界从"20世纪是儿童的世纪"得到启发，结合近20年大自然文学创作的体会，顺应人类文明生态时代的到来，提出了"21世纪是生态的世纪""21世纪的新文学是大自然文学"，由此开始了一场又一场倡导"大自然文学"的接力运动，终于形成气候，长成大树，成为中国文坛显著的文学现象，并在世界大自然文学界开始发挥积极影响。

1. 刘先平创作被认定为"中国的大自然文学"

自20世纪80年代刘先平开始创作大自然探险长篇小说以来，特别是新世纪以来，文学界、出版界、评论界对大自然文学的兴趣越来越浓，已经形成一种文学气候，这与刘先平的大自然文学创作示范和呐喊倡导有直接关系。中国大自然文学发端于安徽，说的就是以刘先平为代表的大自然文学创作，刘先平是学界公认的中国大自然文学的一面旗帜，是中国大自然文学的先觉者、先行者、代表者。中国大自然文学门类的兴起以刘先平的大自然文学创作为先导，中国大自然文学学科的确立也是在总结刘先平40年大自然文学创作成绩与经验的基础上得出的理论成果。

早在1996年12月6日，韩进在《文艺报》发表《大自然的呼唤——刘先平大自然文学创作散论》，第一次提出"刘先平大自然文学"概念。在1998年出版的《中国儿童文学史》著作里，韩进也以《刘先平的大自然文学创作》为题介绍刘先平的创作。但第一个将刘先平的创作定位为"大自然文学"的是儿童文学理论家浦漫汀，她曾亲口对刘先平说："你以崭新的人与自然的关系审美，写出的是最新的大自然文学，有鲜明的特点，是中国的大自然文学。"由此作为理论铺垫和创作追求，中国倡导的"大自然文学"已经水到渠成。

2. 安徽首举"大自然文学"旗帜

"大自然文学"作为一种文学样式，开始于2000年10月在黄山召开的"安徽儿童文学创作会议"，刘先平的《高举大自然文学的旗帜》和金波的《标举大自然文学的旗手》两篇会议论文，不约而同地提出新世纪安徽儿童文学创作的"大自然文学方向"，"第一次正式提出了'大自然文学'的概念，认为安徽儿童文学的亮点之一是'大自然文学',由此开始了大自然文学的提倡与研究"①。通过这次会议的宣传,安徽儿童文学界倡导大自然文学创作的做法得到高度关注。2001年5月31日,束沛德在《新景观 大趋势:世纪之交中国儿童文学扫描》这篇文论中,将安徽倡导的"大自然文学"与二十一世纪出版社倡导的"大幻想文学"、浙江少年儿童出版社倡导的"幽默文学"并称"三面美学旗帜",并给予高度肯定。该文于2002年1月1日在《文艺报》发表后,在文学界引发广泛好评和关注,直接催生了2003年11月在黄山召开的"大自然文学研讨会"。

"2003年,适逢安徽省儿童文艺家协会成立20周年……'大自然文学研讨会'在黄山召开,旗帜鲜明地打出'大自然文学'的旗帜,对安徽发展大自然文学的优势、条件及趋势、方向做了专题研讨,成立了大自然文学创作研究中心,制定了大自然文学创研规划。由于安徽儿童文学界的提倡,'大自然文学'成为新世纪最引人注目的中国儿童文学现象,受到理论界、创作界的高度关注,成为安徽儿童文学的强势品牌。"②这是安徽第一次举办明确以"大自然文学"为研讨对象的文学活动。会议期间,苏平凡在《亲近大自然、珍爱大自然、描述大自然——刍议大自然文学》论文中,提出"大自然文学是具有现代意识的概念",并对安徽倡导大自然文学从创作和研究两个方面提出要求。高洪波在《非典时期的野猫——我的大自然文学观》中指出:"我的大自然文学主张很简单,一是自然,二是文学。""甚至这样想,当代中国的大自然文学,有时就像这只踽踽独行着的野猫,顽强地在大自然中、在文学的丛林里生存,昭示着某种生命和生存的尊严与价值,传递着生命与生存的信息与信念。这样的一只文学之猫,非常值得尊重!"韩进在这次会议上提交论文《搜寻大自然文学的踪影》,回顾了中国大自然文学的倡导过程,搜寻当代意义上的"大自然文学"演进的逻辑踪迹,提出《中国大自然文学论析》著作的编写大纲,开

---

① 韩进.有声有色 欣欣向荣——新世纪安徽儿童文学印象[C].安徽省文学艺术界联合会编.文艺百家.合肥:合肥工业大学出版社,2008:176.

② 韩进.有声有色 欣欣向荣——新世纪安徽儿童文学印象[C].安徽省文学艺术界联合会编.文艺百家.合肥:合肥工业大学出版社,2008:176.

始思考中国大自然文学的学科建设。

3."刘先平大自然文学"写入《安徽文学史》

2003年以后,倡导大自然文学、创作大自然文学、研究大自然文学、教学大自然文学,成为安徽文学界一种欣欣向荣的新景象。2003年,安徽省社科院文学研究所唐先田研究员将"刘先平大自然文学研究"成功申报安徽省社科联2003年课题,其课题成果《大自然文学的鲜明品格——兼论刘先平的大自然文学创作》发表在《江淮论坛》2004年第2期,开始将大自然文学作为一个独立的文学门类、将刘先平作为代表性作家来研究,提出"大自然文学是以大自然生态系统整体利益为最高价值的文学"、"考察和表达大自然和人类关系的文学"、"探寻人与自然和谐相处、预测未来的文学"的学术论断。韩进在2004年3月20日《中华读书报》上发表《大自然文学走出儿童文学的藩篱》一文,提出中国大自然文学的倡导源自儿童文学又要走出儿童文学发展的思考。2009年,赵凯为《1949—2009安徽作家报告》撰写《大自然的壮美诗篇——刘先平创作论》,通过解读刘先平大自然文学的文本价值,确立了刘先平作为我国现代意义上大自然文学开拓者的地位,以及刘先平的大自然文学"是中国的也是世界的"审美价值。这篇作家论又以《刘先平的大自然文学》为题,收入由唐先田、陈友冰主编,安徽文艺出版社2013年出版的《安徽文学史》中。

2010年是个转折点,大自然文学在完成了初期的理论倡导后,开始进入大自然文学的组织建设时期。2010年1月,安徽省政府批准建立"刘先平大自然文学工作室"。2010年5月,安徽大学大自然文学研究所成立,出版《大自然文学研究》辑刊。2014年10月,"大自然文学国际研讨会"成功召开。2015年初,"安徽大学大自然文学协同创新中心"成立。2016年,赵凯牵头安徽大学大自然文学研究所申报的《生态文明视域中的"大自然文学"研究》入选安徽省社科规划重点项目……这一切表明,安徽大自然文学开始进入最好的发展时期。

4.安徽倡导大自然文学为现代文学做出贡献

大自然文学是具有现代意识的文学概念,是在20世纪中后期生态平衡和环境保护这一全球性问题日益突出的情况下,在文学关注自然就是关注社会、关注人类、关注未来的新理念下,做出的自觉选择。安徽以刘先平为代表,提倡大自然文学创作,对当代文学创新发展做出了可贵的探索和多方面的贡献。主要体现在四个方面:"一是和谐主题。大自然文学追求人与自然的和谐发展,是文学创作的主题,更是当前建设和谐社会的主题,具有无比的创作生命力和不朽的文学魅力。二是创新文学观念。以大自然为审美反映对象,以人与自然关系为反映内容,以人文关怀为美学特征,颠覆了'文学是人学'的传统文学观,对当代文学理论建设具有重要的创新意义。三是创造了一种综合性的文学品种。一种融纪实性、知识性、故事性与文学性于一体的特殊的'大自然文学体',可以有小说、散文、报告文学等多种文学样式。四是创新了现实主义创作传统。大自然文学是用脚丈量大地的文学,是作家走出来的文学,是行与知、行与思的文学"。可以说,进入新世纪的安徽大自然文学,已经迈入一个"呼唤精品而且能够产生精品的新时期",创作"叫得响、立得住、传得开、留得下"的大自然文学力作,成为安徽大自然文学作家的自觉追求。①

(三)新时代迎来大自然文学发展新空间

2017年10月18日,党的十九大召开。十九大报告提出"中国特色社会主义进入了新时代",明确了新时代"我国社会主要矛盾已经转化为人民日益增长的美好生活需要和不平衡不充分的发展之间的矛盾",描绘了我国发展从"全面小康"到"全面现代化"新征程的宏伟蓝图,号召全国人民紧紧围绕实现伟大梦想去进行伟大斗争、建设伟大工程、推进伟大事业。特别是十九大报告提出了"加快生态文明体制改革,建设美丽中国"的新任务,强调"人与自然是生命共同体,人类必须尊重自然、顺应自然、保护自然。人类只有遵循自然规律才能有效防止在开发利用自然上走弯路,人类对大自然的伤害最终会

---

① 韩进.有声有色 欣欣向荣——新世纪安徽儿童文学印象[C].安徽省文学艺术界联合会编.文艺百家.合肥:合肥工业大学出版社,2008:178-179.

伤及人类自身,这是无法抗拒的规律";强调"我们要建设的现代化是人与自然和谐共生的现代化,既要创造更多物质财富和精神财富以满足人民日益增长的美好生活需要,也要提供更多优质生态产品以满足人民日益增长的优美生态环境需要。必须坚持节约优先、保护优先、自然恢复为主的方针,形成节约资源和保护环境的空间格局、产业结构、生产方式、生活方式,还自然以宁静、和谐、美丽。"①

可以说,新时代安徽大自然文学发展迎来新空间。第一是将大自然文学上升到建设生态道德和美丽中国的时代高度,从高站位策划和高质量两个方面取得突破;第二是要认真总结安徽大自然文学40年的成功经验和问题不足,从继承与创新两个维度推出新作品;第三是要加强与国内国际大自然文学界的交流与合作,扩大刘先平大自然文学创作和安徽大自然文学的业界影响力和引领力。"要继续发挥好安徽作为中国大自然文学重镇的创新示范作用,讲好安徽大自然故事、讲好中国大自然故事、讲好人类与大自然的故事;继续扶持好发展好安徽大自然文学这一优势文学品牌,为重振文艺皖军开辟了一条捷径,为中国大自然文学发展做出安徽贡献"②。

进入新时代的安徽大自然文学,以习近平生态文明思想为指引,按照习近平总书记在全国宣传思想工作会议上提出的"不断增强脚力、眼力、脑力、笔力"的要求,刘先平带头深入大自然考察调研,第三次登上云南高黎贡山,创作了用"全媒体"展现的大自然文学新作《续梦大树杜鹃王——37年,三登高黎贡山》。博物学文化倡导者刘华杰认为,"这是关于杜鹃花属植物的非凡赞歌,地质学、植物学、生态学的大量知识融贯其中,以文学的手法完美呈现"。中国新闻出版研究院数字出版研究所所长王飚认为,"这是一部将文学与博物学有机结合,实地探险与虚拟体验无缝对接的数字新媒体读物。读者

---

① 习近平.决胜全面建成小康社会 夺取新时代中国特色社会主义伟大胜利——在中国共产党第十九次全国代表大会上的报告[C]//中国共产党第十九次全国代表大会文件汇编.北京:人民出版社,2017:40—41.

② 韩进.新时代安徽儿童文学新追求[C].安徽省文学艺术界联合会,安徽省文艺评论家协会编.文艺百家谈 2018年.1—2辑.合肥:合肥工业大学出版社,2018:38—39.

可以从中感受到寻梦、圆梦、续梦大树杜鹃王的历程,切实领略到作者呼唤生态道德的初心;通过丰富多彩的博物学知识呈现,解答自己心中的疑惑;更可以通过书中丰富的虚拟实景、音视频、图片资源,理解绿水青山环绕中的大树杜鹃王,以及它所寄托的梦想远方"。①两位专家都从各自专业的角度对刘先平这部作品的"新特点"给予充分肯定。2018年,该书获得首届"中国自然好书奖"(华文原创奖)。2019年,刘先平以作品《魔鹿》代表中国大自然文学作家首次获得国际大自然文学奖——第三届比安基国际文学奖(同时获奖的还有一位中国大自然文学作家黑鹤)。2019年7月24日,中共中央宣传部主管、《党建》杂志社主办的"党建网",全文转发了刘先平的《呼唤生态道德》一文,以及刊载了刘先平长篇纪实文学《美丽的西沙群岛》一部分内容,传递出刘先平的大自然文学创作和"呼唤生态道德"的大自然文学主题已经上升到党和政府高度重视的程度,纳入国家生态文明建设和美丽中国建设的发展战略,这既是鼓励肯定,也是希望和动力。在做好大自然文学创作和研究的同时,刘先平又将大自然文学新人培养和大自然文学队伍建设提上重要议程,在他的策划和组织下,安徽大学大自然文学协同创新中心、刘先平大自然文学工作室和湖北长江少年儿童集团共同举办"大自然文学作家班",首届作家班学员39人,是从安徽大学在校研究生中招收的学生。刘先平大自然文学工作室负责聘请在全国有影响力的大自然文学作家、评论家授课,同时将云南的高黎贡山、湖北的神农架、安徽的"两山一湖"(黄山—九华—太平湖)等大自然保护区作为学员的创作考察基地,他们中间已经有人发表了大自然文学作品和评论文章。创建"大自然文学作家班",充分发挥安徽大学在大自然文学教学科研方面的优势,培育未来的大自然文学人才,这是一项放眼长远的战略决策,也是安徽大自然文学界持之以恒推进大自然文学的有力行动,必将对安徽大自然文学的发展和中国大自然文学的繁荣发挥积极作用。

---

① 文中引用刘华杰、王飚的话语见于他们为《续梦大树杜鹃王——37年,三登高黎贡山》写的推荐评语,见该书封底。

(四)安徽大自然文学与世界同步

早在刘先平创作大自然探险长篇系列之初,1988年前后,苏联《儿童文学》杂志就介绍了刘先平的创作情况。1991年,刘先平应国际儿童文学研究会邀请参加在巴黎召开的会议,会议期间介绍了中国儿童文学和大自然文学的创作发展情况,引起强烈反响。其演讲论文收入会议文集,并由法国兰希出版社出版。此后又多次应邀赴英国、美国、加拿大、南非、澳大利亚等国访问讲学。正是在多次出访交流中,刘先平感受到世界各国五彩缤纷的大自然文学与起步阶段的中国大自然文学的巨大差距,才有了强烈的冲动和愿望——创作具有中国特色的大自然文学,让中国大自然文学"走向世界"。

2008年,刘先平的《我的山野朋友》获国际儿童读物联盟"荣誉作家奖"。2010年刘先平获得"国际安徒生奖提名奖",2011年、2012年连续两年被列为林格伦文学奖候选人。刘先平的大自然文学作品也被译成英文、法文、波兰文、克罗地亚文等多种语言在国外出版,获联合国教科文组织和国际儿童读物联盟联袂推荐。2014年10月,安徽省委宣传部和安徽大学联合举办首届"大自然文学国际研讨会",来自美国、俄罗斯、英国、瑞典等国的大自然文学专家介绍交流了各国大自然文学的发展情况,会议得出一个结论:中国大自然文学与世界同步,代表作家作品即刘先平及其创作,重要作品有:"大自然探险系列"(2001,4种)、"东方之子刘先平大自然探险"系列(2003,8种)、"大自然在召唤"系列(2008,9种)、"大自然探险·海洋系列"(2012—2017,3种)。2019年,刘先平获得"比安基国际文学奖荣誉奖",学界也开始了以中国作家刘先平与俄罗斯作家比安基为代表的中俄大自然文学的比较研究。日前,第二届"大自然文学国际研讨会"正在筹划落实之中,相信在不断深入地交流、启发、借鉴中,中国大自然文学将以"讲好美丽中国故事"的鲜明特色,融入世界大自然文学潮流,在走进世界大自然文学舞台中央的进程中,为构建人与自然和谐共生、人类命运共同体的美好明天,做出中国大自然文学的应有贡献。

二、安徽大自然文学发展的"三驾马车"

自 20 世纪 80 年代刘先平创作大自然探险长篇小说 40 年来,大自然文学经历了 1996 年的"大自然文学启蒙"和 2000 年开始关注安徽儿童文学发展的"大自然文学方向",直到 2003 年旗帜鲜明地倡导"中国大自然文学"。在刘先平的创作示范和策动下,安徽发展大自然文学始终得到安徽文学界、安徽省委省政府、安徽高校等社会多方面的支持和推进,才有今天的安徽大自然文学的优势品牌和中国大自然文学这面美学旗帜。回顾 40 年大自然文学从发生到发展的历程,安徽省儿童文艺家协会、安徽省政府参事室、安徽大学可以称为安徽大自然文学发展的"三驾马车",共同合力营造了大自然文学的良好氛围,而且还将继续推进大自然文学的高质量发展。没有哪一个省份给予大自然文学如此高度的重视和扶持,这是安徽大自然文学得以 40 年长期坚持、持续发展、展现美好前景的重要保障。

(一)安徽省儿童文艺家协会对大自然文学的倡导

经过 40 年的积累与发展,到 21 世纪的今天,以刘先平创作为代表的安徽大自然文学创作已经如火如荼,欣欣向荣,成为令人瞩目的安徽文学品牌和中国文学现象。贯穿其中的是安徽省儿童文艺家协会的坚持与努力。

安徽省儿童文艺家协会的前身是安徽省儿童文学创作委员会,于 1986 年 6 月成立,安徽省副省长侯永任名誉主任,安徽省作家协会副主席刘先平任主任,著名儿童文学作家边子正、徐瑛等任副主任。安徽省教育委员会、安徽省广播电视厅、共青团安徽省委、安徽省妇联、安徽省关心下一代工作委员会、安徽省总工会、安徽少年儿童出版社等为协办单位。1993 年,为适应安徽儿童文学发展的需要,安徽省儿童文学创作委员会更名为安徽省儿童文艺家协会,会员范围和协会职能从儿童文学扩大到儿童文艺,至今又有 27 年。改为安徽省儿童文艺家协会后,虽然它是一个儿童文艺工作者自愿参加的群众性民间组织,但始终得到安徽省政府主要领导和有关部门的高度重视和扶持。省政协主席王明方、省政府副省长侯永、省人大常委会副主任苏平凡等都先后担任协会顾问并亲自参加协会工作,省委宣传部、省政府参事室、省妇联、省关心下一代工作委员会等部门的领导始终关心、关注并切实支持协会工作,在作家深入生活、创作环境改善、作品出版宣传等方面,发挥着引导和激励作用。

安徽省儿童文艺家协会成立以后,采取了一系列推进儿童文学发展的具体措施。首先是评选"安徽儿童文学奖",自1987年起,每两年举办一次儿童文学评奖。刘先平大自然探险长篇小说《呦呦鹿鸣》等作品先后获奖。其次是加强儿童文学交流。一是"沪皖儿童文学笔会"。1988年9月23日在安徽歙县召开的上海、安徽儿童文学创作笔会,两地的儿童文学作家、理论家、编辑40余人参加了会议,王一地、蒋风、浦漫汀、何紫(香港)等还分别介绍了各地儿童文学现状与发展趋势,为发展安徽儿童文学提供了参照,对安徽儿童文学如何走出安徽、走向世界,提出了建设性意见。二是"皖台儿童文学研讨会"。1989年7月11日至23日,中国台湾儿童文学研究会林焕彰一行7人应邀来到大陆,首访安徽,拉开了海峡两岸儿童文学交流的序幕。然后他们到上海、北京等地进行儿童文学交流活动。三是1990年接待苏联儿童文学作家代表团访问安徽,就中苏儿童文学进行交流。四是1991年刘先平应邀参加在法国巴黎举行的国际儿童文学研究会,在会上介绍了中国儿童文学和他深入大自然创作大自然文学的情况,受到与会者的热烈关注。这是刘先平第一次对外介绍大自然题材的自然保护文学。五是组织编选了《安徽省儿童文学作品选》,分诗歌、童话、寓言、散文、小说5个部分,收录代表性作品48篇,由安徽少年儿童出版社于1990年出版。

安徽省儿童文学创作委员会更名为安徽省儿童文艺家协会以后,将工作重点放在组织创作队伍、指导文学创作、开展作品研讨、培养文学新人、对外交流合作等五大方面。在具体工作中逐渐有了一个越来越明显的共识,这就是认识到安徽儿童文学的优势在以刘先平为代表的大自然文学创作,协会在深入分析社会形势、创作趋势、自我优劣、读者需求的基础上,果断提出了新世纪安徽儿童文学发展的"大自然文学方向",特别是1996年"刘先平大自然探险长篇系列"研讨会在安徽、北京两地召开后,浦漫汀教授提出了刘先平的大自然探险文学就是"中国的大自然文学",一句话"点亮"了刘先平创作的意义及安徽儿童文学创作发展的前景。此后,经过四五年的交流研讨和创作及理论上的准备,在世纪之交的 2000 年,安徽省儿童文艺家协会在年度儿童文学创作会议上正式做出"集中创作资源,优先发展大自然文学创作"的决定。从此,倡导"大自然文学"成为协会首要的并压倒一切的中心工作。

1. 举办六次刘先平大自然文学创作研讨会

安徽省儿童文艺家协会有召开年度儿童文学创作会议的制度,同时重视儿童文学作家创作,先后为杨老黑、伍美珍、王蜀、刘君早、薄其红、陈曙光、金萍、敬勇、谢鑫、许诺晨、陈忠义、刘斌等安徽儿童文学作家举办过作家作品研讨会。在文艺评论开展困难的情况下,作品研讨会成为最重要最有效的评论活动,对推进文艺创作和文艺批评有着不可替代的重大作用。

据不完全统计,安徽省儿童文艺家协会主办和协办的刘先平大自然文学创作研讨会有六次,分别为:"刘先平大自然探险长篇系列"作品研讨会(1996)、刘先平大自然文学创作 30 年暨"大自然在召唤"作品研讨会(2009)、刘先平《美丽的西沙群岛》首发式暨作品研讨会(2012)、《生态道德读本》首发式暨作品研讨会(2014)、刘先平《追梦珊瑚》作品研讨会(2017)、刘先平《续梦大树杜鹃王——37 年,三登高黎贡山》作品研讨会(2018)。其中"刘先平大自然探险长篇系列"作品研讨会具有刘先平大自然文学研究的发端意义。

1996 年 9 月,安徽省儿童文艺家协会与安徽省委宣传部共同举办"刘先平大自然探险长篇系列"研讨会;10 月,又与中国作家协会、中国青年出版社、安徽省委宣传部、安徽省文联一起,在北京联合举办"刘先平大自然探险长篇系列"研讨会。1997 年,刘先平大自然散文集《红树林飞韵》出版。同年,"刘先平大自然探险长篇系列"(5 种)获得中宣部"五个一工程"奖、第三届"国家图书奖提名奖"、第八届"冰心儿童图书奖",并被推荐给联合国教科文组织;1989 年,刘先平大自然探险散文集《山野寻趣》获"新时期优秀少年儿童文艺读物奖",并被中国青年出版社选入《希望丛书》;1999 年,《山野寻趣》(增删本)又获中国作家协会第四届"全国优秀儿童文学奖";2000 年,王蜀的大自然长篇游记《小霞客华东游》(作为《小霞客游记丛书》之一种)同时获"中国图书奖""冰心儿童图书奖"。一批大自然探险题材的文学作品获奖,不仅给安徽儿童文学创作以极大的鼓舞,更让安徽儿童文学界思考如何更好地发挥自身优势,加速提升安徽儿童文学的影响和走安徽特色的儿童文学发展之路。

2. 举办"大自然文学研讨会"

2000年10月14日至21日,安徽省儿童文艺家协会在合肥举办"安徽儿童文学创作会暨安徽儿童文学研讨班",束沛德、樊发稼、金波、张美妮、王泉根、徐德霞、张明照等著名作家、评论家应邀参加会议并为研讨班学员授课。会议有三大议题:一是安徽儿童文学创作的现状与未来,二是安徽儿童文学新人的培养,三是安徽儿童文学的大自然文学特色。在广泛交流和深入研讨的基础上,会议提出成立"大自然文学创研中心"。两个月后的12月,"安徽省青年作家创作会"召开,会议期间举行了第一次"大自然文学创研中心"工作会议,讨论如何发展"大自然文学"。会议达成如下共识:安徽不仅有刘先平这面"大自然文学"的旗帜,还因为安徽地处江淮,有驰名中外的黄山、九华山、太平湖等美妙山水,为作家深入大自然、创作大自然文学提供了得天独厚的自然条件,所以,安徽省儿童文艺家协会更加坚定了把"大自然文学"作为安徽儿童文学的品牌文学来做的决心,组织集中一部分作家的力量,以大自然为创作母题,创作一批高质量的大自然文学作品;同时加大理论探索和舆论宣传,把"大自然文学"的旗帜高高举起,形成一种从创作到理论的整体优势,将安徽打造成中国"大自然文学"的创作基地。协会在倡导"大自然文学发展方向"的同时,不要求作家放弃自己的创作优势去被动响应大自然文学的号召,而是鼓励作家坚持自己的创作个性,选择适合于自己的创作题材与创作样式,共同营造安徽儿童文学的繁荣局面。为进一步推动安徽"大自然文学"创作,安徽省儿童文艺家协会为王蜀的大自然长篇游记《小霞客华东游》和刘先平的大自然探险文学新作"中国 Discovery 书系"(4种)举办了两场作品研讨会,以作品为例,请作家谈创作体会,请评论家分析作品特点,通过作家与评论家对话,营造安徽发展大自然文学的声势,并在创作、出版与评介等方面做出规划。

3. 形成以刘先平为代表的大自然文学作家群

在 2000 年 10 月举办的"安徽儿童文学创作会暨安徽儿童文学研讨班"期间,安徽儿童文艺家协会通过对安徽儿童文学成绩的回顾,认识到安徽儿童文学的突出成就与最大特色,是以"刘先平大自然探险长篇系列"为代表的"大自然文学",是刘先平率先在我国文学界(不仅是儿童文学界)树起了"大自然文学"这面旗帜,让大自然文学成为我国当代儿童文学百花园中的奇葩。安徽儿童文学的发展应该继承这一优良传统,高举"大自然文学"的旗帜,以其鲜明的地域文学特色为我国儿童文学在 21 世纪的多元化发展做出贡献。在刘先平创作成就的示范下,一批青年儿童文学作家,如陈曙光的西部旅游摄影大自然文学《丝路,雅克西》和《环游塔里木》(2000)、王玲的幼儿大自然童话"从小爱家园丛书"(7 册,2001)、王蜀的大自然长篇游记《小霞客华东游》(2000)和大自然科幻长篇小说《神秘的 Y 极地带》(2005)、邢思洁的"以鸟来写大自然生命"的散文集《藏在绿叶间的眼睛》(2013)、金好的大自然长篇童话《风生水起——二十四节气的故事》(2014)、许冬林的大自然散文《养一缸荷 养一缸菱》(2019),以及杨老黑的动物小说、敬勇的自然科普,等等,共同形成了安徽文坛一道亮丽的"大自然文学风景"。

随着大自然文学创作的发展,很多作家、评论家自觉关注并研究大自然文学。首先是作家刘先平从自己的创作实践出发,发表了很多理论文章,如《热爱祖国的每一片绿叶》(1983)、《对儿童文学创作审美特征的思索》(1988)、《对大自然探险小说的蠡测》(1991)、《跋涉在大自然文学的 30 年》(2008)、《呼唤生态道德》(2008)等。在刘先平的带动下,安徽成为中国大自然文学研究的中心,主要研究者有:苏中、苏平凡、汪守德、钱念生、唐跃、唐先田、赵凯、韩进、薛贤荣、吴怀东、刘飞、黄书泉、吴尚华、朱育颖、祖琴、李正西、周玉冰、张玲、任雪山、刘君早、苏勤、魏春香、王景、吴琼、尹静、范倩倩,等等。重要研究成果有:赵凯的《大自然的壮美诗篇——刘先平创作论》(2009)和《生态文明视域中的大自然文学》(2014),韩进的《大自然的呼唤——刘先平大自然文学创作散论》(1996)、《呼唤生态道德 讴歌自然和谐——刘先平与他的大自然文学》(2008)、《中国大自然文学发端于安徽》(2014)、《文学皖军扛旗:中国大自然文学与世界同步》(2008)和《呼唤生态道德——生态审美视野下的刘先平大自然文学》,唐先田的《大自然文学的鲜明品格——兼论刘先平的大自然文学创作》(2004)和《大自然文学:文学的自觉》(2014),吴尚华的《人与自然的道德对话——刘先平"大自然文学"生态意蕴初探》(2008)和《论大自然文学的生态理想》(2014),等等。安徽文学界对大自然文学的研究成为中国儿童文学研究的"半壁江山",对宣传刘先平大自然文学创作和推进中国大自然文学发展,起到了积极作用。特别是2013年安徽大学大自然文学研究所主编并出版《大自然文学研究》辑刊以后,更是团结了全国的大自然文学研究者、爱好者,成为大自然文学理论的一面"旗帜",安徽成为名副其实的"中国大自然文学重镇",是中国大自然文学创作与研究的中心。

(二)安徽省政府参事室对刘先平大自然文学创作的扶持

安徽大自然文学的兴起和快速发展,不仅因为文学界自身的努力坚持,还因为政府的强力推进。从提升"大自然文学"的品位和地位来说,有没有政府的支持,命运与前途会大不一样。

安徽重视文学发展有悠久的传统,中国新文化运动的发起人陈独秀、胡适都是安徽人。安徽不仅是中国传统文化的最后一个堡垒——徽文化与桐城派,也是新文化破土的第一片绿洲,而且安徽儿童文学在中国儿童文学史上始终占有一席之地,成功经验之一就是政府对儿童文学的关心和重视,其中"大自然文学"更是当代安徽文学发展中最典型的例证。

1. 建议省政府重点扶持"大自然文学、儿童文学"(2007)

以"刘先平大自然探险长篇系列"产生的良好影响为开端,特别是2000年以来持之以恒地倡导"大自然文学",因此刘先平与大自然文学的影响已经超越了文学界,成为安徽文化的"大事件"。2007年4月6日,刘先平所在的安徽省政府参事室向省委省政府报送"政府参事建议"(第6期),建议重点扶持安徽省优势文学门类——大自然文学与儿童文学。这里特别要注意的是,"大自然文学"是与"儿童文学"并列的两个"文学门类",而不是"大自然文学是儿童文学的一部分",凸显了安徽文学界是将"大自然文学"和"儿童文学"

平等看待的。这对人们理解大自然文学与儿童文学的关系提供了重要引导和参考。

刘先平、余恕诚、陈有志、方介人等4人在以《大力扶持我省优势文学门类 积极推进文化创意产业发展》为题的参事建议里强调,安徽省大自然文学、儿童文学,是全国公认的优势文学门类,大自然文学更是独树一帜;只要稍加扶持和整合,完全可以转化为市场广阔的文化创意产业。人与自然是国际性的永恒主题,极易走向世界,并参与文化竞争。建议:①由省政府或省出版集团牵头,集结作家、出版社、电视台、剧团等方面的力量,共谋产业发展大计;②排除门户之见,高度重视,积极采取措施繁荣两大优势文学创作;③对著名代表作家和大自然文学创作研究中心、安徽省儿童文艺家协会,给予资金扶持;④加强理论研究和作品评介。

从这封参事建议中可以看出,刘先平认为,安徽大自然文学发源于安徽省儿童文艺家协会的倡导,从儿童文学中孕育而生,如今经过10年的发展,已经"走出儿童文学的藩篱",成长为与儿童文学平起平坐的一门新文学,大自然文学、儿童文学成为安徽文学界的两个优势文学门类。这对于认识大自然文学与儿童文学的关系也有着指导和启发意义。

2. 刘先平致信温家宝总理首提"生态道德"(2009)

2009年7月10日,刘先平收到国务院参事室主任陈进玉的一封信,信中写道:

> 您今年2月12日写给温家宝总理的来信,国家信访局已摘要报送了温家宝总理。您来信中提出的《亟待树立生态道德、实施生态文明建设》的建议,非常重要,对于化解人与自然的矛盾,建设良好生态环境具有很强的现实意义。为此,我们拟将该建议全文刊登国务院参事室《国是咨询》第四期,报中央领导同志和各地区、各部门负责同志参阅。
>
> 您不仅在大自然文学领域取得突出成就,而且认真履行参事职责,充分发挥专长,积极建言献策。在此,向您表示崇高的敬意!

国务院参事室《国是咨询》全文刊发了刘先平题为《亟待树立生态道德、

实施生态文明建设》的建议后,在全国产生了积极广泛的影响,尤其是刘先平"第一次"提出了"生态道德"这一新概念,并且将"树立生态道德"与"实施生态文明建设"联系起来,具有独创性意义。据刘先平回忆,当初他提出"生态道德"这一概念时,曾经受到质疑,《国是咨询》全文转发了刘先平的建议信后,等于肯定了"生态道德"的提法,这给刘先平此后呼唤"生态道德"以坚定的信念。

2015年5月5日,中共中央 国务院印发了《关于加快推进生态文明建设的意见》,其中再次肯定了"生态道德",在"提高全民生态文明意识"的段落中写道:"积极培育生态文化、生态道德,使生态文明成为社会主义主流价值观,成为社会主义核心价值观的重要内容。从娃娃和青少年抓起,从家庭、学校教育抓起,引导全社会树立生态文明意识,把生态文明教育作为素质教育的重要内容,纳入国民教育体系和干部教育体系。"我们不能肯定地说,2015年《关于加快推进生态文明建设的意见》中所提的"生态道德"与刘先平2009年提出的"生态道德"是否有直接关系,但至少说明在此意见发布的五六年前,刘先平就敏锐地看到"人与自然关系"的矛盾现实,提出以"生态道德"来调节人与自然的关系,具有前瞻性和时代性。

3. 省政府建立"刘先平大自然文学工作室"(2010)

2009年10月31日,安徽省人民政府就省发改委《关于建设刘先平大自然文学工作室的请示》做出批复,内容如下:

一、刘先平先生作品在国内外具有广泛深远的影响、具有很大的开放价值和市场潜力,省政府同意授牌"刘先平大自然文学工作室"。

二、"刘先平大自然文学工作室"主要承担大自然文学作品的研究、创作、整理、展示和衍生产品的开发等任务,为我省的文化创意产业发展提供发展平台。

三、你委要负责统筹安排好"刘先平大自然文学工作室"的建设的地点、规模、资金筹措等相关事宜。

四、有关市和省有关部门要支持配合"刘先平大自然文学工作室"建设,合理打造文化创意产业品牌。

2010年1月,安徽省人民政府批准建立"刘先平大自然文学工作室"(皖政秘[2010]26号文件)。经过将近一年的筹备,2010年12月22日,省政府在稻香楼宾馆隆重举行"刘先平大自然文学工作室"授牌仪式,省长为"刘先平大自然文学工作室"授牌,省政府秘书长主持仪式,将中宣部原副部长、中国作家协会原党组书记、名誉副主席翟泰丰题词的"刘先平大自然文学工作室"牌匾,授予现代大自然文学开拓者、著名作家刘先平。工作室在安徽省财政专项资金支持下,重点建设现代大自然文学作品展示场馆,在相关大学建立大自然文学研究院,开发动漫图书、3D影像、玩偶、大自然生态体验区,以及配套影院等相关产业链,从而带动一条兼具社会效益与经济效益的创意文化产业链。

"刘先平大自然文学工作室"是全国首家、至今唯一一家由省人民政府批准建立的、以作家名字命名建设的工作室,是一家专门从事大自然文学的创作、研究、整理、展示和衍生产品开发的文化机构。刘先平亲自担任工作室负责人。工作室挂靠在安徽省政府参事室,坐落在安徽大学校园内,是一座园林式徽派建筑,依坡伴湖而建,体现了人与自然和谐而居的生态理念。

(三)安徽大学对大自然文学学科的建设

"刘先平大自然文学工作室"落户安徽大学后,以"刘先平大自然文学创作与研究"为中心的中国大自然文学学科建设,日益成为安徽大学的办学特色。安徽大学的名校影响力和刘先平大自然文学工作室的文学品牌强强联合,为安徽大自然文学创作和中国大自然文学发展做出了大胆探索,取得了令人瞩目的成绩。

1. 成立"安徽大学大自然文学研究所"(2010)

为进一步促进"刘先平大自然文学工作室"与安徽大学文学教育的深度融合,根据安徽省人民政府皖政秘[2010]26号文件精神,在省发改委、省参事室的大力支持下,"安徽大学大自然文学研究所"正式成立,标志着"大自然文学"作为一门新学科的诞生。安徽大学大自然文学研究所由"刘先平大自然文学工作室"与安徽大学联合建立。研究所的主要任务是进行大自然文学美学、哲学等基础研究,大自然文学作家、作品研究等;丰富和拓展文艺学的学科建设,提升大自然文学研究水平,推动我国现代大自然文学的发展。

2010年5月29日,"安徽大学大自然文学研究所第一次所长会议在安徽大学文学院召开。刘先平所长主持会议并宣布大自然文学研究所正式成立,刘先平为所长,赵凯为常务副所长,韩进、吴家荣、王浙英、刘飞、刘君早为副所长。会议重点讨论了研究所重点课题和申报工作,会议听取了韩进等同志关于编撰大自然文学研究文集,以及组织队伍、推进研究工作发展等问题的建议。与会人员一直赞同这一提议。研究所主要以课题申报和研究来引领和带动大自然文学研究与发展。会议决定聘请研究所顾问、特约研究员、见习研究员若干名。会议决定在研究所发展过程中把对大自然文学感兴趣或有专长的同志吸收进来,组织与培养一批大自然文学研究队伍。

经刘先平所长提议,赵凯常务副所长主持研究所日常工作(2015年赵凯任所长)。研究所以研究刘先平大自然文学创作为主,主编并出版《大自然文学研究》辑刊,同时在文学院开设大自然文学选修课,组织编写"大自然文学课程"教材,招收大自然文学方向硕士研究生。2010年至今,研究所每年都公开征集大自然文学研究课题,已培养5位大自然文学硕士研究生。《大自然文学研究》是中国第一部研究大自然文学的专刊,至今已经出版3卷[①],累计发表研究文论100余篇、信息动态10余篇、研究生学会论文4篇,集中展示了刘先平大自然文学工作室和大自然文学研究所的研究成果。《大自然文学研究》不仅成为中外学者了解刘先平为代表的中国大自然文学发展现状的主要窗口,而且必将作为中国大自然文学发展的重要记录,具有重大的史料价值和学术价值。

2. 成立"安徽大学大自然文学协同创新中心"(2015)

2015年10月11日,"安徽大学大自然文学协同创新中心"在安徽大学成立。安徽大学党委书记李仁群任理事长,中心成立由著名大自然文学作家、

---

① 《大自然文学研究》自2013年出版首卷以来,至2018年共出版3卷。3卷总目录见本书附录。

评论家、著名教授、专家学者为成员的大自然文学协同创新中心学术委员会。该中心借助教育部"2011计划",以安徽大学为牵头单位,由安徽大学与安徽省委宣传部共建,刘先平大自然文学工作室、中国出版集团、人民文学出版社、安徽省政协人口资源环境委员会、安徽省林业厅等单位参与建设。新成立的安徽大学大自然文学协同创新中心将充分发挥安徽大学的学科优势和研究资源,积极联合与聚集国内外大自然文学创作、研究、传播与文化开发的创新力量与创新元素,按照学科建设、科学研究和人才培养"三位一体"的原则,努力打造一流平台、开拓学术领域、培养优秀人才、繁荣文学创作、开发创意产业、传播生态文化。

安徽大学大自然文学协同创新中心在学科建设上做出规划:一是扩大大自然文学研究生培养规模。计划在2015年至2018年,共招收培养硕士生、博士生50人,建立一支大自然文学后备人才的基本队伍;招收大自然文学作家班学员100人。二是创新研究生培养模式。通过与自然保护区和相关行业等合作建立研究生培养基地,联合培养研究生;与协同单位合作,采取委托培养、交换生等方式培养研究生;实行硕博连读制。这些都将有利于促进研究生教育体制和培养模式的改革。三是提高人才培养质量。多种形式的教学方式,尤其加强研究生到大自然中考察等实践环节的锻炼,可以提高研究生科研和创作的自主能力。中心鼓励研究生参与导师的课题研究,鼓励研究生从事大自然文学创作,使能力在研究和创作中得到提升。

通过上述三个方面的学科建设,中心联合政府、高校、文化团体、文化产业等社会诸方面的协力,对大自然文学进行协同创新研究,打造走向世界的安徽文化品牌,将安徽大学大自然文学协同创新中心办成安徽大学的特色,推进高校综合改革和文化创新发展,提升安徽大学的知名度和影响力。

3. 开设大自然文学作家班(2018)

2018年11月初,为培养大自然文学作家队伍和研究工作者,推动大自然文学的创作与研究,打造安徽大学的特色学科方向,安徽大学大自然文学协同创新中心联合湖北少儿出版集团、刘先平大自然文学工作室决定开设大自然文学作家班。

经过精心的筹备,2019年3月10日,中国第一个"大自然文学作家班"在刘先平大自然文学工作室举行开班仪式。中国作家协会创作研究部发来贺信,称赞"设立大自然文学作家班,这是着眼长远,推动文学创作、推动作家成长的一件十分有意义事情。中国作协创研部长期致力于促进多出文学精品、多出文学人才这项中心工作,我们愿与安徽大学等单位携手,共同推动大自然文学创作、理论研究和发展";"希望大自然文学作家班能够紧紧围绕国家经济社会发展的中心任务,着眼于推动多出优秀作家、多出优秀作品这个中心,精心设置学思践悟的课程,精选社会各界的优秀导师,开展卓有成效的社会实践,深入生活,扎根人民,切实增强脚力、眼力、脑力、笔力,不断催生与这个时代、与大自然文学相匹配的优秀文学作品"。

首批"大自然文学作家班"以安徽大学在校本科生、研究生和社会上有志于大自然文学创作且有一定创作基础的青年作家为招收对象,计划招生20—30名,实际招生38名。学期为一年,结业后从中择优升入"高级班"。教学内容包括"课堂教学"与"深入生活"两个环节,着重深入生活和创作。课堂教学内容主要包括:文学理论、文学史、大自然文学、生态美学等方面的专题课程;大自然文学经典作品的研读;大自然文学代表作家的创作经验谈;学员作品的分析研讨;小型的学术研讨会及中心组织的相关活动。拟邀请相关领域的著名学者及大自然文学著名作家进行授课。"深入生活"(到自然中,认识自然)主要包括组织学员到自然中,认识自然,深入生活,根据大自然考察内容,进行大自然文学的创作,并选取优秀作品进行分析研讨,推荐发表、出版。

大自然文学作家班集聚了刘先平大自然文学工作室的创作力量、大自然文学研究所的科研力量、安徽大学大自然文学协同创新中心的办学力量,开创了大自然文学创作、研究、教学"三位一体"的校企合作模式,特别是将课程教学与创作实践结合起来,具有实践性和开创性。学员有很多的时间到黄山、九华山等大自然文学创作基地去实地探险考察大自然,从写作大自然考察日记开始接触并体会大自然文学创作,侧重从脚力、眼力、脑力、笔力四个方面培养大自然文学作家的基本功。

4. 大自然文学协同创新中心专家献言献策(2018)

安徽大学大自然文学协同创新中心成立后,重视发挥中心学术委员会的作用,定期开会研讨中心发展工作,研讨大自然文学基本理论,研讨如何将大自然文学教育与创作、创意策划和产业开发结合起来,探索一条在安徽大学名校建设中发挥好大自然文学品牌的新路。邱江辉、韩进的《坚定文化自信,扶持做强安徽生态文学品牌的建议》(以下简称《建议》)具有代表性,《建议》中认为安徽大自然文学现已初步成为全国富有特色和影响的生态文学品牌,是安徽建设文化强省的优质资源和优势产品之一。目前,大自然文学既拥有做强安徽文化品牌的实力、潜力和极好机遇,又正处于发展节点,但还存在一些问题。为构筑安徽文化强省的"高原",他们提出需要加大扶持生态文学品牌建设的工作与政策力度,并提出四项建议:①强化整合资源、规划引领;②加大政策支持力度;③建好展示交流平台;④建立健全协调机制。《建议》在《安大智库》2018年第21期刊发后,产生了积极影响。

5. 举办"生态文明视野下的当代大自然文学创作"研讨会(2019)

2019年11月,安徽大学文学院、安徽大学大自然文学协同创新中心、安徽省文艺理论研究室和安徽省文艺评论家协会联合主办"生态文明视野下的当代大自然文学创作"研讨会,安徽大学原党委书记、安徽大学大自然文学协同创新中心理事长李仁群,大自然文学作家刘先平,著名评论家鲁枢元、贺邵俊等做了大会主题发言。来自中国人民大学、首都经贸大学、武汉大学、西北大学、上海大学、山东理工大学、沈阳师范大学、河南师范大学、安徽大学、黄河科技学院、合肥学院,以及中国社会科学院、长江少儿出版集团、河北教育出版社、《鄱阳湖学刊》的科研、出版单位的专家学者围绕大会主题进行深度研讨。会议由安徽大学文学院院长、安徽大学大自然文学协同创新中心主任吴怀东教授,安徽大学大自然文学研究所所长、博士生导师赵凯教授等分别主持。

会议在生态文明视野下,对刘先平大自然文学创作有了新认识和新发现。石海毓教授从生态伦理的视角,将美国自然文学作家爱德华·艾比和中国大自然文学作家刘先平进行比较研究,提出中外大自然文学作家热爱世界的生态伦理观主要体现在他们所倡导的生态整体观上,进而深挖爱德华·艾比的大地伦理思想和刘先平的自然界整体思想,他们的共同特点不是否定整个文明、科学和人类,而是批评文明的缺失和不健康发展,批判人类的失误和科学至上主义,批判人类的狂妄自大和人类中心主义,坚信只有人们以生态道德修身济国,人与自然和谐之花才会遍地开放。评论家薛贤荣认为刘先平的大自然文学创作,以呼唤生态道德为主题,是当代文学创作的"大自然、大情怀、大开拓"。评论家韩进以刘先平创作为例,提出中国大自然文学"两个同步"(与改革开放同步、与世界大自然文学同步)和"三个阶段"(新时期、新世纪、新时代)理论,以及刘先平在中国大自然文学史上"十个第一"和"两个创建"(创建大自然文学门类和大自然文学学科)贡献。专家学者的新观点丰富和拓展了刘先平大自然文学创作的意义和价值,给人以耳目一新的气象。

会议聚焦生态文明视野下的当代大自然文学现象,展示了新视野、新境界。评论家贺绍俊指出要"重新认识文学中对人类与自然关系的书写",因为"过去的文学存在着太多的问题",即使像《鲁滨孙漂流记》《浮士德》《老人与海》这样经典作品,也在张扬人类力量和个性的同时,传达出人类违反自然规律、与自然为敌的"人类中心主义"的偏颇。正是在这个意义上,贺绍俊评价"刘先平四十多年来执着于大自然文学的写作,并在此基础上提出生态道德问题,他的文学实践可以说是在努力建构生态道德并倡导生态道德的实践。刘先平是值得人们尊敬的一位作家"。

会议从生态文明视野出发,谋划新时代大自然文学发展,提出了新理念、新思路。建立中国大自然文学的美学框架,开展中国大自然文学的文本研究成为专家学者们关注的热点。王俊暐关于"大自然文学概念界定"及其"中国特质"的提出,进而关于大自然文学在中国生态批评话语体系中的建构及其与中国当代文学乃至世界文学接轨的探讨,为进一步认识大自然文学的本质提供了新思路。眉睫从"儿童本位的文学"中得到启示,提出"大自然文学是自然本位的文学"。盖光教授将"大自然文学的理论建构"作为问题提出,探讨了理论建构的路径及语境条件,甚至创建一种"绿水青山"和"金山银山"之间互通转换的文学体验及理论阐释,具有启发意义。贺绍俊是将大自然文学认作生态文学,认为"生态文学是更高端的文学,它是人类文明发展到更高阶段时的产物,它代表未来,它也是文学面对现实问题的有力应答,但它同时需要有正确的理论指引,否则我们的应答就对不起未来"。会议回望了中国大自然文学40年风雨兼程,高度评价了"安徽贡献"和"安徽经验"。展望新时代大自然文学,将以更高站位,创作出无愧于新时代的优秀作品,推进中国大自然文学发展繁荣。

第二节 中国大自然文学安徽再出发

今年(2020)是刘先平第一部大自然文学作品《云海探奇》出版40周年,也是省政府建立"刘先平大自然文学工作室"十周年。中国文化有逢十纪念的传统,既是找个机会对过去进行总结,肯定成绩,查摆问题,更是面向未来的新起点,建立信心,以问题为导向,重整行装再出发。

文学是时代的晴雨表。40年来,刘先平创作、倡导大自然文学的努力已经取得超越预期的可喜成果,已经没有人怀疑"安徽大自然文学"的旗帜能打多久,但新世纪新时代大自然文学如何发展,仍然面临着多方面的困难和不进则退的残酷命运,需要认真面对,不可松懈,勇敢向前。

10年前,省政府建立的"刘先平大自然文学工作室"落户安徽大学,像一颗蒲公英的种子飘落天鹅湖畔,带来了以安徽大学为阵地的大自然文学发展的新动能新景象。政府通过建立名作家工作室的举措来创新文学发展机制的做法已积累了成功经验。下一个10年,如何牢记繁荣发展大自然文学的初心和使命,需要认真谋划,扎实推进,再接再厉。特别是在当前全球抗击新冠肺炎疫情的严峻时刻,在人类可能面临与病毒长期共存的新常态健康环境下,以人与自然的关系为视角,探讨人类应该如何对待自然万物,建立人与自然生命共同体、建立人类命运共同体的理念,追求人与自然和谐发展的大自然文学,比以往任何时候都显得更加重要。首举中国大自然文学旗帜的"文学皖军",更有责任高举大自然文学的美学旗帜,为中国特色社会主义生态文明建设摇旗呐喊,为中国大自然文学走向世界努力奋斗。

一、发展大自然文学的现实意义

40年前,刘先平面对生态危机的现实,毅然决然地选择大自然文学创作,扛起大自然文学的旗帜,呼唤生态道德,描写人与自然和谐发展的美好愿景。那个时候"文化大革命"刚刚结束,刘先平属于那个时代对"生态危机的现实"有着敏锐观察和深刻思考的觉醒者,成为中国大自然文学的开拓者。当前,中国大自然文学发展面临"两个现实":一是面对常态化疫情防控的现实,大自然文学在人类发展史上前所未有的这场战"疫"中,应该有所作为而且能够有所作为;二是面对新时代中国生态文明建设的现实,大自然文学在中华民族实现中国梦的这项伟大复兴中,对如何讲好"美丽中国""美好生活"故事,应该思考并给出自己的答案。

(一)常态化疫情防控背景下大自然文学创作的特殊意义

2020年4月8日,习近平总书记主持召开中共中央政治局常委会,听取新冠肺炎疫情防控工作和全国复工复产情况调研汇报,分析国内外疫情防控和经济运行形势,研究部署落实常态化疫情防控举措、全面推进复工复产工作。所谓常态化,指人类抗击新冠肺炎的战"疫"不是速决战,而是持久战。面对严峻复杂的国际疫情和世界经济形势,要坚持底线思维,做好较长时间应对外部环境变化的思想准备和工作准备。

新型冠状病毒肺炎英文名称为"COVID-19"。COVID是冠状病毒的英文单词缩写,"CO"代表 Corona(冠状),"VI"代表 Virus(病毒),"D"代表 Disease(疾病),"19"代表疾病发现的年份为2019年。

在常态化疫情防控的严峻形势下,世界迎来的第51个世界地球日,有着现实意义。地球是人类的家园,人类只是地球生命中的一种,是地球大家庭中的一员。自然资源部将今年4月20日至4月26日定为地球日主题宣传活动周,活动主题是"珍爱地球,人与自然和谐共生"。围绕这个主题,要求各单位结合本地区疫情防控要求和实际情况,组织科普基地等机构,以线上方式为主,面向社会公众,开展科普宣传活动,推介内容科学健康,兼具时代性、艺术性的优秀科普宣传作品,传播人与自然和谐共生的理念。

这里所说的"传播人与自然和谐共生的理念""内容科学健康,兼具时代性、艺术性的优秀科普宣传作品",是与大自然文学的初心和使命完全一致的。面对疫情,人类健康和生命受到极大威胁,这一现实更加凸显发展大自然文学的现实意义。

疫情暴发后,有科学家指出,2019年新型冠状病毒是大自然给人类不文明生活习惯的惩罚。中央电视台有一则保护动物的广告,也是警告人类不文明的生活。广告词这样写道:

> 每天 每小时 每分钟
>
> 都有不同的野生动物
>
> 因为一些人的特殊"需要"而被杀戮
>
> 少数人味蕾的满足
>
> 却让更多人处于危险之中
>
> 我们生活在同一个地球村
>
> 敬畏自然
>
> 尊重生命
>
> 保护野生动物
>
> 就是保护我们自己
>
> 禁食野生动物从你我做起
>
> 严格执行野生动物保护法
>
> 向非法野生动物市场和贸易说"不"
>
> 用法治精神建设我们共同的家园
>
> 让人类的小家幸福团圆
>
> 让万物的大家和谐共生

刘先平认为,面对人类健康和生命受到严重危害的现实,这则广告不仅发出了警告,更提出了要求,唯有怀着一颗对自然万物的敬畏之心,坚持人与自然和谐共生之道,生命之花才得以怒放。刘先平强调,这次疫情暴发,让人们更加感到大自然文学的责任,认识到发展大自然文学的重要性,特别是呼唤生态道德的紧迫性。为此,刘先平在疫情期间创作了《我要做生态道德模范》的大自然文学读物,从3月23日起,在"刘先平大自然文学工作室"公众号上连载,以科普绘本的形式,讲述"生态道德"的故事,告诉读者,地球是所有生命体的唯一家园。大自然养育了人类,人类却因为自己的贪婪,随心所欲地破坏自然,无视其他生命的存在,因而遭到大自然的严厉惩罚。就像这次新冠肺炎疫情,警醒人类重新审视人与自然的关系,走出"大自然属于人类"的认识误区,到达"人类属于大自然"的境界。

刘先平认为,生态道德即调节人与自然的关系、化解人与自然矛盾的规范行为的总和,也是人与自然相处时应该遵守的规范行为,热爱生命、尊重生命、尊重自然、热爱自然、感恩自然、保护自然等,应该成为生态道德的最基本内容,也是高尚的情操,只要愿意去做,就可以做到。

人类与瘟疫的抗争从来就没有停止过,留下了很多文学战"疫"的经典作品。有的以亲历报告的纪实手法,讲述人类永不放弃、抗疫自救的英勇故事,如英国作家丹尼尔·笛福的《大疫年日记》(1722)、法国作家加缪的《鼠疫》(1947)、玻利维亚作家埃德蒙多·巴斯·索尔丹的《瘟疫岁月》(2017)等;有的以惊悚、玄幻,甚至恐怖的超现实手法,描绘人类面对瘟疫无能为力、走向末日的悲惨场景,如英国作家玛丽·雪莱的《最后一个人》(1826)、美国作家斯蒂芬·金的《末日逼近》(1978)等;更有的站在大自然生态的视角,对人类瘟疫的暴发做深层次的反思,提出瘟疫发生的本源就在人类自身,瘟疫是大自然及其生命对人类错误行为的报复,如英国作家乔治·斯图亚特的《地球存续》(1941),讲述毁灭性的未知病毒对人类文明的侵袭,当故事主角在瘟疫中幸存下来时,却必须面对一个"没有人类的世界",成群的昆虫和啮齿类动物已经成为地球的新主人。再如,阿根廷女作家萨曼塔·施韦夫林的《营救距离》(2014),在生态学的视野里,将恐怖题材和世界末日的幻想结合在一起,描写了超自然现象和人类最深层的恐惧。

文学战"疫",大自然文学不仅不能缺席,而且应该发挥引领作用,即以人类面对重大疫情的现实为题材,反思人与自然的关系,树立生态道德,从根本上防治瘟疫再次重演,将全民战"疫"的过程,变成生态道德建立的过程,生态道德建立的过程也就是生态文明建设的过程,将以生态道德为核心内容的生态文明纳入社会主义核心价值观。然而,就当前战"疫"文学的创作实际看,描写战"疫"现实的文学居多,从人与自然关系视角反思疫情的大自然文学却很少,也许"长歌当哭,是必须在痛定之后的"。

疫情暴发后,人们想得最多的就是"为什么会这样?"面对来势汹汹的疫情首先想到的是"我们应该怎么办?"而在此之前,人们对病毒方面的常识非常缺乏,对人与自然关系应有的生态道德非常缺乏,对全球化发展进程中人类是命运共同体的认识非常缺乏。这些都可以通过大自然文学来"补课"。不仅当下,而且是任何时候,我们都需要科学介绍病毒知识的大自然科普文学,需要记录人类与病毒抗争的大自然战"疫"文学,需要在抗疫中反思人与自然关系的大自然生态文学,需要向少年儿童普及防疫抗疫知识的大自然儿童文学……期待中国大自然文学在这场战"疫"中发出自己的声音,发挥自己的作用,并从这场病毒疫情中,扩展大自然文学的微观视野,深化大自然文学的生态主题,强化大自然文学的使命担当,留下大自然文学的精品力作。

(二)新时代生态文明背景下发展大自然文学的战略意义

建设生态文明,关系人民福祉,关乎民族未来。党的十八大以来,习近平同志以高度的历史使命感和强烈的责任担当精神,不断探索生态文明建设规律,深刻回答了为什么建设生态文明、建设什么样的生态文明、怎样建设生态文明的重大理论和实践问题,形成了习近平生态文明思想,并将其写进了党章,成为党的指导思想。这在世界政党发展史和执政史上还是第一次。这一认识上的重大飞跃、理论上的重大创新、实践上的重大举措,树立了人类建设生态文明的里程碑,开启了中华民族永续发展的新征程,对于推动中国特色社会主义建设、实现中华民族伟大复兴,具有深远的战略意义。

生态文明建设的战略意义突出体现在三个方面:第一是政治高度。习近平指出:"生态环境是关系党的使命宗旨的重大政治问题,也是关系民生的重大社会问题。"①"我国生态环境矛盾有一个历史积累过程,不是一天变坏的,但不能在我们手里变得越来越坏,共产党人应该有这样的胸怀和意志。"②"改革开放以来,我国经济发展取得历史性成就,这是值得我们自豪和骄傲的,也是世界上很多国家羡慕我们的地方。同时必须看到,我们也积累了大量生态环境问题,成为明显的短板,成为人民群众反映强烈的突出问题。比如,各类环境污染呈高发态势,成为民生之患、民心之痛。这样的状况,必须下大气力扭转。"③因为"我们不能把加强生态文明建设、加强生态环境保护、提倡绿色低碳生活方式等仅仅作为经济问题。这里面有很大的政治"④。"全社会都要按照党的十八大提出的建设美丽中国的要求,切实增强生态意识,切实加强生态环境保护,把我国建设成为生态环境良好的国家。"⑤这些论述表明,必须从巩固党的执政基础、保证党和国家长治久安的政治高度来看待生态文明建设。

第二是民族前途。习近平指出:"生态文明建设是'五位一体'总体布局和'四个全面'战略布局的重要内容"⑥,"事关中华民族永续发展和'两个一

---

① 习近平.推动我国生态文明迈上新台阶[C]//中共中央党史和文献研究院编.十九大以来重要文献选编(上).北京:中央文献出版社,2019:448.

② 习近平.在中央财经领导小组第五次会议上的讲话(2014年3月14日)[C]//中共中央文献研究室编.习近平关于社会主义生态文明建设论述摘编.北京:中央文献出版社,2017:8.

③ 习近平.在省部级主要领导干部学习贯彻党的十八届五中全会精神专题研讨班上的讲话(2016年1月18日)[C]//中共中央文献研究室编.习近平关于社会主义生态文明建设论述摘编.北京:中央文献出版社,2017:11.

④ 习近平.在十八届中央政治局常委会会议上关于第一季度经济形势的讲话(2013年4月25日)[C]//中共中央文献研究室编.习近平关于社会主义生态文明建设论述摘编.北京:中央文献出版社,2017:5.

⑤ 习近平.在参加首都义务植树活动时的讲话(2013年4月2日)[N].人民日报.2013-4-3.

⑥ 习近平.关于做好生态文明建设工作的批示(2016年11月28日)[C]//中共中央文献研究室编.习近平关于社会主义生态文明建设论述摘编.北京:中央文献出版社,2017:14.

百年'奋斗目标的实现"①。"我对生态环境保护方面的问题看得很重,党的十八大以来多次就一些严重损害生态环境的事情作出批示,要求严肃查处……我之所以要盯住生态环境问题不放,是因为如果不抓紧、不紧抓,任凭破坏生态环境的问题不断产生,我们就难以从根本上扭转我国生态环境恶化的趋势,就是对中华民族和子孙后代不负责任。"②

第三是人类命运。习近平指出:"生态环境是人类生存和发展的根基,生态环境变化直接影响文明兴衰演替。"③"生态文明是人类社会进步的重大成果。人类经历了原始文明、农业文明、工业文明,生态文明是工业文明发展到一定阶段的产物,是实现人与自然和谐发展的新要求。历史地看,生态兴则文明兴,生态衰则文明衰。古今中外,这方面的事例众多。"④"在对待自然问题上,恩格斯深刻指出:'我们不要过分陶醉于我们人类对自然界的胜利。对于每一次这样的胜利,自然界都对我们进行报复。每一次胜利,起初确实取得了我们预期的结果,但是往后和再往后却发生完全不同的、出乎预料的影响,常常把最初的结果又消除了。'人因自然而生,人与自然是一种共生关系,对自然的伤害最终会伤及人类自身。只有尊重自然规律,才能有效防止在开发利用自然上走弯路。这个道理要铭记于心、落实于行。"⑤面对日益加剧的全球性生态挑战,国际社会应该携手同行,着力深化环保合作,共同呵护人类

---

① 习近平.在党的十八届五中全会第一次全体会议上关于中央政治局工作的报告(2015年10月26日)[C]//中共中央文献研究室编.习近平关于社会主义生态文明建设论述摘编.北京:中央文献出版社,2017:9.

② 习近平.在十八届中央政治局第四十一次集体学习时的讲话(2017年5月26日)[C]//中共中央文献研究室编.习近平关于社会主义生态文明建设论述摘编.北京:中央文献出版社,2017:15.

③ 习近平.推动我国生态文明迈上新台阶[C]//中共中央党史和文献研究室编.十九大以来重要文献选编(上).北京:中央文献出版社,2019:443.

④ 习近平.在十八届中央政治局第六次集体学习时的讲话(2013年5月24日)[C]//中共中央文献研究室编.习近平关于社会主义生态文明建设论述摘编.北京:中央文献出版社,2017:6.

⑤ 习近平.在省部级主要领导干部学习贯彻党的十八届五中全会精神专题研讨班上的讲话(2016年1月18日)[C]//中共中央文献研究室编.习近平关于社会主义生态文明建设论述摘编.北京:中央文献出版社,2017:10—11.

赖以生存的地球家园。

习近平生态文明思想既是新时代加强生态环境保护、建设美丽中国的根本遵循和行动指南,也是发展大自然文学的根本遵循和行动指南。"走向生态文明新时代,建设美丽中国,是实现中华民族伟大复兴的中国梦的重要内容。"①"实现中华民族伟大复兴需要中华文化繁荣兴盛","而实现这个目标,必须高度重视和充分发挥文艺和文艺工作者的重要作用"。因为"一个民族的复兴需要强大的物质力量,也需要强大的精神力量。没有先进文化的积极引领,没有人民精神世界的极大丰富,没有民族精神力量的不断增强,一个国家、一个民族不可能屹立于世界民族之林"。"历史和现实都证明,中华民族有着强大的文化创造力。每到重大历史关头,文化都能感国运之变化、立时代之潮头、发时代之先声,为亿万人民、为伟大祖国鼓与呼。"②

走向生态文明新时代,建设美丽中国,需要大自然文学"为伟大祖国鼓与呼"。"文变染乎世情,兴废系乎时序"。大自然文学是人类文明发展到更高阶段——生态时代的产物,其初心和使命就是宣传生态文明思想、批判人类中心主义自然观、提倡人与自然和谐共生的生态自然观,最能代表中国特色社会主义进入生态文明新时代的精神风貌。或者说中国特色社会主义建设进入生态文明的新时代,特别需要一种宣传生态文明新理念的文学与之相适应,这种文学就是"大自然文学"。

生态文明建设的战略意义决定了优先发展大自然文学的战略意义。在全国人民努力实现"加快生态文明体制改革,建设美丽中国"的伟大实践中,需要大自然文学与之俱进,发挥强大的精神引导和激励作用。大自然文学作家不仅不能缺席,而且大自然文学作用不可替代,因此,中国大自然文学必将大有可为。要站在生态文明建设的时代高度来重视大自然文学的地位和作

---

① 习近平. 致生态文明贵阳国际论坛二〇一三年年会的贺信(2013 年 7 月 18 日)[C]//中共中央文献研究室编. 习近平关于社会主义生态文明建设论述摘编. 北京:中央文献出版社,2017:20.

② 习近平. 在文艺工作座谈会上的讲话(2014 年 10 月 15 日)[M]. 北京:人民出版社,2015:5.

用,履行大自然文学所担负的使命和责任,呼唤生态道德,建设生态文明,以更多"有筋骨、有道德、有温度的文艺作品,书写和记录人民的伟大实践、时代的进步要求,彰显信仰之美、崇高之美,弘扬中国精神、凝聚中国力量,鼓舞全国各族人民朝气蓬勃迈向未来"①。

新时代中国大自然文学发展,必须以习近平生态文明思想为指导。习近平生态文明思想的核心有"六大原则":一是坚持人与自然和谐共生;二是坚持绿水青山就是金山银山;三是良好生态环境是最普惠的民生福祉;四是山水林田湖草是生命共同体;五是用最严格制度最严密法治保护生态环境;六是共谋全球生态文明建设。这"六大原则"也应该成为创作大自然文学的新理念。"坚持人与自然和谐共生"是大自然文学的自然观,有什么样的自然观,就有什么样的大自然文学。"绿水青山就是金山银山"是大自然文学的价值观,反对以破坏生态换取经济发展。"良好生态环境"是大自然文学的审美理想,是人们向往"美好生活"的期待。"山水林田湖草是生命共同体"是大自然文学的创作观,以生态整体观来审美大自然。"用最严格制度最严密法治保护生态环境"是大自然文学的治理观,呼唤依法治理环境与呼唤建立生态道德相结合。"共谋全球生态文明建设"是大自然文学的全球视野,倡导人类命运共同体理念,为携手共建生态良好的地球家园,展示中国智慧和提供中国方案。习近平生态文明思想给新时代大自然文学创作提出了新内涵、新目标、新要求。

新时代中国大自然文学发展,必须抓住社会主义核心价值观这个根本,创作更多以少年儿童为读者的大自然文学精品。2015年4月25日,中共中央、国务院印发《关于加快推进生态文明建设的意见》,要求"将生态文明纳入社会主义核心价值体系,加强生态文化的宣传教育";"加快形成推进生态文明建设的良好社会风尚","积极培育生态文化、生态道德,使生态文明成为社会主流价值观,成为社会主义核心价值观的重要内容。从娃娃和青少年抓

---

① 习近平.在文艺工作座谈会上的讲话(2014年10月15日)[M].北京:人民出版社,2015:6.

起,从家庭、学校教育抓起,引导全社会树立生态文明意识。"习近平特别重视培养少年儿童的生态文明意识,指出"保护环境是每个人的责任,少年儿童要在这方面发挥小主人作用"①。

"文艺在培育和弘扬社会主义核心价值观方面具有独特作用"②。2019年10月27日,中共中央、国务院印发《新时代公民道德建设实施纲要》,提出"绿色发展、生态道德是现代文明的重要标志,是美好生活的基础,人民群众的期盼",在"推动道德实践养成"过程中,要"以优秀文艺作品陶冶道德情操"。大自然文学作家立足生态危机的现实,高扬社会主义核心价值观的旗帜,在旗帜上写着"绿色发展 生态道德"八个大字,把生态文明这一核心思想融入大自然文学创作中,以现实主义的生态批判精神和浪漫主义的生态道德情怀,讴歌人与自然和谐共生的愿景,像蓝天上的阳光和春季里的清风,"让人们看到美好、看到希望、看到梦想就在前方"。

二、高扬大自然文学美学旗帜

安徽作为中国大自然文学创作的发源地和中国大自然文学现象的策源地,在中国大自然文学的开拓者、奠基人刘先平的带领下,在社会各界的大力支持下,经过大自然文学界志士仁人的共同努力,已经发展成为有全国影响力和国际名望的大自然文学重镇。刘先平作为率先打出大自然文学这面美学旗帜的旗手,得到文学界的认同和拥护,经过40年的不懈努力,历经艰难而获辉煌,昂首迈入中国特色社会主义生态文明新时代,这是发展大自然文学千载难逢的好时期。生态文明新时代需要大自然文学,继续高扬大自然文学这面美学旗帜,不仅是安徽大自然文学界义不容辞的责任,更是新时代对大自然文学作家"不忘初心、牢记使命"的新要求。

---

① 习近平.在同全国各族少年儿童代表共庆"六一"国际儿童节时的讲话(2013年5月29日)[N].人民日报,2013-5-31.
② 习近平.在文艺座谈会上的讲话(2014年10月15日)[M].北京:人民出版社,2015:22.

（一）以问题为导向

中国的大自然文学虽然经过40年的发展,但发展的过程还是充满艰辛的,就像所有的新生事物一样,不可能一帆风顺,与社会的生态文明程度息息相关。回顾40年的发展进程,人们欣喜地看到大自然文学已经取得巨大的进步和令人骄傲的业绩,但仍然有不尽如人意的地方。虽然赶上中国特色社会主义进入生态文明时代,但人们对大自然文学的认识、对刘先平大自然文学创作价值的认识、对中国大自然文学发展的前景认识,仍然处在过程之中,仍然充满不确定性。而发展过程中暴露出的一些带有本质的问题,如果得不到充分重视和及时妥善解决,未来大自然文学的发展道路仍然充满艰辛和不确定性。

1. 对刘先平倡导的"大自然文学"概念的误读

这主要是与生态文学有关,大致有两种情形:一是泛化大自然文学概念的外延,有意识地夸大大自然文学的边界,人为地将生态文学化入大自然文学的范畴,以此强调大自然文学的重要,有以大自然文学替代生态文学的意向,本质上是取消了生态文学;二是狭隘理解大自然文学的生态审美属性,将大自然文学认为生态文学的一个分支,甚至认为生态文学发展到一定阶段所产生的新文学,似乎有借生态文学的既有地位和影响来抬升大自然文学的身份的意图,从表面看大自然文学出生于生态文学"名门望族",结果是取消了大自然文学的独立性,本质上不承认大自然文学的学科地位。

以上两种情形,都是没有将大自然文学当作大自然文学看,错误地以为大自然文学一定要与名声好、有前途的生态文学攀上关系,才有自己生存的机会和发展的前景,而忽视了将大自然文学作为一种独立存在的文学现象看待。因为大自然文学中的大自然题材、人与自然关系视角、生态道德主题,与生态文学非常相似,人们完全可以从生态文学的立场去解读大自然文学,但没有必要强调生态文学一定要属于大自然文学,或大自然文学是生态文学发展的高级阶段。因为若一定要坚持这样的解读,则会纠缠于生态文学和大自然文学在发生学的观念上谁先谁后、谁优谁劣的无聊论证,也会无法解释为什么生态文学事实上已经比大自然文学发展得更为充分、更被认同或更有文学史地位,而生态文学界却很少用"大自然文学"或"自然文学"的说法,甚至有的生态文学学者不承认"大自然文学"现象,认为只有生态文学现象。

其实,大自然文学就是大自然文学,与生态文学一样,有自己的发展之源、发展之基、发展之路、发展之魂、发展之景,两者之间表象相似却本质不同,虽然可以相互参照、相互解读,但不能混为一谈,更不能强行归属,以大自然文学来涵盖生态文学或以生态文学代表大自然文学,本质上就是取消大自然文学的合法性,就是要以引进发展成熟的生态文学创作的基本原理和批评的基本理论来替代大自然文学的基本原理和基本理论。要充分认清这一误读的危害,不论是将生态文学划归大自然文学,还是将大自然文学认作生态文学的高级形态,表面上都在提升大自然文学的地位,其实是对大自然文学的"捧杀",需警惕的是,防止在"肯定"的赞美声中,失去自我,在陶然自得中,自生自灭。

2. 对"刘先平大自然文学创作"价值的误解

这主要是与刘先平儿童文学作家身份有关。因为刘先平是著名的儿童文学作家,他最初的大自然文学创作确实是"从儿童的视角"创作的儿童文学,而且在转型提倡大自然文学以后,仍然坚持大自然文学是最好的儿童文学之一,在创作大自然文学时,仍然不忘给儿童读者写点什么,所以引起文学界对刘先平作家身份认识的混乱。大多数人认为,刘先平是儿童文学作家,他创作的大自然文学作品属于儿童文学范畴内的"以大自然为题材"的儿童文学。因而对刘先平大自然文学创作的价值,往往局限于儿童文学范畴,更多地强调教育功能和认知功能,将刘先平大自然文学"儿童化"或"功利化"。因此,在文学界形成了"刘先平大自然文学"的"儿童文学圈子",其影响力主要在这个"圈子内"。

在这个"圈子内",由于刘先平大自然文学创作题材的广泛性、主题的深刻性、形象的自然性,以及语言的丰富性,因而在很多方面或很大程度上超越了儿童接受文学的能力,或者说与一般儿童文学作品的单纯、浅显、简单等艺术特征相比,刘先平大自然文学突破了儿童文学既有的审美模式或阅读模式,给儿童读者增加了一些阅读和理解的难度,也正是这一内容的"超前性",不仅吸引了儿童以外的成人读者的关注,而且对儿童读者来说,他在儿童期阅读留下的悬念或困惑,仍然可以吸引他在此后成长的岁月里再次阅读刘先平的作品。刘先平创作中的经典之作,可以陪伴一个人从儿童期读到老年期,而且在每一次阅读中都能感受到新鲜,并有所获得。刘先平大自然文学作品具有的老少咸宜的优质特性,本是其可贵的长处,却在纯粹的儿童文学家的视野里,已经超越了儿童文学的边界,不是儿童文学了。

这就形成了一种奇怪的现象,将刘先平当作典型的儿童文学作家来看,但他创作的大自然文学作品最终被排除到儿童文学之外。这里将儿童文学与大自然文学完全对立,二者只能选其一,表现出理论思维封闭僵化的单一性,评价标准非此即彼的排他性。大自然文学与儿童文学的相互排斥极大地挤压了大自然文学的生存发展空间,既不让大自然文学走出儿童文学的藩篱,又剪断了"走出去"的大自然文学与儿童文学天然联系的"脐带"。这表现在两个方面:一方面以儿童文学的价值观和评价标准,要求并对标大自然文学,另一方面又因为其与儿童文学的天然联系及作品自身表现出的某些儿童文学特征,将其视作"小儿科"而没有给予应有的关注和重视。这使得大自然文学的处境十分尴尬和艰难,其儿童文学性既不被承认,其独立性也不被认同,造成大自然文学在儿童文学和成人文学两大文学圈子里同时被边缘化——是否还有一种兼顾并包容儿童文学和成人文学的"第三个圈子"呢?大自然文学在儿童文学与成人文学的同时挤压下,不仅独立价值和意义难以得到认同,而且生存成长的空间也被极度碾压。新生的大自然文学有被"闷死"和"封杀"的危险。

3. 对刘先平大自然文学在当代文学中地位的误判

这主要是由概念误读、价值误解而导致的地位误判。对刘先平大自然文学的评价,有一个基本的前提,即将刘先平倡导的大自然文学作为一种独立的文学现象加以研究。但研究的视角可以多元化,而且视角越丰富,越能接近事物的本质。印度寓言《盲人摸象》就是最好的隐喻。大自然文学好比一头供盲人触摸的大象,评论家好比摸象的盲人。评论家从各自的视角触摸大

余 论 中国大自然文学的"安徽现象"

自然文学这个庞然大物的一角,对各自熟悉的事物加以说明解释,既可以从儿童文学、生态文学的视角出发,也可以按小说、散文创作的艺术要求来评论,只要抓住了大自然文学这头"大象"的一点"皮毛",就终归要对"大象"做进一步的了解。通过不同视角的研究文章和很多评论的发表,大自然文学的地位在不断的"挖掘"中,透过"皮毛"触及鲜活的"灵魂"。

当下,孤立地看,称誉刘先平为中国大自然文学的开拓者、奠基人,中国大自然文学旗手、代表,评价不可谓不高,但要看这里的"中国大自然文学"是一个怎样的含义,如果不能认同大自然文学在中国文学史上的地位,那么刘先平是中国大自然文学开拓者等评价就是一句不落地的"空话"。从事实上看,刘先平个人大自然文学荣誉的获得,有两个重要途径,一是作为儿童文学的创作成就。因为开拓了儿童文学创作的新领域、新空间、新景象,做出了新探索、新贡献、新经验,获得了众多的国内外主要的儿童文学奖项,所以刘先平大自然文学创作的文学史地位,主要指的是在"中国儿童文学史"上的地位。二是作为生态主题文学的纪实性创作方法的成功尝试,使大自然文学这一文体或形式创新被载入史册,这更多是从作品创作的艺术贡献上来评价的。

对刘先平大自然文学创作地位的肯定,更多体现在儿童文学界的认同。早在1983年,刘先平长篇小说《云海探奇》(1980)和《呦呦鹿鸣》(1981)出版后,就被评论为"在儿童文学的园地里开拓出一个新天地"[1]。浦漫汀认为:"刘先平大自然探险长篇系列""在儿童文学中,特别是80年代以来的儿童文学史上是应该给以应有的位置的"[2]。虽然1998年蒋风、韩进的《中国儿童文学史》和2019年王泉根的《中国儿童文学史》都给"刘先平大自然文学""以应有的位置",但评论界仍然认为对"刘先平大自然文学创作"地位的认识还很不够,还应该走出儿童文学的范畴,在更大的文学视野里评价其文学史地位。

---

[1] 徐民和.开拓出一个新天地——读刘先平的两部儿童文学作品[C]//束沛德主编.人与自然的颂歌——刘先平大自然探险文学评论集.合肥:安徽少年儿童出版社.1999:19.

[2] 浦漫汀.野生动物世界的无穷魅力[C]//束沛德主编.人与自然的颂歌——刘先平大自然探险文学评论集.合肥:安徽少年儿童出版社.1999:71.

10多年前的2009年,张小影指出:"我们对刘先平的认识,对其创作价值的认识,是随着时代的发展,在不断地加深的。""先平老师在我们圈子里是比较有名气的,但在全国,大自然文学的位置还没有真正地确立起来,他的影响力没有达到我们希望的价值。"①10年后的2019年,王俊暐指出:"作为一个如此具有中国特质的文学类型,大自然文学似乎一直在安徽本土的较小范围内独自生存发展,这是中国生态批评的遗憾,也是大自然文学的困境。"②

研究刘先平大自然文学创作,需要研究者有跨学科的知识积累,特别是要有对中国儿童文学和中国生态文学的基础知识的了解,要有对刘先平大自然文学实践(大自然探险、大自然文学创作、大自然文学倡导)了解,还要有对中国文学、中国特色社会主义建设进入生态文明新时代了解。除了上述知识积累,研究者还需要自身有一定的文学素养、时代高度、问题意识,以及融会贯通的能力和开阔包容兼收并蓄的胸怀。同时,研究者还要有既在"圈子内",又能跳到"圈子外",既有切身感受又能独立思考的条件。由此可见,要研究好刘先平大自然文学创作,并不是一件容易的事情,研究的相对滞后,直接造成了对刘先平大自然文学创作文学史地位的认识不足。加强评论研究成为发展大自然文学需要特别重视和迫切解决的重要问题。

(二)刘先平在行动

面对大自然文学发展进程中发现的问题,刘先平有清醒的认识。对大自然文学,刘先平最有发言权。对大自然文学发展的现状及其问题症结所在,刘先平最清楚最了解。"刘先平精神"最宝贵的地方,不仅是从不自满,从不停止追寻的脚步,而且是总是在不断反思中,与时俱进,开拓创新。

2020年是刘先平从事大自然探险45周年,第一部大自然文学作品《云

---

① 张小影. 他是一位把审美追求与人生价值取向高度一起来的作家[C]//安徽大学大自然文学研究所主编. 大自然文学研究(首卷). 合肥:安徽人民出版社. 2013:171、173.

② 王俊暐. 大自然文学的概念界定及其中国特质——兼及中国生态批评话语体系的重构. 该文为作者在2019年11月召开的"生态文明视野下的当代大自然文学创作研讨会"上的交流论文.

海探奇》出版40周年,刘先平首举"大自然文学"旗帜20周年,刘先平大自然文学工作室成立10周年,中国文化有逢五逢十纪念的传统。所谓纪念就是总结反思,就是重整行装再出发,就是将以往成绩归零,重新开始,向着更高的目标前进。像这样的重新出发,在刘先平的大自然文学创作生涯里,已经有很多次。刘先平对大自然文学的思考更主动、更深刻,也更现实、更紧迫,从对大自然文学概念正本清源开始,到大自然文学创作更有针对性、更强调使命担当,必将使中国大自然文学在安徽的发展带入一个欣欣向荣的新时代。

1. 刘先平再论大自然文学

2019年11月"生态文明视野下的当代大自然文学创作"研讨会召开后,刘先平写了两篇文章:《高举大自然文学旗帜》和《我国大自然文学的开拓者》,回答了大自然文学界普遍关心的一些基本问题,如:什么是大自然文学、大自然文学的由来、大自然文学与生态文学的关系、大自然文学与儿童文学的关系、刘先平与中国大自然文学的关系,等等。

第一个问题:何为大自然文学?

《论语·子路》中有一段对话,讨论的是"正名"的意义,原文如下:

> 名不正,则言不顺;言不顺,则事不成;事不成,则礼乐不兴;礼乐不兴,则刑罚不中;刑罚不中,则民无所措手足。故君子名之必可言也,言之必可行也,君子于其言,无所苟而已矣。

翻译成白话文的意思如下:名分不正,说起话来就不顺当合理;说话不顺当合理,事情就办不成。事情办不成,礼乐也就不能兴盛。礼乐不能兴盛,刑罚的执行就不会得当。刑罚不得当,百姓就不知怎么办好。所以君子一定要定下一个名分,必须能够说得明白,说出来一定能够行得通。君子对于自己的言行,是从不马马虎虎对待的。

借用这段话来强调给"大自然文学"正名的意义,也十分合适。如果对大自然文学概念没有说清楚,没有基本统一的认识,要发展大自然文学就会十分困难。大自然文学发展不起来,大自然文学呼唤"生态道德"的主题就不能得到宣扬。社会生态道德没有得到建立,人们的生态意识薄弱,生态危机的现实就会更为加剧。没有生态道德约束的人们,不仅不能有科学的自然观和发展观,还会因为生态道德的缺失,带来更多违法现象。另外,如果没有生态道德,那么就会缺少一个开阔的自我调节的道德地带,也会给执法带来难度,执法效果不明显,最终会让人们的行为不知所措。所以,像刘先平这样的"君子",不是大自然文学界要求刘先平亲自讲清"什么是大自然文学",而是刘先平本人觉得有这个责任站出来回答人们的学术关切。

刘先平认为,"歌颂人与自然和谐、呼唤生态道德的文学,就是大自然文学"。这个高度凝练的"一句话定义",简洁、鲜明地说明了大自然文学的特点:大自然文学是讲述人与自然关系的故事,以歌颂自然之美、生命之美,唤醒人们对自然的热爱和保护——培育、树立生态道德。

生态道德是大自然文学的灵魂。刘先平认为,他40多年坚持创作大自然文学,都是在做一件事情——呼唤生态道德。生态道德已经鲜明地蕴涵了大自然文学的题材、审美取向及其意义,也是大自然文学的立身之本。只有生态道德才能化解人与自然的矛盾,才有可能建立起人与自然的和谐;培育、树立生态道德的过程就是建设生态文明的过程,或者说,建设生态文明的过程,就是培养全民树立生态道德的过程。

大自然文学有其独特的个性,以区别于其他文学样式,这一鲜明个性源自孕育并产生它的社会和时代。没有个性需求,就没有必要诞生。大自然文学诞生于后工业化时期,凸显的生态危机直接危及人类的生存发展,迫使人们重新审视人与自然的关系,开始认识到人类必须走出"大自然属于人类"的误区,进而发现人类只是大自然中千万臣民之一;只有建立人与自然的和谐关系,才能保障人类的可持续发展。保障人类可持续发展,是世界共同的主题,是人类永恒的追求,以此为主题和追求的当代大自然文学便应运而生。因而,大自然文学开拓了崭新的、极为广阔的艺术创作空间,是创新的文学、热爱生命的文学、未来的文学!

刘先平提醒人们注意,中国大自然文学在反思人与自然关系时,不是像有的文学那样,侧重于批判自然的破坏者,而是在人类理想之光照耀下,侧重于歌颂、展示大自然之美、生命之美,倡导一种新的思维方式和绿色生活方式——接通人与自然相连的血脉。因为人们只有走进自然,只有感悟到大自然的美丽和神奇,才能认识到神奇的自然是人们生存的根本,才能热爱和保护大自然。

刘先平始终认为,如果要给一种新的文学样式下定义,"最好能给予简单明了的阐述,如果还要加一连串的定语,很可能是因其内涵不确定而引起的"。或者说,一连串定语反而把简单问题复杂化了,不能把问题说清楚。

第二个问题:大自然文学的由来。

刘先平回顾了他与大自然文学的不解之缘,亲历40年间大自然文学概念的变迁,让人们感到大自然文学的发生,有其清晰的逻辑进程。

刘先平回忆,中国大自然文学发端于20世纪70年代末80年代初。初期以"大自然探险"的面貌出现在儿童文学界。1991年,刘先平应邀赴法国参加国际儿童文学研讨会时,就以《对大自然探险小说美学的蠡测》为题,介绍中国大自然文学,得到业界关注。这篇演讲论文虽然谈的是审美视角,但是建立在重新审视人与自然关系的基础上。1996年11月,在北京举办"刘先平大自然探险长篇系列"(5种,由中国青年出版社出版)研讨会时,已有了4部描写在野生动物世界探险的长篇小说和1部大自然探险纪实的散文,给专家学者研究提供了一定数量的文本对象。北京师范大学浦漫汀教授第一个指出"这是具有中国特色的大自然文学",会议肯定了这种"新的文学样式"对培养热爱自然、保护自然、化解人与自然矛盾、构建人与自然和谐的社会的意义,呼吁应该大力倡导和支持这种文学样式的发展,以满足时代对文学的要求和人民对文学的需要。

在安徽省委宣传部和省文联指导下,刘先平分别于2000年、2003年在黄山主持召开了两次关于大自然文学的研讨会,邀请了北京部分著名作家、学者参加讨论。因为在2000年的创作会议上,大家对安徽儿童文学创作的重点和发展方向有了热烈争论,于是有了2003年的再争论。这次争论经过

近3年的思考和交流,与会者终于达成以下三点共识:

其一,大自然文学是时代的呼唤,面对地球村的生态危机,它承担着歌颂人与自然共荣共存、构建人与自然和谐的社会、保障人类可持续发展的重任;

其二,大自然文学开拓了一个广阔的崭新的文学艺术空间,已成为一面美学旗帜,需要对"文学是人学"加以新的诠释,也即后来提出的整体生态主义;

其三,为适应时代的需要,消解人与自然的矛盾,应大力繁荣大自然文学。随着时代的发展,人们对大自然文学的理解也将更为深刻,大自然文学肯定将有大的发展。

刘先平说:"2000年,研讨会最瞩目的是公开举起了大自然文学的旗帜,并作为文学发展方向,当然也是省儿童文学发展的方向。"当时争论异常激烈的论题是"如何对'文学是人学'加以新的诠释"。有人顾虑,大自然文学是否会颠覆"文学是人学"的说法。刘先平认为:"如果一定要从'文学是人学'来说,可否这样来做简单的理解:我们每个人都生活在人与人、人与社会、人与自然的三维关系中,人的生活中的三维关系原本就是文学要表现的对象。然而,几千年来,文学多是描写人与人、人与社会的故事,而少有专写人与自然的故事。但是,人与自然的关系是人类生存的根本。歌颂人与自然和谐、呼唤生态道德的大自然文学,以描写人与自然的故事为己任,这就一改几千年来文学多是描写人与人、人与社会故事的格局,产生了崭新的审美意识、审美视角、审美空间、审美价值……这是时代的呼唤,是化解人与自然矛盾、保障人类可持续发展的需要!"

刘先平非常重视上述两次的创作研讨会。从后来很多作家、学者文章里多次提到这两次会议,就能看出它们对中国大自然文学发生发展所具有的特殊意义。如束沛德所言:"时代呼唤着大自然文学。新时代赋予大自然文学以新的艺术魅力和审美价值。当代大自然文学蕴含的保护地球的意识,在审美中占据着主导位置,而吸取最新的科学成果,从新的角度观望自然的本质、生命的本质,审视自然的美、生命的美,又使它在审美视角、审美意识上进入新的层次,从而使大自然文学这面绿色文学旗帜在新世纪闪耀着绚丽的美学光辉。""'刘先平大自然探险长篇系列'的问世,对大自然文学的发展起了带头、开拓的作用。"① 2001 年 10 月 29 日,中央电视台《东方之子》栏目首播刘先平的专访,其后又在央视国际台转播,其开场语就说到刘先平是文学界公认为我国现代意义上的大自然文学的开拓者。在专访中,刘先平对大自然文学是这样描述的:"现代意义上的大自然文学是以大自然为题材,观照人类生存本身、追求人与自然和谐的文学。"

显然,中国大自然文学的界定,有个渐进的逐渐明确的过程。

第三个问题:为什么叫"大"自然文学?

很多评论家经常问刘先平一个问题,为什么要在"自然文学"前冠以"大"字?刘先平解释说:"之所以要在'自然文学'之前冠以'大'字,是因为我多年在大自然中跋涉探险,真切地体会到自然之'大'。每当我投身于大自然,就如回到了故乡,回到了童年,在孩童的视野中,天地是何等之大!而自己是如此渺小。不觉之间,尊崇自然、敬畏自然之心油然而起。'大'是伟大的意思,是对大自然的无限崇拜。"

无论是东方或西方,书写自然的文学自古有之。中华文化五千年源远流长,文学的自然书写可以追溯到农耕时代产生的中国第一部诗歌总集《诗经》,其中就有流传久远的旷世之作。但刘先平的自然书写来自他对大自然的考察和探险。

大自然文学是涉及人类未来和命运的大问题,何其之"大"!刘先平说:"多年的野外考察生活,大自然的谆谆教导、科学家的点化,使我思索最多的是人与自然的关系。"中国大自然文学发端于人类正在寻求如何化解后工业化带来的生态危机,以保障人类可持续发展的时代。生态危机实质是文化的危机,迫使人类重视新审视人与自然的关系,让人类认识到大自然是万物之母,人类只是大自然的孩子之一,人类和大自然是个命运共同体。这是人类认识史上巨大的飞跃。这为大自然文学奠定了思想基础,要求作家必须改变

---

① 束沛德. 新景观 大趋势——世纪之交中国儿童文学扫描[N]. 文艺报. 2002-1-1.

以人类为中心的立场,改为站在人与自然生态整体的立场上。刘先平说:"我就是从这个基础上,开始了大自然文学创作。这应是歌颂人与自然和谐、呼唤生态道德的大自然文学的审美出发点——与以往书写自然的文学有本质上的区别。基于这样的思索,'大自然文学'似乎是脱口而出,当时并未加以斟酌、反复推敲。之后回想,很可能是感悟到人与自然是个命运共同体,与狭义自然的区别。因而,大自然文学就有了'人与自然的文学'的意蕴,也就是说,大自然文学也可以称为'人与自然的文学'——至少在我内心几乎是等同的。"

如果再进一步追问,为什么"大自然文学"似乎是"脱口而出",这与刘先平潜意识中深受中华传统文化的影响有关,他认为根植于中国文化土壤和中国社会现实的大自然文学应该与西方自然文学有所区别。

在中华传统文化中,汉语中的"大",为"古代美学范畴,指一种超越感性对象,而又焕发出光辉的美。其涵义接近于西方美学的崇高"。在《孟子·尽心下》中,孟子真正把"大"发展成一个具有普遍意义的美学范畴,并探讨其主要特征,提出充实谓之美,充实而有光辉谓之大。他认为"大"比"美"具有更高层次的美学范畴。庄子曾借舜之口阐述"美"与"大"的联系与区别,认为实行人道精神,"美则美矣,而未大也",强调"天德而出宁,日月照而四时行,若昼夜之有经,天行而雨施矣"。只有把"人道"与"天道"结合在一起,才能达到大而美的审美理想……"大"比"美"更具有理想社会价值和审美价值。这反映了古代重视自然和人心的真实而光彩的审美意识和以天地为大美的审美理想①。汉语的"大"有广大、伟大、尊崇敬畏之意,在先哲的著作中,有大德、大美、大象等词汇。在日常用语中也有大人、大地、大家、大学等词。

当然,"大自然"还表现了人类对自然的赞美和敬畏!刘先平认为中国大自然文学应有中国的特色——"创作具有中国特色的大自然文学,将中国的大自然、丰富多彩的野生动植物世界谱写成壮美的诗篇,回荡在天宇的乐章'"。这也是中国的大自然文学与西方的自然文学的区别所在。

---

① 林同华主编. 中华美学大辞典[Z]. 合肥:安徽教育出版社. 2002:8—99.

第四个问题:大自然文学和生态文学的关系

大自然文学与生态文学有着千丝万缕的关系,如何厘清其中的纠缠,刘先平赞成美国自然文学研究专家程虹教授的意见。程虹在她的《美国自然文学三十讲》的"前言"中写道:"从我在1995年初次接触美国自然文学至今,目睹了'自然文学'从鲜为人知到眼下走向繁荣的局面。在自然文学的基础上,不断地延伸出'环境文学''生态批评'。"[①]。也就是说,生态批评建立在对自然文学的研究上,或者说没有自然文学,大约难以有文学上的生态批评。从文学史看,一种文学形式或流派的兴起,总是先有丰富的文学作品,然后才有对文学作品的评论,不然评论就成为没有对象的无源之水、无本之木。

刘先平认为,生态文学概念中对"生态"一词的解读是关键,但生态的内涵是不断演变着的。从词源的角度考察,《汉语大辞典》将"生态"释为"显露关系的姿态"或"生动的意态",如南朝梁简文帝的"丹荑成叶,翠阴如黛。佳人采掇,动容生态"(《筝赋》)。显然是作为形容词。直到现今,我们日常所说的"生态金融""生态农业"等,在很大的程度上,仍然是作为形容词用的。1866年,德国科学家恩斯特·赫克尔提出"生态学",才正式确定了"生态"作为名词的地位。《汉语大辞典》解释"生态学"是研究生物的生存方式与生存条件的相互关系的科学。随着生态危机的出现和恶化,人们开始寻找化解人与自然的矛盾的途径,以保障人类的可持续发展。生态学在20世纪七八十年代逐渐由自然科学延伸到社会科学的领域,美国开始有生态批评的兴起,到20世纪90年代成了热门显学。中国的生态批评大约兴起于20世纪90年代末,此后发展迅猛,很快成为热门显学。刘先平认为,"从文学方面看,将对自然文学的研究称为生态批评,是顺理成章的一件事,像程虹教授就是研究自然文学与生态批评,她的生态批评的成果主要是对美国自然文学的研究"。

刘先平强调,要区分"生态学"与"生态批评"这两个相互联系又完全不同

---

① 程虹.美国自然文学三十讲[M].北京:外语教学与研究出版社.2018:14.

的学术概念。刘先平以自己接受"生态"一词的亲身经历为例,认为"生态学应早于生态批评被引进中国"。"因为从20世纪70年代中期开始的全国珍稀野生动物调查,无论是从学术上或思想上都为20世纪80年代的重振自然保护事业,做好了准备,所以在20世纪八九十年代,全国各省纷纷掀起建立自然保护区的热潮。记得,当时对作为生物学的'生态'一词的理解尚不够普及,杂志上经常出现'生态环境'一词,很多专家认为不妥,因为'生态学'研究的就是生物生存方式与生存条件的相互关系的科学。'生态'已含有'环境',再连缀'环境',岂不是叠床加被?甚至还为此发了个文,希望杜绝这种用法。然而,效果不大,至今仍常见'生态环境',且使用频率高,看来是习惯成自然或约定俗成了,连我也常常如此。"

对于"生态文学"的产生,刘先平也有自己的看法。他认为"生态文学"一词的产生,是由"生态批评"而来的。"乍听,这个词很好听,但细细一想,却觉得这个词挺别扭、挺模糊。简而言之,自然文学主要书写的是思考人与自然的关系和如何保障人类可持续发展,亦即人类的未来。生态批评是对自然文学的研究。然而,如果仅从字面上来理解'生态文学',那么人的生态,就不仅是和自然的关系,因为我们每个人都生活在人与人、人与社会、人与自然的三维关系中,所以描写人与人、人与社会故事的文学,算不算生态文学?以'生态文学'说,应该算,那么这与几千年来以人为中心,充斥着战争、爱情与死亡的文学区别在哪里呢?自然文学或大自然文学的主题很鲜明,即描写人与自然的关系、探索化解人与自然矛盾、保障人类可持续发展。那么,为何弃异常鲜明的旗帜不用,而要创造一个生态文学的名词呢?"

刘先平进而指出:"中国大自然文学发端于20世纪70年代末80年代初,也就是说它早于中国的生态批评,换句话说,正是中国的大自然文学为中国的生态批评研究提供了文本。我读过一些生态批评的文章,那上面给'生态文学'的定义,也都是'描写思考人与自然关系的文学',但一般在此前都加了一长串的定语。这一长串的定语是否表示了作者对'生态文学'内涵的不确定或感到为难?"

刘先平谈到他有一次应邀参加一家出版社召开的关于"生态批评研究和

美国自然文学"的研讨会,他在会上谈了自己对"生态文学"的困惑,向与会生态文学的专家学者请教,也请专家学者给他推荐一两本关于中国生态文学的著作来学习,因为刘先平读到的生态批评著作,主要依据是美国或西方的自然文学,偶尔有提到我国生态文学的情形,却是一掠而过。遗憾的是,刘先平的困惑没有得到"一位专家回答",这让刘先平更加困惑,怀疑自己是不是"提了个不值得回答的问题,或是不好回答的难题"。

这也让刘先平的思考一直没有停止,这也是他为什么将2019年11月在合肥召开的大自然文学研讨会定名为"'生态文明视野下的当代大自然文学创作'研讨会"的真实原因。在这次研讨会上,青年学者王俊暐、著名学者鲁枢元等在大会上交流发言,引起了刘先平的高度关注和认同感。王俊暐在谈及中国生态批评话语体系的建构时,一针见血地指出:"从时间上看,中国的大自然文学创作与世界生态文学的兴起相差无几,中国生态批评与世界生态批评的发展也几乎同步。这无疑给中国学者增加了不少学术自信。但遗憾的是,目前在国内的生态批评研究中,我们看到的仍然更多的是中国学者对西方生态理论和相关文学作品的引介和解读,而对中国传统的生态思想和当代生态文学作品的研究少之又少。""具体到大自然文学的研究而言……作为一个如此具有中国特质的文学类型,大自然文学似乎一直在安徽本土的较小范围内独自生存发展,这是中国生态批评的遗憾,也是大自然文学的困境。"鲁枢元教授再次大声疾呼:"我们需要努力建构自己的批评话语模式,注重中国传统文学和传统文化对生态批评的奠基作用,在与西方生态理论充分对话的前提下,保持自己文学和文化的独立性,避免过分'以西释中'。"①

刘先平再次指出,提出"生态文学"的初衷,似乎应要特别关照"人与自然的文学",然而由于对"生态"一词缺少了解,对"文学是人学"囿于传统的习惯,使生态文学迷失在人的生态——人与人、人与社会、人与自然之中,而未能突出"人与自然的生态"。如果将"写人与人、人与社会故事的文学"称为"生态文学",那又何必要多此一举,反添其乱呢?这也违背了提出"生态文

---

① 鲁枢元.中国生态批评理论探索新动向:突破与困境[N].文艺报.2017-8-21.

学"的初衷。

刘先平明确地指出:大自然文学就是歌颂人与自然和谐、呼唤生态道德的文学,旗帜鲜明地标识着它写的是人与自然的故事,就是要突破几千年来文学多是描写人与人、人与社会的故事的格局。它是人类面临生态危机时,在重新审视人与自然关系中被迫认识到在人与人、人与社会、人与自然的三维关系中,人与自然的关系是人类的生存根本。因而,为了保障人类可持续发展,必须建立生态道德和生态法律,建设生态文明,以化解人与自然的矛盾,构建人与自然的和谐。因而,文学响应了时代的呼唤、大自然的呼唤,大自然文学应运而生。大自然文学源自生态危机的现实,生态危机实质是文化危机、文明危机。生态的良好,总是以生物的多样性来显示其丰富多彩、繁荣昌盛、勃勃生机。文学也是如此。大自然文学只是在自然失去自然、文学失去自然时,呼唤生态道德,歌颂人与自然的和谐,以保障人类的可持续发展。它从不排斥描写人与人、人与社会故事的文学。

刘先平发出忠告:"我们常常忘记了目标、事实和本质,却醉心于时髦。是的,时髦吸引眼球,但时髦是有时间性的。"

第五个问题:大自然文学与儿童文学的关系

大自然文学与儿童文学的关系,因为刘先平儿童文学作家的身份,造成很多读者的误读和困惑。其实,早在10多年前的2009年,樊发稼就敏锐地观察到这一现象,并大声疾呼:"我想郑重辨正一个概念,这就是我们过去把大自然文学简单归类为儿童文学(可能是因为许多作品都是由少儿读物出版机构出版之故吧),实际上是不准确的、不科学的,是一个'误区'。大自然文学就是大自然文学,是整个大文学的一个门类,就像文学分成人文学和儿童文学一样,大自然文学也有'成人'与'儿童'之分。"①

很显然,要高举大自然文学旗帜,就必须与儿童文学"划清界限",这是一

---

① 樊发稼.高举大自然文学旗帜——兼谈刘先平新作《走进帕米尔高原——穿越柴达木盆地》[C]//安徽大学大自然文学研究所主编.大自然文学研究(首卷).合肥:安徽人民出版社.2013:175.

个根本的原则问题。儿童文学首先是文学,它从文学中有了独立身份的时间并不长,这是因为文学本身的发展和文明的进步需要对少年儿童的成长给予格外关注,以适合少年儿童阅读和成长需要。从文学"另立门户"的且以少年儿童的年龄作为划分的主要标准的儿童文学,发展越充分,其年龄特征更重要。"低幼文学"从儿童文学中独立出来的历史不过三四十年,就是一个例证。这有点类似大自然文学的发生,一个重要的事实是:中国的大自然文学是从儿童文学领域发端的,而且从现有资料来看,俄罗斯的自然文学似乎也是从儿童文学发端的,这在文学史研究上,应是很值得研究的课题,但用来解释儿童文学与大自然文学谁先谁后,还需要特别慎重。

大自然是儿童文学创作的母题之一。儿童文学的需求量很大,只要孩子们自己喜欢,不管你叫它儿童文学,还是成人文学,也不管你叫它大自然文学,还是生态文学,都会采取"拿来主义"的态度,《一千零一夜》《格列佛游记》《西游记》《水浒传》等这样一些成人文学的经典作品,就是通过这样的途径被"归入儿童文学"的。刘先平认为,樊发稼之所以要为大自然文学辨正,或许有两个原因:一是为了繁荣大自然文学,需要给"大自然文学"以独立的地位;二是可能是因为仍然有人对儿童文学存在偏执,将儿童文学称作"阿猫阿狗的文学",是"小儿科",樊发稼担心如果不撇清大自然文学与儿童文学的边界,会由此影响大自然文学的前程,有人也会像对待儿童文学一样理直气壮地漠视大自然文学,这是樊发稼最不愿意看到的。当然这样比较,丝毫也没有贬低儿童文学的意思。

刘先平对漠视儿童文学的现象也给予有力的回击。就像一个成年人忘了自己也曾经是孩子,曾经有过童年,而且大人正是从孩子长大的,人生正是从童年出发的。可长大了的大人却羞于提及自己曾尿过床、玩过泥巴的童年,这是不应该有的情感和态度。其实,每个人的童年都值得珍藏在记忆中,犹如忘不了故乡的茅草屋——生我养我的地方。人们从故乡走出来,无论走得多远,都会不时回头眺望故乡,以获得前行的力量。有哪位伟大的作家没有受过儿童文学的滋养,又有哪位伟大的作家没有为孩子写过作品?孩子是世界的未来,人类的希望。即使将儿童文学看作"小儿科",那也是必不可少的,能做好小儿科的医生,也一定是伟大的医生。"

刘先平回忆说:"在我的记忆中,我国老一辈文艺界领导和作家都是非常重视儿童文学的。鲁迅、茅盾、郭沫若都关心、评论过儿童文学,也写过儿童文学作品。巴金、老舍、冰心、严文井都是著名的儿童文学作家。"秦兆阳就说过,儿童文学是大文学。刘先平的大自然文学代表作《云海探奇》就作为长篇小说推荐参加第一届茅盾文学奖评奖。并不是因为儿童文学,在艺术标准和作品质量上就要比成人文学低,事实上很多大作家都认为创作儿童文学比写成人文学更难,因为你要心中有孩子,要想着应该给孩子写什么不写什么,而给成人创作就没有这些顾忌。

其实,一部优秀的作品,不论是儿童文学还是大自然文学,往往能够满足多层次阅读的审美需求(当然这并不影响以某一读者群为主),就像安徒生的童话那样,在写给孩子的同时也是给孩子的父母写了点什么。很多大自然文学作品不是以孩子为主人公,也不是写孩子与自然的故事,但仍然能满足孩子们的好奇心,让孩子们在了解大自然及生命的神奇与奥妙的同时,培养自己的探索精神,树立生态道德,投身于保护自然,献身于构建人与自然的和谐。刘先平强调,儿童文学与大自然文学没有高下之分,不仅不排斥将大自然文学供给孩子们阅读,而且主张并提倡孩子们多读大自然文学作品,现在已有一种倾向,创作界和出版界共同策划、创作、出版、推广"儿童大自然文学"。

第六个问题:如何理解刘先平是中国大自然文学的开拓者

刘先平是"中国大自然文学的开拓者",这个评价不是刘先平自封的,正如2001年10月29日中央电视台《东方之子》栏目专访刘先平时的开场语所说:"今天走进《东方之子》的是文学界公认的、我国现代意义上的大自然文学的开拓者——刘先平。"

刘先平认为,文学界的这个评价基于以下八个方面原因:

一是一个人的创作形成了中国文坛一种叫作"大自然文学"的现象。刘先平创作大自然文学时间早(1978)、数量多(50余部)、分量重(获得大奖)、影响大(一版再版)、长期性(40余年)。

二是为大自然文学构建了美学理论框架。刘先平认为:每个人都生活在人与人、人与社会、人与自然的三维关系中。自然养育了人类,人与自然的关系是人类的生存根本。但几千年文学多是写人与人、人与社会的故事——以人为中心,却少有描写人与自然的故事。大自然文学是描写人与自然的故事——以自然为中心。因而歌颂人与自然和谐、呼唤生态道德是时代赋予大自然文学的任务,即大自然文学是歌颂人与自然和谐、呼唤生态道德的文学。写自然的文学自古有之,但多以自然为介质抒发作家的情怀,而现代意义的大自然文学是在人类面临生态危机、寻找可持续发展时应运而生的——建设生态文明、化解人与自然的矛盾。所以,有评论家认为:"中国文学的自然书写到了20世纪却发生了重大的转变,那就是中国现代意义的大自然文学的兴起,它的开拓者是安徽作家刘先平。"①

三是中国第一次高举大自然文学旗帜。刘先平于2000年、2003年在黄山组织了两次重要的大自然文学研讨会,会议对刘先平提出的大自然文学给予高度关注和积极评价,经过热烈讨论,就大自然文学的主旨、审美取向、艺术风格等重要理论问题,基本上取得了一致意见,强调刘先平提倡的大自然文学为新时期文学艺术开拓了一个崭新的广阔空间。此后在1996年至2018年,中国作协和安徽省委宣传部及相关出版社先后在北京以"刘先平大自然文学"为主题,举办了六次刘先平大自然文学创作研讨会,不断扩大刘先平大自然文学创作的影响,以及探讨刘先平对构建大自然文学美学理论框架的意义。

四是高扬爱国主义精神。在社会主义核心价值观中,最深厚、最根本、最永恒的是爱国主义。刘先平将大自然文学作为"美丽中国"的载体,因而爱国主义精神成了作品中的主旋律,由热爱祖国的每一片绿叶、每座山峰、每条小溪,升华到对祖国、对生命的热爱,并讴歌科学家、守岛战士、环保卫士。"炽

---

① 谭旭东.从文学的人本主义到生态主义[C]//安徽大学大自然文学研究所主编.大自然文学研究(首卷).合肥:安徽人民出版社.2013:71.

热的爱国主义情感渗透在作品对祖国的壮丽河山、自然风光、珍禽异兽的描述和人们不畏困难、历经艰险、自觉保护自然的行动里"①。作品里"激荡着一种炽热的爱国主义情愫,十分感人"②。

五是构建了独特的审美理想、气象万千的审美空间。"刘先平的'大自然文学'以其宏大的视野,开阔的境界,以及精细的观察和诗意的传达,营造了一个气象万千、包容天地的审美空间。整体上营构了一个'天人合一'的境界。他所观照的大自然是作为人类赖以生存和发展的诗意栖息的家园。"③"讲得直率些,一个纯粹'人文'关怀的作家不一定达得到另一种'人与自然'终极关怀的书写行为所可挥洒的技能——比如,人—天地—动物—植物—物候—地方志—地理—沿革—野性—其他,等等。这是一个更大的'链'。这种生存之链的'全景'表达,正体现这类更大写作行为的艺术空间。刘先平的作品致力于此"④。刘先平之所以能构建一个独特审美理想、气象万千的艺术空间,是因为40多年来他的足迹遍及我国各种类型的生态关键区:雪山、冰川、森林、平原、沙漠、湿地、江河湖海、盆地、大漠戈壁……

六是将呼唤生态道德融入大自然文学的灵魂。刘先平在其大自然文学创作30周年之际,借"大自然在召唤"系列(9种)出版之机,将其30年来关于大自然文学的创作思考,凝练成长篇序文《呼唤生态道德》,以"生态道德的缺失,造成了我们的生存环境的危机"开篇,振聋发聩。刘先平将大自然文学通过呼唤生态道德变成生态文明建设的重要一翼,使大自然文学成了人与自然的道德对话,使大自然文学在培养人们树立生态道德、提高全民生态意识,加快推进生态文明建设中起着无可替代的作用。在40多年的山野跋涉中,大

---

① 束沛德.勇敢的探索者[C]//束沛德主编.人与自然的颂歌——刘先平大自然探险文学评论集.合肥:安徽少年儿童出版社.1999:3.

② 樊发稼.独具思想艺术魅力的精品[C]//束沛德主编.人与自然的颂歌——刘先平大自然探险文学评论集.合肥:安徽少年儿童出版社.1999:61.

③ 吴尚华.人与自然的道德对话——刘先平"大自然文学"生态意蕴初探[C]//安徽大学大自然文学研究所主编.大自然文学研究(首卷).合肥:安徽人民出版社.2013:83.

④ 班马.自自然然地颠覆一个只写"人"的以往文学世界——读出刘先平作品的性情和气质[C]//束沛德主编.人与自然的颂歌——刘先平大自然探险文学评论集.合肥:安徽少年儿童出版社.1999:34.

自然给予了刘先平最生动、深刻的生态道德教育,因而无论是描写在大熊猫、相思鸟世界探险的长篇小说,或是讲述在野生动植物世界探险的奇遇的故事,他都是在努力宣扬生态道德的伟大,呼唤生态道德在人们心间生根、发芽。用刘先平的话说:"我在大自然中跋涉40多年,写了几十部作品,其实只是在做一件事:呼唤生态道德——在面临生态危机的世界,展现大自然和生命的壮美;因为只有生态道德才是维系人与自然血脉相连的纽带。我坚信,只有人们以生态道德修身济国,和谐之花才会遍地开放。"呼唤生态道德是大自然文学的灵魂,是时代赋予大自然文学的担当。大自然文学的实质是人与自然的道德对话,是热爱生命的文学。

七是为大自然文学独创了一种文体。刘先平认为,自然的多样性正是丰富性的彰显,因此描写大自然的文学体裁也应是多样的。他想象中的大自然文学应该有三个层次:一是小说和诗歌;二是纪实性即非虚构的纪实文字、报告文学、旅游文学;三是优秀的科普文学。面对自然在当代人生活中、文学中的缺失,更可怕的是"自然"失去了"自然的真实",人们不认识稻、麦为何物,叫不出身边的飞鸟和花草的名字。只有让读者认识自然,才会热爱自然,才有保护自然。刘先平非常看重纪实性非虚构文体,他称这类创作为"原旨大自然文学"。正如翟泰丰指出的,"他常常以第一人称的手法,在探险的审美冲动中融诗歌、小说、纪实体文学、散文、报告文学为一体,形成一个独特的新文体,读来十分真实、亲切,如同身临其境,没有读探险小说的传神感,却似与作家同探险"[①]。"从文体学意义来考察,刘先平的大自然文学颇有探索色彩,它与动物小说、游记散文、历险小说、科学笔记、考察报告,乃至哲学著作等均有关联,是真正的'跨文体写作'","表现出作家探寻文学叙事的多种可能,力图塑造新的精英文化品格,不是解构,而是建构与诉求,是对人类新的精神境界的勾画,对强者意识的诉求"[②]。总之,这种叙事方式以第一人称为

---

① 翟泰丰.大自然文学与时代呼唤[C]//安徽大学大自然文学研究所主编.大自然文学研究(首卷).合肥:安徽人民出版社.2013:162.

② 谭旭东.从文学的人本主义到生态主义[C]//安徽大学大自然文学研究所主编.大自然文学研究(首卷).合肥:安徽人民出版社.2013:73.

主,既有小说的情节,又有诗歌、散文的诗性和哲理,更有非虚构的亲历感的独创的文体,是贡献给整个文学的,特别是赋予了大自然文学以中国特色,具有有别于西方自然文学的东方美学光辉。

八是创办"大自然文学作家班"。在生态文明建设的新时代,需要大批的优秀大自然文学作家。刘先平有感于大自然文学作家要深入自然考察的困难,需要资金和意志的支撑。同时大自然文学的理论研究更是严重滞后,大自然文学队伍力量明显不足成为制约大自然文学发展的"瓶颈",加强新人培养成为大自然文学可持续发展的关键。为此,在安徽大学开设大自然文学选修课、招收大自然文学研究生的同时,刘先平联合安徽大学大自然文学协同创新中心、刘先平大自然文学工作室与长江少儿出版社(集团)共同举办"大自然文学作家班"。这是我国第一个"大自然文学作家班",2019年3月开班后,受到社会各界好评。中国作家协会创研部特意发来了贺信:"这是着眼长远,推动文学创作、推动作家成长的一件十分有意义的事情。"

2. 探索集团化推进大自然文学发展之路

文学创作是作家个人的劳动,但要发展繁荣文学,仅有作家创作是不够的。这是一项系统工程,单从作品生产流程看,就有作家创作、报刊发表或书籍出版、评论家评论推介、读者阅读、社会反响等一连串的"时间流"和"事件流"。文学创作成为一种文学现象,是多方面合力推进的结果。大自然文学也不例外。

40多年来,刘先平身先士卒,始终走在大自然的最深处,始终走在大自然文学的最前线,创作了一大批具有典范性的大自然文学精品,完成了中国大自然文学的第一批成果,也为中国大自然文学创作树立了较高的标杆,为大自然文学评论研究提供了基本的范本。如今,大自然文学发展虽然取得了可以添列在文学史册中的业绩,但仍然有两个明显不足:一是中国当代大自然文学发展与新时代中国特色社会主义生态文明建设的整体要求不相适应,二是大自然文学创作的数量和质量与广大读者对大自然文学的阅读需求不相适应。就中国大自然文学在安徽的发展来看,也有两个不充分:一是安徽作家刘先平作为中国大自然文学的开拓者、安徽作为中国大自然文学的发源地,大自然文学发展还不充分,特别是在刘先平之外的大自然文学创作队伍后续乏人,大自然文学精品力作寥若晨星,刘先平"一木支大厦"的局面没有得到根本改变;二是安徽大自然文学创作没有与安徽丰富的自然资源结合好,对安徽自然资源的文学开发和利用不充分。

1938年出生的刘先平,今年已经80开外。他在大自然中跋涉探险45年,创作大自然文学40年,创作大自然文学作品50余部,为中国大自然文学开拓、奠基,对大自然文学有着深厚的情感。中国大自然文学如何保持良好的发展势头并实现可持续发展,如何将大自然文学的旗帜"高举"下去,是刘先平现在十分关心和重点思考的问题。

想得再多,说得再动听,都离不开大自然文学创作这个根本。作家靠作品说话,大自然文学也只能靠大自然文学经典作品来为自己立身。"刘先平精神"的最本质最重要特征,就是行动,在行动中解决问题,在行动中克服困难,在行动中前进。

2019年11月"生态文明视野下的当代大自然文学创作"研讨会以后,刘先平就投入以创作为中心的一系列大自然文学活动中,在刘先平大自然文学工作室10年运行经验的基础上,探索一条集团化推进大自然文学发展之路。刘先平主要做了以下四件事:

第一件事:抓评论资源

刘先平重视通过研讨会集聚评论资源,努力宣传好、研究好、推广好大自然文学。让刘先平大自然文学、中国大自然文学这两个当代文学品牌的知名度更高、影响力更广、关注者更多,是刘先平始终坚持的做法。从每一次研讨会之前邀请与会代表的酝酿和选择,就可以看出刘先平的用心。他总是有针对性的、广泛邀请大自然文学圈子内外的专家学者,既强调专业性,也重视相关性,将大自然文学研究与大自然文学推广结合起来,以评论、研究带动创作、出版。

"生态文明视野下的当代大自然文学创作"研讨会的与会代表,就具有广泛的代表性和明确的针对性。在研讨会的50位正式代表中,从事文艺评论、理论研究的有40位,其中主要研究大自然文学的有15位,主要研究生态文学的有10位,从事其他文学评论、网络文艺研究和文艺理论研究的有15位;其他10位主要是儿童文学、大自然文学作家,文学期刊、出版企业的负责人和编辑等。参加会议的除了正式邀请的代表,还有38位"大自然文学作家班"的学员。从近百人的与会人员的开放性和广泛性中可以看出主办者,特别是主要策划组织者刘先平的用心,就是希望通过研讨会的形式,以大自然文学评论为话题,以推进大自然文学创作发展为目的,多方面扩大大自然文学的"朋友圈",集聚评论、创作、出版、研究、推广、培训等有利于发展大自然文学的全产业链资源,形成文学创作与生产全流程的集团化运行模式,极大地发挥研讨会的"交流交友"功能。此次研讨会不仅收获了评论研究的新成果,而且充实扩大了大自然文学队伍,推进了大自然文学创作发展。此次研讨会的直接成果,就是有一批大自然评论研究成果,在《大自然文学研究》(安徽大学大自然文学研究)、《鄱阳湖学刊》(江西社科院)、《科普创作》(中国科普研究所)、《中国当代文学研究》(中国作家出版集团)、《文艺百家》(安徽文艺理论研究室、安徽省文艺评论家协会)等专业评论刊物上发表;有一批原创大自然文学新作列入安徽大学出版社、河北教育出版社、长江少年儿童出版、安徽文艺出版社等出版社的重点出版选题规划。

第二件事:抓原创作品

抓原创精品生产,是刘先平长期创作的规划。刘先平坚持每年都安排一定时间到大自然中去进行针对性的考察和探险,坚持每年根据大自然生活体验创作一部原创大自然文学新作。刘先平大自然文学创作的特点是"十年磨一剑",从不轻易拿出作品,从不拿出自己不满意的不成熟的作品,一部作品写几年、几十年,甚至用一辈子的情感来写,决非像有些所谓的"多产作家"那样,一年写几部、十几部作品。所以刘先平的作品,每推出一部都能得到专家学者和读者市场的欢迎,都具有流传下去的价值,不像市场上的有些浮躁作品,昙花一现,甚至给读者带来"不如不读"的负面情绪。

刘先平对大自然文学创作有着很强的计划性,一般很少改变。但

2020年这一年例外,刘先平以一个大自然文学作家的生态敏感和作家责任,毅然放下自己手中正在创作的长篇大自然文学,组织编写以抗击疫情为背景的《生态道德教育》,告诉人们一个最基本的道理:人类应该道德地对待人类以外的生命,建立人与自然和谐共生的生态道德观,以生态道德观处理人与自然的关系,确立人与自然生命共同体的生态文明理念。

这部现实针对性很强的大自然文学主题创作,从选题策划开始就展现了刘先平大自然文学创作的"集团化"思维。刘先平主持牵头,刘先平大自然文学工作室具体落实,安徽省政府参事室、刘先平大自然文学工作室、安徽省关心下一代工作委员会、安徽省儿童文艺家协会、安徽省文艺评论家协会、安徽大学出版社共同组成《生态道德教育》编写委员会,有关领导、专家、学者、作家以高度的社会责任感,几乎是在与病毒抢时间,利用春节和疫情住家防疫的时间,大家分工合作,夜以继日,一个月内就完成10万字书稿。安徽大学出版社主要领导亲自挂帅,选派基础教育分社承担出版任务,在疫情期间以在线办公的形式,迅速立项报批。"刘先平大自然文学工作室"公众号自2020年3月23日至4月15日分7期连载《生态道德教育》中的部分精彩内容,免费提供给广大读者阅读。刘先平大自然文学工作室还联合喜马拉雅等专业听书机构,制作该书的音视频出版阅读;与有关动漫公司合作,在原书图文并茂的基础上,改编成动漫科普片或科普视频发布;出版社还和作者方一起,通过在线编辑和网络视频办公形式,与海外出版单位,特别是东南亚及欧美华文市场的同行保持密切联系,洽谈同步出版和授权经营。与此同时,安徽省文艺评论家协会也组织评论家研读书稿,交流阅读感受和提出改进意见,并为作品出版做好评论准备。可以预见,像《生态道德教育》这样名家领衔、整体策划、集体合作、立体开发、融媒出版、国际营销的集团化运作模式,将成为刘先平大自然文学创作生产的常态。

第三件事:发挥"刘先平大自然文学工作室"公众号的作用

在大自然文学仍然处于"弱势文学"的现实环境下,作品出版和评论发表都十分艰难,尤其是青年作家的新作和评论研究文章的发表更难,客观上限制了大自然文学的普及和发展。这里有一个明显的原因,就是大自然文学的知名度、影响力与其他文学相比,即使是与生态文学、儿童文学相比,也相对很弱,而且大自然文学常被归于儿童文学或生态文学范畴内,没有作为一门独立的新兴的文学品种被加以关注、重视、呵护和扶持,没有形成独立的价值和意义,因而真正了解大自然文学的人不是很多。目前,还有一个"大自然文学"的社会启蒙运动,将大自然文学与生态文明建设紧紧联系在一起,在生态文明建设的大背景下,定位大自然文学、发展大自然文学。刘先平对此当然十分重视,除了主办作品研讨会、选编出版《大自然文学研究》辑刊、开办"大自然文学作家班",还在互联网时代开辟一条新路,就是发挥"刘先平大自然文学工作室"公众号的自主阵地优势,承担起宣传大自然文学的启蒙任务。

在"刘先平大自然文学工作室"公众号之前,已经有"刘先平大自然文学"网站(www.liuxianping.com),于2010年刘先平大自然文学工作室成立之时开始运行。十年来,刘先平大自然文学网站比较全面地记录和反映了刘先平大自然文学创作情况及刘先平大自然文学工作室的活动情况,是人们了解刘先平创作及大自然文学的重要网络公开资源,为大自然文学发展做出了贡献。但随着公众号的普遍使用,为适应用户手机阅读的潮流,2019年6月,刘先平大自然文学工作室在运行"刘先平大自然文学"网站的同时,上线"刘先平大自然文学工作室"公众号,"一网一号"与"一刊"(不定期出版的刊物《大自然文学研究》)形成三方互动,共同为发展繁荣大自然文学"鼓与呼"。

"刘先平大自然文学工作室"公众号于2019年6月22日上线,第一条新闻就是当日在刘先平大自然文学工作室举办的"第三届比安基国际文学奖荣誉奖授牌仪式",刘先平的大自然文学作品《孤独麋鹿王》获得"比安基国际文学奖荣誉奖"。在公众号音频"卷首语"里,首先录播了刘先平这样一段话:"我在大自然中跋涉40多年,写了几十部作品,其实只是在做一件事:呼唤生态道德——在面临生态危机的世界,展现大自然和生命的壮美;因为只有生态道德才是维系人与自然血脉相连的纽带。我坚信,只有人们以生态道德修身济国,和谐之花才会遍地开放。"然后说道:"我们将用刘先平的几十部作品和您分享他40多年野外探险的经历和感悟。"

"刘先平大自然文学工作室"公众号最初的基本功能是发布带有新闻性的信息,和"刘先平大自然文学"网站功能类似,重点介绍刘先平大自然文学创作,为人们了解、研究刘先平及其创作提供了丰富的可供随时下载的资料,如《刘先平大自然文学工作室简介》《刘先平简介》《刘先平40年大自然考察、探险主要经历》《刘先平著作出版年表》《刘先平作品所获奖项》等,还有《呼唤生态道德》《热爱祖国的每一片绿叶》《跋涉在大自然文学30年》《树立生态道德建设生态文明》等重要的创作理论文章。

公众号同时转发主要媒体发表的有关刘先平大自然文学的评论文章。其中两篇刘先平大自然文学作品转自中宣部党建网,这特别让刘先平兴奋和鼓舞。一篇是2019年7月24日党建网选发的刘先平作品《续梦大树杜鹃王——37年,三登高黎贡山》中的《巨大的树瘤》部分,另一篇是2019年8月12日党建网选发的刘先平作品《美丽的西沙群岛》的《中建岛——神秘岛》等内容。中宣部党建网如此密集转发刘先平大自然文学作品,预示着对刘先平创作及大自然文学的重视,有鲜明的导向性和扶持意义。2020年4月22日,公众号转发了"教育部新闻办"公众号《重磅书单!教育部首次向全国中小学生发布阅读指导目录》,刘先平大自然文学代表作《美丽的西沙群岛》入选小学生阅读指导目录,表明刘先平大自然文学作品再一次"走进课堂"。在此之前,刘先平已有多篇作品入选中小学课文或课外阅读书目。公众号还少量转发了对大自然文学创作有启发价值的文章,如"植物网"公众号发布的《人有七情六欲,植物亦是如此》(2019年7月16日)、"把科学带回家"公众号发布的《鸡走路时为什么脑袋一抖一抖的?》(2020年1月3日)等。

公众号的另一个重要功能,是刘先平有意识地将其打造为"大自然文学创作首发和数字阅读平台"。这一念想开始于"大自然文学作家班"开班之初,为鼓励学员积极主动创作,解决学员作品发表难题,公众号跟踪发布"大自然文学作家班"的开展情况,选发学员创作的大自然文学习作、大自然考察探险视频作品等,如2019年9月10日公众号发布的"首期大自然文学作家班学员暑假实践汇报会"报道。会议于2019年9月7日在刘先平大自然文学工作室召开,刘先平主持会议,邀请安徽大学原党委书记、安徽大学大自然文学协同创新中心理事长李仁群,省文联党组书记、副主席、书记处第一书记何颖,长江少年儿童出版集团副总经理姚磊,以及在合肥的著名作家、评论家参加,在听取学员们汇报交流自己大自然考察的经历及创作大自然文学作品的体会后,专家学者对学员们的创作进行针对性的评点、辅导,提出修改意见和希望。2019年10月30日,公众号发布《大自然文学作家班采风》报道,"从今日起,我们将陆续发表大自然文学作家班的学员暑假走进自然、感受自然的小视频。这些视频的拍摄与编辑者都是学员,虽然稚嫩,虽然不够精致,但是自然而然,而自然而然即最美的自然"。10月31日,公众号就发布了丁佩的视频作品。发表学员的大自然文学习作有:丁佩的《时间,是一朵云升起的速度》(8月9日)、唐宁的《一叶惊秋》(8月12日)和《只有百花岭的歌声知道》(8月15日)、王慧的《高黎贡山护林员的日常(一)(二)》(8月14日、16日)、琚若冰的《九龙峰暑期实践归来——关于自然、环保、文学、公益》(9月11日)、丁佩的《升金湖边观鸟实践课》(12月24日)等。

2020年疫情期间,刘先平主持编写了以疫情常态化为背景的大自然科普读物《生态道德教育》,同时将读物的部分内容重新选编,以《我要做生态道德模范》为题,从3月23日至4月15日分7期连载。这7期的主题内容分别是:一、小小生态道德模范指南;二、生态道德是人与自然相处时应遵守的规范行为;三、只要愿意去做,就可以做到;四、珍惜、热爱、保护、感恩自然,这是生态道德的根本,也是高尚的情操;五、爱护阳光、空气和水——生命的三要素;六、严格遵守《中华人民共和国大气污染防治法》是每个公民的义务和生态道德;七、水是生命的源泉。

公众号由新闻类信息发布平台向作品类数字阅读平台的丰富或转变,带来了传播形式的变革。新闻信息发布以文字为主,其中也有音频、视频随文发布,但只是作为新闻内容的一种辅助形式,以增强新闻报道的现场感、真实感、生动性。而转变后的音视频发布,已经和文字一样,成为独立的作品主体,都是文学作品内容的表现形式。这一转变表明刘先平已经将公众号看作与报刊、图书一样的内容发表阵地,突破了以往将报刊发表或出版社出版视作正宗的作品的观念,为大自然文学创作发表开辟了自主的空间。而且,公众号发布并不排斥报刊发表和出版社出版,往往公众号还可以发挥或出版的市场预测功能,待公众号发布的文章在读者中产生一定影响后,值得发表或出版时,再发表出版。这种多形式多媒体、立体化差异化互动,增加了大自然文学与庞大的手机用户的"偶遇"机会,在新媒体"面对面"的阅读情境下,拉近了大自然文学和读者的心理距离,让大自然文学"自然"地融入大众阅读时尚,走进人们平常文化生活中。大自然文学不仅可以从大众阅读中获取丰沛的文化营养,而且可以从大众阅读中获得生存土壤和发展空间。"刘先平大自然文学工作室"公众号已成为大自然文学发展的一种新形式,已经有了初步成功的尝试。

第四件事:整理出版"刘先平大自然文学精品系列"

在刘先平大自然文学创作40周年、刘先平大自然文学工作室成立10周年之际,全面回顾总结刘先平大自然文学创作,整理出版"刘先平大自然文学精品系列",不仅有纪念意义,而且有宣誓意义;不仅从一个人的创作展示了中国大自然文学发展40年的成就,也为研究40年中国大自然文学提供了研究对象,更是以此作为新的起点,向更高的目标出发。

"刘先平大自然文学精品系列"包括15部刘先平大自然文学代表作,是从50多部大自然文学作品中精心选出的,其中包括4部"大自然探险长篇小说"和11部"原旨大自然文学"。4部"大自然探险长篇小说"即刘先平早期描写在野生动物世界探险的4部长篇小说——《云海探奇》《呦呦鹿鸣》《千鸟谷追踪》《大熊猫传奇》。11部"原旨大自然文学"即以纪实手法讲述的大自然探险中的奇闻奇遇,包括6部大自然探险长篇纪实文学——《走进帕米尔高原——穿越柴达木盆地》《美丽的西沙群岛》《追梦珊瑚——献给为保护珊瑚而奋斗的科学家》《一个人的绿龟岛》《续梦大树杜鹃王——37年,三登高黎贡山》《高黎贡山女神》,5部大自然探险中短篇纪实作品集——《山野寻趣》《麋鹿找家》《和黑叶猴对话》《爱在山野》《追踪雪豹》。

为什么挑选这15部作品?除《高黎贡山女神》属于原创新作外,其余14

部作品都是"经得起人民评价、专家评价、市场检验的作品","既能在思想上、艺术上取得成功,又能在市场上受到欢迎"①。这些作品共 9 次荣获国家级奖项,如"刘先平大自然探险长篇系列"(5 种)、《走进帕米尔高原——穿越柴达木盆地》《美丽的西沙群岛》分别获得 1997 年、2009 年和 2012 年的全国"五个一工程"奖,"刘先平大自然探险长篇系列"(5 种)还于 1997 年获得国家图书奖提名奖;"东方之子刘先平大自然探险"(8 种)于 2003 年获得国家图书奖提名奖,《云海探奇》《山野寻趣》《黑叶猴王国探险记》分别于 1981 年、1999 年、2003 年获得全国优秀儿童文学奖;"大自然探险系列"(4 种)于 2003 年获宋庆龄儿童文学奖。另外还有:"东方之子刘先平大自然探险"(8 种)获 2013 年全国科学文艺金奖,"我的七彩大自然"(4 种)获 2015 年全国科学文艺金奖,《续梦大树杜鹃王——37 年,三登高黎贡山》于 2018 年获首届中国自然图书奖。刘先平因为在大自然文学创作方面的突出成就,2010 年获国际安徒生奖提名,2011 年、2012 年连续两年被列为林格伦文学奖候选人,2019 年获第三届比安基国际文学奖荣誉奖。

这套精品系列中,包括 40 年前刘先平出版的第一部长篇小说《云海探奇》(1980)。《云海探奇》问世 40 年来多次再版。另外,刘先平所有大自然文学作品,都是一版再版的畅销书。为什么会发生这样的"奇迹"?

早在刘先平创作《云海探奇》的 1979 年,老作家秦兆阳希望能从《云海探奇》里节选五六万字,发表在《当代》创刊号上,就骑自行车到中国少年儿童出版社招待所,征求正在这里改稿的刘先平的意见。因为没有得到出版社的授权同意,秦兆阳感到很遗憾,语重心长地对刘先平说:

> 从事文学创作,要耐得住寂寞,千万别追求一时的轰动效应。人与自然是永恒的主题,你以崭新的视角写人与自然的关系,在野生动物世界探险,尊重所有的生命,写别人从未写过的世界,一定很难。你已开了头,就一定要坚持下去,不管别人怎么讲,我相信三十年、五十年,甚至更

---

① 习近平.在文艺工作座谈会上的讲话(2014 年 10 月 15 日)[M]北京:人民出版社.2015:20.

余　论　中国大自然文学的"安徽现象"

长的时间之后,依然会有人读你的作品。千万要有信心!①

秦兆阳40多年前的预测,如今变成了现实,在"人与自然是永恒的主题"外,刘先平创作经受住了40年的考验,刘先平更是收获了"信心"。

刘先平大自然文学作品之所以一版再版,是因为读者爱不释手。浦漫汀认为,"除了它的主题及其重大的现实意义,还有它在艺术表现上成功运用了以美感人、以情动人的手法等诸多因素","任何年龄的读者,捧读之下,都会得到美的享受。作者着意写'美'的本意,不外乎是想透过大自然的雄伟、秀丽、生机勃勃,让人明白大自然诚乃生命之源,人类应该自觉地置身于其中,为保护、捍卫美丽、奇妙的大自然而奉献力量"。浦漫汀还指出,刘先平大自然文学作品"兼跨儿童文学和成人文学两个领域",能同时满足儿童和成人不同层次的审美阅读需求。孩子们阅读刘先平作品,"会于不知不觉之中开阔了视野,增长了知识和爱国情愫。而在不久的未来要同大自然打交道的又正是他们这一代人"。成年人阅读刘先平作品,"会自觉地认同作品所透露的大自然的危机必然导致人类的生存危机的预见,进而就会真的从'大自然属于人类'的传统误区中走出来,去珍惜、保护大自然,求得人与自然的和谐、共荣,以确保人类更好的生存与发展"。②

刘先平大自然文学作品能一版再版,正是刘先平毕生的用心追求。早在1991年,刘先平谈到他创作"大自然探险文学"的体会和追求时,这样写道:

> 纵观古今中外优秀的儿童文学作品,之所以能流传千古,百读不厌,在审美上总是满足了多层次的需要。例如安徒生童话《皇帝的新装》,孩子能从其中得到审美情趣的满足,成人也可得到迥然不同的审美需要……一部优秀的儿童长篇小说,成人也应是很喜爱的;当然,首先应是满足少年儿童读者的审美需要。

> 安徒生曾郑重地说:"我的童话不只是写给小孩子们看的,也是写给

---

① 刘先平.跋涉在大自然文学的30年[C]//安徽大学大自然文学研究所主编.大自然文学研究(首卷).合肥:安徽人民出版社,2013:7—8.
② 浦漫汀.兼跨文学两个领域的名篇[N].中华读书报.2003—10—8.

老头子和中年人看的。小孩子们更多地从童话故事情节本身体味到乐趣,成年人则可以品尝其中的意蕴。"这也是我在创作中的审美追求。①

刘先平大自然文学创作的成功表明,作家在文艺精品创作中需要具备"五个要有":要有"审美追求";要有"永恒的主题"和"重大的现实意义";要有"满足不同读者多层次审美需求";要求"耐得住寂寞"的精神;"要有信心"。

---

① 刘先平.对大自然探险小说美学的蠡测[C]//束沛德主编.人与自然的颂歌——刘先平大自然探险文学评论集.合肥:安徽少年儿童出版社,1999:178.

附 录

刘先平大自然文学创作年表(1980—2020)

1.《云海探奇》(长篇小说),北京:中国少年儿童出版社,1980

2.《呦呦鹿鸣》(长篇小说),北京:人民文学出版社,1981

3.《千鸟谷追踪》(长篇小说),北京:中国少年儿童出版社,1985

4.《大熊猫传奇》(长篇小说),北京:人民文学出版社,1987

5.《山野寻趣》(大自然探险奇遇),合肥:安徽少儿出版社,1987

6.《大自然探险小说的审美特征和审美效应》(理论),法国兰希出版社,1992

7.《在大熊猫故乡探险》(大自然探险奇遇),台北:台湾国语日报社,1994

8."刘先平大自然探险长篇系列"丛书(5种),包括《云海探奇》《千鸟谷追踪》《呦呦鹿鸣》《大熊猫传奇》《山野寻趣》,北京:中国青年出版社,1996

9.《山野寻趣》(希望丛书之一),北京:中国青年出版社,1996

10.《红树林飞韵》(大自然探险奇遇),合肥:安徽少儿出版社,1998

11.《东海有飞蟹》(大自然探险奇遇),深圳:海天出版社,1999

12."中国Discovery书系"丛书(4种),包括《黑叶猴王国探险记》《寻找树王》《野象出没的山谷》《从天鹅故乡到塔克拉玛干大沙漠》,上海:东方出版中心,2000

13."大自然探险系列"丛书(4种),包括《寻找猴国》《寻找香榧王》《寻找魔鹿》《寻找相思鸟》,北京:中国少年儿童出版社,2001

14."东方之子刘先平大自然探险"丛书(8种),包括《圆梦大树杜鹃王》《经历神奇红树林》《麋鹿回归》《天鹅的故乡》《黑麂的呼唤》《潜入叶猴王国》《迷失的大象》《解读树王长寿密码》,武汉:湖北少年儿童出版社,2003

15.《云海探奇》(儿童文学传世名著书系),北京:中国少年儿童出版社,2004

16.《千鸟谷追踪》(儿童文学传世名著书系),北京:中国少年儿童出版社,2004

17.《黑麂迷踪》,深圳:海天出版社,2005

18.《寻找失落的麋鹿家园》,深圳:海天出版社,2005

19.《大熊猫传奇》(百年百部中国儿童文学经典书系),武汉:湖北少年儿童出版社,2006

20.《胭脂太阳》(中国儿童文学名家书系),昆明:晨光出版社,2007

21.《鹿鸣麂唤》(中国儿童文学名家书系),昆明:晨光出版社,2007

22.《我的山野朋友》(中、英文双语版),北京:中国少年儿童出版社,2007

23.《千鸟谷追踪》(英文版),北京:中国少年儿童出版社,2007

24.《云海探奇》("五个一工程"入选作品·少儿书系),南京:江苏人民出版社,2008

25.《呦呦鹿鸣》("五个一工程"入选作品·少儿书系),南京:江苏人民出版社,2008

26.《千鸟谷追踪》("五个一工程"入选作品·少儿书系),南京:江苏人民出版社,2008

27.《大熊猫传奇》("五个一工程"入选作品·少儿书系),南京:江苏人民出版社,2008

28.《山野寻趣》("五个一工程"入选作品·少儿书系),南京:江苏人民出版社,2008

29."我的山野朋友"丛书(4种),包括《生育大迁徙》《麝啸大漠》《爱在山

野》《盐湖探宝》,济南:明天出版社,2008

30.《夜探红树林》(中国儿童文学金品30部),广州:新世纪出版社,2008

31.《相思鸟要回家》,上海:上海人民美术出版社,2008

32."大自然在召唤"丛书(8种),包括《云海探奇》《呦呦鹿鸣》《千鸟谷追踪》《大熊猫传奇》《山野寻趣》《和黑叶猴对话》《寻找大树杜鹃王》《麋鹿找家》《走进帕米尔高原——穿越柴达木盆地》,合肥:安徽少年儿童出版社,2008

33."我的山野朋友系列"丛书(8种),包括《黑麂的爱情故事》《黑叶猴胜利大突围》《麋鹿王在角斗中诞生》《金丝猴大战秃鹫》《象王归来》《大树杜鹃王传奇》《和大熊猫捉迷藏》《海猎红树林》,北京:外语教学与研究出版社,2010

34."大自然探险系列"丛书(6种),包括《爱在山野》《盐湖探宝》《麝啸大漠》《七彩猴面》《生育大迁徙》《寻找巴旦姆》,济南:明天出版社,2010

35."大自然探奇系列"丛书(8种),包括《纵虎归山》《孤岛猿影》《飞雪过天山》《东海有飞蟹》《海上鸬鹚堡》《鹿角上的较量》《遭遇戴帽叶猴》《喀纳斯湖探水怪》,北京:外语教学与研究出版社,2010

36. *The Love Story of Black Muntjacs*,合肥:安徽文艺出版社,2010

37. *Golden Monkeys Fight Vultures*,合肥:安徽文艺出版社,2010

38. *The Mysterious Francois's Leaf Monkeys*,合肥:安徽文艺出版社,2010

39. *The Pere David's Deer King Emerges in Combat*,合肥:安徽文艺出版社,2010

40. *The Call of the Deer*,合肥:安徽少年儿童出版社,2011

41. *The Legend of Pandas*,合肥:安徽少年儿童出版社,2011

42.《追踪雪豹》,济南:明天出版社,2011

43.《会说话的脖子》,济南:明天出版社,2011

44.《胭脂太阳》,南宁:接力出版社,2012

45.《美丽的西沙群岛》,济南:明天出版社,2012

46."美丽的西沙群岛彩图本"丛书(3种),包括《西沙航母永兴岛》《神奇

的珊瑚岛》《南海童话岛》,济南:明天出版社,2012

47.《鸵鸟小骑士》,北京:海豚出版社,2012

48.《红豆相思鸟》,北京:天天出版社,2012

49.《鸵鸟小骑士》(精装版),北京:海豚出版社,2013

50."野生动物世界探险"丛书(12种),包括《呦呦鹿鸣(上)·花鹿失踪》《呦呦鹿鸣(中)·长在树上的鹿角》《呦呦鹿鸣(下)·鸟岛水怪》《云海探奇(上)·密林角斗》《云海探奇(中)·鹰飞猴叫》《云海探奇(下)·月下白猬》《千鸟谷追踪(上)·大战野人岭》《千鸟谷追踪(中)·猎雕》《千鸟谷追踪(下)·猴面鹰发起攻击》《大熊猫传奇(上)·食铁怪兽》《大熊猫传奇(中)·强盗大胡子》《大熊猫传奇(下)·恶魔岭》,北京:人民文学出版社、天天出版社,2013

51."探索·发现大自然美绘互动书系"丛书(8种),包括《抢救鹿王大花角》《长颈鹿的跆拳道》《香獐跳崖》《喜马拉雅雄麝》《金丝猴的特种部队》《大漠寻鹤》《大象的秘密武器》《藏北的狼不吃人》,南京:江苏文艺出版社,2013

52."我的七彩大自然"丛书(4种),包括《寻找白头叶猴》《惊险大峡谷》《西沙有飞鱼》《南海变色龙》,天津:新蕾出版社,2013

53.《走进帕米尔高原——穿越柴达木盆地》,北京:现代出版社,2013

54.《野驴挑战》,广州:新世纪出版社,2013

55.《夜探红树林》,广州:新世纪出版社,2013

56."大作家·小读者 '我的七彩大自然'探险笔记"丛书(4种),包括《掩护雄鹿突围》《爱生气的鱼》《鸟战风云录》《海钓惊魂》,上海:少年儿童出版社,2013

57."大自然探险"丛书(4种),包括《海上红树林》《麋鹿王》《探险灰金丝猴王国》《爱翻跟头的大熊猫》,上海:少年儿童出版社,2013

58."中国当代获奖儿童文学作家书系"(2种),包括《寻找大熊猫》《给猴王照相》,北京:人民文学出版社、天天出版社,2014

59.《大象进行曲》(九色鹿——儿童文学名家获奖作品系列),南京:南京大学出版社,2014

60."刘先平大自然文学画本馆系列"丛书,包括《南海有飞鱼》《西沙神秘岛》《珊瑚岛狩猎》《海底变色龙》4 部,武汉:长江少年儿童出版社,2014

61.《猎蜜人》(儿童文学名家汇·彩绘本),北京:中国少年儿童出版社,2014

62. Little Ostrich Knight(《小鸵鸟骑士》英文版),北京:海豚出版社,2014

63.《黑叶猴王国探险记》(全国优秀儿童文学奖作品精粹·第二辑),北京:中国少年儿童出版社,2015

64."大自然探险"丛书(影像青少版)(4 种),包括《大熊猫传奇》《云海探奇》《千鸟谷追踪》《呦呦鹿鸣》,杭州:浙江摄影出版社,2015

65.《藏羚羊大迁徙》,昆明:晨光出版社,2015

66.《寻访白海豚》,昆明:晨光出版社,2015

67."大自然探险"丛书(黑白插图版)(3 种),包括《大熊猫传奇》《云海探奇》《千鸟谷追踪》,杭州:浙江摄影出版社,2016

68."大自然探险"丛书(精品集)(4 种),包括《魔鹿》《追踪雪豹》《爱在山野》《海钓》,北京:人民文学出版社、天天出版社,2016

69.《追踪黑白金丝猴》,昆明:晨光出版社,2016

70.《海星星》,昆明:晨光出版社,2016

71.《寻索坡鹿》,昆明:晨光出版社,2016

72.《走进帕米尔高原——穿越柴达木盆地》,北京:人民文学出版社,2016

73.《美丽的西沙群岛》,北京:人民文学出版社,2016

74.《追梦珊瑚——献给为保护珊瑚而奋斗的科学家》,武汉:长江少年儿童出版社,2017

75.《小鸟生物钟》,北京:人民文学出版社、天天出版社,2017

76.《一个人的绿龟岛》,北京:人民文学出版社、天天出版社,2017

77.《老虎的奶娘》,南京:南京大学出版社,2018

78.《续梦大树杜鹃王——37 年,三登高黎贡山》,武汉:湖北科学技术出版社,2018

79.《金丝猴大战秃鹫》(波兰文版),合肥:安徽文艺出版社,2018

80.《黑叶猴胜利大突围》(波兰文版),合肥:安徽文艺出版社,2018

81.《黑麂的爱情故事》(波兰文版),合肥:安徽文艺出版社,2018

82.《麋鹿王在角斗中诞生》(波兰文版),合肥:安徽文艺出版社,2018

83.《金丝猴跟踪》(精品集),北京:人民文学出版社、天天出版社,2018

84.《孤独麋鹿王》(精品集),北京:人民文学出版社、天天出版社,2018

85."刘先平大自然文学画馆"丛书(5种),包括《爱在山野》《麋鹿找家》《寻找大树杜鹃王》《谁跟踪谁》《追踪雪豹》,合肥:安徽美术出版社,2019

86."自然保护区探险"丛书(4种),石家庄:河北教育出版社,2020

《人与自然的颂歌——刘先平大自然探险文学评论集》目录

束沛德主编　安徽少年儿童出版社,1999年3月出版

束沛德　勇敢的探索者(代序)
翟泰丰　会同先平探险归来——致"刘先平大自然探险系列"作品研讨会的一封信
陈伯吹　人与自然的颂歌
江晓天　耐得住寂寞　经得住时间检验
李　准　用青春和生命写出的作品
徐民和　开拓出一个新天地——读刘先平的两部儿童文学作品
陈浩增　中国第一套描写在野生动物世界探险的长篇系列
班　马　自自然然地颠覆一个只写"人"的以往文学世界——读出刘先平作品的性情与气质
云　德　人与自然的倾心交流
张小影　刘先平大自然探险文学的审美价值
王泉根　陈晓秋　激扬精神生命的力作
高洪波　刘先平探险小说的三个特色
樊发稼　独具思想艺术魅力的精品
浦漫汀　野生动物世界的无穷魅力
孙武臣　作家心中的自然美
金　波　人与自然的赞歌
陈发仁　刘先平儿童长篇小说的美学价值
宗介华　大自然的赞歌
韩　进　大自然的呼唤——刘先平大自然文学创作散论
汤　锐　讴歌人与自然的史诗

明　照　大自然给予的爱——致刘先平同志

钱念孙　激昂的生命交响曲

唐　跃　新版式与新感受

赵　凯　吴章胜　儿童文学也是人学

李正西　对儿童文学创作的新开拓

黄书泉　自然——儿童最伟大的学校

汪习麟　用文学统一科学性和趣味性——读《大熊猫传奇》札记

韩　进　神奇·科学·哲理——读大自然探险纪实《红树林飞韵》

唐　跃　把大自然奉献给孩子们——《山野寻趣》读后

刘先平　对大自然探险小说美学的蠡测

刘先平　人生三步

刘先平小传

《大自然文学研究》(首卷至第三卷)

《大自然文学研究》(首卷)

安徽大学大自然文学研究所主编

安徽人民出版社,2013年12月出版

目 录

编者的话

文学回首

刘先平　跋涉在大自然文学的30年

刘先平　热爱祖国的每一片绿叶

刘先平　呼唤生态道德

翟泰丰　大自然探险与文学形态的探索

附　录　刘先平大自然考察、探险主要经历

学者话语

束沛德　勇敢的探索者

李　准　用青春和生命写出的作品

张小影　刘先平大自然探险文学的审美价值

浦漫汀　野生动物世界的无穷魅力

王泉根　解读刘先平和大自然文学

钱念孙　激昂的生命交响曲

唐　跃　新版式与新感受

唐先田　大自然文学的鲜明品格——兼论刘先平的大自然文学创作

韩　进　大自然的呼唤——刘先平大自然文学创作散论

谭旭东　从文学的人本主义到生态主义

班　马　自自然然地颠覆一个只写"人"的以往文学世界——读出刘先平作品的性情和气质

吴尚华　人与自然的道德对话——刘先平"大自然文学"生态意涵初探

赵　凯　大自然的壮美诗篇——刘先平创作论

课题成果

君　早　论大自然文学衍生文化创意产品的体现方式——以刘先平的大自然文学作品为例

苏　勤　论新媒体技术与大自然文学产业转化的关系

苏　勤　试论大自然文学创意产品开发运行机制的特点

研讨荟萃

1996.11·北京·"刘先平大自然探险长篇系列"作品研讨会

吴章胜　充分展示野生动物世界的魅力　充分展示人与自然哲理的魅力——评"刘先平大自然探险长篇系列"

李正西　对儿童文学创作的新开拓——论刘先平的长篇小说创作

附　录　勇敢的探索者——北京"刘先平大自然探险长篇系列"研讨会侧记　王　蜀　整理

2002.01·北京·刘先平"大自然探险"作品研讨会

金炳华　情寄自然谱新篇

束沛德　体味"寻找"的苦与乐

徐德霞　我编"大自然探险"丛书

附　录　大自然的歌者——刘先平大自然文学作品研讨会发言摘登　相　灼　整理

2009.02·北京·刘先平大自然文学创作30年暨"大自然在召唤"作品研讨会

翟泰丰　大自然文学与时代的呼唤

金炳华　强烈社会责任感和历史使命感的作家

束沛德　有胆有识的拓荒者——略说刘先平

高洪波　人与自然和谐的颂歌

张小影　他是一位把审美追求与人生价值取向高度统一起来的作家

樊发稼　高举大自然文学旗帜——兼谈刘先平新作《走进帕米尔高原——穿越柴达木盆地》

张之路　"大自然在召唤"回响——给朋友刘先平的祝贺

韩　进　呼唤生态道德　讴歌自然和谐——刘先平与他的大自然文学

谭旭东　大自然文学三十年回顾

2012.05·北京·刘先平《美丽的西沙群岛》首发式暨作品研讨会

翟泰丰　在《美丽的西沙群岛》首发式上的发言

束沛德　自然美与心灵美交相辉映——读《美丽的西沙群岛》

金　波　高举大自然文学的旗手

海　飞　爱我海疆　爱我海洋——读《美丽的西沙群岛》

苏　中　把爱国主义和崇尚自然的情怀融为一体的杰作

汪守德　走进神奇而迷人的蓝色海疆——读《美丽的西沙群岛》

李东华　强烈的海疆意识感染着我

安武林　崇高的爱国主义精神

附　录　其他专家发言摘要

信息·动态

"刘先平大自然文学工作室"2010年至2013年活动信息

曹征海部长到刘先平大自然文学工作室调研

筹备大自然文学国际研讨会

《大自然文学研究》(第二卷)

安徽大学大自然文学研究所主编

人民文学出版社、天天出版社;2015年10月出版

编委会(按姓氏笔画排序)

顾　问:刘先平　吴怀东

主　编:赵　凯

副主编:韩　进　刘　飞

编　委:王　蜀　刘玉琴　刘　飞　刘君早　何向阳　吴尚华　赵　凯
　　　　郭运德　韩　进　彭　程　雷　鸣　谭旭东

目　录

编者的话

本卷特稿

曹征海　在大自然文学国际研讨会上的致辞

翟泰丰　刘先平大自然文学创作成就与文学形态的探索、创新

李　岩　在大自然文学国际研讨会上的致辞

刘国辉　在大自然文学国际研讨会上的致辞

程　桦　在大自然文学国际研讨会上的致辞

陈　田　在大自然文学国际研讨会上的致辞

张立平　繁荣大自然文学　建设生态文明

学者话语

[瑞典]伊爱娃　大自然文学与生态诗——瑞典人眼中的大自然文学

[美国]约翰·塔尔梅奇　回归本质:国际背景下的中美大自然文学

[瑞典]马丁·哈瑞斯　瑞典儿童文学中的人与自然的关系

[美国]迈克·米哈莱茨　协同视野下的自然文学

[英国]卡洛斯·欧德利　谈大自然文学

[俄罗斯]亚历山大·格里戈里延科　乡村小说的诞生与消亡

赵　凯　生态文明视域中的大自然文学
谭旭东　刘先平大自然文学的特点与价值
韩　进　中国大自然文学发端于安徽
雷　鸣　论刘先平的大自然文学对于当代文学的意义
唐先田　大自然文学：文学的自觉
吴尚华　论"大自然文学"的生态理想
梅　杰　中国大自然文学"走出去"的意义
朱育颖　论刘先平的大自然文学
祖　琴　论刘先平大自然文学的审美特征

学位论文选登

魏春香　刘先平大自然文学的解读（节选）
王　景　人与自然的和谐乐章——论刘先平大自然文学（节选）

作家写真

周玉冰　四十年跋涉山野　歌颂生命的壮美——刘先平的大自然文学

作品赏析

薛贤荣　大自然的诗情画意——《东海有飞蟹》赏析
张　玲　仰望生命的麋鹿——《麋鹿》赏析
范倩倩　美的伤逝——《胭脂太阳》赏析
吴　琼　生存智慧——读《爱生气的鱼》
尹　静　源于母爱的生命之花——读《海雕行猎》

信息动态

韩　进　文学皖军扛旗：中国大自然文学与世界同步——大自然文学国际研讨会述评
安徽大学文学院　"安徽大学大自然文学协同创新中心"成立
何曙光　刘先平名著改编成3D动画电影《大熊猫传奇》有望年末上映
韩　进　《生态道德读本》荣获安徽省第十三届精神文明建设"五个一工程"图书奖

《大自然文学研究》(第三卷)

主　编:赵　凯　　副主编:韩　进　刘　飞;

安徽文艺出版社;2018年1月出版

编委会(按姓氏笔画排序)

顾　问:刘先平　吴怀东

主　编:赵　凯

副主编:韩　进　刘　飞

编　委:王　蜀　刘玉琴　刘　飞　刘君早　何向阳　吴尚华　赵　凯
　　　　郭运德　韩　进　彭　程　雷　鸣　谭旭东

目　录

编者的话

理论与批评

韩清玉　对自然文学之哲学基础的反思与重构

郝　敬　谈文史研究方法的多种角度——以姜夔《淡黄柳》(空城晓角)词之"小桥宅"读解为例

张才国　王　艳　克沃尔论生态危机的根源与本质——基于《自然之敌》的文本解读

王雅琴　大自然文学的文化"空间"

朱亚坤　多维视阈中的自然——论刘先平大自然文学的学理价值与现实意义

陈　进　刘先平大自然文学产业化价值与路径选择

张　玲　中国当代大自然文学的"自然"之"道"——基于刘先平大自然文学的生态批评实践

张　琼	《女孩和女人们的生活》中的"生态智慧"
甘来冬	刘先平大自然文学产业化研究
冯　亮	解读大自然文学的美学价值
徐立伟	大自然文学中的悲剧精神

《追梦珊瑚》评论专辑

翟泰丰	放声呼唤生态道德——读刘先平《追梦珊瑚》
高洪波	情怀、情感、情趣——读《追梦珊瑚》
郭运德	生态文艺创作的新收获——读《追梦珊瑚》
胡　平	读《追梦珊瑚》好像听经典音乐
金　波	呼唤生态道德四十年——读《追梦珊瑚》
王泉根	我们最缺少的是这样的书——读《追梦珊瑚》
海　飞	他高举大自然文学旗帜——在《追梦珊瑚》研讨会上的发言
潘凯雄	高度的社会责任感——在《追梦珊瑚》研讨会上的发言
吴怀东	自然之美、科学之躯、人生之乐与多重奏的文本——刘先平先生《追梦珊瑚》阅读印象
韩　进	大自然文学又一座高峰——读刘先平的《追梦珊瑚》
刘秀娟	宏阔的艺术天地　自觉的时代担当——读刘先平纪实文学《追梦珊瑚》
薛贤荣	新天地　新境界　新突破——评刘先平大自然文学新作《追梦珊瑚》
雷　鸣	谓我心忧·精神颂歌·诗意智性——评《追梦珊瑚——献给为保护珊瑚而奋斗的科学家》
冷林蔚	寻找人与自然对话的叙述方式,浅谈刘先平大自然文学的文体创新——读《追梦珊瑚》
刘　飞	惊喜与感动——读刘先平老师新作《追梦珊瑚》

学位论文选登

| 汤盼盼 | "大自然文学"创作审美探究（节选） |
| 王　蕾 | 生态美学视域下的刘先平大自然文学创作研究（节选） |

信息传播

徐久清　走近自然,东至暖冬——我院师生升金湖采风活动圆满结束

徐久清　安徽大学大自然文学协同创新中心理事长会召开

孙瑾娴　郑孙彦　畅游青山绿水间,漫步杏花微雨时——记我院师生赴牯牛降采风活动

徐久清　大自然文学协同创新中心第一届招标课题中期检查与第二届招标课题评审会

韩进大自然文学文论目录

(以时间为序)

1. 大自然的呼唤[N].文艺报.1996－12－6.

2. 大自然的呼唤——刘先平大自然文学创作散论[N].安徽新闻出版报.1996－12－2.

3. 神奇·科学·哲理——评《红树林飞韵》[N].文艺报.1998－12－26.

4. 大自然法制与人类文明——评"中国最新动物小说"丛书[J].儿童文学研究,1998(4).

5. 大自然:创作的永恒主题[N].江淮时报.2000－10－10.

6. 安徽儿童文学打出"大自然文学"旗帜[N].文艺报.2000－10－31.

7. 大自然文学:面向21世纪的审美关怀[N].儿童文学信息.2001－1－1.

8. 大自然文学的一面旗帜[N].江淮晨报.2001－4－21.

9. 阅读自然的快乐——读《小霞客华东游》[N].安徽日报.2001－4－27.

10. 追求人与自然的和谐发展——推荐"中国Discovery书系"[N].江淮晨报.2001－7－21.

11. 神奇的世界——推荐刘先平"大自然探险文学"[N].新书报.2001－11－12.

12. 诗画童心,追求和谐——喜读王玲的"从小爱家园丛书"[N].新书报.2001－11－19.

13. 新儿童文学的新实践——谈"生命状态文学"的出版意义[J].中国出版.2001(4).

14. 儿童文学出版——守望孩子们的精神家园[N].中国新闻出版报.2003－6－11.

15. 大自然文学走出儿童文学的藩篱[N].中华读书报.2003－7－6.

16.让科学张开幻想的翅膀——评敬勇的科学童话创作[N].蚌埠日报.2003-9-25.

17.中国大自然文学的里程碑——评"东方之子刘先平大自然探险"系列[N].中华读书报.2003-10-8.

18.高扬大自然文学的旗帜——"大自然文学研讨会"在黄山召开[N].作家文讯.2003-11-18.

19.高扬大自然文学的旗帜[N].安徽日报.2003-11-21.

20.中国大自然文学的开篇之作——写于《云海探奇》新版之际[J].中国出版.2003(7).

21.创新与象征——读大自然科幻探险小说《神秘的Y级地带》[N].安徽日报.2004-12-31.

22.安徽儿童文学发展论析[C]//王泉根主编.新时期儿童文学研究.石家庄:河北少年儿童出版社,2004.

23.永远的经典——写于《千鸟谷追踪》新版之际[M]//刘先平.千鸟谷追踪.北京:中国少年儿童出版社,2004.

24.中国大自然探险文学的开篇之作——写于《云海探奇》新版之际[M]//刘先平.云海探奇.北京:中国少年儿童出版社,2004.

25.2002少儿文学出版印象[C]//2002年中国儿童文学年鉴.南京:江苏少年儿童出版社.2004.

26.创新与象征——评《神秘的Y极地带》[N].文艺报.2005-4-6.

27.创新意识·魔幻色彩·象征意蕴——王蜀大自然文学创作印象[N].安徽日报.2005-6-3.

28.我们都是自然的婴儿[N].文艺报.2005-9-20.

29.给儿童文学一个表演的舞台——第一届安徽省社科文艺奖儿童文学参评作品印象[C].文艺百家.2005年第2辑.

30.儿童文学出版的市场表现及价值诉求[N].文艺报.2009-1-10.

31.呼唤生态道德 讴歌自然和谐——刘先平与他的大自然文学[N].文艺报.2009-3-5.

32.儿童文学出版的市场表现及价值诉求[N].中国儿童文学(理论评论周刊).2009年春季号.

33.大自然与童年是他的"理想国"[N].文艺报.2010-2-5.

34.搜寻大自然文学的踪影[C].文艺百家.2011年第2辑.

35.高士其:现代中国大自然文学的先驱[C]//韩进.幼者本位.南宁:接力出版社.2011.

36.心灵的风景——读《美丽的西沙群岛》想到的[N].光明日报.2012-6-19.

37.中国大自然文学安徽独树一帜[N].安徽日报.2014-6-27.

38.普及生态道德的好教材——读《生态道德读本》[J].安徽文艺界.2014(1).

39.文学皖军扛旗:中国大自然文学与世界同步[N].中华读书报.2014-12-3.

40.大自然的脚步——读金好的《风生水起——二十四节气的故事》[C].文艺百家.2015(1).

41.乐山乐水乐人生——读徐子芳的《六远集》[C].文艺百家.2015(2).

42.重建生态道德的文学呼唤——读刘先平《追梦珊瑚》[N].光明日报.2017-6-1.

43.刘先平"大自然文学"的价值[J].十月·少年文艺.2017(9).

44.大自然文学的新高峰——读刘先平新作《追梦珊瑚》[J].作家文荟.2017(4).

45.大自然文学的新高度——读刘先平的《追梦珊瑚》[C].文艺百家.2017(1).

46.生态道德的文学讲述——读《续梦大树杜鹃王》[N].光明日报.2018-12-25.

47.自然文学阅读新体验——读《续梦大树杜鹃王》[N].中国新闻出版广电报.2019-2-1.

48.新时代安徽儿童文学新追求[C].文艺百家谈 2018年.1-2辑.

49. 坚定文化自信,扶持做强安徽生态文学品牌的建议(与邱江辉合作)[R].载《安大智库》第21期.2018年12月.

50. 追寻人与自然和谐共生的新时代——评徐鲁长篇生态小说《追寻》[N].中国新闻出版广电报.2019－5－6.

51. 《追寻》人与自然和谐共生的新时代[N].中华读书报.2019－5－8.

52. 呼唤生态道德——生态审美视野下的刘先平自然文学[J].科普创作.2019(2).

53. 中国大自然文学与世界同步——在刘先平先生荣获比安基国际文学奖荣誉奖授牌仪式上的致辞[Z].合肥:"比安基国际文学奖"中国评委会、刘先平大自然文学工作室,2019－6－22.

54. 中国大自然文学五题——在大自然文学协同创新中心首届学术委员会会议暨大自然文学基本理论问题学术研讨会上的发言[Z].合肥:安徽大学大自然文学协同创新中心,2019－6－30.

55. 从人与自然关系视角解析刘先平的大自然文学创作:以《魔鹿》《胭脂太阳》为例——在大自然文学作家班的讲演[Z].合肥:刘先平大自然文学工作室,2019－7－27.

56. 中国大自然文学四十年——以刘先平创作为例[Z].中国作家协会儿童文学委员会2019年年会暨中国儿童文学论坛.临沧:中国作家协会儿童文学委员会、晨光出版社,2019－9－19.

57. 刘先平与中国大自然文学40年[N].中华读书报,2019－12－19.

58. 生态道德的文学讲述——读《续梦大树杜鹃王》[Z].安徽文学年鉴2018.合肥:安徽人民出版社,2019:50－51.

59. 刘先平大自然文学观探析[J].鄱阳湖学院,2020(3).

60. 心中的风景——评黑鹤新作《风山的狼》[J].十月少年文学,2020(8).

61. 《动物文学概论》:从理论上重新发现"动物文学"[N].中华读书报,2020－11－18.

参考文献

[1] 中共中央马克思恩格斯列宁斯大林著作编译局编. 马克思恩格斯选集(精装全四卷)[M]. 北京:人民出版社,1995.

[2] 周民锋. 人与自然的对话:超越与超拔(文化与自然卷)[M]. 成都:四川人民出版社,1999.

[3] 王洪濮. 人与自然的对话:彼岸观此岸(宗教与自然卷)[M]. 成都:四川人民出版社,1999.

[4] 王学谦. 自然文化与20世纪中国文学[M]. 长春:吉林大学出版社,1999.

[5] 束沛德主编. 人与自然的颂歌——刘先平大自然探险文学评论集[C]. 合肥:安徽少年儿童出版社,1999.

[6] [德]马克思. 1844经济学哲学手稿[M]. 中共中央马克思恩格斯列宁斯大林著作编译局编译. 北京:人民出版社,2000.

[7] 李文波. 大地诗学:生态文学研究绪论[M]. 西安:陕西人民出版社,2000.

[8] 易健. 人的诗化与自然人化[M]. 海口:南方出版社,2000.

[9] 杨佑兴,夏玮编著. 人与自然[M]. 北京:中国环境科学出版社,2000.

[10] 解保军. 马克思自然观的生态哲学意蕴——"红"与"绿"结合的理论先声[M]. 哈尔滨:黑龙江人民出版社,2002.

[11] 王诺. 欧美生态文学[M]. 北京:北京大学出版社,2003.

[12]鲁枢元.生态批评的空间[M].上海:华东师范大学出版社,2006.

[13]曾繁仁主编.人与自然:当代生态文明视野中的美学与文学[G].郑州:河南人民出版社,2006.

[14]张艳梅,蒋学杰,吴景明.生态批评[M].北京:人民出版社,2007.

[15]韩德信.中国文艺学的历史回顾与向生态文艺学的转向[M].北京:人民出版社,2007.

[16]王立,沈传河,岳庆云.生态美学视野中的中外文学作品[G].北京:人民出版社,2007.

[17]赵刚.波兰文学中的自然与自然观[M].北京:外语教学与研究出版社,2007.

[18]刘华杰编.自然二十讲[C].天津:天津人民出版社,2008.

[19]杨通进编.生态二十讲[C].天津:天津人民出版社,2008.

[20]聂军.当代自然观与文化反思[M].北京:中国社会科学出版社,2010.

[21]王静.人与自然:中国当代少数民族作家生态文学创作研究[M].北京:中国社会科学出版社,2011.

[22]田丰,李旭明主编.环境史:从人与自然的关系叙述历史[M].北京:商务印书馆,2011.

[23]赵沛霖.庄子自然观[M].深圳:海天出版社,2012.

[24]刘青汉主编.生态文学[M].北京:人民出版社,2012.

[25]乐爱国.为天地立心——张载自然观[M].深圳:海天出版社,2013.

[26]安徽大学大自然文学研究所主编.大自然文学研究(首卷)[C].合肥:安徽人民出版社,2013.

[27]程虹.寻归荒野(增订版)[M].北京:生活·读书·新知三联书店,2013.

[28]程虹.宁静无价:英美自然文学散论[M].上海:上海人民出版社,2014.

[29] 中共中央宣传部.习近平总书记在文艺工作座谈会上的重要讲话学习读本[M].北京:学习出版社,2015.

[30] 安徽大学大自然文学研究所主编.大自然文学研究(第二卷)[C].北京:人民文学出版社、天天出版社,2015.

[31] 陈永森,蔡华杰.人的解放与自然的解放——生态社会主义研究[M].北京:学习出版社,2015.

[32] 高旭国,闫慧霞.改革开放以来生态文学创作研究[M].北京:中国农业出版社,2015.

[33] 孙关龙.孔子自然观初论[M].深圳:海天出版社,2016.

[34] 胡化凯.道家自然观发凡[M].深圳:海天出版社,2016.

[35] 中国共产党第十九次全国代表大会文件汇编[C].北京:人民出版社,2017.

[36] 中共中央文献研究室编.习近平关于社会主义生态文明建设论述摘编[C].北京:中央文献出版社,2017.

[37] 徐刚.大森林[M].北京:北京十月文艺出版社,2017.

[38] 施显松.德国战后文学中"自然与人"关系反思[M].上海:同济大学出版社,2017.

[39] 郝清杰,孙道进主编.生态文明建设研究成果精选[M].合肥:安徽人民出版社,2017.

[40] 梁志学.论黑格尔的自然哲学——《哲学全书·第二部分·自然哲学》导读[M].北京:人民出版社,2018.

[41] 赵凯主编.大自然文学研究(第三卷)[C].合肥:安徽文艺出版社,2018.

[42] 程虹.美国自然文学三十讲(增订本)[M].北京:外语教学与研究出版社,2018.

[43] 詹福瑞.自然 生命与文学[M].北京:人民出版社,2018.

[44] 张云飞.辉煌40年:中国改革开放成就丛书·生态文明建设卷[M].合肥:安徽教育出版社,2018.

[45]中共中央宣传部.习近平新时代中国特色社会主义思想学习纲要[M].北京:学习出版社、人民出版社,2019.

[46]中共中央宣传部理论局编.新中国发展面对面——理论热点面对面·2019[M].北京:学习出版社、人民出版社,2019.

[47]全国干部培训教材编审指导委员会组织编写.推进生态文明 建设美丽中国[M].北京:人民出版社、党建读物出版社,2019.

[48][日]小尾效一.中国文学中所表现的自然与自然观——以魏晋南北朝文学为中心[M].邵毅平,译.上海:上海古籍出版社,2014.

[49][德]狄特富尔特,等,编.哲言集——人与自然[Z].周美琪,译.北京:生活·读书·新知三联书店,1993.

[50][美]R.F.纳什.大自然的权利:环境伦理学史[M].杨通进,译.青岛出版社,1999.

[51][美]林达·利尔.自然的见证人:蕾切尔·卡逊传[M].贺天同,译.北京:光明日报出版社,1999.

[52][美]爱德华·威尔逊.大自然的猎人——生物学家威尔逊自传[M].杨玉龄,译.上海:上海科学技术出版社,2006.

[53][美]拉尔夫·瓦尔多·爱默生.论自然[M].吴瑞楠,译.北京:中译出版社,2010.

[54][英]阿诺德·汤因比.人类与大地母亲——一部叙事体世界历史(上下卷)[M].徐波,等,译.上海:上海人民出版社,2012.

后　记　我有一个愿望

一、"世界地球日"能否成为"大自然文学日"

写这篇《后记:我有一个愿望》的时候,已是4月22日(星期三)凌晨,第51个"世界地球日"来到了。

国家自然资源部已有《关于组织开展第51个世界地球日主题宣传活动周的通知》,将4月20日至26日定为世界地球日主题宣传活动周,活动主题是"珍爱地球　人与自然和谐共生",并在线上组织开展"我为大自然代言"短视频、地球科技电影周展播、推介优秀科普作品等活动,介绍环境保护知识,普及生态自然观,传播人与自然和谐共生理念,建设生态文明社会。

"珍爱地球　人与自然和谐共生"这个主题,在当下全球抗击新冠肺炎疫情的形势下,有着重要的现实意义。人类与自然是命运共同体,人类只有一个地球,珍爱地球上的一切生命,就是爱护人类自身。这个主题与刘先平倡导的大自然文学创作的主题完全一致,这让我对当下发展大自然文学的现实急迫性和必要性又有了更深刻的认识。

我突发奇想:能否在"世界地球日"这一天,设立"大自然文学日";在"世界地球日活动周"中加入"大自然文学读书周"的内容,以文学的力量,呼唤人与自然和谐共生。

二、世界地球日活动与大自然文学兴起有什么关系

世界地球日活动和世界大自然文学的兴起有着密切关系。它们有三个

共同点：一是同发端于 20 世纪六七十年代的美国；二是同属于面对生态危机的严峻现实做出的反应；三是都追求"人与自然和谐共生"的未来。大自然文学发展完全可以融入世界地球日活动中，成为其重要内容，或者说世界地球日活动完全可以成为加速大自然文学发展的推进器，共同宣传珍爱地球、珍爱生命、实现人与自然和谐共生的生态文明主题。

世界地球日源自 50 年前美国的"地球日"。1970 年 4 月 22 日（星期三），对环境问题忧心忡忡的两个美国人——美国民主党参议员盖洛德·尼尔森（1916—2005）和哈佛大学法学院学生丹尼斯·海斯（1944—   ），在美国发起了一场以环境保护为主题的"地球日"活动，引发全美各地 2000 多万人、1 万多所中小学、2000 多所高等院校和 2000 多个社区及各大团体参加，开启了人类现代环保运动之先河，不仅推动了环境保护立法，而且直接催生了 1972 年联合国第一次人类环境会议，将环保运动从美国推向全世界。活动组织者丹尼斯·海斯被称为"地球日之父"。

随着互联网时代的到来，1995 年"地球日"网页开通，利用新兴网络信息技术手段，"地球日"成为全球的环保节日，人类保护地球、善待地球的环保意识得到普遍增强。2009 年是个转折点，第 63 届联合国大会一致通过决议，决定将今后每年的 4 月 22 日定为"世界地球日"。决议认为，地球及其生态系统是人类的家园，人类发展必须在经济、社会和环境三方面需求之间实现平衡，与自然界和谐共处。决议呼吁，各国要从重视人类和地球的福祉出发，把爱护地球和保护日渐稀少的自然资源作为共同责任，确保地球和所有生物之间的和谐共处。

如果说"地球日"开启了当代环境保护运动的先河，那么文学领域的环境保护运动则开始得更早，那就是 1962 年美国作家蕾切尔·卡逊讲述农药对人类环境造成危害的环保作品《寂静的春天》的出版。这是一部被公认为开启了当代环境保护运动的经典之作，作品中所蕴含的尊重生命、敬畏自然、保护地球的生态思想，直击根深蒂固的人类中心主义观念，呼唤重新思考人与自然的关系，从根本上改变了人与自然之间的对立态度，开创了一个生态文明的文学新时代。因而，在不同文学语境中，这部作品也被看作当代生态文学或当代大自然文学的开篇之作。

大自然文学的发生与环境保护运动的发起都是人类面对生态危机的现实而做出的积极反应。两者形式不同,本质相通;一同出发,目标一致,就更应该结伴而行、相互支撑。

中国参与世界地球日活动是从20世纪90年代开始的,每年的4月22日,中国地质学会、国土资源部都会组织举办"世界地球日"活动,每年确定一个主题。现将世界地球日活动主题和刘先平大自然探险及创作活动对照如下,由此了解两种现象之后的潜在联系,获得发展大自然文学的某些启示。

时间	"世界地球日"活动主题	刘先平大自然探险、创作及活动
1974年	只有一个地球	1974年开始参加野生动物考察队和建立自然保护区的考察,主要区域在皖南黄山和皖西大别山。这里一直是刘先平的生活和创作基地,至今每年至少考察两三次。孕育了描写在野生动物世界探险的长篇小说《云海探奇》《呦呦鹿鸣》《千鸟谷追踪》及探险纪实散文《爱在山野》和《山野寻趣》等。1980年《云海探奇》出版,提出"热爱祖国的每一片绿叶",将环保主题和爱国主题完美统一在一起
1975年	人类居住	
1976年	水:生命的重要源泉	
1977年	关注臭氧层破坏、水土流失、土壤退化和滥伐森林	
1978年	没有破坏的发展	
1979年	为了儿童和未来 ——没有破坏的发展	
1980年	新的10年,新的挑战 ——没有破坏的发展	
1981年	保护地下水和人类食物链;防治有毒化学品污染	在云南、四川考察热带雨林、大熊猫、金丝猴等。历时6年。著有《大熊猫传奇》《在大熊猫故乡探险》《五彩猴》等作品。保护珍稀野生动物生态
1982年	纪念斯德哥尔摩人类环境会议10周年——提高环境意识	浙江舟山群岛考察生态和小叶鹅耳枥(当时是全世界唯一的一棵树)。保护珍稀动植物生态

续表

时间	"世界地球日"活动主题	刘先平大自然探险、创作及活动
1983年	管理和处置有害废弃物；防治酸雨破坏和提高能源利用率	在大连、广东、海南、三亚考察热带雨林、猕猴、珊瑚。《呦呦鹿鸣》出版。创作《东海有飞蟹》《爱在山野》《麋鹿找家》《黑叶猴王国探险记》《喜马拉雅雄麝》《寻找树王》等作品。写作《热爱祖国的每一片绿叶》
1984年	沙漠化	
1985年	青年、人口、环境	在黑龙江小兴安岭考察森林生态
1986年	环境与和平	在新疆吐鲁番、乌苏、喀什等地考察生态
1987年	环境与居住	
1988年	保护环境、持续发展、公众参与	在甘肃酒泉、敦煌考察生态
1989年	警惕，全球变暖！	
1990年	儿童与环境	
1991年	气候变化——需要全球合作	应邀赴法国、英国访学，同时考察生态。创作《夜探红树林》等。创作《对大自然探险小说美学的蠡测》
1992年	只有一个地球——一齐关心，共同分享	在大兴安岭、呼伦贝尔大草原考察生态
1993年	贫穷与环境——摆脱恶性循环	应邀访问澳大利亚并讲学、考察生态。创作《鹦鹉唤早》等
1994年	一个地球，一个家庭	
1995年	各国人民联合起来，创造更加美好的世界	在黑龙江考察东北虎
1996年	认识地球，热爱地球，保护地球，珍惜资源，造福人类	考察鄱阳湖、长江中游湿地、候鸟越冬地。"刘先平大自然探险长篇系列"（5种）出版。召开"刘先平大自然探险长篇系列"作品研讨会,酝酿提出大自然文学概念
1997年	保护地球资源与环境	随中国作家代表团访问泰国,考察亚洲象。在海南岛考察五指山、热带雨林、大田坡鹿、霸王岭黑冠长臂猿、热带植物园等

后 记 我有一个愿望

续表

时间	"世界地球日"活动主题	刘先平大自然探险、创作及活动
1998年	为了地球上的生命 ——拯救我们的海洋	在云南考察寒武纪生物大爆发化石群、西双版纳野象谷。在新疆考察野马、有蹄类动物自然保护区等。第一次穿越塔克拉玛干大沙漠。创作《天鹅的故乡》《野象出没的山谷》
1999年	拯救地球,就是拯救未来	在福建、青藏高原、云贵高原考察自然保护区、华南虎、黑叶猴、金丝猴、阔叶林、喀斯特地形等。应邀访学加拿大、美国并考察生态。创作《黑叶猴王国探险记》《灰金丝猴特种部队》等。《人与自然的颂歌——刘先平大自然探险文学评论集》出版
2000年	2000环境千年 ——行动起来吧!	在深圳仙湖植物园、野生动物园考察。在江苏考察麋鹿自然保护区。二上青藏高原考察三江源、水之源、山之源。在云南、广西考察热带雨林生态、红树林生态等。创作《掩护行动——坡鹿的故事》,出版"中国Discovery书系"(4种)。正式打出"大自然文学"美学旗帜,倡导大自然文学创作
2001年	世间万物,生命之网	应邀访学南非并考察野生动植物生态。在云南高黎贡山考察大树杜鹃。在湖北、江苏考察麋鹿。三上青藏高原考察雅鲁藏布江大峡谷和珠穆朗玛峰自然保护区。创作《圆梦大树杜鹃王》《峡谷奇观》《麋鹿回归》等。召开"大自然探险"作品研讨会
2002年	让地球充满生机	
2003年	善待地球,保护环境	在四川考察大熊猫等。应邀访学英国、挪威、丹麦、瑞典并考察北极圈生态。创作《谁在跟踪》,出版"东方之子刘先平大自然探险"(8种)。首次召开全国"大自然文学"研讨会。
2004年	善待地球,科学发展	横穿中国,由南线考察帕米尔高原。再次穿越塔克拉玛干大沙漠,考察云贵高原。参加中国作家代表团,访问南非、毛里求斯、新加坡并考察生态。创作《鸵鸟小骑士》等。《云海探奇》《千鸟谷追踪》被收入"传世名著"出版

399

续表

时间	"世界地球日"活动主题	刘先平大自然探险、创作及活动
2005年	善待地球 ——科学发展,构建和谐	横穿中国,由北线考察帕米尔高原。第三次穿越塔克拉玛干大沙漠,在青藏高原、云贵高原考察水生态和野生动物生态。创作《走进帕米尔高原——穿越柴达木盆地》等,出版《黑麂迷踪》《寻找失落的麋鹿家园》
2006年	善待地球 ——珍惜资源,持续发展	第二次、第三次探险怒江大峡谷,在云贵高原、黑龙江考察水资源和湿地。创作《东极日出》
2007年	善待地球 ——从节约资源做起	在山东、四川考察候鸟、湿地、大熊猫等。出版《胭脂太阳》《鹿鸣鹿唤》。出版中英文双语版《我的山野朋友》和英文版《千鸟谷追踪》
2008年	认识地球　和谐发展	考察东北火山群、黑龙江五大连池、长白山生态等。访学英国、丹麦并考察生态。"大自然在召唤"(9种)出版。写作《跋涉在大自然文学30年》,提出"呼唤生态道德"主题
2009年	认识地球　保障发展 ——了解我们的家园深部	考察南北气候分界线,在陕西探险秦岭。召开刘先平大自然文学创作30年暨"大自然在召唤"作品研讨会
2010年	珍惜地球资源,转变发展方式,倡导低碳生活	应邀出访西班牙参加国际安徒生奖颁奖典礼,考察瑞士高山湖泊保护和德国黑森林生态。"我的山野朋友系列"出版。英文版《金丝猴跟踪》《爱在山野》《黑叶猴王国探险记》《麋鹿找家》出版。刘先平大自然文学工作室成立,安徽大学大自然文学研究所成立
2011年	珍惜地球资源 转变发展方式	在海南、南海考察海洋生态。创作《美丽的西沙群岛》《七彩猴树》《寻找巴旦姆》《追踪雪豹》等。英文版《大熊猫传奇》《云海探奇》出版
2012年	珍惜地球资源 转变发展方式 ——推进找矿突破,保障科学发展	在湖北考察麋鹿、神农架自然保护区。六上青藏高原,在阿尔金山自然保护区、西藏拉萨考察。创作《天域大美》《红豆相思鸟》等。召开《美丽的西沙群岛》作品研讨会

后 记 我有一个愿望

续表

时间	"世界地球日"活动主题	刘先平大自然探险、创作及活动
2013年	珍惜地球资源 转变发展方式——促进生态文明 共建美丽中国	在湖南、内蒙古、浙江等地考察张家界、呼伦贝尔大草原、南麂列岛等。"我的七彩大自然"(4种)、"探索发现大自然"(8种)出版。英文版《鸵鸟小骑士》出版。主编《生态道德读本》。《大自然文学研究》(首卷)出版
2014年	珍惜地球资源 转变发展方式——节约集约利用国土资源 共同保护自然生态空间	在云南、贵州考察喀斯特地貌的森林和毕节百里杜鹃——"地球的花腰带"。召开大自然文学国际研讨会
2015年	珍惜地球资源 转变发展方式——提高资源利用效益	在南海、宁夏考察珊瑚、哈巴湖自然保护区等。创作《追梦珊瑚》《惊魂绿龟岛》等。《寻访白海豚》《藏羚羊大迁徙》出版。《大熊猫传奇》《云海探奇》影像版出版。《大自然文学研究》(第二卷)出版。安徽大学大自然文学协同创新中心成立。
2016年	节约集约利用资源,倡导绿色简约生活	在英国考察皇家植物园和白崖。在国内考察黄山九龙峰自然保护区、长江三峡自然保护区、恩施大峡谷等。出版《追踪黑白金丝猴》《海星星》《寻索坡鹿》。出版波兰文《金丝猴跟踪》《爱在山野》《黑叶猴王国探险记》《麋鹿回家》
2017年	节约集约利用资源,倡导绿色简约生活——讲好我们的地球故事	在安徽、福建、广东考察牯牛降云豹生态、海洋滩涂生物、中华蜂保护生态等。出版《追梦珊瑚》《一个人的绿龟岛》《小鸟生物钟》。根据长篇小说《大熊猫传奇》改变的同名3D动画电影首播。召开《追梦珊瑚》作品研讨会
2018年	珍惜自然资源 呵护美丽国土——讲好我们的地球故事	在云南、安徽、广东、湖北等地考察高黎贡山大树杜鹃王、当涂养蜂、雷州半岛海洋滩涂生物、长江三峡地区生态变化、昆明植物研究所等。出版《续梦大树杜鹃王——37年,三登高黎贡山》《孤独麋鹿王》《金丝猴跟踪》等。召开《续梦大树杜鹃王——37年,三登高黎贡山》作品研讨会

401

续表

时间	"世界地球日"活动主题	刘先平大自然探险、创作及活动
2019年	珍爱美丽地球 守护自然资源	在安徽、山东、四川、湖北、重庆考察宣城丫山地质公园、黄山九龙峰自然保护区、青岛滩涂海洋生物、攀枝花苏铁国家级自然保护区、长江中游生态等。创作《高黎贡山女神》等。召开"生态文明视野下的当代大自然文学创作"研讨会。
2020年	珍爱地球 人与自然和谐共生	写作《我和中国当代大自然文学》,10月应邀赴江西革命老区讲课

有意将两种本没有事实联系的孤立现象,放到表格中进行对比,是因为看似偶然巧合的现象背后,有着深层次的社会原因。

生态问题已经成为关系人类生存与发展的全球性问题。中国的"世界地球日"活动是全球"世界地球日"活动的重要组成部分,中国的大自然文学是世界大自然文学的重要组成部分。14亿中国人的环保意识对于世界环保运动和大自然文学发展的重要性不言而喻,没有中国参与,是不可想象的。

在世界范围内,"世界地球日"活动和大自然文学长期在各自独立的系统内运行,它们是人类进入生态时代后生态文明建设的先行者和筑梦者。在万物互联的信息时代,"世界地球日"活动和大自然文学创作已经"殊途同归",到了应该"合二为一"的时候了。中国的大自然文学发展完全可以与世界地球日活动融为一体,相互借力,形成合力,在发展好自身的同时,推进新时代中国特色社会主义生态文明建设不断取得新进展。

为此,我又突发奇想,在前文呼吁设立"大自然文学日",开展"大自然文学读书周"的基础上,多了一个梦想——希望设立"刘先平大自然文学奖",评选年度大自然文学优秀作品,扶持奖励大自然文学创作,推进中国的大自然文学发展,并打造成中国权威、具有世界影响、与俄罗斯"比安基国际文学奖"相呼应的"刘先平(国际)大自然文学奖"。颁奖日选在每年4月22日"世界地球日",与"世界地球日"活动周同期举行"大自然文学读书周",重点介绍年度大自然文学奖获奖作品,推荐大自然文学阅读书目,举办大自然文学创作与发展论坛,营造大自然文学发展的良好环境。

后　记　我有一个愿望

三、世界地球日、世界读书日与大自然文学日

从上述对比中,我得到一个启示,应该将中国的"大自然文学日"设在"世界地球日"这一天,两个活动可以互联互通互动,既丰富了各自内容,又共同营造生态文明建设良好氛围。特别是在4月22日举办年度"刘先平大自然文学奖"颁奖仪式并启动"大自然文学周"活动后,第二天正好是4月23日"世界读书日"。全国读书人翘首以待的年度"中国好书"盛典,将在这一天由中央电视台科教频道(CCTV－10)首播,这无疑是一年之中全民阅读气氛最浓最佳时期,这将给以"刘先平大自然文学奖"颁奖活动为中心的"大自然文学周"活动营造浓厚的阅读氛围,也为中国大自然文学创作和发展营造了良好的社会文化环境。

目前,在"世界读书日"活动期间,以"中国好书"为代表的各类阅读活动推荐书目中,就有不少是大自然文学作品。

譬如,在2020年"世界环境日"这一天,《教育部基础教育课程教材发展中心　中小学生阅读指导目录(2020年版)》发布,这份由教育部首次面向全国中小学生发布的阅读指导目录,按人文社科、文学、自然科学和艺术4类,推荐了300种好书,小学、初中、高中学段分别为110种、100种、90种,其中与大自然文学有关的读物就有9种,分别为小学学段5种:刘先平的《美丽的西沙群岛》、黑鹤的《黑焰》、[英]布莱森的《万物简史》(少儿彩绘版)、[美]蕾切尔·卡逊的《寂静的春天》、[法]法布尔的《昆虫记》。初中学段2种:[美]梭罗的《瓦尔登湖》、[德]魏格纳的《海陆的起源》。高中学段2种:[英]达尔文的《物种起源》、[奥]薛定谔的《生命是什么》等。大自然文学或大自然科普读物已经成为各学段学生的必读书,这是一种明确的阅读导向,也是一种生态文明建设的价值导向。

再譬如,今年4月23日"世界读书日",第7届"中国好书"盛典共发布"2019中国好书"37种,其中就有5种与大自然文学有关,占比14%,再一次表明以生态文明建设为内容的主题读物,已经得到社会广泛关注,成为当下深受大众欢迎和充满社会期待的最值得推荐的重要读物。2种人文社科类

好书讲述的是生态文化知识,如《春归库布其》(和谷、杨春风著,辽宁人民出版社)写沙漠治理的"中国经验",为"美丽中国"建设提供了鲜活样本;《西方博物学文化》(刘华杰主编,北京大学出版社)对中国博物学建构有着启发意义。文学艺术类的《飞蝗物语》(陈应松著,浙江教育出版社),讲述我国几代科学家团队在生态治理框架下研究东亚飞蝗、治理蝗灾的故事;2种科普生活类好书,一种是兼具科学性与艺术性的地理科普作品《这里是中国》(星球研究所、中国青藏高原研究会著,中信出版社),另一种是从中国植物画百年发展史的视角注视自然的科普读物《嘉卉 百年中国植物科学画》(张寿洲、马平主编,江苏凤凰科学技术出版社)。5种好书都与大自然文学有着明显关系,而其中的文学艺术和科普生活类3种好书就是大自然文学,它们讲述人类与自然关系的故事,提倡生态环保意识,是建设生态文化的好书。

还是"世界读书日"这天,国家图书馆发布第14届"文津图书奖",10种获奖图书中,就有一部是大自然文学作家黑鹤的《鄂温克的驼鹿》(九儿绘,接力出版社)。

4月23日,世界读书日,还有一些零星的好消息不断传来,给人鼓舞和希望,我把它视作一种力量和方向。

4月23日,大自然文学、生态文学作家、中国林业生态作协主席李青松给我发来微信,写道,"《人民文学》首刊'自然文学'",并转发了《人民文学》2020年5期卷首、目录等。编者在《卷首》里介绍说:"《自然文学辑》,是本刊和支持我们的作家对生态文明建设所作的一种文学呈现。中国自然文学,是我们要长期大力推动弘扬的一个创作取向。以《哈拉哈河》为例,一条北方的河及其沿岸的草地山林,承载的是万物生灵与人共存的世界,无数的生命迹象构成的美丽中国,值得我们用这般充满敬畏、体恤、亲近、珍视的关切之情倾心体察和记述,同时也需要我们以这般客观、开阔、不自大、不对立的关系之理来宽怀看待和探究。"

本期"自然文学辑"刊发的是李青松的散文《哈拉哈河》和郭雪波的散文《阿娜巴尔》。李青松在《创作谈:哈拉哈河传奇》里写道:

我对《人民文学》充满敬意。

后　记　我有一个愿望

据《人民文学》杂志主编施战军说,自1949年10月创刊以来,《人民文学》于2020年第5期首次开设《自然文学》栏目——注意,这里的关键词有两个,一个是"首次",一个是"自然文学"。我创作的散文《哈拉哈河》作为首篇在栏目中刊发,深感荣幸。

当然,之前,《人民文学》也发表过很多自然文学作品,但从来没有被挂上"自然文学"的标签。自然文学或称生态文学,作为一种独特的文学现象,它或许将成为我们这个时代文学的一大创作取向和价值追求。

在一定意义上,《人民文学》如此鲜明地倡导并推动自然文学创作,无疑释放出一个可喜的信号。我相信,此举对于生态文明建设必将起到助力作用。

李青松的兴奋是因为喜出望外,我和李青松的心情是一样的,要向《人民文学》表示敬意,它给我们惊喜的同时,更给中国大自然文学以希望和未来。如今,中国人民正在建设中国特色社会主义,"美丽中国"和"美好生活"成为中国现代化建设的具体指标,需要"提供更多优质生态产品以满足人民日益增长的优美生态环境需要"①,这里的"生态产品"就包括大自然文学,我对中国大自然文学的未来充满信心,对刘先平大自然文学创作有更高期待。

四、如果没有"刘先平大自然文学奖",将是一种遗憾

应该设立"刘先平大自然文学奖",既是表彰刘先平对大自然文学的贡献,也是激励更多人参加到大自然文学队伍中来,发扬"刘先平精神",发展中国大自然文学。

没有刘先平对大自然文学的倡导和坚守,就没有大自然文学这一说。刘先平是公认的中国大自然文学的开拓者、奠基人,是中国大自然文学的旗手。刘先平以"一木支大厦"的英雄气概,创造了一个叫作"大自然文学"的门类,创建了一个叫作"大自然文学"的学科。以刘先平的名字命名大自然文学奖,

---

① 习近平.决胜全面建设小康社会　夺取新时代中国特色社会主义伟大胜利——在中国共产党第十九次全国代表大会上的报告[C]//中国共产党第十九次全国代表大会文件汇编.北京:人民出版社.2017:41.

是自然而然的事情,是不二选择,是正确的决定。

然而,设立"刘先平大自然文学奖"还是一个美好的愿景。随着生态文明建设写入党章、宪法,成为国家发展战略,重新认识人与自然的关系、确立人与自然和谐共生的自然观,成为时代潮流和全民共识,以"自然"为主题的好书奖评选活动越来越多,层次越来越高,影响越来越大,设立"刘先平大自然文学奖"已是水到渠成、大势所趋、时不我待。而众多"自然好书奖"的设立和运行,也为"刘先平大自然文学奖"的设立和运行提供参考和经验。下面以时间为序,介绍几种有影响的大自然文学奖,如大鹏自然好书奖、大鹏自然童书奖、大鹏生态文学奖、中国自然好书奖、大自然原创儿童文学奖、比安基国际文学奖等。

(一)大鹏自然好书奖

此奖为国内第一个专为自然主题图书设立的奖。2016年由深圳市大鹏新区管委会设立,评选在中国内地出版的,以自然为写作主体,在传递自然知识、传播人文价值、践行社会责任等方面,具有卓越成绩的图书。在每年11月举行的深圳读书月活动中会宣布100种入选图书,并揭晓"十大自然好书",举行隆重的颁奖典礼,同时邀请名家、作者举办自然讲座等读书活动。

首届"大鹏自然好书奖"(2016),评选2011年1月至2016年9月在中国内地出版的作品。入选"十大自然好书"的图书分别如下:获得"国际作品大奖"的是《看不见的森林》([美]戴维·乔治·哈斯凯尔著,熊姣译,商务印书馆,2014)、获得"华文原创大奖"的是我国台湾著名探险家徐仁修的《徐仁修荒野游踪:写给大自然的情书》(北京大学出版社,2014)。此外,《缤纷的生命》([美]爱德华·威尔逊著,金恒镳译,中信出版社,2016)荣获"年度学术奖"、《大灭绝时代》([美]伊丽莎白·科尔伯特著,叶盛译,上海译文出版社,2015)荣获"年度远见奖"、《昆虫记》([法]让·亨利·法布尔著,威译引译,天津人民出版社,2016)荣获"年度版本奖"、《雨蛙老师的趣味自然课》([日]松冈达英著,彭懿译,宁波出版社,2015)荣获"年度童书奖"、《猿猴家书》(张鹏著,商务印书馆,2015)荣获"科学普及奖"、《檀岛花事》(刘华杰著,中国科学技术出版社,2014)荣获"在地关怀奖"、《时蔬小话》(阿蒙著,商务印书馆,2014)荣获"自然生活奖"、《十万个为什么》(韩启德著,少年儿童出版社,2013)荣获"特别成就奖"。前两个图书奖奖金各3万元人民币,其他奖项奖金各1万元人民币。值得一提的是,获奖证书上,印有深圳大鹏珍稀动植物的手绘图案,并与获奖图书的主题一一对应,展现了大鹏半岛物种的多样性与大鹏新区生态和谐的发展理念。

第二届"大鹏自然好书奖"(2017)的评选范围是2016年7月至2017年9月在中国内地出版的,以自然为写作主体,集科普性、文学性、趣味性、思想性及有良好设计品位的自然好书。《征程——从鱼到人的生命之旅》([加]舒柯文、王原、[澳]楚步澜著,科学普及出版社,2017)获得"年度华文原创奖"。《第三极的馈赠》([美]乔治·夏勒著,黄悦译,生活·读书·新知三联书店,2017)获"年度国际作品奖"。除大奖外,"十大自然好书"中《海错图笔记》(张辰亮著,中信出版社、中国国家地理出版社,2016)荣获"年度传播奖"、《假如海洋空荡荡——一部自我毁灭的人类文明史》([英]卡鲁姆·罗伯茨著,吴佳其译,北京大学出版社,2016)荣获"年度思想奖"、《香港方物志》(叶灵凤著,商务印书馆,2017)荣获"年度经典奖"、《图案密码——大自然的艺术与科学》([英]菲利普·鲍尔著,李祖凰译,电子工业出版社,2017)荣获"年度视觉奖"、《像山一样思考——寻找梦幻步道的旅程》(徐铭谦著,北京出版社,2016)荣获"在地关怀奖",同时《北京路亚记——一个钓鱼人的博物之行》(王铮、王松著,上海交通大学出版社,2016)荣获"年度博物奖"、《醉酒的植物学家——创造了世界名酒的植物》([美]艾米·斯图尔特著,刘凤译,商务印书馆,2017)荣获"年度生活奖"、《鲸背月色》([美]戴安娜·阿克曼著,丰慧、崔轶男译,中信出版集团,2017)获"自然文学奖"。

"大鹏自然好书奖"共主办2016年、2017年两届。2018年开始升级为"大鹏自然童书奖"。对于这个奖项的意义,北京大学传播中心博士生导师、博物学家刘华杰,在第二届"大鹏自然好书奖"颁奖期间,接受《中华读书报》采访时有过一段中肯评价:

> 大鹏自然好书奖由一个城市下面的一个区政府设置,这很不可思

议。北京有许多区,有海淀区、有朝阳区等,哪个区也没有想着设这样的奖。比深圳大的城市也有许多,但也没有设类似的奖。深圳大鹏不但设置了,而且奖金数额还不小。这个奖是鼓励自然写作的,从而增强人们对自然世界的了解,改进人与自然的关系。说它注重舆论引导,实实在在地推动生态文明建设,也很恰当。现在进行了两届,评出的作品确实都很棒。这样的奖项如果能坚持若干年,可以猜测它的社会影响会递增的。去年颁奖时,《看不见的森林》作者哈斯凯尔激动地说,没想到中国还能设这样的奖。往大点说,这个奖也对树立中国良好的国际形象有积极作用。好的激励机制,能够鼓励作者和出版社,同时也能引导读者。现在书非常多,许多人不知道什么是好的作品。①

(二)大鹏自然童书奖

此奖为全国第一个儿童自然图书奖,是此前"大鹏自然好书奖"的升级版。自2016年起,深圳提出"积极推动儿童友好型城市建设",并将其纳入城市国民经济和社会发展第十三个五年规划纲要。为帮助中国儿童在成长过程中与国内外优秀的自然好书相遇,成长为体格强健、眼界开阔、爱护自然的优秀少年,大鹏新区于2018年将连续举办两届的"大鹏自然好书奖"品牌升级为"大鹏自然童书奖"。"十大自然童书奖"包括"国际作品大奖"和"华文原创大奖"2项大奖和8个特别奖。大奖奖金为人民币2万元,特别奖奖金为人民币1万元。迄今已经举办两届(2018、2019)。

首届"大鹏自然童书奖"(2018),评选2013年9月至2018年8月(以版权页信息为准)在中国内地面向儿童出版的自然主题图书。经过评委会专家初选、复评、终评,选出培养自然认知、传播科学知识、追求人文情怀、践行社会责任的优秀作品。在终评阶段,评委会引入公众评选环节,组织广大读者在线投票,最终结合投票结果与专家评审意见,评选出2018"大鹏自然童书

---

① 王洪波.“大自然之于人类心灵具有首要的重要性”——访“大鹏自然好书奖”评委刘华杰教授[N].中华读书报,2017-12-6.

后　记　我有一个愿望

奖"入围图书100种,在深圳读书月活动期间揭晓"十大自然童书"。

《生命:万物不可思议的连接方式》(江苏凤凰美术出版社)荣获"国际作品奖",《这就是二十四节气》(海豚传媒出版社)荣获"华文原创奖"。8个特别奖分别为:《不想和你说再见》(北京联合出版公司)荣获"远见奖"、《艾达的秘密》(贵州人民出版社)荣获"发现奖"、《蓝色时间》(清华大学出版社)荣获"视觉艺术奖"、《盘中餐》(中国少年儿童出版社,2016)荣获"在地关怀奖"、《动物眼中的世界》(明天出版社)荣获"探索奖"、《我努力爱蜘蛛》(外语教学与研究出版社)荣获"童趣奖"、《内伶仃岛上的猕猴》(新世纪出版社)荣获"青春致敬奖"、《墙书·自然通史》(江苏凤凰少年儿童出版社)荣获"创意奖"。

第二届"大鹏自然童书奖"(2019),评选2018年1月至2019年8月在中国内地出版的适合少年儿童阅读的自然主题图书。《故宫里的博物学:给孩子的清宫鸟谱》(故宫出版社、中信出版集团)荣获"华文原创大奖"、《大峡谷》(长江少年儿童出版社)荣获"国际作品大奖"。8个特别奖分别为:《自然世界》(海豚传媒出版社、长江少儿出版社)获得"生物多样性特别奖"、《鄂温克的驼鹿》(接力出版社)获得"在地关怀奖"、《大自然的一年》(北京联合出版公司)获得"视觉艺术奖"、《疯狂梦想家马格努斯》(长江少年儿童出版社)获得"童趣奖"、《动物的爱情》(北京联合出版公司)获得"探索奖"、《迷人的生命》(北京联合出版有限公司)获得"创意奖"、《苏丹的犀角》(二十一世纪出版社集团)获得"新人奖"。本届评奖增设"年度致敬奖"和"年度主题"。年度致敬奖授予美国专注动物科普的著名图画书作者史蒂夫·詹金斯,67岁创作69本图画书。年度主题为"多样的生命",关注自然生态研究与科普领域的热议话题——生物多样性。

第三届"大鹏自然童书奖"(2020),评选1980年1月1日至2020年8月31日在中国内地面向儿童出版的,以自然生态为主题,在传递自然知识、趣味阐释自然知识、传播人文价值、践行社会责任等方面,具有卓越成绩的图书。今年是深圳经济特区建立40周年,本届"大鹏自然童书"将主题定为"致敬自然童书出版40年",寻找与深圳经济特区一同成长的自然童书。《动物来信》(4册,北京联合出版公司)获得年度"华文原创奖"、《河流是什么》(河北教育出版社)获得"国际作品奖"。8个特别奖分别为:《神奇校车》(贵州人民出版社)获得"致敬作者奖"、《病毒星球》(中国少年儿童出版社)获得"年度传播奖"、《新生命》(云南出版集团公司、晨光出版社)获得"视觉艺术奖"、《宫泽贤治的鸟》(云南出版集团公司、晨光出版社)获得"诗意自然奖"、《我的第一本垃圾分类书》(北京联合出版公司)获得"生活启迪奖"、《微观世界:谜一样的小生命》(北京联合出版公司)获得"自然探索奖"、彭懿荣获"致敬译者奖"、《读库》编辑张彦平获得"致敬编辑奖"。

(三)大鹏生态文学奖

此奖由大鹏新区管委会与深圳市作协联合主办。在2017年成功主办首届"大鹏生态文学奖"的基础上,2019年举办第二届全国"大鹏生态文学奖"征文大赛,活动自3月8日起至8月31日截稿,共收到小说、散文、诗歌作品6500多篇(首)。最终48篇(首)作品获奖。毕仁美的《白鹤滩》、鲁子的《梧桐书简》、李青松的《老鹰谷》分别获得小说类、诗歌类、散文类一等奖,奖金分别为人民币1万元。2019年12月10日,第二届"大鹏生态文学奖"征文大赛颁奖仪式在深圳举行。环境保护部原副部长周建,全国政协委员、中国作家协会副主席徐贵祥,国家林草局退耕办副主任、生态文学作家李青松等重要嘉宾出席并研讨生态文学,希望大鹏新区继续扛起"生态文学"之旗,充分发挥生态优势,打造"生态文学基地",号召广大作家用笔聚焦生态,书写自然,呼唤社会,共同爱护和保护我们赖以生存的美好家园。周建副部长指出生态文学创作具有三个特点:一是文化源流与生态变迁的相互交融是永恒的,随着生态观的演变,生态文化主脉不断进步;二是生态与经济、社会、文化更紧密融合的趋势已展现;三是当代中国生态文学、生态文化演变体现出更尊重人与自然关系、更关注生态环境变迁及更强化生态与经济社会政治联系的三个趋势。①

---

① 陈智美.第二届"大鹏生态文学奖"征文大赛颁奖[N].深圳侨报,2019-12-11.

后 记　我有一个愿望

(四)中国自然好书奖

此奖在2018年设立,为鼓励自然写作者,也为让读者阅读到更多优秀的自然好书作品,由环境保护部宣传教育中心指导,阿里巴巴公益基金会主办,深圳市越众文化传播有限公司承办。

"中国自然好书奖"是专门评选以自然为写作主体的图书奖项。评选出的作品在传递自然知识、传播人文价值、践行社会责任等方面具有卓越成绩。"中国自然好书奖"坚持公益性,希望能推动全民参与自然阅读与自然写作,在自然好书的熏陶下树立新时代正确的自然观,与自然更和谐、更理性地相处,创造更好的生存家园,也为自己的生活增添一份美好。每年举办一届,已举办两届。由业内权威专家组成评审委员会。评委会为读者推荐年度"中国自然好书100种"、入围"中国自然好书50种"和年度"十大自然好书"。"十大自然好书"包含"年度华文原创奖""年度国际作品奖"两项大奖和"自然文学奖"等8个单项奖。大奖奖金人民币为3万元,单项奖奖金为人民币1万元。组委会特约著名自然插画师翁哲为荣誉证书绘制了中国国家保护动物插图,传递和谐自然生态和在地人文关怀的理念。评选结束后也将在全国各大城市进行一系列的自然好书阅读推广活动。

首届"中国自然好书奖",是从2017年7月至2018年7月在中国内地出版的300多种优秀自然类图书中,评选出"十大自然好书"。英国国际著名动物学家珍·古道尔《大地的窗口》(杨淑智译)获得"年度国际作品奖",中国大自然文学作家刘先平《续梦大树杜鹃王——37年,三登高黎贡山》获得"年度华文原创奖"。50多年来坚持在一线研究和守护中国野生动物的北京大学生命科学学院教授潘文石获"年度致敬奖"。除此,德国历史学家安德烈娅·武尔夫的《创造自然》(边和译)获得"年度思想奖"、美籍古生物学家苗德岁的《给孩子的生命简史》获得"年度童书奖"、年高的《四季啊,慢慢走》获得"自然文学奖"、张辰亮的《海错图笔记》获得"年度传播奖"、赵欣如的《中国鸟类图鉴》获得"在地关怀奖"、王原、葛旭、邢路达等的《听化石的故事》获得"年度视觉奖"、张海华的《云中的风铃》获得"自然生活奖"、《彩虹汉字丛书·触摸阳光草木（盲文版）》责编姜海涛获"年度编辑奖"。

第二届"中国自然好书奖"，是从 2018 年 6 月至 2019 年 8 月在中国内地出版的 400 多种优秀自然类图书中，评选出"十大自然好书"。英国埃德·扬的《包罗万象》（郑李译）获"年度国际作品奖"，初雯雯、王昱珩的《初瞳》获"年度华文原创奖"。除皮，美国理查德·普鲁姆的《美的进化》（任烨译）获"年度思想奖"、英国 DK 公司的《DK 博物大百科》（张劲硕等译）获"年度传播奖"、比利时冈特·鲍利的《冈特生态童书（第五辑 36 册）》（闫世东等译）获"自然教育奖"、刘从康的《武汉植物笔记》获"在地关怀奖"、英国娜恩·谢泼德的《活山》（管啸尘译）获"自然文学奖"、半夏的《与虫在野》获"自然生活奖"、美国特里·邓恩·切斯的《怎样观察一粒种子》（光合作用园艺译）获"年度视觉奖"；《隐藏的风景》责编曾广春、纵瑞文、刘琦获"年度编辑奖"。

（五）大自然原创儿童文学奖

此奖为国内首个从专业聚焦的角度设立的垂直型奖项。2018 年 10 月 18 日，由中国儿童文学研究会、辽宁出版集团发起成立，辽宁少年儿童出版社承办的"首届大自然文学原创儿童文学作品征集活动"在北京启动。10 月 24 日，《中华读书报》以《中国儿童文学研究会首举"大自然儿童文学"文艺旗帜》为题，在首版头条位置给以重点报道。"大自然原创儿童文学作品征集活动"中对设立此奖项的意义做了三个方面的解读：

1. 习近平总书记提出"绿水青山就是金山银山"，本奖项的设立，从儿童文学的角度，让儿童及家长树立敬畏生命、尊崇自然、热爱生活的良好理念，正是对这一论断的积极响应，也是为"五位一体"的总体布局做好青少年层面的铺垫，为社会的和谐发展奠定良好基础。

2. 此奖项有利于原创作品的迅速积累，通过作品征集的方式，挖掘潜力作家原创的大自然文学、图画书作品，广泛营造良好的社会效益。

3. 目前，国内尚未有垂直型的奖项，从专业聚焦的角度首次设立本奖项，有利于吸引优秀作家投身大自然儿童文学创作，推动优秀大自然儿童文学作品的脱颖而出，对促进中国儿童文学的发展，以及对于中外儿童文学的交流都有着深远的意义。

该奖的参评对象广泛,"国内外18周岁以上作者的中文文稿均可参加评选征集活动,不受作者国籍、民族、种族与性别的限制"。分为2个子奖项,即文字作品奖和图画书奖。文字作品奖的作品体裁限定为长篇或中篇儿童小说,内容只要与大自然相关即可(包括但不限于动物文学、人与自然和谐共生等),图画书奖征集原创且图文全部完成的稿件。作品未以图书形态公开出版过。此活动每2年举办一次,投稿日期为每年的6月1日至次年的9月30日(首届投稿日期从即日起至2019年5月31日)。截稿日期之后收到的稿件,自动进入下一届参评。文字作品奖设"鸿雁奖"1名,奖金10万元(含税);"黑熊奖"2名,奖金3万元(含税);"白桦奖"5名,奖金1万元(含税)。图画书奖"风信子奖"1名,奖金5万元(含税);"薰衣草奖"3名,奖金1万元(含税)。辽宁少年儿童出版社拥有获奖作品的优先出版权,为了更好地将大自然儿童文学的优秀作品呈现给广大读者,除出版"大自然儿童文学获奖书系",还将出版"大自然文库"。

首届"大自然原创儿童文学奖"颁奖典礼于2019年8月在北京国际图书博览会期间举行。从417位参赛作品中,评选出"鸿雁奖"1名、"黑熊奖"2名、"白桦奖"4名。许廷旺的《风之子》获"鸿雁奖"(最高奖),汤雄的《鹌鹑王》、刘天伊的《夏虫语冰》获"黑熊奖",鹿鸣的《呼伦贝尔大草原》、张琳的《羚羊回家的路》、张紫华的《巴掌城里的脚印》、袁博的《鸟飞芦苇荡,人迹红海滩》获"白桦奖"。本次图画书奖空缺。第二届"大自然原创儿童文学作品征集活动"已正式启动,活动截稿日期为2021年4月30日。

(六)比安基国际文学奖

此奖以俄罗斯著名大自然文学作家维达利·瓦联金诺维奇·比安基的名字命名,由莫斯科州立综合图书馆于2015年设立,每年评选一次,迄今举办三届,共收到来自19个国家的2319部作品,大奖及荣誉奖得主共56人。该奖旨在遴选以自然、动物为书写对象的优秀青少年作者及其作品,表彰鼓励从事生态活动的图书机构,提高当代大自然文学作品的社会意义,吸引阅读界对此类作品及比安基国际文学奖创设的关注。

2019年6月,由接力出版社、俄罗斯莫斯科州立综合图书馆联合主办的第三届"比安基国际文学奖"在莫斯科颁奖。中国大自然文学作家刘先平的《孤独麋鹿王》、黑鹤的《黑焰》分别荣获"小说荣誉奖"和"小说大奖",这是中国作家首次获得"比安基国际文学奖"。本届文学奖共收到来自俄罗斯、中国及白俄罗斯、乌克兰、哈萨克斯坦、德国、加拿大、澳大利亚等国的980部作品。白俄罗斯作家阿辽娜·马斯洛获"童话大奖";沃斯克列谢斯克城市第33图书馆获"优秀图书馆生态项目"大奖;"动物文学画家奖"由叶莲娜·马科维耶娃获得。谢尔普霍夫城市青少年中心图书馆获得"荣誉奖"。

"比安基国际文学奖"中国评委会主席朱自强表示,希望该奖的设立,可以促进中俄两国儿童文学作家尤其是自然文学作家之间的交流,推进中俄自然文学出版的交流合作。

综上所述,以自然书写为主题的图书奖,从基层政府深圳市大鹏新区设立的"大鹏自然好书奖"系列,到环境保护部宣传教育中心指导、阿里巴巴公益基金会主办的"中国自然好书奖",再到中国儿童文学研究会和辽宁出版集团设立的"大自然原创儿童文学奖",以及从俄罗斯引进的"比安基国际文学奖",在两三年的时间内,已经雨后春笋般涌现。这些奖项从区域、行业、全国、国际四个层级,体现了中国社会各界及世界对大自然文学及其承担的生态文明建设功能的重视和期待。形势喜人,形势逼人,已经到了应该设立"刘先平大自然文学奖"的时候了。该奖项设置,既可以是安徽文学界的政府行为,也可以是安徽大学大自然文学协同创新中心的品牌建设项目,还可以是刘先平大自然文学工作室与出版集团深度合作的市场行为。他山之石可以攻玉。设立"刘先平大自然文学奖"的时机已经成熟,但首要问题是思想认识——要有"两个认同",即对发展中国大自然文学战略意义的认同和对发扬刘先平大自然文学品牌价值的认同。安徽作为中国大自然文学的发源地,刘先平作为中国大自然文学的开拓者,安徽如果没有"刘先平大自然文学奖",将是一件非常遗憾的事情,是安徽文学品牌的一次丢失,也可能是安徽文学失去了一次融入并引领文学发展潮流的机遇。

后　记　我有一个愿望

五、创作《刘先平大自然文学创作研究》的缘起

写一部论述刘先平大自然文学创作的研究性著作,想法很早。读过刘老师所有的作品,一直追随刘老师倡导大自然文学,对大自然文学有自己的情感,特别是受到刘老师矢志不渝、坚持大自然探险和大自然文学创作的精神鼓舞。作为一名文艺评论者,我有责任和义务为刘先平大自然文学创作研究做一点力所能及的事情,但一直没有很好的机会。

2020年是对刘先平大自然文学创作有特殊意义的一年。这一年是刘先平大自然文学创作40年,也是安徽省人民政府建立"刘先平大自然文学工作室"10周年。而刘先平大自然文学40年就是中国大自然文学40年,中国大自然文学发源于40年前的安徽,刘先平是首举"大自然文学"的旗手。在这样一个值得纪念的重要时间节点,应该有一部研究作品来总结刘先平大自然文学创作,既是向"中国大自然文学之父"刘先平致敬,也对重塑文学皖军形象,推进中国大自然文学发展,宣传生态道德观和生态文明观起到重要的现实意义和文学史意义。

在写作过程中,我自觉以习近平生态文明思想为创作指导,研究刘先平大自然文学创作对中国当代文学的贡献及对生态文明建设的意义。习近平在党的十九大报告中指出:"人与自然是生命共同体,人类必须尊重自然、顺应自然、保护自然。人类只有遵循自然规律才能有效防止在开发利用自然上走弯路,人类对大自然的伤害最终会伤及人类自身,这是无法抗拒的规律",强调"我们要建设的现代化是人与自然和谐共生的现代化",是"建设美丽中国"和人民过上"美好生活"的现代化,强调"生态文明建设功在当代、利在千秋。我们要牢固树立社会主义生态文明观,推动形成人与自然和谐发展现代化建设新格局,为保护生态环境作出我们这代人的努力!"刘先平倡导并坚持大自然文学创作40年,就是自觉践行习近平总书记关于"建设生态文明"和"建设美丽中国"的文学行动,就是自觉"为保护生态环境"做出我们这代作家的努力。刘先平的大自然文学创作最能体现习近平总书记对新时代作家提出的"四力"要求,研究刘先平的大自然文学创作经历、创作规律、创作成就、

创作启示,对繁荣发展当代文学创作、文艺评论、理论研究、国际交流等有着示范意义和现实指导意义。

一代有一代之文学。刘先平大自然文学是生态文明时代的文学,是呼唤生态道德的文学,是培育生态文化的重要支撑。中共中央、国务院在《关于加快推进生态文明建设的意见》中指出:"生态文明建设是中国特色社会主义事业的重要内容,关系人民福祉,关乎民族未来,事关'两个一百年'奋斗目标和中华民族伟大复兴中国梦的实现"。要"坚持把培育生态文化作为重要支撑","积极培育生态文化、生态道德,使生态文明成为社会主流价值观,成为社会主义核心价值观的重要内容"。刘先平大自然文学的主题是呼唤生态道德,是从人与自然关系视角考察描写大自然,宣传人与动植物是生命共同体、人与自然是命运共同体的理念,描绘人与自然和谐共生、协调发展的美好愿景,是新时代讴歌美丽中国和美好生活的重要文学,应该得到高度重视和深入研究,并加以推广宣传。

在写作过程中,我坚持知人论世,将刘先平大自然文学创作放到他生活的时代去考察,紧紧抓住"两个同步"来架构主题主线,即刘先平大自然文学创作与中国改革开放和生态文明建设同步、与世界大自然文学发展同步。"两个同步"是刘先平大自然文学创作与时代的紧密联系,使得中国大自然文学从它诞生的那一刻起,就有了与时俱进的品格,既论述了刘先平大自然文学创作对中国大自然文学发生发展的特殊意义,同时在世界大自然文学的格局中,展现中国大自然文学的位置及影响,增强中国大自然文学的自信和自强,由此推进新时代大自然文学高站位高质量高速度发展,为建设美丽中国和实现美好生活贡献大自然文学的力量,为新时代中国文学走向繁荣、走向世界做出贡献。

六、将大自然文学研究放在文学人生的优先位置

在写作《刘先平大自然文学创作研究》的过程中,我经常被一种激动和冲动的情绪所左右,越来越明白自己内心的情感,有一种将此后的文学人生都用来做"刘先平与大自然文学创作研究"这一件事,以此为中国大自然文学创

后 记 我有一个愿望

作、研究与发展提供参考意见的决心。将大自然文学研究放在文学人生的优先位置,已经开始成为一种责任和自觉行动。

我和刘先平老师有着不解之缘。在刘老师关心、引导、帮助下,我对大自然文学的兴趣渐渐浓厚起来,从不了解什么是大自然文学的"门外汉",到今天把大自然文学当作自己文学人生追求的事业,与我追求一辈子的儿童文学一样,进而将研究刘先平大自然文学创作及中国大自然文学发展作为自己今后文学研究的方向,放在比儿童文学研究更为优先的位置,将主要精力用来宣传并发扬"刘先平精神",将刘先平开创的中国大自然文学研究好发展好,为中国特色社会主义生态文明建设做点自己力所能及的事情。

我将更多甚至是全部精力用来研究刘老师的大自然文学创作,研究中国大自然文学,不是我改变了自己文学事业的初心——对儿童文学的热爱,更不是放弃了儿童文学,而是中国儿童文学至今已经有100年的历史,中国儿童文学发展已经从婴幼儿期、儿童期、青少年期迈入成熟旺盛的青年期,不像大自然文学在中国,虽然与改革开放同行,与生态文明建设同行,也有40年的发展时间,但整体发展缓慢,而且发展得不充分不均衡,仍然处于初始阶段,仍然存在着被生态文学、科学文艺,甚至被儿童文学"吞噬"的危险——大自然文学被消融到别的文学样式里,从而失去自身独立品格和文学地位,因此大自然文学特别需要聚"人气",特别需要有人去坚守,特别需要像我这样跟随刘老师几十年的"老兵"续写"新传",绝不能当"逃兵"。

认识刘先平老师,是28年前的1993年。那年我研究生毕业来安徽少年儿童出版社工作,带着导师蒋风、韦苇的亲笔信去省文联大院拜访时任省作协常务副主席的刘先平老师。刘老师事先已从导师那里知道我这个冒昧来访的学生,他很和蔼地对我说他也是蒋风老师的学生,一下子让拘谨的我放松了好多。原来刘老师在杭州大学读书时,蒋风导师给他上过儿童文学课。我久仰刘老师大名,回到安徽,请刘老师多多关照。刘老师邀请我参加他任主席的安徽省儿童文艺家协会工作,同时推荐我加入中国作家协会,还把他出版的作品签名送给我。

第一次见面我们就很投缘。刘老师是和蒋风、韦苇老师一辈的儿童文学

417

大家,自然是我的导师,但平时交往更像一位慈父、大朋友,有德自威,又平易近人。第一次拜访建立起来的美好情感,在此后至今的28年,像一粒爱的种子,已经发芽、开花、结果。我在刘老师的关爱下,继续我的儿童文学研究,又"走出儿童文学的藩篱",来到更为广阔的"大自然文学",我们之间的感情也在不断升华,在"师生情"上有了"父子情",那是从事业、工作和生活全方位的关心爱护。他不仅教我怎样做文学研究,还以自身经历体会教我怎样做人。刘老师每出版一本(套)新书,都会签名送给我;每次开作品研讨会,都有意要我参加。刘老师从中国作家协会儿童文学委员会退休时,向中国作家协会推荐我继续做他的工作。在成立刘先平大自然文学工作室、建立安徽大学大自然文学协同创新中心时,刘老师都推荐我参与其中,这份关爱、信任和鼓励,我一直铭记在心。我明白,没有刘老师的关爱和引导,也就没有我今天在文学追求方面的进步和成绩。

师徒如父子,师恩永不忘,唯一能报答的,就是把刘老师提倡并奉献的大自然文学宣传好、研究好、发展好。我也在刘老师的关爱和引导下,认真做着扎实的准备工作。我可能是收藏刘老师作品最全的人,刘老师所有初版作品我都有意识地收集珍藏;我也可能是拜读刘老师作品最多的人,读过刘老师所有的作品;我还可能是关注刘老师大自然文学创作时间最长的人,写过几十篇评论心得文章。我的这部《刘先平大自然文学创作研究》就是在长期阅读和积累的基础上,对刘老师及其大自然文学创作的一次整体评价,浸透着我对刘老师的敬爱感恩之情,体现了我对大自然文学的基本看法和主要观点,以此向刘先平大自然文学创作40年致敬,向刘先平大自然文学工作室10周年祝贺!

七、愿所有人的愿望都能成真

想写一部关于刘先平大自然文学创作的研究性著作,是我多年来的一个心愿。用此书来感恩刘老师的教导,并记录这一个文学现象,让更多人了解刘先平老师及中国大自然文学。因为对自己的能力没有信心,加上工作很忙,迟迟下不了决心。这次得到刘先平老师的信任、鼓励、指导、督促和宽容,

后 记 我有一个愿望

才有了这部书稿的完成。这里我要特别感谢刘先平老师。

在整个写作过程中,刘老师不仅全程指导,而且亲自通读了全部文字,提出修改完善建议,让我非常感动而不安。刘老师创作任务那么繁重,又是80多岁的老人,我的写作占用了他不少时间和精力,这是我一直深感抱歉的事情,借此机会向刘老师深表歉意。

尽管我力求把这部著作写好,但囿于学识和写作能力,仍然有很多不尽如人意的地方,留待将来有机会再修订完善。创作永远是件遗憾的事情,只要不交稿,就有改不完的稿,完美的创作是一种美好的愿望,它永远在追求完美的路上。

同样,没有安徽大学陈来社长的眼光、扶持、信任、激励和做出的奉献,也没有这部书稿的诞生,即使写完了书稿,没有出版的机会,还是不能实现心愿。衷心感谢陈来社长的厚爱。在学术著作出版非常困难的情况下,陈来社长站在新时代生态文明建设的制高点上,支持刘先平大自然文学创作和研究,为拙著的出版亲自谋划,调派钟蕾主任、刘金凤副编审两位担任责编,她们为拙著的出版付出了辛勤劳动,我同样要谢谢她们,向她们说一声"辛苦了,谢谢你们!"

创作是辛苦的个人劳动。得到很多人的帮助和鼓励,辛苦有了幸福和幸运相伴。我是幸运的,我是幸福的。感谢给我幸运和幸福的人们,他们帮我实现了一个又一个愿望。如今还有一个美好的愿望正等待我们去拼搏去努力,这就是希望"刘先平大自然文学奖"早日设立,希望能在"世界地球日"和"世界读书日"期间有一个"大自然文学日",成为大自然文学长征路途上的灯塔,照亮现实的路,一直通向人与自然和谐共生的"诗与远方"。

2020年4月22日世界地球日初稿于巢湖凤栖湖畔
5月22日国际生物多样日修改于天鹅湖书香苑
11月29日定稿于桐城